Sozial Wohnen - Kommunale Wohnungspolitik zwischen Eigentümer- und Mieterinteressen

Hrsg. Dirk Schubert

"Nur dem, der Gesellschaft als eine andere denken kann denn die existierende, wird sie ... zum Problem; nur durch das, was sie nicht ist, wird sie sich enthüllen als das, was sie ist" (Theodor W. Adorno, Zur Logik der Sozialwissenschaften, in: Der Positivismusstreit in der deutschen Soziologie. Neuwied 1969).

CIP-Titelaufnahme der Deutschen Bibliothek

Sozial Wohnen: kommunale Wohnungspolitik zwischen Eigentümer- und Mieterinteressen / Hrsg. Dirk Schubert. - Darmstadt: Verl. für Wiss. Publ., 1992

ISBN 3-922981-67-4

NE: Schubert, Dirk [Hrsg.]

Der Band wurde mit Unterstützung der Freien und Hansestadt Hamburg, Baubehörde, des Hamburger Mietervereins von 1890 und vom Mieterverein Mieter helfen Mietern gedruckt.

ISBN 3-922981-67-4

Verlag für wissenschaftliche Publikationen
Ploenniesstraße 18
6100 Darmstadt

WOHNBUND
Verband zur Förderung wohnpolitischer Initiativen
Humboldtstraße 79
6000 Frankfurt / M. 1

Umschlag Christine Falter, berlin display, Köln
Druck Direkt-Druck, Darmstadt

Inhalt

1.
Vorwort und Einführung

"Verachtet mir das Wünschen nicht!" - "Neue" Wohnungsnot und kommunale Wohnungspolitik

Beata Huke-Schubert

Fritz Schumacher, Hamburgs bedeutender Wohnungsreformer und Stadtplaner, schrieb 1932: "Verachtet mir das Wünschen nicht! Es ist eine ganz gewaltige Kraft im Leben. Nicht das Wünschen ganz allgemeiner unbestimmter Art, das sich alles mögliche Gute und Schöne wie im Märchen zusammenwünscht, sondern das Wünschen, das von Eigentümlichkeiten und Gegebenheiten der Wirklichkeit ausgeht und den Mut hat, den Weg seiner Verwirklichung nach allen Seiten hin zu überdenken"[1]. Schumachers Satz soll hier unterstreichen, daß ausgehend von aktuellen Wohnungsversorgungsproblemen auch Visionen zukünftigen Wohnens entwickelt werden. Denn heute diskutieren wir über Wohnungen, Wohnformen, Siedlungen und Lebensverhältnisse, die noch im nächsten Jahrtausend die gebaute Umwelt unserer Städte bestimmen werden.

Es geht aber nicht nur um Diskussion, es gibt auch dringenden Handlungsbedarf; Wohnungsbau und Wohnungspolitik sind in Deutschland wieder zu einem Thema geworden. Seit einigen Jahren geht das Schlagwort "neue" Wohnungsnot durch die Medien. Der Umschwung des Wohnungsmarktes innerhalb weniger Jahre hat von Wohnungsleerstand und Vermietungsproblemen zu erheblichen Engpässen in der Wohnungsversorgung geführt. Demographische Entwicklungen, veränderte Wohnwünsche und die Differenzierung von Wohnbedürfnissen haben dies genauso bewirkt, wie politische Entscheidungen: Etwa die weitgehende Einstellung des Sozialen Wohnungsbaus und die Abschaffung der Wohnungsgemeinnützigkeit. Wohnungspolitische Deregulierungen haben dabei zu unterschiedlichen Verwertungsmöglichkeiten von Wohnungsbeständen geführt, die wiederum gesellschaftliche Polarisierungsprozesse verstärken können. Vor dem Hintergrund der komplexen Ursachen der Probleme kann es keine kurzfristigen Rezepte zur Lösung der "neuen" Wohnungsnot geben.

Aber auch die wohnpolitische Diskussion erlebt eine Krise.[2] Da wir es in der Wohnungswirtschaft und der Wohnungspolitik mit einer sehr differenzierten und sozial und rechtlich komplizierten Wirklichkeit zu tun haben, bleibt Wohnungspolitik häufig wenigen Experten überlassen. Diese haben eine Fachsprache entwickelt, die eine breite Öffentlichkeit ausschließt. Daher ist es umso wichtiger, daß alle Betroffenen - MieterInnen, BewohnerInnen - und Fachleute aus Praxis, Wohnungswirtschaft, Verwaltung und Hochschule gemeinsam über Probleme und zukünftige Formen des Wohnens diskutieren.

Eine komplizierte Realität und eine für die Allgemeinheit kaum verständliche Fachsprache bieten die Voraussetzung für eine politisch abstrakte Kontroverse. Ideologisch motivierte Argumente bestimmen vielfach die Diskussion. Sie sind häufig geprägt durch geringe Faktenkenntnis, verwirrende Forderungen und unklare Interessenlagen. Hier setzt dieses Buch an. Es geht darum, Fakten und Probleme zu vermitteln, Interessen aufzudecken, wohnungspolitische Handlungsmöglichkeiten zu entwickeln und einen Diskussionsprozess zwischen Beteiligten und Betroffenen in Gang zu setzen, der nicht von einem Verständnis "Laien gegenüber Experten" ausgeht, sondern von dem Verständnis, die MieterInnen sind die ersten Fachleute, wenn es um ihre Wohnungen geht.

Der Akzent ist in diesem Band auf "neue" Wohnungsnot, Veränderungen im Wohnungsbestand und Wohnungsbestandspolitik gelegt worden. Dies impliziert nicht, daß dem Wohnungsneubau im Rahmen kommunaler Wohnungspolitik kein hoher Stellenwert beigemessen wird. Ohnehin ist die derzeitige Fokusierung der Optik der Wohnungsbaupolitiker fast ausschließlich auf den Neubau gerichtet. Diese Orientierung auf realisierte Programmzahlen hat ihre Wurzeln in der Wachstumseuphorie der Nachkriegszeit. Eine rein quantitative Diskussion blendet aber viele Fragen aus: Was für neue Wohnungen, mit welchen Mieten, welcher Lage, welcher Verkehrsanbindung, mit welcher Architektur (Standard) und für welche Bewohner etc.[3] Die Diskussion um Neubauzahlen muß vor dem Hintergrund teilweise dramatischer Entwicklungen im Wohnungsbestand relativiert werden. Daher ist es wichtig, auch die Probleme, Entwicklungen und Chancen im Wohnungsbestand einer differenzierten Analyse zu unterziehen.

In dem Buch geht es um Strukturen, Probleme, Konzepte und Handlungsmöglichkeiten der Wohnungspolitik, vor allem aber kommunaler Wohnungspolitik zwischen Wachstumszwängen und Wohnungsnöten. Die Stellung der kommunalen Wohnungspolitik als "Lückenbüßer" oder als "Reformchance" ist vor dem Hintergrund zu sehen, lokal auf Problemursachen einwirken zu können und zu müssen, die meist überlokal verursacht sind. Neben den Ursachen und Erscheinungsformen der "neuen" Wohnungsnot werden Handlungsfelder und Spielräume auf kommunaler Ebene thematisiert, die im Sinne einer kommunalen Wohnungspolitik im Bereich des Bestands und Neubaus offensiver genutzt werden könnten.

Entscheidend ist in diesem Kontext ob und in welcher Art und Weise sich in den letzten Jahren die Handlungsspielräume für kommunale Wohnungspolitik verändert haben. Der Zustrom der Aus- und Übersiedler, die Folgen der Wiedervereinigung und ein zumindest in einigen Städten der alten Bundesrepublik sich abzeichnender wirtschaftlicher Aufschwung haben gänzlich andere Voraussetzungen, Bedingungen und Notwendigkeiten für kommunale Wohnungspolitik bewirkt. Ob neben diesem neuen Druck aber auf kommunaler Ebene in der Wohnungspolitik neben dem "können" auch ein "wollen" vorhanden ist, wird im zweiten Abschnitt des Buches untersucht (Dirk Schubert).

Erstaunlicherweise ist die Geschichte der Mieterbewegung und Mieterbeteiligung bisher kaum Gegenstand wissenschaftlicher Untersuchungen gewesen (Abschnitt 3). Die Siedlungen der zwanziger Jahre, die vielfach die ersten kommunalen und/oder mit staatlicher Unterstützung gebauten Siedlungen darstellen, sind vorwiegend nur unter dem Aspekt der "modernen" Architektursprachen untersucht worden, kaum aber in bezug auf ihr soziales Innenleben. Dabei waren Architektur und gesellschaftliche Emanzipationsbestrebungen durchaus zwei Seiten der Einheit eines sozialen Veränderungsprozesses, der in den zwanziger Jahren einsetzte. Ronald Kunze greift diesen Aspekt auf und ruft die frühen Modelle der Mieterbeteiligung in Erinnerung. Unter dem Druck von Vermietungs- und sozialen Problemen in Wohngebieten hat es aber auch neuere Ansätze gegeben, von Mieterbeteiligung zur Selbstverwaltung zu kommen. Andreas Pfadt diskutiert die wenigen Ansätze der Veränderung des Vermieter-Mieterverhältnisses und zeigt Wege aus der Fremdbestimmung zur Mietermitwirkung und Selbstbestimmung.

Ausgehend von den verkrusteten und bürokratischen Wohnungsverwaltungs- und Eigentums-Strukturen ist ein Blick über die Grenzen hilfreich (Abschnitt 4). Dabei ist zu beachten, daß im Gegensatz zu den Beispielen aus Dänemark, Holland und Österreich, wo der kommunale Wohnungsbau einen zentralen Grundstock sozialstaatlicher Wohnungspolitik bildet, der kommunale Wohnungsbau in Großbritannien derzeit zum Gegenstand heftiger politischer Auseinandersetzungen geworden ist.

Der Kommunale Wohnungsbau in England datiert aus der Zeit gegen Ende des 19. Jahrhunderts und ist eine Reaktion auf die Wohnungsprobleme der Industrialisierungsphase (Hans Harms). Die Bedeutung des kommunalen Wohnungsbaus war und ist aufgrund der jeweiligen politischen Mehrheitsverhältnisse in einzelnen Städten sehr unterschiedlich. Durch die monetaristische Politik unter Margaret Thatcher sind große Teile des kommunalen Wohnungsbaus privatisiert worden, und auf lokaler Ebene ist der Umgang mit diesen Beständen eng in politische Auseinandersetzungen verstrickt. In Zeiten stark polarisierter gesellschaftlicher Auseinandersetzungen, der Reduzierung sozialstaatlicher Leistungen und wohnungspolitischer Deregulierungen kommt dem kommunalen Wohnungsbau aber eine wichtige Funktion gerade für die Wohnungspolitik der Städte und Gemeinden zu.

In Österreich: Die Gemeinde Wien düfte wohl über den größten kommunalen Wohnungsbestand überhaupt - auch im Vergleich mit anderen europäischen Städten -

verfügen. Dies ist - ähnlich wie in Deutschland - ein Resultat der gesellschaftlichen Umbruchzeit nach 1918, allerdings mit weiterreichenden quantitativen und qualitativen Veränderungsbestrebungen. Eine Mietrechtsgesetzgebung mit vererblichem Mieterschutz und gelenkter Mietenpolitik bildet bis heute die Grundlage sozialstaatlichen Handelns in der Wohnungspolitik. Der kommunale Wohnbau ist bis heute das Markenzeichen des "Roten Wien" schlechthin. Die Bestandssicherung und teilweise sehr aufwendige bautechnische Instandsetzung und Modernisierung wird noch immer im Zusammenhang gesehen mit der (dauerhaften) Bindung des Wohnungsbestandes zur Bedarfsdeckung der sozial schwachen Bevölkerung und der Ausweitung der Mietermitsprachemöglichkeiten (Gerhard Salomon). Das Mietermitwirkungsstatut für Wiens kommunale Wohnhausanlagen wurde 1988 verabschiedet und bildet - verbunden mit der Dezentralisation der städtischen Wohnhäuserverwaltung - einen wichtigen Schritt zur Verbesserung der Partnerschaft und Kommunikation zwischen den rund 220.000 Mietern und der Hausverwaltung.

Aber auch in Dänemark gibt es eine lange Tradition weit entwickelter Mietermitbestimmungsrechte. Britta Tornow skizziert in ihrem Beitrag die Rechte der Mietervertretungen, die gesetzlich geregelt sind, sich auf überlokale Mitsprachemöglichkeiten erstrecken und auch bei privatem Hauseigentum wahrgenommen werden können. Bewohnerorganisationen und Mietermitbestimmung bilden zwar auch in Dänemark keine Garantie zur Lösung sozialer Probleme in Wohngebieten, sie bieten aber eine Basis für eine frühzeitige projekt- und problemorientierte Mitarbeit, die letztlich auch eine Umverteilung von Macht und Verantwortung beinhaltet.

Spätestens seit Mitte der 70er Jahre gelten die Niederlande als "Mekka" für bundesdeutsche Architekten und Wohnungspolitiker. Mietermitbestimmung ist hier ein Bestandteil der gesellschaftlichen Demokratisierungsbewegung ab Ende der 60er Jahre. Helga Fassbinder zeigt anhand von zwei Beispielen aus Rotterdam und Amsterdam auf, wie Mieter aktiv, selbstbewußt und ernst zu nehmende Partner werden. Zugleich wird die Intention, mit Mieterbeteiligung geordnete Verhandlungsstrukturen zu schaffen, unkontrollierbare Konflikte früh zu erkennen und zu verhindern, deutlich.

Dieser Blick über die Grenzen sollte nun allerdings nicht dazu führen, dort nur positive Seiten zu sehen und diese in sehr unterschiedlichen Kontexten entstandenen Beispiele ohne weiteres auf die Situation in Deutschland zu übertragen. Stellung und Bedeutung kommunaler Wohnungsbestände und kommunaler Wohnungspolitik in Deutschland sind von Stadt zu Stadt sehr unterschiedlich und haben vor allem unter dem Aspekt der Auflösung der Neuen Heimat und der Abschaffung der Wohnungsgemeinnützigkeit einen neuen Stellenwert bekommen (Abschnitt 5).

Für die regionalen Wohnungs(teil)märkte haben sich in letzter Zeit gravierende Veränderungen ergeben. Die Verknappung mietpreisgünstiger Wohnungsbestände und die zunehmende Nachfrage nach diesen Beständen haben die Schere zwischen Angebot und Nachfrage immer weiter auseinanderklaffen lassen. Knut Gustafsson illustriert vor diesem Hintergrund die wohnungspolitischen Zielsetzungen für die städtischen Wohnungsbestände in Hamburg und erläutert die letzten wohnungspolitischen Entscheidungen in der Stadt. Die Situation auf dem Hamburger Wohnungsmarkt - vor allem auf dem Teilmarkt der sozialgebundenen Wohnungen - ist neben dem Auslaufen von Bindungen vor allem durch die Diskussion um die Übernahme der Wohnungsbestände der ehemaligen Neuen Heimat geprägt. Hamburg wies traditionell einen sehr hohen Bestand an Sozialwohnungen auf, die größtenteils von gemeinnützigen Wohnungsbauträgern erstellt worden waren. Die Entscheidungen des Ankaufs der Gartenstadtsiedlung Farmsen durch die Stadt und die Übertragung der Verwaltung des Wohnungsbestandes auf eine Mietergenossenschaft, sowie die Finanzierung des Grunderwerbs und der Grunderneuerung der Falkenried-Terrassen - beide Vorhaben quasi "Altlasten" aus den Neue-Heimat-Verkäufen - spiegeln hier neue wohnungspolitische Zielsetzungen wider.

Vorbehalte, Polemiken und Vorurteile gegenüber städtischen Wohnungsunternehmen, die häufig unreflektiert im Gefolge des Neue Heimat Skandals vorgebracht wurden, relativieren sich bei sachlicher Betrachtung. Kritisiert wurde neben der Größe der städtischen Wohnungsunternehmen die unzureichende Instandhaltung der Wohnungen ein bürokratischer und anonymer Verwaltungsapparat. Dabei hat der städtische Bestand, wie Michael Sachs in seinem Beitrag belegt, eine mietpreisdämpfende Wirkung auf den Gesamtwohnungsmarkt, zum anderen werden über den kommunalen Wohnungsbestand vor allem die vordringlich Wohnungssuchenden versorgt. Städtische Wohnungsunternehmen sind deshalb aufgrund ihres Aufgabenbereichs der (teuren) Versorgung von "Problemmietern", nicht mit privaten Wohnungsunternehmen vergleichbar.

Den Stellenwert der kommunalen Wohnungsbestände für die Versorgung der "Problemmieter" und von gesellschaftlich und/oder ökonomisch ausgegrenzter Gruppen thematisiert der Beitrag von Jürgen Evers und Wolfgang Pickert. Die Autoren skizzieren die Entwicklung von Armut und Wohnungsnot "als sozial- und wohnungspolitische Zeitbombe" und fordern: Gefragt ist Politik, nicht Sozialarbeit. Die Ursachen für das "Umkippen" des Wohnungsmarktes sind sehr komplex, sie sind auf wohnungspolitische Fehlentscheidungen in der Vergangenheit, auf wirtschaftliche Polarisierungs- und soziale Wandlungsprozesse zurückzuführen. Jens Dangschat beschreibt in seinem Beitrag die Zunahme und Diversifizierung sozialer Ungleichheit, die sich in sozialer und residentieller Segregation niederschlägt. Die Bekämpfung der Suburbanisierung und die gezielte Aufwertung von Stadtquartieren ("Gentrification") mit dem Effekt der weiteren Verknappung mietpreisgünstiger Wohnungsbestände bekommt bei einem veränderten Wohnungsmarkt einen anderen Stellenwert.

Aber nicht nur die innerstädtischen Quartiere unterliegen einem starken Veränderungsdruck, die abnehmende Zahl der Sozialwohnungen bedingt langfristig Beschränkungen für eine soziale Wohnungspolitik. Dirk Schubert und Michael Ferner belegen, daß auf den bisher einheitlichen Sozialwohnungsbestand Differenzierungs- und Polarisierungsprozesse einwirken, die im Gefolge der wohnungspolitischen Deregulierungen zu interpretieren sind. Da der Sozialwohnungsbau in der Regel in größeren Einheiten - vielfach in Großsiedlungen - realisiert wurde, lassen sich am Beispiel dieses Siedlungstypus Veränderungsprozesse besonders deutlich machen. Der bisher scheinbar einheitliche Bestand an Sozialwohnungen für die "breiten Schichten der Bevölkerung" wird unterschiedlichen Verwertungsmöglichkeiten unterworfen. "Die" Großsiedlung und "den" Sozialwohnungsbestand gibt es nicht mehr und wird es künftig immer weniger geben.

Vor dem Hintergrund dieser wohnungspolitischen Bestands- und Problemskizze ist eine breite Ratlosigkeit in der Wohnungspolitik festzustellen. Steigende Zinsen, Bau- und Bodenkosten engen die Möglichkeiten weiter ein. Dennoch gibt es eine Reihe von kommunalen wohnungspolitischen Ansätzen, die effektiver und gezielter genutzt werden müßten. Die Stiftung "Sozial wohnen- selbst verwalten" ist ein derartiges Modell, das die Verbesserung der Wohnungsversorgung unterer Einkommensgruppen anstrebt. Wohnungslose, von Wohnungslosigkeit bedrohte Menschen und andere auf dem Wohnungsmarkt benachteiligte Personengruppen sollen mit einem vom "normalen" Wohnungsmarkt abgekoppelten Bestand mit dauerhaft niedrigen Mieten und eigentumsähnlichen Wohnrechten unter Einbeziehung von Selbstverwaltung und Selbsthilfe versorgt werden (Beitrag: Barbara Kayser, Peter Schroeders). Zunehmend mehr Menschen wollen aber nicht "nur" wohnen, sondern sie wollen "anders" wohnen, als es bisher über die einheitlichen Standards im Sozialen Wohnungsbau vorgegeben war. War das Thema "neue Wohnformen" bisher weitgehend auf Nischen im Bestand beschränkt, so gibt es in jüngster Zeit auch mehr Menschen die selbst (anders) neu bauen wollen. Herbert Brinkmann beschreibt die Hintergründe und Probleme, die bei der Realisierung derartiger Wohnprojekte entstehen.

Eine große Bedeutung im Rahmen kommunaler Wohnungspolitik kommt auch den Genossenschaften zu. Nicht nur im Wohnungsneubau, und bei der Bestandspflege, sondern auch bei der Übernahme von z. B. Neue-Heimat-Wohnungen sind genossenschaftliche Lösungen möglich. Unter einem stark angespannten Wohnungsmarkt - wie seit Jahren in München - sind (noch) mietpreis- und belegungsgebundene Wohnungen besonders wichtig. Christian Herdes Beitrag zeigt hier ein Modell für die Übernahme von 2.093 Wohnungen der ehemaligen Neuen Heimat auf, aber auch die Mühsal und den langwierigen Diskussionsprozess der der Gründung einer Genossenschaft vorausgeht, und die Auseinandersetzungen begleitet.

Genossenschaftsneugründungen haben in letzter Zeit wieder zugenommen, sowohl für Neubauprojekte als auch Verwaltungsgenossenschaften für Wohnungsbestände. Die Beiträge von Bernd Brunhöver und Manuel Osorio belegen, für welche unterschiedlichen Wohnungsbestände und Probleme Lösungsansätze zu finden sind.

Für die Mieterbewegung ist es seit langem zentrales Anliegen mietpreisgünstige Wohnungsbestände und Belegungsbindungen zu sichern. Die Hohnerkamp-Siedlung in Hamburg ist ein gutes Beispiel für lange Auseinandersetzungen um Eigentumsfragen, baulichen Verfall und Modernisierungsabsichten im Gefolge der Neuen-Heimat-Verkäufe. Wilfried Lempfuhl zeigt die Konflikte und die Verunsicherungen der Mieter auf, die auch zur Gründung des Dachverbandes Hamburger Mieterinitiativen führte. Die noch Ende der 80er Jahre geplanten Wohnungsverkäufe von Neue Heimat und SAGA-Wohnungen in Hamburg führten zu einer Protestwelle der Mieter. Achim Woens beschreibt den Widerstand des Dachverbandes gegen diese Absichten, die 1991 vor dem Hintergrund des veränderten Wohnungsmarktes aufgegeben wurden.

Im Anhang sind Dokumente und Arbeitshilfen zusammengestellt, die Hilfestellungen für die Umsetzung neuer sozialer Wohnmodelle geben. Der Leitfaden der Johann - Daniel Lawaetz-Stiftung bietet Hilfestellungen für die Errichtung einer Genossenschaft, während die synoptische Gegenüberstellung der Rechtsformen hilfreich für die Abwägung unterschiedlicher Rechtsformen bei neuen Wohnformen ist. Der Leitfaden für Wohngruppenprojekte in Düsseldorf schließlich bietet für Menschen, die gemeinsam mit anderen bauen und wohnen wollen, eine Unterstützung.

Aus den Beiträgen wird deutlich, welchen Stellenwert kommunale Wohnungsbestandspolitik hat und welche Handlungsfelder- und Möglichkeiten sich zukünftig ergeben. Einen besonderen Stellenwert erhält die Kommunale Wohnungspolitik auch, wenn man sich die Probleme in der ehemaligen DDR vor Augen hält[4]. Wurde bei uns im Vertrauen auf die Marktkräfte die wohnungspolitische Deregulierung durchgesetzt, so findet diese Politik nun in der DDR ihre Fortsetzung. Das Vertrauen auf den Markt, der im Wohnungssektor schon im Westen nur begrenzt funktionierte, soll nun auch im Osten unter gänzlich anderen Voraussetzungen zur wohnungspolitischen "Strategie" werden. Die ideologische Prämisse, der Markt müsse und werde es schon richten, führt zur paradoxen Situation des Legitimationszwanges von jeglichen wohnungspolitischen Maßnahmen.

Zunächst steht im Gebiet der ehemaligen DDR die größte Mietensteigerung des Jahrhunderts bevor. Steigerungen bis 400 % sind zu erwarten, und das ist erst der

Anfang. In einer Zeit, in der den Menschen alles unsicher erscheint, macht das vielen Bewohnern Angst. Auch wenn fast 3/4 der Mieter in der ehemaligen DDR Anspruch auf Wohngeld haben, löst das längst nicht alle Probleme. Zwar wird es Wohngeld geben, aber nicht in der Höhe, wie von vielen angenommen. Um die Miete bezahlen zu können, ist ein Mindesteinkommen erforderlich. Ist das Einkommen "zu hoch", liegen die Haushalte über den Einkommensgrenzen, dann erhalten sie kein Wohngeld. Zudem beantragen viele Haushalte aus Unsicherheit und Unkenntnis heraus kein Wohngeld. Wohnen ist damit in der ehemaligen DDR nicht nur wesentlich teurer, sondern auch komplizierter geworden. Bedeutete bisher ein Umzug in der Regel eine Verbesserung - in eine größere, besser ausgestattete Wohnung -, so sind jetzt kleine Wohnungen gefragt und "Zusammenrücken" ist angesagt.

Sind die Kommunen im Westen mit seiner 2/3-Gesellschaft froh über jede belegungs- und mietpreisgebundene Wohnung, wird im Osten mit der derzeit noch zunehmenden Massenarbeitslosigkeit auf die (Teil)Privatisierung kommunaler Wohnungsbestände gesetzt[5]. Johann Eeckhoff, vormals im Bundesbauministerium tätig, jetzt Staatssekretär im Wirtschaftsministerium, dazu: "Von Überlegungen, Mietwohnungsbestände im unmittelbaren kommunalen Eigentum zu belassen, ist abzuraten. Die Erfahrungen mit kommunalen Wohnungsbeständen, bei denen die Einnahmen und Ausgaben unmittelbar in den kommunalen Haushalt eingehen, sind gekennzeichnet durch hohe laufende Verluste, miserable Qualität bis zum Verfall der Wohnungen und ständigem Streit zwischen Mietern und Kommune bzw. Kommunalpolitikern"[6]. Ordnungspolitische Wertvorstellungen werden so auf das Grundbedürfnis Wohnen übertragen, der Freigabe der Mieten das Wort geredet und eine Privatisierung gefordert. Noch deutlicher formuliert es Peter Gillies in der Welt: "Ein riesiges Potential wartet auf Erschließung. In den westlichen Bundesländern liegt die Eigentumsqote von Wohnungen bei knapp 40, in den östlichen bei nur 25 Prozent. ... Die Idee des privaten, freiheitsspendenden Privateigentums bedarf eines professionellen Marketings ... Die westliche Konsumgesellschaft, die sogar Produkte zu verkaufen weiß, die man kaum braucht, soll ihr Marketing hier offensiv einsetzen. Es ist Teil der marktwirtschaftlichen Erneuerung in der Ex-DDR ..."[7].

Sieht man einmal davon ab, daß die in Plattenbauweise errichteten DDR-Wohnungen vielfach nicht den Kriterien entsprechen wie sie z. B. für die Erteilung einer Abgeschlossenheitsbescheinigung benötigt werden, so werden dem Mieter als Käufer damit nicht nur Finanzierungskosten zum Erwerb der Wohnung auferlegt, sondern er hat auch für die Instandhaltungsdefizite aufzukommen, die sich auf den Häusern und Wohnungen türmen. Müssen Instandhaltungsmaßnahmen durchgeführt und finanziert werden, werden die Wohnungen so teuer, daß sie für die Mieter unerschwinglich werden, wie es auch Erfahrungen mit dem Freitaler Modell belegen. Deshalb wird auch auf kaufwillige Westinvestoren gesetzt, was zusätzlichen sozialen Zündstoff bedeutet. Obwohl Fachleute, Banken und Mietervereine unter diesen

Bedingungen Mietern vom Eigentumserwerb abraten, wird hier von den einen das große Geschäft, von den anderen eine wohnungspolitische Perspektive gesehen.

Die in der ehemaligen DDR stark vernachlässigten Stadterneuerungsmaßnahmen bieten Ansätze, Arbeitsbeschaffungsmaßnahmen zu integrieren und gleichzeitig mit einer Aktivierung der Betroffenen Wege zu einer neuen demokratischen Baukultur zu gehen[8]. Strategien, die nur auf das Interesse von Investoren setzen und die betroffenen MieterInnen nicht berücksichtigen, stehen langfristig auf tönernen Füßen. Auch für die Probleme im Wohnungsbestand der DDR gibt es sicher keine Einheitslösungen, aber konzeptionelle Alternativen werden kaum erwogen, und von vornherein wurde auf den Markt gesetzt. Der Markt, dessen Versagen uns im Westteil Deutschlands die größte Wohnungsnot seit den fünziger Jahren beschert hat, soll nun bei den ungleich komplizierteren Verhältnissen in der ehemaligen DDR die Probleme lösen. Wer das Primat des Marktes in Frage stellt, über andere Lösungen nachdenkt, wird diffamiert.

Vor dem Hintergund dieser Problemanalyse kann es nicht "die" Lösung und das Patentrezept geben. Zu unterschiedlich sind die Probleme in Stadt und Land, in Ost und West und von Großstadt zu Großstadt. In jedem Fall aber wird der kommunalen Wohnungspolitik zur Lösung der Wohnungsnot in den neunziger Jahren eine zentrale Rolle zufallen. Gefragt sind dabei differenzierte Lösungen, die von den jeweiligen Mietern und Bewohnern ausgehen und die die baulichen Probleme der Gebäude und Siedlungen mit einbeziehen.

Der Band ist Ergebnis einer Tagung vom 8. und 9. November 1990 an der Hochschule für Bildende Künste unter dem Titel "Zur Zukunft städtischer Wohnungsbestände". Die Tagung wurde mit Unterstützung des Hamburger Mietervereins von 1890, des Mietervereins Mieter helfen Mietern, der TU Hamburg-Harburg, der Hochschule für Bildende Künste, des Dachverbandes der Hamburger Mieterinitiativen und des WOHNBUNDs durchgeführt, denen hiermit noch einmal für ihre Unterstützung gedankt sei. Die Drucklegung wurde durch einen bedeutenden Zuschuss der Baubehörde und durch Unterstützung des Hamburger Mietervereins von 1890 und vom Mieterverein Mieter helfen Mietern möglich.

Für die Veröffentlichung wurden die (überarbeiteten) Tagungsreferate durch weitere Beiträge ergänzt. Besonderer Wert ist dabei auch auf die Zusammenstellung der den Beiträgen jeweils zugeordneten Materialien gelegt worden, die möglichst konkret Probleme, Arbeitsansätze und Schwierigkeiten vor Ort illustrieren sollen. Der Band wendet sich damit an von Wohnproblemen Betroffene, Mieter und Wohnungssuchende, aber auch an Stadtplaner, Architekten, Soziologen, Wohnungswirtschaftler und Politiker, an Studierende wie "Studierte", kurz an alle, die an Fragen des zukünftigen Wohnens interessiert sind.

Unterschiedliche Interessen und Konflikte, die teilweise in den Beiträgen deutlich werden, sollen dabei nicht unterschlagen sondern transparent und diskutierbar gemacht werden. Die subjektiven Sichtweisen der Autoren bleiben dabei erhalten. Wohnungspolitik und auch kommunale Wohnungspolitik ist immer auch eine Suche nach Lösungen und Kompromissen zwischen allen Beteiligten und Betroffenen.

Fritz Schumacher, der eingangs zitiert wurde, faßte sein wohnungspolitisches Credo 1947 wie folgt zusammen: "Wir kamen aus einer Zeit, deren Kulturzustand bemessen wurde nach der besten Leistung, die sie auf dem Gebiet des Wohnungswesens aufweisen konnte. Wir gehen in eine Zeit, deren Kulturzustand bemessen werden wird nach der schlechtesten Wohnung, die sie entstehen läßt"[9]. Vergegenwärtigen wir uns die Wohnungsprobleme in der ehemaligen DDR und sehen dieses Ziel vor dem Hintergrund der zunehmenden Zahlen von Wohnungssuchenden im Westen, so wird im "Jahrzehnt des Wohnungsmangels" kommunale Wohnungspolitik einen hohen Stellenwert haben müssen.

Anmerkungen

1 Schumacher, Fritz, Wesen und Organisation der Landesplanung, Hamburg 1932, S. 44.
2 Zöpel, Christoph, Konzeption einer problemorientierten Wohnungspolitik auf empirischer Grundlage, in: Evers, Adalbert, Lange, Hans-Georg, Wollmann, Helmut (Hrsg.), Kommunale Wohnungspolitik, Basel 1983, S. 12 ff.
3 Vgl. Huke-Schubert, Beata (Hrsg.), Wohnen morgen, Wohnungsbau in den 90er Jahren, Darmstadt 1990.
4 Vgl. Jenkis, Helmut, Wohnungswirtschaft und Wohnungspolitik in der DDR, in: Jenkis, Helmut (Hrsg.), Kompendium der Wohnungswirtschaft, München-Wien 1991, S. 487 ff.
5 Vgl. Zu den Voraussetzungen für eine Privatisierung vgl. auch: Privatisierung von Wohnungen in Leipzig - Durchführungsrichtlinien, in: Wohnungswirtschaftliche Informationen 26/91 vom 27.6.1991.
6 Eeckhoff, Johann, Wohnungsmärkte und Städtebau in der DDR: Ausgangslage-Probleme-Konzepte, in: ifo-schnelldienst 15/90, S. 23/24.
7 "Eine Tür zur Freiheit", Peter Gillies, in: Die Welt 6. Mai, 1991.
8 Vgl. Friedrich-Ebert-Stiftung, Bund Deutscher Architekten (Hrsg.) Stadterneuerung in Ostdeutschland, Materialien - Meinungen - Maßnahmen, Bonn 1991.
9 Schumacher, Fritz, Erziehung durch Umwelt, Hamburg o. J., S. 61.

2.
Kommunale Wohnungspolitik zwischen Eigentümer- und Mieterinteressen

Kommunale Wohnungspolitik - "Lückenbüßer" oder "Reformchance"?

Dirk Schubert

Die "neue" Wohnungsnot geht um. Kaum eine Zeitung die das Thema ausläßt, kaum eine Talk-Show, in der nicht darüber diskutiert wird. Polemische Auseinandersetzungen um Ursachen und Schuld sind auf der Tagesordnung, schnelle "Lösungen" werden angeboten und alte und neue angebliche Patentrezepte präsentiert. Vom "Crash am Wohnungsmarkt" ist die Rede und für die neunziger Jahre wird ein Jahrzehnt schlimmsten Wohnungsmangels prognostiziert[1]. Auch die letzten Wahlen haben gezeigt, daß der Wohnungspolitik wieder eine große Bedeutung beigemessen wird.

Dagegen standen noch vor einigen Jahren die stadtentwicklungs- und wohnungspolitischen Diskussionen unter dem Motto die "Chancen des Schrumpfens". Die Bewältigung eines Schrumpfungsprozesses schien auf Jahre hinaus ein zentrales Thema zu sein. "Eine krisenhafte Zuspitzung auf dem Wohnungsmarkt (sei) noch nicht festzustellen"[2], argumentierten noch Häußermann/Siebel in ihrem Buch über "Neue Urbanität" und skizzierten nicht nur die Notwendigkeit sondern auch die Chancen von ökonomisch bedingten Schrumpfungsprozessesen und ihren unterschiedlichen Widerspiegelungen in Regionen und Städten. Die strukturell bedingten ökonomischen Veränderungsprozesse würden stadträumlich Nischen und Freiräume hinterlassen, die für neue Betriebs- und Arbeitsformen, aber auch zu Wohnzwecken vielfältig genutzt werden könnten. Für kommunale Wirtschafts- und vor allem auch Wohnungspolitik könnte hier ein neuer Handlungsspielraum entstehen, der vielfältige Möglichkeiten offenlasse.

Die "neue" Wohnungsnot ist kein theoretisches Konstrukt, sondern traurige Realität. Vor dem Hintergrund des aktuellen wirtschaftlichen Aufschwungs, zumindest in den alten Bundesländern, und den dramatischen Entwicklungen auf dem Wohnungsmarkt haben sich in den letzten Jahren gravierende Veränderungen ergeben. Da die Wohnungsnot zunächst vor allem in den Kommunen registriert wird, und sich hier die dringendsten Handlungserfordernisse ergeben, kommt vor allem der kommunalen Wohnungspolitik zur "Lösung", Abschwächung, Verschiebung und Verlagerung der Wohnungsprobleme eine erhebliche Bedeutung zu. Die entscheidende Frage ist dabei ob, und in welcher Weise, sich vor dem Hintergrund ökonomisch-gesellschaftlicher Umstrukturierungsprozesse und den stadträumlichen Widerspiegelungen dieser Prozesse die Handlungsspielräume für lokale Wohnungspolitiken verändert haben.

Daß die derzeitige Versorgungs- und Engpassituation auf dem Wohnungsmarkt mit dem Begriff einer "neuen" Wohnungsnot bezeichnet werden kann, darüber gibt es mittlerweile bei Politikern, Hauseigentümern, Mietern und Betroffenen nur noch graduelle Meinungsunterschiede. Differenzierter stellt sich das Bild schon dar, wenn eine präzise Definition des Begriffes gefragt ist und wenn auf die politischen, ideologischen, sozialen und wohnungspolitischen Implikationen der Verwendung des Begriffes eingegangen wird. Dann ergeben sich sehr unterschiedliche Einschätzungen und Bewertungen von Handlungsmöglichkeiten und Handlungsdefiziten und damit auch Schuldzuweisungen, ob es denn auch politische Verantwortlichkeiten für die "neue" Wohnungsnot gebe.

Das vielbemühte Adjektiv "neue" Wohnungsnot suggeriert, daß es um ein neues Phänomen geht, daß es sich um eine temporäre Erscheinung handelt und daß entsprechendes Gegensteuern und Handeln die "neue" Wohnungsnot schnell würde beseitigen können. Zahlen für die BRD belegen den Rückgang des Wohnungsneubaus in der BRD auf nur noch 218.344 fertiggestellte Wohnungen 1988 - und damit den niedrigsten Stand - und seit 1989 wieder einen leichten Anstieg auf 238.637 Wohnungen. Demgegenüber steht der Ansturm von Aussiedlern, Übersiedlern und Asylbewerbern, der in den "alten" Bundesländern allein 1989 842.200 Personen umfaßte[3]. Die Beseitigung des akuten Wohnungsmangels wird erschwert durch knappes Bauland, den Anstieg der Grundstückspreise, der Baupreise, der Zinsentwicklung und der Mietenentwicklung.

Vielfach wird davon ausgegangen, daß der Wohnungsneubau, vor allem in der Form des sozialen Wohnungsbaus diese Versorgungsengpässe schnell würde beseitigen können. Es wird darauf verwiesen, daß es nach einer angespannten Wohnungsmarktsituation Anfang der achtziger Jahre noch Mitte der achtziger Jahre ein quantitatives Überangebot auf regionalen Wohnungsteilmärkten gab, daß es Vermietungsprobleme und - allerdings häufig stark überschätzte - Wohnungsleerstände gab. Diese Argumentation berücksichtigt allerdings nicht, daß es auch damals schon Wohnungsnöte gab, vor allem für untere Einkommensgruppen[4]. Der Verweis auf die "durchschnittlich allgemein günstige Versorgungslage" (so z. B. die Äußerung des ehemaligen Wohnungsbauministers Schneider, wonach die Wohnungsversorgung in der BRD nicht gut, oder sehr gut, sondern ausgezeichnet sei) verkennt diese Disparitäten.

Schon Anfang der 80er Jahre war in einer Vielzahl von Publikationen darauf hingewiesen worden, daß es schon damals Wohnungsnöte gab[5], und schon 1980 hatte der Deutsche Städtetag unter dem alarmierenden Motto "Neue Wohnungsnot in den Städten" das Thema aufgegriffen. Die "neue" Wohnungsnot ist also nicht neu, es gibt keine grundlegend neue Merkmale, neu sind bestenfalls Ausmaß und einige Ursachen von Wohnungsnot. Bezeichnenderweise spricht niemand von der "alten" Wohnungsnot. Es scheint dabei also eher um den Versuch zu gehen, eine neue Qualität aufspüren zu wollen, der aber in der Konsequenz eine Verharmlosung struktureller Wohnungsversorgungsprobleme ist[6].

Allerdings gibt es kaum brauchbare aktuelle Zahlen und Daten, die präzise Argumentationen ermöglichen würden. Dies wird an sehr unterschiedlichen Schätzungen des Wohnungsfehlbestandes deutlich. So schätzt der Deutsche Mieterbund, daß in der gesamten BRD 2,5 Mio. Wohnungen fehlen, davon allein 1 Mio. in den neuen Bundesländern. Das Institut der Deutschen Wirtschaft schätzt den Fehlbestand auf "nur" 750.000 Wohnungen[7]. Diese Zahlen illustrieren mit welchen Unsicherheiten Wohnungsbedarfsprognosen behaftet sind, aber auch, daß aktuelle, räumlich differenzierte und überörtlich vergleichbare Daten und Informationen fehlen. Auch die (inzwischen schon wieder veralteten) Volkszählungsdaten sind hier kaum brauchbar. Vor allem aber fehlen von allen akzeptierte Ausgangsdaten[8]. Obwohl die Datenlage sich also als unzureichend erweist, soll im folgenden versucht werden, die wichtigsten Trends und Entwicklungen auch zahlenmäßig zu belegen, um die Brisanz der Entwicklungen zu kennzeichnen.

"Neue" Wohnungsnot- Ursachen, Strukturen, Erscheinungsformen

Ihren Niederschlag findet die "neue" Wohnungsnot auf lokaler Ebene, hier wird Obdachlosigkeit registriert und hier stellen die Wohnungsämter das Fehlen belegungs- und mietpreisgebundener Wohnungen zuerst fest, ein Problem das dann u. a. über die Anmietung teurer Hotel- und Pensionsunterkünfte von den Gemeinden gelöst werden muß[9].

Vor allem auf großstädtischen Wohnungsmärkten werden die Engpässe der Wohnungsversorgung spürbar[10]. Dabei sind aber die Erscheinungsformen der "neuen" Wohnungsnot durchaus unterschiedlich, sie variieren zwischen Groß- und Kleinstädten, zwischen Stadt- und Land, zwischen alten und neuen Bundesländern und zwischen Norden und Süden. Die folgende kurze Problemskizze der Veränderungsprozesse im Wohnungsbestand - Angebot und Nachfrage am Beispiel Hamburgs - ließe sich strukturell durchaus auf andere Großstädte übertragen, Berlin mit seiner besonderen Situation auf dem Wohnungsmarkt vielleicht ausgenommen. Hamburg ist allerdings Bundesland und Kommune mit entsprechenden Handlungsmöglichkeiten, da Landes- und Kommunalkompetenzen in einer Hand ausgeübt werden können. Bis Mitte der 80er Jahre gab es vor dem Hintergrund des Nord-Süd-Gefälles und der ökonomischen Umstellungsprobleme der Hamburger Wirtschaft einen relativ entspannten Wohnungsmarkt und Engpässe nur für "Problemgruppen". Innerhalb kürzester Zeit hat sich nun bei einer "boomenden" Wirtschaft eine "neue" Wohnungsnot entwickelt. Durch mehrere, sich teilweise überlagernde Prozesse, gibt es quantitative Veränderungen im Wohnungsbestand und Wohnungsangebot:

- Der Wohnungsbestand umfaßte 1989 787.258 Wohnungen, davon 643.780 Miet- und 143.478 Eigentumswohnungen[11]. Die Volkszählungsdaten hatten den Wohnungsbestand zu hoch angesetzt. So wurde bei den Fortschreibungsdaten 1986 von 814.088 in Hamburg ausgegangen, während die Volkszählung nur einen Bestand von 776.700 Wohnungen ergab[12]. Damit "fehlen" ca. 30.000 Wohnungen, die bisher mitgezählt worden waren.
- Jährlich gehen 300 bis 600 Wohnungen durch (genehmigte) Zweckentfremdungen für Wohnnutzungen verloren[13]. Schätzungen über den Umfang der nicht bewilligten Zweckentfremdung liegen nicht vor.
- Wohnungsabgänge müssen jährlich auf ca. 2.000 bis 4.000 pro Jahr angesetzt werden[14]. Der Verlust von Wohnungen durch Abrisse, Zweckentfremdungen und Wohnungszusammenlegungen liegt damit bei ca. 0,3 % des Wohnungsbestandes und erreicht damit fast das Niveau der Neubauprogramme mit 4.000 Wohneinheiten pro Jahr.
- Die Zahl der Wohnungsneubaufertigstellungen war von 1977 = 10.329 bis 1988 = 2.624 stark rückläufig. Der öffentlich geförderte Wohnungsbau ging von 1977 mit 6.751 Wohnungen bis 1987 auf 1.386 zurück[15]. 1989 wurde ein Wohnungsbauprogramm für 1989 bis 1994 mit jährlich ca. 4.000 Wohnungen beschlossen. Zugleich fuhr die Wohnungsbauwirtschaft ihre Kapazitäten zurück.

Neben diesen quantitativen Entwicklungen sind qualitative Veränderungen im Wohnungsbestand und auf den Wohnungsteilmärkten sehr wichtig:

- In Hamburg sind von 1978 bis 1988 33.862 Abgeschlossenheitsbescheinigungen, 6.224 für Sozialwohnungen 27.162 für freifinanzierte Wohnungen, erteilt worden, Voraussetzung für die Umwandlung von Miet- in Eigentumswohnungen. Räumliche Schwerpunkte der Umwandlungsaktivitäten sind die Bezirke Eimsbüttel und Hamburg-Nord. Von 28.425 Wohnungen, für die 1978 bis 1985 Abgeschlossenheitsbescheinigungen ausgestellt worden waren, sind 15.136 Mietwohnungen umgewandelt und 10.183 als Eigentumswohnungen verkauft worden[16]. Fast 75 % der Abgeschlossenheitsbescheinigungen betrafen Wohnungen der Baujahre 1955 bis 1967. Durch Umwandlungen von Miet- in Eigentumswohnungen und darauf folgende Verkäufe gehen dem Wohnungsmarkt zwar keine Wohnungen verlustig, häufig aber preiswerte Bestände.
- Nach langer Vorgeschichte[17] wurden mit der Steuerreform im Juli 1988 zum 1.1.1990 die Steuerbefreiungen für alle Gemeinnützigen Wohnungsunternehmen aufgehoben. Die Aufhebung des Wohnungsgemeinnützigkeitsrechts bedeutet den Wegfall der bisher gewährten Körperschafts- Vermögens- und Gewerbesteuer auf der einen und den Wegfall der Bindungen der Wohnungsgemeinnützigkeit auf der anderen Seite. Diese Bindungen waren vor allem die Überschußbindung (Reinvestitionszwang in Baumaßnahmen), die Dividendenbeschränkung (auf max.

4 v. H. des Eigenkapitals) und die mit den Einschränkungen der freien Verwertbarkeit zusammenhängende Mietbindung, d. h. die Berechnung der Miete nach dem Kostenmietenprinzip der II. Berechnungsverordnung[18].
Bisher waren die Gemeinnützigen Wohnungsunternehmen auch nach der Rückzahlung der öffentlichen Darlehen und dem damit verbundenem Auslaufen von Bindungen an das Kostenmietenprinzip gebunden. Nur die Belegungsbindungen entfielen. Die bisherigen Folgen des Auslaufens von Bindungen waren damit in Hamburg nicht so dramatisch, da ein Großteil der Sozialwohnungen sich hier im Besitz von Gemeinnützigen Wohnungsunternehmen befindet.
Von dem Auslaufen der Wohnungsgemeinnützigkeit zum 1.1.1990 sind in Hamburg ca. 50.000 Wohnungen betroffen, bei denen die Fördermittel schon zurückgezahlt sind und die dann nicht mehr dem Kostenmietenprinzip unterliegen. Damit gilt dann die ortsübliche Vergleichsmiete. Mieterhöhungen dürfen dann in Hamburg nicht jährlich um 10 %, sondern nur um 5 % vorgenommen werden[19]. Betroffen sind davon zunächst die Wohnungsbestände der 50er Jahre. Bis Mitte der 90er Jahre werden die Bestände der 60er Jahre folgen.

- Durch die Einführung der Fehlbelegerabgabgabe zum 01.07.1990 in Hamburg werden Mieterhöhungen bei den "Fehlbelegerhaushalten" eingeführt[20]. Die Einführung der Fehlbelegerabgabe in Hamburg sieht nun vor, daß Sozialmieter, wenn ihr Einkommen die Einkommensgrenzen nach § 25 des II. WoBauG um mehr als 50 % übersteigt, vom 01.07.1990 an 2 DM pro qm mehr zahlen müssen. Ausgenommen von dieser Regelung sollen ca. 49.000 Sozialwohnungen in Großsiedlungen werden. Die Kosten der Erhebung belaufen sich 1990 und 1991 voraussichtlich auf 4,6 bzw. 2,7 Mil. DM, während sich geschätzte Einnahmen von 7,8 bzw. 13,6 Mil. DM ergeben[21]. Immerhin sind max. ca. 2.000 DM pro Jahr dann zusätzlich aufzubringen und es stellt sich die Frage, ob es damit nicht möglich ist, ggf. eine andere mietpreisgünstigere Wohnung zu bekommen. Vor dem Hintergrund der aktuellen Wohnungsnot dürfte sich die Fluktation in Folge der Einführung der Fehlbelegerabgabe allerdings in Grenzen halten.
- Durch Modernisierungstätigkeit (privat und öffentlich gefördert) verringert sich der Bestand an mietpreisgünstigen Wohnungen. Mit öffentlichen Mitteln sind in Hamburg nach verschiedenen Förderprogrammen ca. 100.000 Wohnungen modernisiert worden, ohne öffentliche Förderung und die damit verbundene temporäre Mietpreisbindung nach Schätzungen des Amtes für Stadterneuerung noch einmal fast genau so viele. Bei den mit öffentlichen Mitteln geförderten Modernisierungen entfallen nach 9 bzw. 12 Jahren die an die Förderung geknüpften Mietpreisbindungen. Ca. 12.000 ehemals mietpreisgebundene modernisierte Wohnungen haben also schon keine Bindungen mehr, jährlich kommen ca. 4.000 weitere Wohnungen ohne Bindung dazu. Dabei handelt es sich vorwiegend um attraktive Altbaubestände. Eine zweite Verdrängungswelle ist daher anzunehmen[22].

- Durch planmäßige und vorzeitige Rückzahlungen öffentlicher Baudarlehen gehen Mietpreis- und Belegungsbindungen verloren, ein Prozess, der durch die Aufhebung der Wohnungsgemeinnützigkeit forciert wird. Der derzeitige Bestand von ca. 276.000 Sozialmietwohnungen wird bis zum Jahre 2000 auf ca. 87.000 Wohnungen, das sind 32 % des Bestandes von 1987, zusammengeschmolzen sein[23]. Die für eine sozialpolitisch orientierte Wohnungspolitik zur Verfügung stehenden letzten belegungs- und mietpreisgebundenen Wohnungen liegen dann vor allem noch in den sogenannten Problemsiedlungen der 70er Jahre.
- Durch den lange geplanten Verkauf von Sozialwohnungen (NH, SAGA) wären belegungs- und mietrechtliche Änderungen möglich und wahrscheinlich. Ca 10.000 Wohnungen der früheren Neuen Heimat sollten weiter veräußert werden und nach dem Gutachten der Unternehmensberatung Roland Berger sollten von dem kommunalen Wohnungsunternehmen, der SAGA, ca. 4.700 Wohnungen veräußert werden, und ca. 5.000 in eine "optimalere Verwertung" überführt werden. Die einmalige Chance, einen bedeutenden kommunalen Wohnungsbestand für eine sozial orientierte Wohnungspolitik mit niedrigen Mieten, mit langfristigen Mietpreis- und Belegungsbindungen zu sichern, wäre damit vertan[24]. Vor dem Hintergrund der veränderten Wohnungsmarktlage wurden die Verkäufe zwar gestoppt, bei den Mietern haben sie aber erhebliche Verunsicherungen hinterlassen.
- Im freifinanzierten Wohnungsbau bzw. bei Wohnungen, die keinerlei Mietpreisbindungen mehr unterliegen, wird die Miete "selbstverantwortlich von den Vertragsparteien" nach dem Prinzip der ortsüblichen Vergleichsmiete bestimmt. Bei diesen ca. 220.000 Wohnungen in Hamburg werden Mieterhöhungsverlangen nach dem Miethöhegesetz in der Regel mit Verweis auf den örtlichen Mietenspiegel begründet. Da nur Neuvermietungen in den Mietenspiegel eingehen, wird mit dem Mietenspiegel eine Mietpreisspirale auf immer höherer Ebene fortgeschrieben. So liegen die Mieten im Mietenspiegel 1989 durchschnittlich 11 % höher als im Mietenspiegel 1986, bei ehemals preiswerten Beständen allerdings um bis zu 27 %. Die hohen Preissteigerungen gerade der unteren Preiskategorien treffen Haushalte mit geringem Einkommen besonders hart.
- Die Bruttokalt-Miete im nicht-preisgebundenen Bestand stieg zwischen 1986 und 1989 um etwa 4 % jährlich. Damit liegt diese Steigerungsrate deutlich über der durchschnittlichen Steigerung des Preisindexes für die Lebenshaltung, der im Vergleichszeitraum um jährlich ca. 1,8 % anstieg. Bei Wiedervermietungen im Bestand stiegen die Mieten zwischen 1985 und 1990 je nach Wohnlage um DM 2,00 pro qm und mehr, bei Erstvermietungen im gleichen Zeitraum um über 3,00 DM pro qm[25]. Besonders starke Anstiege der Mieten gab es bei Neuvermietungen im Altbau und beim Erstbezug von Wohnungen. In Hamburg stiegen dic Mieten bei Neuvermietungen zwischen Frühjahr 1989 und 1990 um durchschnittlich 33 %, Mietpreissprünge von 50 % sind keine Seltenheit[26]. Damit kann man fast von einer Explosion der Mieten innerhalb kürzester Zeit sprechen.

Damit haben wir es im Wohnungsbestand mit einer dramatischen Verringerung belegungs- und mietpreisgebundener Wohnungen zu tun. Alle Entwicklungen und skizzierten Prozesse deuten auf eine weitere Abnahme noch relativ mietpreisgünstiger Wohnungsbestände hin. Entscheidend ist dabei das Zusammenwirken sehr unterschiedlicher Ursachenzusammenhänge und Prozesse auf den Wohnungsteilmärkten, die diese Verknappungsprozesse bewirken.

Den skizzierten Veränderungen im Wohnungsbestand stehen gravierende Verschiebungen der Nachfrage gegenüber:

- Wohnflächenansprüche im Bestand durch die "wohlstandsbedingte Wohnungsnachfrage" führen dazu, daß immer kleinere Haushalte immer größere Wohnungen nutzen. Von 1980 bis 1987 stieg die durchschnittliche Wohnfläche je Einwohner in Hamburg von 31 auf 34 qm[27]. "Wenn nur 50 % der Hamburger Haushalte mittelfristig mit einem realen Einkommenszuwachs von 1 % rechnen und deshalb mittelfristig ihre jetzige Wohnfläche nur um 0,3 % p. a. ausdehnen, entsteht rechnerisch eine zusätzliche Nachfrage von über 1.100 Wohnungen. Ohne Bestandsausweitung müssen andere Haushalte 'zusammenrücken'"[28].
- Die durchschnittliche Haushaltsgröße lag 1950 bei 3 Personen, 1980 bei 2,0 Personen, 1986 bei 1,9 Personen. Die durchschnittliche Wohnfläche je Einwohner in qm stieg von 1968 = 24 qm, 1980 = 31 qm auf 1987 = 34 qm. Bei der Wohnungsbelegung wird von der Normvorstellung ausgegangen, daß für jede Person in einer Wohnung ein Wohnraum zur Verfügung stehen sollte. Dabei ergibt sich, daß die Zahl der unterbelegten Wohnungen von 1970 110.800 bis 1886 auf 180.500, also um 62,9 % zugenommen hat. "Um 95 % nahmen die unterbelegten Wohnungen zu, in denen nur eine Person lebte. Damit stieg die Zahl dieser unterbelegten Wohnungen auf 120.300"[29]. Dies Zahlen belegen die starke Ausdehnung des Wohnflächenbedarfs besser verdienender Haushalte, vor allem der Singles.
- Von 1965 = 1.854.365 Einwohner sank die Einwohnerzahl bis 1986 = 1.571.267 Einwohner und stieg ab 1986 bis 1990 auf 1.646.800 wieder an. Die prognostizierten Bevölkerungsrückgänge sind damit nicht eingetreten, sondern im Gegenteil, vor allem durch Zuzüge bedingt, gibt es wieder Bevölkerungswachstum[30].
- Trotz des Bevölkerungsrückgangs stieg in Hamburg die Zahl der Privathaushalte von 1965 = 800.000 bis auf 1986 = 826.000 Haushalte. Die durchschnittliche Haushaltsgröße lag 1986 bei 1,9 Personen, der Anteil der Einpersonenhaushalte in % aller Haushalte 1985 in Hamburg schon bei 44,8 %[31]. Ein- und Zwei-Personen-Haushalte stellen in Hamburg schon 3/4 aller Haushalte.
- Durch den starken Zuzug der Aussiedler, Umsiedler und Flüchtlinge ergibt sich eine verstärkte Nachfrage auf dem Wohnungsmarkt. Allein 1989 kamen 10.734 Aussiedler, 8.241 Übersiedler aus der ehemaligen DDR und 5.200 Asylbewerber nach Hamburg[32]. Der monatliche Zustrom liegt derzeit bei ca. 1.500 Personen.

Bei einer qualitativen Betrachtung des Wohnungsmarktes und der Nachfrage steht dabei vor allem der Anteil eher einkommensschwächerer Haushalte und deren Mietzahlungsfähigkeit im Zentrum. Dies umso stärker, als sich bei der sog. "neuen" Wohnungsnot Versorgungsprobleme vor allem für untere Einkommensgruppen ergeben[33]. Trotz der euphorischen Beurteilungen der neuen Möglichkeiten durch den Ost-West-Handel und der damit verbundenen Standortattraktivität Hamburgs als "Boomtown" ist weiter mit einer strukturell bedingten hohen "Sockelarbeitslosigkeit" zu rechnen.

- In Hamburg gab es 1984 = 80.000, 1988 = 94.936 Arbeitslose (= 12,8 %). 1990 sank die Arbeitslosenquote erstmals wieder unter die 10 %-Grenze, lediglich bei der Gruppe der Aus- und Übersiedler stieg die Zahl der arbeitslos gemeldeten Personen anteilig weiter an. Ohne Berücksichtigung der sogenannten "verdeckten" Arbeitslosigkeit kommen auf eine offene Stelle "nur noch" 8 arbeitslos gemeldete Personen[34].
- Nach einer Schätzung der Ambulanten Hilfe Hamburg sind in Hamburg 1990 über 40.000 Menschen obdachlos und wohnungslos[35]. Fast 8.000 Menschen "leben" in Pensionen und Hotels, teilweise zu dritt oder zu viert in einem Raum. Die jährlich aufzubringenden Haushaltsmittel für die Unterbringung Obdachloser in Hotels und Pensionen liegen bei rund 30 Mil. DM jährlich.
- Die Zahl der Wohngeldempfänger stieg in Hamburg von 1983 = 51.349 auf 1988 = 88.000, zwischen 1976 und 1989 verdreifachte sich das Wohngeldvolumen in Hamburg fast und betrug 1989 ca. 200 Mio. DM[36].
- Der Anstieg der Dringlichkeitsscheininhaber von 9.290 (1975) auf 19.561 (1988) bei gleichzeitigem Rückgang der Versorgungsquote von 99 % (1975) auf 47,6 % (1989) ist ein weiterer Indikator für zunehmende Engpässe auf dem Hamburger Wohnungsmarkt. Die Zahl der ausgestellten § 5-Scheine stieg im gleichen Zeitraum von 25.877 auf 28.008 die Versorgungsquote sank hier von 38,6 % auf 31 %[37].
- Auch die Mietbelastung ist in den letzten Jahren erheblich gestiegen. Noch 1972 lag bei über der Hälfte (52,5 %) aller erfaßten Hauptmieterhaushalte mit einem Haushaltsnettoeinkommen bis 3.000 DM die Mietbelastung unter 15 %, 1985 waren es nur noch ca. ein Achtel (12,6 %). Noch 1972 lagen 85 % der Hauptmieterhaushalte bei einer Mietbelastung von unter 25 % des Haushaltsnettoeinkommens, 1985 waren es demgegenüber nur noch 51,8 %. Verglichen mit 1972 ist die Mietbelastung besonders stark bei Hauptmieterhaushalten mit einem Nettoeinkommen bis zu 2000 DM monatlich gestiegen[38]. Schon 1868 hatte der Statistiker Schwabe formuliert: "Je ärmer jemand ist, einen desto größeren Teil seines Einkommens muß er für eine Wohnung verausgaben"[39]. An dieser alten Regel aus dem 19. Jahrhundert "the poor pay more" hat sich also bis heute nichts geändert.

Wohnungsmarkt und 2/3-Gesellschaft

Diese knappe Skizze des Wohnungsmarktes einer Großstadt zeigt, die Vielschichtigkeit der Probleme und der Ursachen. Trotz der positiven Entwicklungen auf dem Arbeitsmarkt in Hamburg und trotz stark angestiegenem Mitteleinsatz verlieren immer mehr Haushalte in Folge zu hoher Mietbelastungen ihre Wohnungen. Auch bei einer prosperierenden Wirtschaft werden also die Wohnungsversorgungsprobleme der sozial- und einkommensschwachen Haushalte nicht automatisch gelöst sondern eher verschärft. Nach einer GEWOS-Untersuchung zählen in Hamburg von ca. 800.000 Haushalten knapp 40 % (325.000) zu dem unteren Einkommensdrittel. Die Mietbelastung liegt bei dieser Gruppe schon jetzt bei 30 bis 40 %. Im nicht preisgebundenen Wohnungsbestand sind ca. 20.000 Wohungen immer noch überbelegt[40].

Die Diskrepanz der aktuellen Wohnungsversorgungssituation besteht also in der gegenläufigen Entwicklung von abnehmenden mietpreisgünstigen, mietpreis- und belegungsgebundenen Beständen und wachsenden Anteilen der Bevölkerung, die für eine angemessene Wohnungsversorgung gerade auf diese Wohnungsbestände angewiesen sind. Die Möglichkeit im Bestand neue und zusätzliche Bindungen zu erwerben, dürfte sich bei den derzeitigen Gewinnerwartungen der Hauseigentümer als sehr teuer erweisen. Eher hätte eine Möglichkeit bestanden, präventiv antizyklisch zu handeln, wenn man in Zeiten eines nicht angespannten Wohnungsmarktes Bindungen gesichert und zusätzliche erworben hätte.

Die neuen Zuwanderer kommen in eine postfordistische 2/3-Gesellschaft, die eine zunehmend wachsende Kluft zwischen Arm und Reich produziert, zwischen Luxuskultur und Hedonismus auf der einen Seite und Armut und Überlebenswillen auf der anderen, Phänomene, die sich auch stadträumlich widerspiegeln. Haushalte mit hohen Einkommen - vorwiegend also Alleinerziehende mit hohen Einkommen, Ehepaare ohne Kinder mit Doppeleinkommen (double income no kids, die "dinks") und die Yuppies - sind hauptsächlich auf attraktive innerstädtische Standorte fixiert. Dieses "Wohlstandspotential" stellt künftig die zahlungskräftigen Nachfrager auf dem Wohnungsmarkt und wird die besten Wohnlagen und meisten Flächen beanspruchen, was sich statistisch in einer entsprechenden Unterbelegung der Wohnungen widerspiegelt. Das bedeutet für noch relativ mietpreisgünstige Wohnungsbestände und (noch) nicht modernisierte Wohnungen in Stadterneuerungsgebieten, daß nach den "Pionieren" nun die "Invasoren" kommen und Aufwertung, Umstrukturierung und/ oder Gentrification vorantreiben werden[41].

Dem "Wohlstandspotential" gegenüber entwickelt und stabilisiert sich ein "Armutspotential", bestehend aus arbeitslosen Haushalten, ausländischen Haushalten und Haushalten mit 3 Kindern und mehr, Alleinerziehenden mit einem bzw. mehreren Kindern. Die "As" (Arme, Arbeitslose, Ausländer, Asylanten) zählen zu dieser

Gruppe, weniger allerdings die Alten, die Rentner. Diese Gruppen stellen die "Opfer", die Verdrängten der stadträumlichen Umstrukturierungsprozesse[42]. Diese Haushalte werden aus den attraktiven Lagen in die sog. städtischen Grauzonen und unattraktiven Großwohnsiedlungen gedrängt werden. Hier bilden sich an der städtischen Peripherie neue Problemzonen heraus, die bisher noch kaum registriert und wahrgenommen wurden und auch nicht im Zentrum der Nachbesserungsverfahren standen[43].

Auch die Hoffnung auf den Sicker-Effekt ist trügerisch. Die Vorstellung des Sicker-Effekts geht davon aus, daß aus der Förderung des Wohnungsneubaus für mittlere und obere Bevölkerungsschichten auch für untere Einkommensgruppen durch Umzugsketten bessere Wohnbedingungen entstehen. Eine vage Hoffnung, die sich - wie auch empirische Untersuchungen zeigen - vor dem Hintergrund der Entwicklungen im Bestand, nicht erfüllt hat. Die Umzugsketten setzen sich nicht bis zu den schlechtesten und (theoretisch) billigsten Wohnungen durch. Und selbst dann vergehen Jahre, bis die angenommen Umzugsketten abgewickelt sein werden. Den derzeit Wohnungssuchenden ist damit nicht geholfen. Im sozialen Wohnungsneubau erschweren zudem Baulandmangel und eine Kostenexplosion die Umsetzung der intendierten Programmzahlen. Bei einer Steigerung der Anfangsmieten von 8,60 auf 8,71 DM pro qm (Brutto-kalt) stieg allein zwischen 1989 und 1990 die Kostenmiete von 21,66 auf 28,52 DM pro qm[44]. Zudem war der jeweilige Wohnungsneubau immer der am besten ausgestattete Wohnungsbau mit den höchsten Standards und in der Regel - durch hohe Baukosten bedingt - auch mit relativ hohen Mieten.

Möglichkeiten und Grenzen kommunaler Wohnungspolitik zwischen "Können" und "Wollen"

Die Ursachen für die oben skizzierten Veränderungen des Wohnungsangebotes und der Wohnungsnachfrage liegen auf sehr unterschiedlichen aber in Beziehung stehenden Ebenen und reichen von globalen ökonomischen Veränderungen über gesellschaftliche Entwicklungen bis zu politischen Entscheidungen. Diskutiert man vor diesem Hintergrund die Frage von (politischen) Verantwortlichkeiten, so gibt es neben absehbaren Entwicklungen und Folgen auch unvorhersehbare, wie etwa die Öffnung der Grenzen zu den Ostblockländern. Es gibt aber auch eindeutige Schuldzuweisungen für wohnungspolitische (Fehl-)Entscheidungen.

Das Dilemma kommunaler Wohnungspolitik besteht nun vor allem darin, auf lokaler Ebene überlokal verursachte Probleme bewältigen zu müssen. Aus den Beeinflussungsmöglichkeiten resultieren wiederum Möglichkeiten und Grenzen kommunaler Wohnungspolitik.

Die Diskussion um eine stärkere Kommunalisierung der Wohnungspolitik und die damit verbundenen Möglichkeiten und Probleme ist nicht neu. Nach dem Wechsel von einer SPD/FDP - zu einer CDU/CSU/FDP - geführten Regierung hatte eine zunehmende Liberalisierung und Deregulierung in der Wohnungspolitik eingesetzt, die u. a. in einer Liberalisierung des Mietrechts, der Ausweitung der degressiven Abschreibungsmöglichkeiten, einer Abkehr von der direkten Förderung des Sozialen Mietwohnungsbaus zur indirekten Wohnbauförderung und schließlich in der Abschaffung der Wohnungsgemeinnützigkeit mündeten[45]. Kurzgefaßt lautete die neoliberale Position: "Die gegenwärtige Wohnungspolitik enthält zuviel dirigistische und zuwenig marktwirtschaftliche Elemente. Ihre offensichtlichen Fehlleistungen sind nicht auf Marktversagen, sondern überwiegend auf Staatsversagen zurückzuführen"[46].

Mit dem Einzug der Grünen und Alternativen in die Kommunalparlamente und schließlich auch in den Bundestag wurden Argumentationen entwickelt, die intendierten, auf kommunaler Ebene ein Gegengewicht gegen die bundespolitischen Entscheidungen zu setzen. "Die linken und alternativen Listen und Parteien wissen, daß sie in den Kommunen keine 'antikapitalistischen Inseln' schaffen können; Strukturen, die gesamtgesellschaftlich vermittelt sind und beherrscht werden, können nicht von der Gemeinde oder Stadt aus verändert werden. ... Aber ... die Linken und Alternativen (sind) heute davon überzeugt, daß praktisch-politische Alternativen in den Gemeinden und Städten möglich sind ..."[47]. Diese Argumentation wurde eher von linken Wissenschaftlern befördert, die optimistisch hofften, "kommunale Gegenmacht wider die Verstaatlichung der unteren politischen Ebenen etablieren" zu können[48]. Vor dem Hintergrund von Wohnungsleerstand, Hausbesetzungen und Luxusmodernisierung wuchs der Druck auf die eher pragmatisch eingestellten Experten in den Verwaltungen der Kommunen, neue flexiblere Strategien einzuüben. Den Wohnungsbauträgern kam die Liberalisierungswelle auf Bundesebene dagegen durchaus nicht ungelegen, ermöglichte sie doch flexiblere Unternehmensstrategien und ein teilweises Umgehen des starren Kostenmietenprinzips.

Die angeführten Beispiele für diese lokale "Gegenmacht-Position" sind etwa das "Rote Wien" der zwanziger Jahre, das "Rote Bologna" der siebziger Jahre und die Stadterneuerungspolitik in Rotterdam in den siebziger Jahren. Alle diese, allerdings unter sehr unterschiedlichen historischen und gesellschaftlichen Umständen entwickelten Strategien setzten auf eine offensive Ausnutzung aller kommunalen Handlungsmöglichkeiten und eine Ausweitung kommunalen Boden- und Wohnungsbestandes, um diesen im Sinne einer sozial-orientierten Wohnungspolitik mietpreisdämpfend einsetzen zu können. Die Beispiele illustrieren treffend die Möglichkeiten "kommunaler Inseln", aber auch die Grenzen kommunaler Politik. Eine derartige Perspektive gewinnt vor dem Hintergrund der "neuen" Wohnungsnot an Bedeutung. Kommunen mit umfangreichen kommunalen Wohnungsbeständen haben ungleich bessere wohnungspolitische Möglichkeiten, als Kommunen mit nur geringfügigen belegungs- und mietpreisgebundenen Beständen.

Die lokale Ebene hat dabei in den letzten Jahren einen erheblichen Bedeutungszuwachs erfahren. Vor allem auf lokaler Ebene zeigt sich die zunehmende ökonomische und soziale Polarisierung zwischen den Städten und in den Städten. Auf lokaler Ebene, vor allem in den Großstädten als Zentren des ökonomischen und soziokulturellen Wandels - quasi "vor Ort" - häufen sich die Konflikte[49]. Hier wiederum entsteht ein wachsender Handlungsbedarf, den gesellschaftlichen Umbauprozess auf lokaler Ebene zu regulieren, zu unterstützen, zu modifizieren, aber auch die Folgewirkungen dieses Prozesses aufzufangen bzw. zu bearbeiten. Dabei hat sich die Schere zwischen Handlungsbedarf und Steuerungskapazitäten weiter geöffnet, so daß es auf lokaler Ebene zunehmend schwieriger ist, Aufgaben der politischen Integration und Legitimationsicherung wahrzunehmen. Andererseits ist die Abhängigkeit von Bund und Ländern sowie die Verflechtung und Aufgabenteilung staatlicher Ebenen so stark, daß die Kommunen nur einen sehr begrenzten Gestaltungsraum für eine eigenständige Kommunalpolitik haben[50].

Neben dem "Können" setzt die offensive Ausnutzung von Handlungsspielräumen aber auch ein "Wollen" voraus. Häufig sind die Kommunen schon bei der Wahrnehmung von wohnungspolitischen Problemzusammenhängen überfordert[51]. Kompetenzgerangel in und zwischen Fachbehörden erschweren zudem problemadäquate ganzheitliche Strategien. Zudem besteht häufig eine erhebliche Berührungsangst der kommunalen Bürokratie mit Instrumenten einer sozial-orientierten Wohnungspolitik, wie etwa die Beispiele der Anwendung der Milieuschutzsatzung nach § 172 BauGB zeigen[52]. Hohe Fertigkeiten der Begründung für die "Notwendigkeit der Nichtanwendung" von anwendbaren Instrumenten sind zu registrieren[53].

Auch auf kommunaler Ebene wird in der Regel vor allem auf das traditionelle Instrument des Wohnungsneubaus gesetzt, ein Rezept das der Wachstumseuphorie der Nachkriegszeit entstammt, aber nur begrenzt für die Lösung der neuen und zukünftigen differenzierteren Wohnbedürfnisse eingesetzt werden kann. Diese Neubau-Orientierung vernachlässigt die teilweise dramatischen Entwicklungen im Wohnungsbestand und auf Bestandsteilmärkten, die zu erheblichen Versorgungsengpässen gerade unterer Einkommensgruppen führen. Die Diskussion um Neubauzahlen muß daher vor dem Hintergrund der Entwicklungen im Bestand relativiert werden. Denn quantitativ ist zunächst der Wohnungsneubau relativ bedeutungslos, was aber nicht heißen kann, daß er nicht erforderlich ist[54].

Alle wohnungspolitischen Strategien setzen derzeit sowohl im Wohnungsbestand als auch bei der Neubauförderung ausschließlich auf die Mobilisierung privaten Kapitals. Die Bereitstellung öffentlicher Mittel soll als Anreiz fungieren privates Kapital in den

Wohnungsbau zu locken. Der neu entwickelte 3. Förderweg und der Vertragswohnungsbau sind Beispiele, den Wohnungsbau für private Investoren wieder attraktiv zu machen. Dabei werden kürzere Bindungsfristen in Kauf genommen. Die oben skizzierten Probleme werden damit allerdings nicht gelöst, sondern nur in die Zukunft verschoben.

Geht man von einer gesamthaushaltsbezogenen Betrachtung und einer mittel- bis langfristigen Perspektive aus, so ist ein kommunaler Wohnungsbau mit "ewigen" Belegungsbindungen und einer Sozialmiete günstiger als das Setzen auf die privaten Investoren und ihre Gewinninteressen. Der Anteil des Bundes an der Finanzierung des Sozialen Wohnungsneubaus ist ohnehin nur gering und beträgt etwa in Hamburg ca 5 %. Ca. 95 der Mittel werden von Hamburg gestellt. Es ist umso mehr zu fragen, warum nicht von Ländern und Kommunen neue Förderprogramme entwickelt werden, die spezifischer auf die örtlichen Probleme und Bedarfe eingehen und gleichzeitig dauerhafte Bindungen sichern.

In Zeiten des ökonomischen Schrumpfens war es schwierig bei sinkenden Steueraufkommen auf kommunaler Ebene eine sozialorientierte Wohnungspolitik zu legitimieren und zu finanzieren. Aber eine prosperierende Wirtschaft mit Stadtwachstum garantiert nicht automatisch eine ausgewogene Gleichverteilung des Reichtums, im Gegenteil, die Armut im Reichtum ist struktureller Bestandteil des Aufschwungs. "Sogenannte Booming Cities manifestieren besonders ausgeprägte Heterogenisierungstendenzen, da ihre Beschäftigungsstrukturen eine neue innerstädtische Marginalisierung mit sich bringen"[55]. Bei einer prosperierenden Wirtschaft drohen auch in den "boomenden" Städten nun allerdings diese Handlungs- und Gestaltungsmöglichkeiten kommunaler Wohnungspolitik verschüttet zu gehen.

Chancen, die Folgen des wirtschaftlichen Aufschwungs auf kommunaler Ebene zu nutzen und anders zu verteilen, sind durchaus vorhanden. Warum sollte eine Großstadt z. B. nicht mit einem niedrigen Mietniveau werben? Der Mangel an Wohnraum ist längst auch zu einem wichtigen Standortfaktor für Handel und Industrie geworden. Eine sozial orientierte Wohnungspolitik auf kommunaler Ebene kann vor dem Hintergrund der bundesweiten Deregulierungen aber nur eine Politik der vielen kleinen Schritte sein. Dazu gehört zunächst allerdings ein anderes Grundverständnis, nämlich Wohnungspolitik als zentralen Handlungsbereich auf kommunaler Ebene zu begreifen und entsprechende ganzheitliche Strategien zu entwickeln. Die Sicherung preiswerter Wohnungsbestände, Ausweitung von Belegungs- und Mietpreisbindungen, eine umfassende integrierte Wohnungsbestandspolitik, die offensive Anwendung von Vorkaufsrechten und der Erlaß von Sozialen Erhaltungssatzungen wären etwa wichtige Ansatzpunkte im Spektrum kommunaler Handlungsmöglichkeiten. Eine jetzt mühsam erscheinende derartige Wohnungspolitik der vielen kleinen Schritte würde sich in einigen Jahren als der große Wurf bestätigen.

Anmerkungen

1 Spiegel 29/1991 vom 15.7.1991.

2 Häußermann, Hartmut; Siebel, Walter, Neue Urbanität, Frankfurt 1987, S. 147.

3 Zahlenmaterial aus: Verband Niedersächsisch-Bremischer Wohnungsunternehmen e. V., Tätigkeitsbericht 1989, Hannover 1990.

4 Vgl. Becker, Heidede, Wohnungsfrage und Stadtentwicklung -Strategien, Engpässe und Perspektiven der Wohnungsversorgung, Berlin 1989 (Arbeitshefte des Instituts für Stadt-und Regionalplanung der Technischen Universität Berlin).

5 Vgl. etwa Evers, Adalbert, Selle, Klaus (Hrsg.), Wohnungsnöte. Anregungen zur Initiative an Ort und Stelle. Neue Wege in der Wohnungspolitik, Frankfurt/M. 1982.

6 Vgl. Schubert, Dirk, Wohnungsbestand und Wohnungsneubau- oder warum neue Wohnungen nicht die "neue" Wohnungsnot lösen, in: Huke-Schubert, Beata (Hrsg.) Wohnen morgen, Wohnungsbau in den 90er Jahren, Darmstadt 1990, S. 41 ff.

7 Friedrich Ebert Stiftung, Wohnungsnot - eine unendliche Geschichte?, Bonn 1990.

8 Vgl. Becker, Heidede, 1989, a.a.O., S. 3 ff.

9 Vgl. Senatsdrucksache 1038, 1990, Verhinderung von Obdachlosigkeit, S. 16.

10 Vgl. etwa zu München: "Wohnungsnot und soziale Verantwortung in München", Dokumentation der Fachtagung (Hrsg.) Katholischer Caritasverband der Erzdiözese München und Freising, München 1989, und Wohnungsnot in München, Memorandum der Arbeitsgemeinschaft der freien Wohlfahrsverbände in München, München 1989.

11 Vgl. Projekt Wohnraumversorgung (Hrsg.) Wohnen, Mieten, Bevölkerung in Hamburg, Kommentiertes Datenmaterial zum Hamburger Wohnungsmarkt, Hamburg 1991.

12 Wohnungsbaubericht 1989, Hrsg. Amt für Wohnungswesen, Baubehörde Hamburg 1989, S. 3.

13 Arbeitskreis Wohnraumversorgung (AHH) (Hrsg.), Leitlinien und Perspektiven für die Wohnungspolitik der 90er Jahre in Hamburg, Hamburg 1989, S. 118.

14 Bürgerschaftdrucksache 13/3370 (1989).

15 Wohnungsbaubericht 1989, a.a.O., S. 62 ff.

16 a.a.O., S. 110.

17 Vgl. hierzu: Riege, M., Aufhebung der Wohnungsgemeinnützigkeit- Die Deregulierung des Wohnungsmarktes schreitet voran, in: WSI Mitteilungen 9/1989, S. 525 ff. ; Ulbrich, R., Steuerreform und Wohnungsgemeinnützigkeit, in: Wohnungswirtschaft und Mietrecht 2/1988, S. 39 f., ähnlich: Jenkis, H., "Steigen die Mieten?", Plausibilitätsüberlegungen zur Abschaffung der Wohnungsgemeinnützigkeit, Teil 1 und 2, in: Gemeinnütziges Wohnungswesen 9/10, 1988.

18 Vgl. Jenkis, H., (Hrsg.) Kommentar zum Wohnungsgemeinnützigkeitsrecht mit der WGG Aufhebungsgesetzgebung, Hamburg 1988.

19 Hamburgisches Gesetz- und Verordnungsblatt 35/1989, S. 181.

20 Gesetz über den Abbau der Fehlsubventionierung im Wohnungswesen in Hamburg (HmbAFWoG) vom 22. Dezember 1989, in: Hamburgisches Gesetz- und Verordnungsblatt 52/1989, vgl. auch die Bürgerschaftsdebatte "Gerechte Mietenpolitik und bezahlbarer Wohnungsneubau in Hamburg durch Einführung der bundesgesetzlichen Fehlbelegungsabgabe", 49. Sitzung, 12. April 1989.

21 Vgl. Bürgerschaftsdrucksache 13/7041 "Fehlförderungsabgabe im Wohnungswesen" 23.11.1990.

22 Vgl. Schubert, D., Eine "pfeffersäckische Bilanz"- oder: 20 Jahre Stadterneuerung in Hamburg und ein Jahr Stadterneuerungsgesellschaft (STEG), in: Deutsches Architektenblatt 5/1991, S. HS 54 ff.

23 Wohnungsbaubericht 1989, S. 98.

24 "Der Senat weist darauf hin, daß er während der Haushaltsberatungen vom 9. bis 11. Juli 1990 den Beschluß gefaßt hat, den Verkauf von Wohnungen städtischer Wohnungsunternehmen nicht weiter zu verfolgen". Bürgerschaftsdrucksache 13/7752 vom 27.2.1991, S. 3.

25 Vgl. Bürgerschaftsdrucksache 13/7849 (23.3.1991) Hier auch die Einschätzung: "Das geltende Mietrecht ist nicht geeignet, eine günstigere Entwicklung für die Mieter einzuleiten", (S. 2).

26 Bürgerschaftsdrucksache 13/3370 (1989), S. 3.

27 Bürgerschaftsdrucksache 13/3370 (1989), S. 3.

28 Programmvorschlag für eine soziale Wohnungspolitik, Baubehörde Hamburg (Hrsg.), Hamburg 4.11.1988, S. 18.

29 Wohnungsbaubericht 1989, a.a.O.

30 Vgl. Hruschka, E., Leitlinien für die Stadtentwicklung über das Jahr 2000 hinaus, die Bevölkerungsentwicklung in Hamburg und seiner Region, Perspektiven und Konsequenzen, Deutsche Akademie für Städtebau und Landesplanung (Hrsg.) Hamburg 1988, S. 5 ff. In dem gleichen Band auch die Beiträge von P. Stromeier und E. Spiegel.

31 Bürgerschaftsdrucksache 13/3370 (1989).

32 Vgl. jeweils die neuesten Daten in: Hamburg in Zahlen 5/1990.

33 Vgl. Mutschler, R., Zur Krise der Wohnungsversorgung in Hamburg, in: standpunkt sozial, Thema: Wohnungsnot und und Wohnraumversorgung in Hamburg, Hamburger Forum für Soziale Arbeit, März 1990.

34 Vgl. Dokumentation der Arbeitsgemeinschaft der Freien Wohlfahrspflege, Armutsentwicklungen in Hamburg, Dezember 1990.

35 Pressemitteilung des Arbeitskreises Wohnraumversorgung vom 26.4.1990, Plum M., Wohnungslosigkeit in Hamburg, Der institutionelle Umgang mit einer akuten Armutssituation und die Konsequenzen für die Betroffenen, Hamburg 1988, auch: Verhinderung von Obdachlosigkeit in Hamburg, Fachtagung des Arbeitskreises Soziale Fragen der Patriotischen Gesellschaft von 1765, Hamburg 1989.

36 Wohnungsbaubericht 1989, S. 142. In München wurde ab 1.7.1990 ein kommunales Wohngeld eingeführt, daß sich nicht mehr an den im Wohngeldgesetz festgelegten Miethöchstbeträgen orientiert, sondern grundsätzlich werden die Vergleichsmieten herangezogen. Zur Problematik des Wohngeldes vgl. auch: Gude, S., Henschel, A., Wohngeld - Soziale Absicherung oder soziales Alibi, Schriftenreihe des Instituts für soziale Stadtentwicklung e. V. Bd. 3, Berlin 1987.

37 Wohnungsbaubericht 1989, S. 116.

38 Da für Hamburg hier derzeit nur die veralteten Daten der 1 %-Stichprobenerhebung von 1985 vorliegen, werden die Daten des Wohngeld- und Mietenberichtes der Bundesregierung von 1989 herangezogen.

39 Zit. nach Frank, Hartmut, Dirk Schubert (Hrsg.), Lesebuch zur Wohnungsfrage, Köln 1983, S. 22 .

40 Wohnungsbaubericht 1989, a.a.O., S. 119 ff.

41 Vgl. Blasius, Jörg, Dangschat, Jens S. (Hrsg.) Gentrification, Die Aufwertung innenstadtnaher Wohnviertel, Frankfurt, M., 1990, Dangschat, J. S., Gentrification: Der Wandel innenstadtnaher Wohnviertel, in: Soziologische Stadtforschung, J. Friedrichs (Hrsg.), Opladen 1988, auch Droth, Wolfram, Dangschat, Jens, S. Räumliche Konsequenzen der Entstehung neuer Haushaltstypen, in: Friedrichs, Jürgen (Hrsg.) Die Städte der 80er Jahre, Opladen, 1985, S. 147 ff.

42 Vgl. Spiegel, E., Neue Wohnungsbedarfe, neue Haushaltstypen und Veränderungen der Wohnungsnachfrage in den neunziger Jahren, in: Huke-Schubert, B., Wohnen morgen, a.a.O., S. 173 ff.

43 Vgl. Ferner, M., Schubert, D., Großsiedlungen in Hamburg - Zwischen Wohnungsleerstand und "neuer" Wohnungsnot, in: Jahrbuch Stadterneuerung 1990/91 Hrsg. Arbeitskreis Stadterneuerung an deutschsprachigen Hochschulen und dem Institut für Stadt- und Regionalplanung Technische Universität Berlin, Berlin 1991, S. 187 ff., auch Hamburg in Zahlen 3/1990, vgl. auch Schubert, D., Hamburg 2000: Zwischen segregierter Armut und Yuppie-Stadt; Ein stadträumliches Szenario, in: Brech, J. (Hrsg.), Neue Wohnformen in Europa, Berichte des 4. Internationalen WOHNBUND-Kongresses in Hamburg, Darmstadt 1989.

[44] Vgl. Jahresbericht 1990, Hamburgische Wohnungsbaukreditanstalt, S. 14.

[45] Vgl. Wollmann, Hellmut, Wohnungspolitik in der Krise- Reformansätze durch kommunale Politik?, In: Evers, Adalbert, Lange, Hans-Georg, Wollmann, Helmut (Hrsg.), Kommunale Wohnungspolitik, Basel 1983 (Stadtforschung aktuell Bd.3).

[46] Lehmann, Klaus Christian, Zuviel Dirigismus und zuwenig Marktwirtschaft - Überlegungen zu einer neu⁻⁻n Wohnungspolitik, in: Evers, Adalbert, Lange, Hans-Georg, Wollmann, Helmut (Hrsg.) Kommunale Wohnungspolitik, a.a.O., S. 33.

[47] Schiller-Dickhut, Reiner, Winter, Michael, u. a. Alternative Stadtpolitik, Grüne, rote und bunte Arbeit in den Rathäusern, Hamburg 1981, S. 8, vgl. auch Habermann-Nieße, Klaus, Hentschel, Armin, u. a., Alternativen in der Wohnungspolitik, Bielefeld 1983.

[48] Vgl. den Sammelband: Evers, Adalbert, Lange, Hans-Georg, Wollmann, Helmut (Hrsg.) Kommunale Wohnungspolitik, a.a.O.

[49] Vgl. Krätke, Stefan, Schmoll, Fritz, Der lokale Staat, "Ausführungsorgan" oder "Gegenmacht", in: Prokla 68, 1987, S. 30 ff.

[50] Vgl. Häußermann, Hartmut, Lokale Politik und Zentralstaat. Ist auf kommunaler Ebene eine "alternative Politik" möglich? In: Heinelt, Hubert, Wollmann, Hellmut (Hrsg.), Brennpunkt Stadt, Stadtpolitik und lokale Politikforschung in den 80er und 90er Jahren, Basel 1991, S. 63 .

[51] Selle, Klaus, Vom Konjunktiv - Anmerkungen zur Wohnungspolitik in den Kommunen, in: Evers, Adalbert, Lange, Hans-Georg, Wollmann, Helmut, (Hrsg.) Kommunale Wohnungspolitik, a.a.O., S. 73 ff.

[52] Vgl. hierzu: Schubert, D. (Betreuer) u. a., Milieuschutzsatzung für das Karolinenviertel in Hamburg, Studentisches Projekt an der TU Hamburg-Harburg, WS 1990/91, SS 91 mit einer Begründung und einer umfangreichen Auswertung der An-und Nichtanwendung der Erhaltenssatzungen nach § 172 BauGB.

[53] Krautzberger, Michael, "Kommunalisierung der Wohnungspolitik" - eine vernachlässigte Handlungsressource im Bundesstaat? In: Evers, Adalbert, Lange, Hans-Georg, Wollmann, Hellmut (Hrsg.), Kommunale Wohnungspolitik, Basel 1983, S. 28.

[54] In den letzten 10 Jahren lag der Anteil der Wohnungsneubaufertigstellungen zwischen 0,3 und 1 % des Hamburger Wohnungsbestandes, der Anteil des Sozialen Wohnungsneubaus in den letzten Jahren bei 0,2 %. Wenn also jährlich, wie geplant, ca. 4.000 Wohnungen neu gebaut werden, macht das bei einem Wohnungsbestand in Hamburg von ca. 800.000 Wohnungen "nur" ca. 0,5 % des Bestandes aus. Oder anders formuliert: angenommen bis 2000 werden jährlich 4.000 neue Wohnungen gebaut, dann sind heute vom Bestand von 2000 schon 95 % vorhanden. Die Frage des Umganges mit dem Bestand ist also von entscheidender Bedeutung.

[55] Mayer, Margit, Lokale Politik in der unternehmerischen Stadt, in: Das neue Gesicht der Städte, Theoretische Ansätze und empirische Befunde aus der internationalen Debatte, Basel 1990, S. 190 ff.

3.
Zur Geschichte und Aktualität von Mieterbeteiligung und Mietermitwirkung

Konzepte der Mieterbeteiligung in der Weimarer Republik

Ronald Kunze

Nach dem ersten Weltkrieg vollzog sich im Deutschen Reich mit der Novemberrevolution von 1918 und dem anschließend regierenden Rat der Volksbeauftragten eine politische Umwälzung auf allen Ebenen, in deren Folge einige elementare Ziele des sozialdemokratischen Parteiprogramms wie z. B. die Einführung des Achtstundentages oder die Erwerbslosenfürsorge per Verordnung durchgesetzt werden können. Die Rechte der Gewerkschaften werden festgeschrieben und die Stellung des Arbeiters im Betrieb wird gegen Willkür gesichert; ebenso werden für alle Betriebe Ausschüsse für die Arbeiter und Angestellten vorgeschrieben.

Die aus dieser Entwicklung resultierenden Machtverschiebungen haben unmittelbaren Einfluß auf den Reproduktionsbereich und damit auch auf das Wohnungswesen. Als konsequente Fortsetzung der gesellschaftlichen Umgestaltung kann der in den Jahren 1918/1919 politisch vor allem durch die aktiven Ortsgruppen des Berliner Mieterbundes breit thematisierte Versuch gelten, die privaten Hauseigentümer bei der Verwaltung ihrer Mietshäuser durch die Schaffung hausbezogener Mieterräte zu entmachten: "Mitbestimmungsrecht und Mieterräte" waren das Ziel.

Die Mieterbeteiligung im gemeinnützigen Bestand ist in der frühen Nachkriegszeit noch nicht Gegenstand der politischen Diskussion, wahrscheinlich aufgrund der zahlenmäßig zu geringen Bedeutung der neuen in sich geschlossenen Siedlungen gemeinnütziger Träger. Dennoch haben schon einige bekannte Neubausiedlungen der frühen Nachkriegszeit nicht nur städtebauliche, sondern eben auch unter dem Aspekt der Einbeziehung der Mieter in die Wohnungsverwaltung wohnpolitische Pilotfunktion: Beispielsweise in Köln: Siedlung Bickendorf (1919); in Altona: Siedlung Steenkamp (1919); in Berlin: Siedlung Lindenhof (1920).

Als Folge der zwischen 1918 und 1922 geführten Diskussion zum Thema Mieterrat kann man verkürzt betrachtet die im Jahre 1922 stattfindende gesetzliche Festlegung der Mietervertretung im Reichsmietengesetz (RMG) ansehen: Die zentrale Aussage des für die zukünftige Mieterbeteiligung durchaus wichtigen § 17 dieses Gesetzes war, daß zum einen die Initiative zur Einrichtung einer Mietervertretung von den Mietern auszugehen hat und daß es zum anderen keine unmittelbare Formvorschrift für die von den Mietern zu gründende Vertretung gibt.

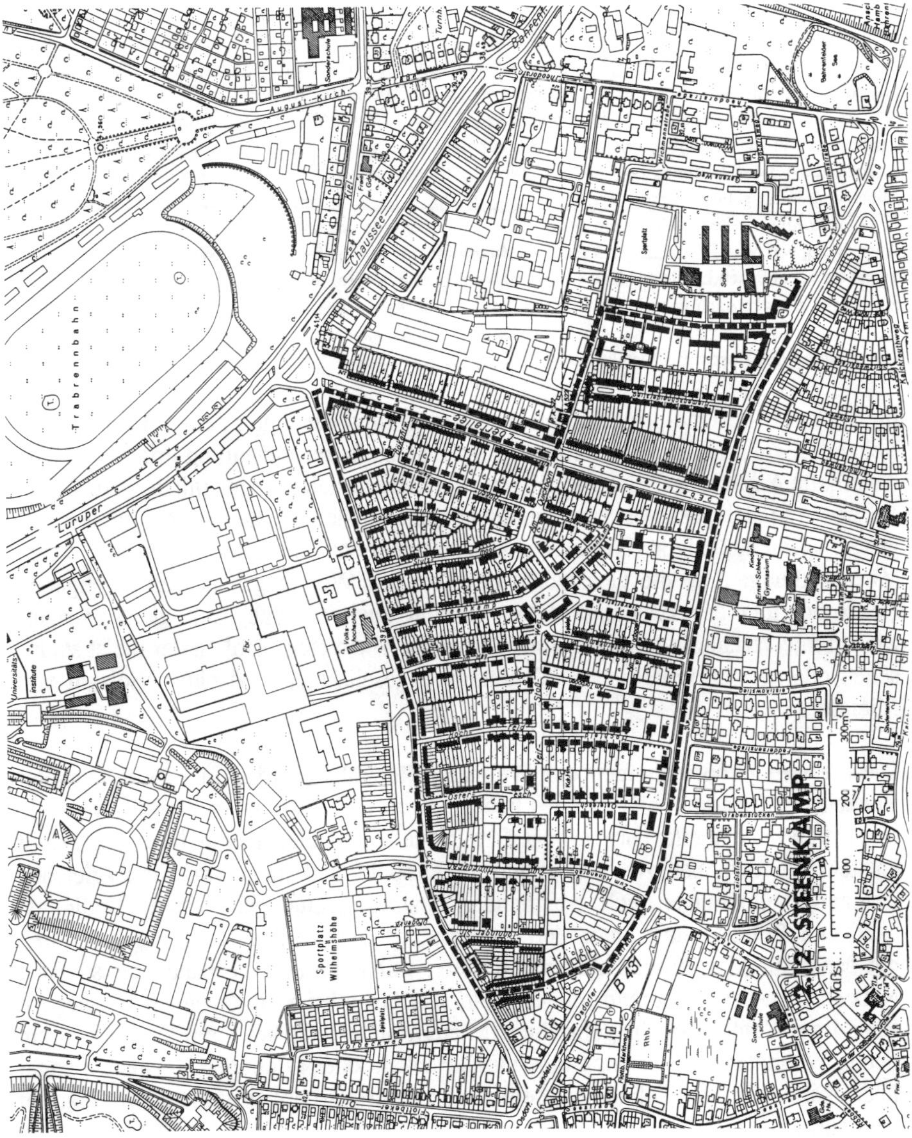

Lageplan der Steenkamp-Siedlung, Hamburg-Altona

§ 17 RMG-Mietervertretung:
"Die Mieter eines Hauses sind berechtigt, einen oder mehrere von ihnen mit ihrer Vertretung in Mietangelegenheiten zu beauftragen (Mietervertretung, Vertrauensmann, Mieterausschuß).

Die Mietervertretung soll das Einvernehmen zwischen den Mietern und dem Vermieter fördern. Jeder Beteiligte soll sich in Streitfällen, insbesondere vor Anrufung des Mieteinigungsamtes, zunächst an die Mietervertretung, soweit eine solche vorhanden ist, wenden; diese soll den Sachverhalt nach Möglichkeit klären und einen gütliche Einigung herbeizuführen suchen. Die Mietervertretung ist ferner befugt, die nach § 6 zulässigen Anträge (d. h. Instandsetzungsarbeiten auf Antrag des Mieters - d.V.) neben dem Mieter oder an seiner Stelle zu stellen. In den Fällen des § 7 Abs. 1 Satz 4 (d. h. Ersatzzustimmung der obersten Landesbehörde zur Verfügung über das Hauskonto bei Verweigerung des Mieters - d.V.) und Abs. 4 (d. h. Ausnahmen bei der Zustimmung - d.V.) soll vor der Entscheidung über einen Antrag des Vermieters die Mietervertretung gehört werden. Im Falle des § 7 Abs. 3 (d. h. kommunaler Ausgleichsfond für große Instandsetzungsarbeiten - d.V.) kann die oberste Landesbehörde bestimmen, daß die Mietervertretung die Auszahlung von Mitteln beantragen kann. Für Mieträume mit Sammelheizung und Warmwasserversorgung kann von der obersten Landesbehörde bestimmt werden, daß der Vermieter die Kosten der Heizstoffe einer zu diesem Zwecke nach näherer Anordnung der obersten Landesbehörde zu bildenden Mietervertretung nachzuweisen hat und daß dieser ein Mitwirkungs- und Aufsichtsrecht bei Beschaffung, Lagerung und Verwendung der Heizstoffe zusteht."

Im dispersen Bestand privater Hauseigentümer kann der hinter dem § 17 des RMG stehende Grundsatz der Mieterbeteiligung nahezu keine Bedeutung erlangen. Neue dauerhafte Ansätze zur Mieterbeteiligung entwickeln sich dagegen mit dem Entstehen der ersten in sich geschlossenen Siedlungen am Rande der Stadt in der Trägerschaft großer gemeinnütziger Wohnungsbaugesellschaften; bei diesen als den ersten "Großsiedlungen" in die Geschichte des Sozialen Wohnungsbaues eingegangenen Neubauvierteln der zwanziger Jahre entsteht auch erstmalig ein gleichgeartetes Massenmietverhältnis zwischen einem einzigen Vermieter, nämlich der meist städtischen oder gewerkschaftlichen Wohnungsbaugesellschaft, und einer Vielzahl von Mietern.

Diese ersten Großsiedlungen der Weimarer Republik werden in relativ schneller Bauzeit fast innerhalb eines Jahres hochgezogen und dann in Abschnitten von 100 bis 150 Wohneinheiten pro Monat fertiggestellt und gleichzeitig bezogen. Damit entsteht bei dem nahezu zum gleichen Zeitpunkt und unter strukturell gleichen Belegungsbedingungen sich ereignenden Erstbezug eine gemeinsame siedlungsbezogene Betroffenheit unter den Bewohnern: Sie werden nicht nur aus ihren gewachsenen kleinteiligen Altbauquartieren mit dem dort vorhandenen sozialen Netzwerk an den Standrand umgesiedelt, sondern allen in ihrer neuen Heimat am Rande der Stadt ansässig gemachten Mietern steht jetzt bei ihren Problemen am neuen Wohnstandort nur noch eine einzige lokale oder in einigen Beispielen sogar überlokal agierende Wohnungsgesellschaft als übermächtiger Verhandlungspartner gegenüber.

Die meisten bekannten Beispiele für solche neuen Großsiedlungen entstehen in der Epoche des Neuen Bauen zwischen 1924 und 1932; die wegen ihrer städtebaulichen Struktur weltberühmten Siedlungen wie Praunheim, Römerstadt und die Heimatsiedlung aus Frankfurt oder Britz und Zehlendorf aus Berlin sind auch - was weit weniger bekannt ist - wichtige Meilensteine bei der Entwicklung der Mieterbeteiligung. Dabei spielt die inhaltliche Verbindung des Neuen Bauen mit der dabei durch die Avantgarde der Architektur angestrebten kollektiven Gesinnung des "neuen Menschen" sicherlich eine entscheidende Rolle. Dennoch hat natürlich die Mieterbeteiligung grundsätzlich nichts mit der gestalterischen Form einer Siedlung zu tun, wie man an den schon erwähnten Siedlungen aus der unmittelbaren Nachkriegszeit ablesen kann; sie hängt eher von der wohnpolitischen Zielsetzung der für den Wohnungsbau und die Baugesellschaft zuständigen Politiker ab.

Im dem folgenden Beitrag wird unter spezieller Heraushebung des Fallbeispiels der "Hamburger" SAGA auf die oben schon genannten frühen Beispiele aus Köln und Berlin und die auch unter dem Aspekt der Mieterbeteiligung besonders wichtigen Frankfurter Siedlungen aus der Epoche des Neuen Bauen näher eingegangen. Dabei werden neben der kurzen inhaltlichen Darstellung der einzelnen Fälle insbesondere die strukturellen Unterschiede zwischen den Konzepten zur Mieterbeteiligung herausgearbeitet.

Mieterbeteiligung in Köln

Den ideellen Hintergrund der Einbeziehung der Mieter in die Wohnungsverwaltung bildet in der ausgehenden Kaiserzeit - also so zwischen 1894 und 1914 - das Nebeneinander zweier strukturell unterschiedlicher Formen der gemeinnützigen Wohnungsverwaltung: Einerseits durch Arbeiterbaugenossenschaften mit der daraus resultierenden Siedlungskultur und vor allem Binnendemokratie, andererseits durch Wohnungsbau-Aktiengesellschaften, die von ihrer gesellschaftsrechtlichen Struktur her nicht mehr die enge Bindung an ihre Nutzer kennen. Vor diesem Hintergrund entstehen bei der Stadt Köln schon vor dem 1. Weltkrieg erste Überlegungen zur Lösung der Wohnungsfrage (vgl. Greven 1911), die im Jahre 1913 zur unter städtischer Beteiligung stattfindenden Gründung der Gemeinnützigen Aktiengesellschaft (GAG) führen. Auf der Grundlage der spezifischen genossenschaftlichen Erfahrungen, die nur vor dem Hintergrund der zahlreichen im Rheinland bestehenden Baugenossenschaften mit teilweise unterschiedlichem politischen Richtungsbezug zu erklären sind, entwickelt die Stadt Köln dabei ein Verbundsystem von kommunaler Kapitalgesellschaft als dem organisatorischen Träger aller Maßnahmen und verschiedenen untergeordneten Verwaltungsgenossenschaften als den zuständigen Trägern der Wohnungsverwaltung. Die auf der Basis selbständiger Verwaltungsunternehmen entwickelte Form der vertikalen Arbeitsteilung kann als der am weitesten gehende Versuch zur Bewahrung des genossenschaftlichen Charakters bei der Siedlungsverwaltung gelten.

Nach diesem Strukturmodell werden in Köln vor allem die in der frühen Weimarer Republik begonnenen Siedlungen von den Bewohnern in Selbstverwaltung übernommen; dabei wird allein die Verwaltung und damit das Verfügungsrecht über Wohnung und Wohnumfeld auf die Gesamtheit der Mieter übertragen, nicht aber das Eigentum selbst. Wie sich aus der späteren Praxis ableiten läßt, hat sich die GAG (vgl. Novy 1983, S. 129 ff.) die Möglichkeit der Rückübertragung dieses mieterschaftlichen Verfügungsrechtes in die Zentralverwaltung vorbehalten.

Bekanntestes und vor allem langlebigstes Beispiel für dieses Konzept ist die von Riphahn & Grod errichtete Siedlung Bickendorf I mit über 800 Wohneinheiten in Mehrgeschoßbauten und fast 600 Miet-Einfamilienhäusern (vgl. Heinen/Pfeffer 1988, S. 91 ff.). Diese Siedlung wird nach ihrer Fertigstellung im Jahre 1919 der zu diesem Zweck gegründeten Bewohnergenossenschaft "Gemeinnützige Siedlung Bickendorf e. G." übertragen und von dieser bis zu ihrer Liquidierung im Jahre 1942 in Selbstorganisation verwaltet.

"Die Mieter und Anwärter, deren Vertretung in einem Mieterausschuß uns bisher schon bei der Verwaltungsarbeit zur Seite gestanden hatte, schlossen sich auf unsere Anregung zu einer Siedlungsgenossenschaft Gemeinnützige Siedlung Bickendorf e. G. zum Zwecke der Selbstverwaltung zusammen. Diese Genossenschaft hat jetzt die Gesamtheit der fertiggestellten Häuser von uns zur Vertretung und Verwaltung übernommen, sodaß unsere Gesellschaft für die Verwaltung der ganzen Siedlung nur noch mit dieser Genossenschaft als Gesamtmieter zu tun hat, während alle Verhandlungen mit den Einzelmietern, wie auch die Einzelvergebung der weiterhin fertig werdenden Wohnungen Sache der Genossenschaft ist" (GAG 1919, aus: Novy 1986, S. 48).

Über das "Ende" dieser von Novy als der "Höhepunkt deutscher Wohnreformbewegung" (Novy 1986, S. 48) eingestuften Entwicklung gibt es unterschiedliche Ansichten. Die spezielle Kölner Epoche der Selbstverwaltung ist weitgehend auf die zwanziger Jahre beschränkt und wird noch in der ausgehenden Weimarer Republik "von oben" durch die eigene Muttergesellschaft wieder abgewürgt; spätestens im Faschismus werden im Rahmen der politisch gesteuerten Zwangsverschmelzungen dann auch die letzten noch in Köln bestehenden Verwaltungsgenossenschaften liquidiert.

Wichtiger als das faktische Ende der zu Beginn der zwanziger Jahre eingerichteten und dann zwischen 1929 und 1942 schrittweise wieder eingeschränkten Arbeit der Verwaltungsgenossenschaften ist das bisher kaum beachtete strukturelle Ende der "Idee der Bewohnerselbstverwaltung". Gemeint ist damit der Zeitpunkt, ab dem man in Köln weitere Großsiedlungen ohne dem erklärten Ziel der zukünftigen Bewohnerselbstverwaltung errichtet: Dieser an sich wesentlich wichtigere Wendepunkt liegt zeitlich schon in der Mitte der zwanziger Jahre vor der auch in Köln beginnenden Phase des Großsiedlungbaues und kann an der Fertigstellung des "Grünen Hofes" (Hagspiel 1981, S. 190) im Jahre 1924 festgemacht werden; diese Wohnanlage stellt nämlich nicht nur die erste deutsche Hofsiedlung dar, sie ist vor allem die erste von der GAG errichtete Siedlung ohne dem erklärtem Ziel der zukünftigen Bewohnerbeteiligung. Daß es sich hierbei lokal auch um die erste ausschließlich in mehrgeschossiger Form errichtete Siedlung von Mietwohnungen ohne einen Anteil von Einfamilienhäusern handelt, ist sicherlich kein Zufall.

Inwieweit der Bruch mit der Idee der Verwaltungsgenossenschaften durch den auch in Köln 1924 einsetzenden massenhaften Bau von staatlich mitfinanzierten Mietwohnungen mit ihrer spezifischen Belegung durch minderbemittelte Bevölkerungsschichten und durch den damit verbundenen Einfluß des kommunalen Wohnungsamtes zu erklären ist, kann im Nachhinein nicht näher herausgearbeitet werden. Wahrscheinlich ist diese Entwicklung letztlich doch eher einer strukturellen Veränderung der GAG (vgl. Novy 1986, S. 118) von der im genossenschaftlichen Verbund stehenden Muttergesellschaft zur schlichten, bürokratischen Kapitalgesellschaft mit Hegemonialanspruch geschuldet ist. Insofern ist das Fallbeispiel Köln für die Geschichte der Mieterbeteiligung zwar wichtig und durchaus auch aus heutiger Sicht beachtenswert, kann aber nicht als Höhepunkt einer Entwicklung eingeschätzt werden.

Mieterbeteiligung in Berlin

Von herauszuhebender struktureller Bedeutung ist die Entwicklung der Wohnungsverwaltung in der schon 1918/19 unter der Regie des Magistrats der Stadt Schöneberg entstandenen Siedlung Lindenhof. Die Überführung in die genossenschaftliche Selbstverwaltung ist hier von Anfang an von der Stadt und ihrem damaligen Stadtbaurat Martin Wagner mit eingeplant. Unabhängig von dieser politischen Zielsetzung bilden sich unmittelbar nach dem Bezug der ersten Straßenzüge trotzdem Mieterräte, aus denen dann - zum 1. April 1920 - die "Mietervereinigung Lindenhof e. V." entsteht; im Jahre 1921 sind die Mieter des Lindenhofs zu rund zwei Dritteln in ihrer Mietervereinigung zusammengeschlossen und versuchen sich so gemeinsam gegenüber dem Magistrat z. B. beim Ausbau von Wegen und Straßen, der Errichtung einer Schule, eines Spielplatzes und von Kindertagesheimen durchzusetzen (Berliner Geschichtswerkstatt 1987, S. 9).

Von besonderer Bedeutung am Lindenhof ist das Nebeneinander bzw. Hintereinander von Mietervertretung und Genossenschaft; zuerst bildet sich die Mietervereinigung aus den einzelnen Mieterräten und gewinnt durch ihre Arbeit enorm an Zulauf, dann erst gründet man parallel zum bestehenden Mieterverein anderthalb Jahre später als die zukünftige Eigentümerin die von Seiten des Magistrats an sich angestrebte

Mietergenossenschaft, zu der aus Furcht vor dem damit verbundenen finanziellen Risiko anfangs bedeutend weniger Mietparteien beitreten als dem Mieterverein.

Erst nach formeller Auflösung der "Mietervereinigung Lindenhof e. V." kurz vor Abschluß des Kaufvertrages sind die meisten Mieter der Genossenschaft beigetreten (422 von 486 Mietparteien). Auch heute noch wird die Siedlung genossenschaftlich verwaltet; sie gehört aber inzwischen aufgrund der Zwangsverschmelzungen im Dritten Reich einer normalen großen Baugenossenschaft ohne jegliche wohngruppennahe Verwaltungseinheiten wie früher.

Aus Berlin lassen sich zahlenmäßig für die Epoche des Neuen Bauens sicherlich die meisten Siedlungsvorhaben aufzählen; neben den vier bekannten "Siedlungen der 20er Jahre" (Huse 1984) existieren noch unzählige weitere, strukturell ähnliche Siedlungen aus den Jahren 1924 bis 1932; diese gelten neben den Frankfurter Siedlungen als wichtigste Beispiele moderner Siedlungsentwicklung aus der Zeit des Neuen Bauens. Unter dem Aspekt der Mieterbeteiligung finden sich aus Berlin allerdings vergleichbar wenige Fälle; lediglich aus den Siedlungen Britz und der Waldsiedlung Zehlendorf liegen Unterlagen über die temporäre Existenz von unterschiedlichen Bewohnervereinigungen vor.

Bekanntestes Berliner Neubauviertel aus den zwanziger Jahren ist die Großsiedlung Britz (Jaeggi 1984: 111-136); sie wird durch eine breite Nord-Süd-Achse in zwei in sich geschlossene, aber beinahe feindlich gegenüberliegende Siedlungsteile mit jeweils rund 1.000 Wohnungen geteilt, die in den Jahren 1925/26 von zwei sehr unterschiedlichen Wohnungsbaugesellschaften hochgezogen werden; die links gelegene Tautsche Hufeisensiedlung gilt dabei als Inbegriff kollektiver Wohnform. Genau wie die Siedlungsteile allein schon baulich von Taut durch die "Rote Front" voneinander abgesetzt werden, agieren auch die Mieter in unterschiedlichen Vertretungen, dem "Siedlerverein am Buschkrug e. V." für die Eierteichsiedlung der DeGeWo und dem "Bewohnerausschuß der GEHAG-Siedlung" für die Hufeisensiedlung der GEHAG (vgl. Hilpert 1980).

Entgegen der anhand der Frankfurter Fallbeispiele belegten These (Kunze 1987.a), daß als Verein gebildete Mietervertretungen dauerhafter angelegt sind als unverfaßte Initiativgruppen, ohne dabei gleich konservativer zu sein und als "Vereinsmeier" gelten zu müssen, löst sich in Britz der Siedlerverein zeitlich noch vor dem Ausschuß wieder auf. Als Grund für diese Entwicklung kann man die zu geringen Erfolge des Siedlervereins gegenüber dem in enger Verknüpfung mit den Organisationen SPD bzw. auch KPD und der Gewerkschaft agierenden Mieterausschuß annehmen.

Auf die konkrete Vertretungsarbeit des "Bewohnerausschusses der Gehagsiedlung" soll an dieser Stelle nicht näher eingegangen werden; aufgrund der schlechten

Quellenlage ist über die inhaltliche Tätigkeit der Mieterräte nicht mehr allzuviel bekannt. Ebenso sei hier der kurz darauf entstandene Siedlerverein in der Waldsiedlung Zehlendorf nur erwähnt. In Zehlendorf kämpfe man wie in vielen randstädtischen Siedlungen vor allem um den dann ja auch vorbildlich erreichten Nahverkehrsanschluß und gegen die Abriegelung der Siedlung vom regionalen Grüngürtel durch die Mustersiedlung Fischtalgrund; hier können sich die Bewohner der modernen Siedlung bekanntlich nicht gegen den Bau der konservativen Villen durchsetzen.

Mieterbeteiligung in Altona

Als besonderes Musterbeispiel für "ein neues demokratisches Verständnis" (Gemeinnützige Siedlung-Aktiengesellschaft 1972, S. 60) zwischen Mieter und Vermieter gilt die im Jahre 1922 von der preußischen Industriestadt Altona gegründete "Gemeinnützige Siedlungs-Aktiengesellschaft Altona" (SAGA).

Urzelle und damit auch heute noch immer Symbol für das Entstehen der SAGA ist die in ihrer ersten Bauphase in den Jahren 1914/15 noch unter der Regie des Bauvereins Altona-Ottensen begonnene und später nach dem 1. Weltkrieg von 1919 bis 1922 mit Hilfe der GAGFAH errichtete Siedlung Steenkamp in Bahrenfeld. An sich handelt es sich bei diesem Objekt um eine als Heimstätten-Siedlung vorgesehene Wohnanlage von im Einzeleigentum stehenden Eigenheimen; in der 2. Bauphase entstehen hier neben den 367 Wohnhäusern auch ein Versammlungshaus mit Saal sowie ein Jugendhaus und der damals obligatorische KONSUM zur Versorgung der Bewohner (vgl. Harms/Schubert 1989, S. 143). Noch vor der eigentlichen Gründung der späteren Eigentümergesellschaft SAGA bildet sich in Steenkamp eine "Heimstätter-Vereinigung" als bewußte Interessenvertretung der Siedlung und ihrer Bewohner gegenüber den Bauherren und Behörden.

Aufgrund finanzieller Probleme bei der Erstellung wird die Siedlung Steenkamp nacheinander von der GAGFAH und der HEIMAG Altona, einer gemeinsamen Tochter von GAGFAH und Stadt Altona, übernommen und landet schließlich im Jahre 1922 bei der Stadt Altona, die die bis 1920 bezogenen knapp 500 Wohnungen und 11 Läden in ihre im Dezember 1922 neu gegründete kommunale Wohnungsbaugesellschaft SAGA einbringt; seit der Übergabe der Wohnanlage von der städtischen Verwaltungsstelle an die SAGA am 1.April 1923 gehört die Siedlung damit zum Mietwohnungsbestand der kommunalen Gesellschaft. Durch diese Siedlung besitzt die SAGA in ihrem Bestand von Anbeginn an eine selbstorganisierte und auch selbstbewußte siedlungsbezogene Mietervertretung, mit der sie sich als neuer Vermieter in langwierigen Verhandlungen über das spezielle Rechtsverhältnis zwischen an sich als Eigentümer vorgesehenen Mietern und Vermieter einigen muß.

"Die mit dem Vorstand der Heimstätter-Vereinigung Steenkamp angebahnten Verhandlungen auf Abschluß eines neuen Vertrages, welche die Aufgabe des Vorkaufsrechts seitens der Siedler und andererseits die Übernahme der sämtlichen Reparaturen durch die Saga zum Ziele hatten, sind leider ergebnislos verlaufen. Die von der Heimstätter-Vereinigung gestellten Bedingungen waren für uns nicht annehmbar." (SAGA 1930, S. 8) "Mit den Bewohnern der Siedlung Steenkamp sind mit Wirkung vom 1. November 1930 ab neue Mietverträge abgeschlossen worden" (SAGA 1931, S. 8).

Die Steenkamper Mieter verhandeln aber nicht nur mit der SAGA über ihre durch die verschiedenen Übertragungen verflossene Rechtsposition, sie geben - wie auch andere Vereinigungen - eine eigene Siedlerzeitung heraus und gehen mit der Gründung einer "Steenkamper Wirtschaftsgenossenschaft" im Jahre 1923 noch einen entscheidenden Schritt weiter auf dem Weg der Selbstorganisation; direktes Ziel dieser Einrichtung ist die Verbilligung der Versorgung mit täglichen Gütern durch den gemeinschaftlichen Großeinkauf. Hinter dieser Gründung einer Genossenschaft kann man aber als sekundäres Ziel durchaus auch den Wunsch vermuten, die Siedlung später unter für die Bewohner wirtschaftlich besseren Bedingungen entsprechend dem Muster der etwa zeitgleich entstandenen Siedlungen in Köln oder der Siedlung Lindenhof in Berlin wenigstens als genossenschaftliches Eigentum übernehmen zu können.

Aufbauend auf der Mietervertretung in der Gründungssiedlung Steenkamp entwickelt man schon im Jahre 1923 bei der SAGA für die Verwaltung der im Kommunalen Wohnungsbau der Stadt Altona errichteten Wohnanlagen ein System ehrenamtlich tätiger Mietervertreter. Diese von den Mietern der einzelnen Wohnhäuser demokratisch gewählten Vertreter werden von der als kommunale Verwaltungsgesellschaft fungierenden SAGA generell als Vertrauenspersonen beider Parteien anerkannt und auch im harten Streitfall als - nahezu ? - gleichberechtigte Verhandlungspartner akzeptiert.

"Das Jahr 1930 hat manche Auseinandersetzung mit unserer Mieterschaft gebracht. ... Die dann am 1. Oktober vorgenommene allgemeine Mieterhöhung ... hat den Widerstand fast aller Mieter hervorgerufen. Erst nach vielen langwierigen Verhandlungen mit den Mietervertretern und in Mieterversammlungen ist allmählich Beruhigung eingetreten" (SAGA 1930, S. 8).

Hintergrund für die Entstehung dieses in seiner Konsequenz einmaligen Systems der Mieterbeteiligung ist sicherlich nicht das zufällige Vorhandensein einer Heimstätter-Vereinigung, sondern die kommunalpolitische Entwicklung der Stadt mit einer stark gewerkschaftlich orientierten SPD, die seit 1919 im Magistrat mit hauptamtlichen Mitgliedern vertreten ist und seit 1924 mit dem Oberbürgermeister Max Brauer und dem Stadtbaurat Gustav Oeslner die zentralen Figuren für die aufbrechende Epoche des "Neuen Altona" stellt (vgl. Timm 1984, S. 22). Die vor allem durch die Figur von Oeslner als Stadtbaurat und zugleich Vorstandsmitglied der kommunalen Wohnungsbaugesellschaft begründete Epoche stellt Altona fast auf die gleiche Stufe wie die Zentren des Neuen Bauens Frankfurt/Main, Köln, Magdeburg oder Berlin.

Ergebnis dieser von 1924 bis 1933 dauernden Phase ist der massenhafte Bau kleiner und weitgehend genormter Mietwohnungen im Stil des Neuen Bauens; die rund 2.000 im kommunalen Wohnungsbau vorrangig für junge Familien erstellten Wohnungen befinden sich in Altona weniger in randstädtischen Großsiedlungen, sondern sie liegen anfangs in einer Vielzahl kleinerer Wohnanlagen innerhalb des Altbaubestandes und bilden damit bei bestehenden Baulücken den Anschluß an die vorhandene Blockrandbebauung; in der Phase expansiver Stadterweiterung entstehen mit dem Moltkeblock (1922/25; 201 WE), der als eine der ersten Zeilenbauanlagen geltenden Helmholtzstraße (1926/27; 508 WE) und dem Friedrich-Ebert-Hof (1928/30; 738 WE) verschiedene Geschoßwohnungsvorhaben als in sich geschlossene Hofanlagen. "Der Gemeinschaftsgeist, die Solidarität, die in der modernen Arbeiterbewegung lebendig sind, haben hier greifbare Gestalt angenommen" ("Hamburger Echo" vom 5.8.1929, in: Hipp 1982, S. 39).

Insofern ist es verständlich, daß sich aus dem von der SAGA dann im Auftrag der Kommune verwalteten Wohnungsbestand keine auf einzelne Siedlungen bezogenen Mietervertretungen bilden wie in den vergleichbaren anderen Städten, sondern hier haben die Mieter hausweise das Recht zur Wahl ihrer einzelnen Vertreter, die zusammen die Mietervertretung bei der SAGA bilden.

Das Besondere und für diese Epoche wohl einmalige an dem System der Mietervertretung ist die Einbindung in die Geschäfts- und Verwaltungsstruktur der Wohnungsverwaltungsgesellschaft selbst; die Gesamtheit aller hausweise in den einzelnen Siedlungen, Wohnanlagen und Wohngebäuden gewählten Mietervertreter besitzt einen eigenen, aus fünf Personen bestehenden Vorstand, der seinerseits im Aufsichtsrat der SAGA mit Sitz und Stimme als ein voll gleichberechtigtes Mitglied vertreten ist. Damit hat man schon Mitte der 20er Jahre die erst einige Jahre später aufgestellten Forderungen anderer Mietervertretungen erfüllt und ist der Entwicklung bei der tatsächlichen Umsetzung dieser zentralen mieterpolitischen Forderung rund 50 bis 60 Jahre voraus.

"Außerdem sind die Mieter vor willkürlichen Kündigungen geschützt durch die Einrichtung der Mietervertreter. Jedes Haus hat das Recht, einen Mietervertreter zu wählen, die in ihrer Gesamtheit die Mietervertretung bilden und von der Geschäftsleitung in allen wichtigen Angelegenheiten gehört werden sollen. Insbesondere gilt dies bei der Entscheidung über Kündigungen und bei Festsetzung der Mietsätze.
Außerdem ist die Mietervertretung, die sich zur Erledigung ihrer laufenden Geschäfte bei größeren Blöcken einen Vorstand von fünf Personen wählt, durch einen Sitz im Aufsichtsrat der Saga vertreten.
Der Gedanke, unsere Mieter zur Mitarbeit an dem Aufbau unserer Gesellschaft und zur Wahrung der gemeinsamen Interessen, der Pflege, der Erhaltung und des Ausbaues der Einrichtungen heranzuziehen,

hat uns zu der Einsetzung der Mietervertreter veranlaßt. Wir können hier erfreulicherweise feststellen, daß uns ein treuer Stab von freiwiligen Helfern entstanden ist, mit dem wir gern zusammenarbeiten. Den erhöhten Verwaltungsarbeiten durch Abhalten von Sitzungen usw. stehen auf der anderen Seite große Ersparnisse durch die ehrenamtliche, manchmal mit größtem Eifer betriebene, selbstlose Tätigkeit der Mietervertreter gegenüber. Haben wir doch zur Aufrechterhaltung der Ordnung in den Häusern und zur Pflege der gärtnerischen Anlagen bisher auf jede bezahlte Tätigkeit verzichten können. (Sievert 1927)."

Das System der Mietervertreter hat sich im Laufe der Zeit auch wirtschaftlich für die SAGA bewährt; die von den Mietern eingesetzten Personen setzen sich in selbstloser Weise für ihre Wohnanlage und damit auch für die SAGA ein und tragen durch ihre ehrenamtliche Tätigkeit bei der Beratung, Betreuung und eventuell sogar Auswahl der Mieter wesentlich zur einer Reduzierung der Verwaltungskosten bei (vgl. SAGA 1930, S. 8).

Auch wenn heute leider kaum noch Unterlagen über die innere Struktur dieses Systems und die Aufgaben und Kompetenzen der Mietervertretung existieren, so läßt sich aus dem wenigen Material entnehmen, daß bei der Umsetzung von Zahlungs- und Räumungsurteilen immer die Zustimmung der Mietervertretung notwendig ist; damit sind die Mieter vor willkürlichen Kündigungen z. B. bei Bagatellbeträgen oder ordnungspolitischen Auseinandersetzungen geschützt, nicht aber vor der Zahlung ihrer Miete. Wenn die Mietervertreter schon bei kleineren Rückständen säumige Mitmieter zur Zahlung anhalten oder vor ihrer Zustimmung zur Exmittierung einzelner Schuldner um einen Ausgleich z. B. durch die Umsetzung in eine billigere Altbauwohnung bemüht sind, so kann man sie wegen dieser Aufgabenübernahme als verlängerten Arm des Unternehmens einordnen; angesichts der systematischen Schuldeneintreibung ab 1933 und der damit einhergehenden Zwangsräumungen am laufenden Band ohne große Verhandlungen muß man die mediäre Instanz der Mietervertreter gerade in diesem Punkt als eine Art Schutzschild für die Mieter bezeichnen (vgl. SAGA, Geschäftsberichte 1929, 1930, 1933).

Unmittelbar nach der Machtergreifung der Faschisten wird auch die erfolgreiche Altonaer Baupolitik der Weimarer Republik durch "Gleichschaltung" beendet, d. h. alle Funktionsträger bei der SAGA werden ausgewechselt und das System der Mietervertretung wird aufgehoben; statt ehrenamtlich tätiger, von "unten" gewählter Mietervertreter gibt es ab jetzt hauptamtliche von "oben" eingesetzte Verwalter (vgl. SAGA 1972, S. 70). Die sofortige Abschaffung eines an sich auch wirtschaftlich bewährten Systems durch den Faschismus zeigt deutlich den Stellenwert, den die Mietervertretung als ein Element demokratischer, linker Politik besitzt.

Durch die Eingemeindung der selbständigen preußischen Großstadt Altona (mit über 230.000 E) in die neu strukturierte Hansestadt Hamburg verliert auch die Altonaer Siedlungsgesellschaft ihre Selbständigkeit und ihre Geschichte, nicht aber ihren Namen. Nach mehreren Fusionen (z. B. 1939 und 1972) ist heute die SAGA "die" landeseigene Hamburger Wohnungsbaugesellschaft mit rund 100.000 Wohnungen, aber ohne funktionierende Mietervertretung; darüber können auch die wenigen existierenden Mieterbeiräte in einigen problematischen Großsiedlungen wie Kirchdorf-Süd oder Mümmelmannsberg nicht hinwegtäuschen.

Mieterbeteiligung in Frankfurt

Das Besondere an der Frankfurter Situation im Neuen Bauen besteht neben dem architekturgeschichtlichen Stellenwert der Siedlungen (vgl. Mohr/Müller 1985; Risse 1984) darin, daß sich hier in fast allen Siedlungen dieser Epoche in den Jahren 1927 bis 1930 siedlungsbezogene Mietervertretungen herausgebildet haben, die sich durch eine spezifische Modellvielfalt und vor allem auch durch ihre wohl einmalige Dauerhafigkeit auszeichnen. Das Entstehen von Mietervertretungen ist damit als typisch für die Frankfurter Siedlungen der 20er Jahre anzusehen. Trotz der anderen schon aufgezeigten, strukturell durchaus weitergehenden Fallbeispiele z. B. aus Köln und Altona besitzen die Frankfurter Siedlungen auch unter dem Aspekt der Mieterbeteiligung eine herausgehobene Position unter den Siedlungen des Neuen Bauens.

Die Bedeutung der durch die Sozialdemokraten geprägten Frankfurter Kommunalpolitik der zwanziger Jahre für die Entstehung der Siedlungen kann als weitgehend bekannt vorausgesetzt werden (vgl. Rebentisch 1975). Kaum bekannt ist dagegen, daß von der örtlichen Fraktion der SPD die "Schaffung von Mietervertretungen für alle Stadtteile mit städtischen Wohnungen" in ihren Rechenschaftsberichten (1929) als Erfolg verbucht wird (vgl. von Trott 1986, S. 257). In den untersuchten Fallbeispielen findet sich allerdings kaum ein Hinweis auf ein direktes Engagement der SPD als Partei bei der Gründung der verschiedenen Bewohnervereinigungen, wohl aber auf eine in der Regel als gleichberechtigt erscheinende Zusammenarbeit der Mietervertretungen mit dem Magistrat und den politisch von der Stadtverwaltung abhängigen kommunalen Wohnungsbaugesellschaften.

In der folgenden Betrachtung wird pars pro toto auf die beiden wichtigsten siedlungsbezogenen Mietervereine in den Frankfurter Siedlungen des Neuen Bauens eingegangen, die IG Römerstadt und den Mieterverin der Siedlung Heimat. Bei der Bewertung der dieser Untersuchung zugrundeliegenden historischen Materialien wie den Magistratsakten, Siedlungszeitungen und persönliche Unterlagen der Mieter ist zu berücksichtigen, daß diese Quellen meist nur Angaben über besonders wichtige Begebenheiten beinhalten und nahezu nichts über den täglichen Kleinkram aussagen, mit dem derartige mediäre Instanzen natürlich auch beschäftigt sind.

Nicht eingegangen wird an dieser Stelle auf die weiteren an sich ebenso wichtigen Zusammenschlüsse der Bewohner in den Siedlungen der Frankfurter Epoche des Neuen Bauens, also auf

- den schon seit Juli 1927 bis heute ununterbrochen tätigen "Siedlerverein der Siedlung Frankfurt-Praunheim e. V."; dieser Bewohnerverein der größten deutschen Reichsheimstättensiedlung ist ein Zusammenschluß von Eigentümern im sozial gebundenen Bestand und damit keine direkte Mietervertretung. Ohne seine auf dem zwischen der Stadt Frankfurt und den einzelnen Käufern abgeschlossenen Heimstättenvertrag basierende Entstehung scheint die Bildung der zeitlich nachfolgenden Mietervereine aber kaum denkbar, d. h. der Siedlerverein Praunheim besitzt für die Bewohner der anderen Neubausiedlungen eine gewisse Vorbildfunktion als erster ortsbezogener Querschnittsverein.
- den im Sommer 1929 auf direkte Initiative des Vorstandes der kommunalen Aktienbaugesellschaft für Kleine Wohnungen (ABG) entstandenen "Mieterausschuß Riederwald". Vor dem Hintergrund "unkontrollierter Aktivitäten" einer im Riederwald agierenden Ortsgruppe des Reichsbundes Deutscher Mieter läßt man "nach dem Vorbilde unserer Altsiedlungen" in dieser Neubausiedlung einen Mieterausschuß wählen (vgl. Die Siedlung 5/6 und 9/1929), obwohl die ABG ihr seit 1894 gültiges und in den Altbaumietverträgen auch festgelegtes System der jeweils für einen Wohnbaublock zuständigen Mietervertreter nicht auf die Neubausiedlungen ausdehnen wollte. Der Vorstand der ABG liefert dabei die inhaltlichen und organisatorischen Vorgaben für diese Inszenierung gleich mit und empfiehlt den Mietern, ausdrücklich handwerklich ausgebildete Herren zu wählen, die nicht nur einer bestimmten Gruppe (soll heißen: dem hierdurch auszuschaltenden Reichsbund) angehören sollten.
- die beiden Mieterausschüsse der in zwei Bauabschnitten durch zwei unterschiedliche Träger entstehenden Siedlung Westhausen. Entsprechend der Trägerschaft bilden sich zwei teils getrennt, teils gemeinsam agierende Vertretungen für den Bestand der Gartenstadt AG und des Nassauischen Heims und nehmen als eine durch das Reichsmietengesetz abgesicherte Instanz mit Wirkung nach Innen (bei Streitigkeiten unter den Mietern) und Außen (Vertretung gegenüber der Gesellschaft) die mieterschaftlichen Interessen wahr. In einem recht programmatisch gehaltenen Artikel des Ausschusses der Gartenstadt-Mieter in dem Organ der Arbeitsgemeinschaft Frankfurter Bauvereine "Die Siedlung" sind nicht nur die zentralen Aufgabenbereiche formuliert, z. B. "Erziehung der Mieter zu schonendsten Behandlung der Wohnräume und Häuser", sondern es ist sogar schon der Aspekt der Frauenquote thematisiert: dem Ausschuß sollen mindestens drei Frauen angehören (vgl. Die Siedlung 5/1931, S. 68). Die Mieter des weniger konzilianten Nassauischen Heims machen vor allem durch Versammlungen und Resolutionen auf ihre zu hohe Miete und das Verhalten der Gesellschaft aufmerksam und versuchen die Vermieterin durch kollektive Kündigung unter Druck zu setzen.

Interessengemeinschaft Römerstadt

Nach dem Vorbild der Praunheimer Siedler schließen sich die Mieter der nahegelegenen Römerstadt am 26. Oktober 1928 zur Interessengemeinschaft Römerstadt zusammen, die dann ab 1929 als eingetragener Verein die kollektiven Interessen aller Mieter der Römerstadt gegenüber der zur Stadt Frankfurt gehörenden Wohnungsbaugesellschaft Gartenstadt AG und den sonstigen kommunalen und staatlichen Stellen vertritt.

Über die inhaltliche Arbeit der IG Römerstadt sind in den noch existenten Quellen einige Belege erhalten, so z. B. über das Engagement der IG zu der Frage der Vollelektrifizierung der Siedlung mit ihren finanziellen und praktischen Folgen für die einzelnen Bewohner. Hierzu tritt die IG schon wenige Wochen nach ihrer Gründung im November/Dezember 1928 mit Erklärungen in Form von Denkschriften etc. an die Öffentlichkeit (vgl. May/Schmude 1929, S. 22); damit kann m. E. die Vollelektrifizierung als zentraler äußerer Anlaß für die Gründung gelten, ohne daß daraus jetzt gefolgert werden kann, daß sich ohne diese besondere Problemlage in der Römerstadt keine Mietervertretung gebildet hätte.

Die zentralen Themen der IG Römerstadt liegen generell immer dort, wo bei der Errichtung und Ausstattung der Siedlung gezielt Neuland betreten wird und es dadurch in den ersten Jahren nach Bezug zu spezifischen Problemlagen kommt, also z. B. bei

- der Vollelektrifizierung der Siedlung,
- der Heizkostenberechnung bei zentraler Versorgung,
- der Verkehrsanbindung an den öffentlichen Nahverkehr,
- der durch das Auslandskapital verursachten Miethöhe.

Neben dem zentralen Aufgabenbereich der Außenvertretung engagiert sich die Interessengemeinschaft natürlich auch innerhalb im siedlungsorganisatorischen und besonders im siedlungskulturellen Bereich; hier sind insbesondere die vom Verein herausgegebene Mieterzeitung "Die Römerstadt" zu nennen, aber auch die Durchführung des jährlichen stattfindenden Gartenfestes, die Gartenwettbewerbe und die Organisation der Treppenhausreinigung.

Diese erste Phase der Mietervertretung in der Siedlung Römerstadt dauert rund 6 Jahre von der Gründung der Interessengemeinschaft im Oktober 1928 bis schätzungsweise zum Jahre 1934. Will man die erste Phase der Existenz der IG Römerstadt kritisch bewerten, so kann man aufgrund der vorliegenden Materialien davon ausgehen, daß sie mit ziemlicher Sicherheit von der Gesamtheit der Mieter getragen wird; allein die Auflagenhöhe der Mieterzeitung von 1.200 Exemplaren bei ebensovielen Wohneinheiten deutet darauf hin. Aus den Quellen läßt sich problemkonkret ersehen, daß die Arbeit der IG unter der deutlich sichtbaren Zielsetzung steht, sich für die Interessen aller Mieter einzusetzen; bei den Verhandlungen um Mietsenkungen im Jahre 1933 beschränkt man sich z. B. nicht auf den mit der Verwaltung ausgehandelten Kompromiß, verstärkt die großen und damit kaum bezahlbaren Wohnungen zu entlasten, sondern strebt mit einer zusätzlichen auch die preiswerteren 2-Zimmer-Wohnungen einbeziehenden Mietsenkung eine sozialpolitisch verträgliche Lösung für alle Mieter an (vgl. Die Römerstadt 9/1933, S. 57).

Über das vorläufige organisatorische Ende der IG Römerstadt als Mieterverein liegen aus der Zeit des Faschismus keine konkreten Informationen vor; die IG Römerstadt wird im Jahre 1934 formell gleichgeschaltet und damit wohl auch gleichzeitig politisch ausgeschaltet. Erste Belege für ein Weiterbestehen der IG Römerstadt nach dem 2. Weltkrieg gibt es aufgrund der Vertreibung im Frühjahr 1945 durch die Besatzungsmacht erst aus dem Jahr 1955 (vgl. Frankfurter Neue Presse vom 25.11.1955); ab jetzt agiert die Interessengemeinschaft Römerstadt nur noch in der rechtlichen Form des "nichteingetragenen Vereins".

Den seit der Räumung im Jahre 1945 über das ganze Stadtgebiet verstreuten Mietern geht es vorrangig um den Wiedereinzug in die temporär besetzten Wohnungen. Dabei setzt sich die IG für die baldige Freigabe der Siedlung Römerstadt und die bevorzugte Berücksichtigung der Altmieter ein und hilft diesen bei der formalen Klärung der Entschädigungsfrage. Die IG Römerstadt ist auch heute noch als kollektive Vertretung existent: In dem Frankfurter Mietkampf von 1972/73 (vgl. Herding 1978) spielt sie sogar noch einmal eine führende Rolle innerhalb der Gruppe selbständiger Interessengemeinschaften; seitdem führt man eher ein Randfigurendasein und beschränkt sich - momentan ? - auf siedlungsinterne und damit unumstrittene Bereiche wie das jährliche Gartenfest (vgl. Lauer 1990, S. 120).

Mieterverein der Siedlung Heimat e. V.

Auch in der parallel zur Römerstadt in der Trägerschaft der zur Gewerkschaft der Angestellten (GdA) gehörenden Berliner Wohnungsbaugesellschaft HEIMAT AG entstandenen Heimatsiedlung gründet sich kurz nach Erstbezug am 26. Oktober 1928 eine Interessenvertretung der dort eingezogenen Mieter, die im übrigen allesamt Mitglieder der Gewerkschaft der Angestellten (GdA) sein müssen. Die zentralen Themen des Mietervereins der Siedlung Heimat liegen ganz offensichtlich im Bereich kritischer finanzieller Regelungen des Mieter/Vermieter-Verhältnisses, also z. B. bei

- der Höhe bzw. der Senkung der Hypothekenzinsen,
- der Heizkostenberechnung bei zentraler Versorgung,
- den Kosten für die Lohn- und Selbstwäscherei,
- der notwendigen Zeichnung von Aktien der HEIMAT AG.

Bei der Senkung der Hypothekenzinsen (1932) kämpfen Mieter und Heimat AG gemeinsam gegen die Stadt Frankfurt, die ihrerseits die im Rahmen der Zinszwangskonversion staatlich verordneten Zinssenkungen einfach einstreichen möchte. Die Heizkosten stellen in den Jahren 1932 bis 1936 einen Dauerbrenner dar; anfangs bemühen sich Mieter und Vermieter gemeinsam um eine Reduzierung der Abschlagszahlungen, später können die Mieter nur mit speziellen Gutachten auf dem Rechtswege größere Rückzahlungen gegen die Heimat AG durchsetzen. Die Aktienfrage wird erst Ende 1932 aktuell, als ausziehende Mieter ihre per Mietvertrag zwangsweise in die vermietende Gesellschaft investierte Einlage trotz eindeutiger, aber rechtlich unverbindlicher Zusagen nicht zurück erhalten. Wegen der beiden bis Mitte der 30er Jahre heiß umkämpften Themen finden mehrere Veranstaltungen mit über 1.000 Teilnehmern statt, also Mietervollversammlungen.

Unabhängig von diesen eher als außenwirksam anzusehenden Aufgabengebieten gibt es natürlich noch eine Reihe anderer siedlungsinterner Engagements; z. B. macht sich der Mieterverein für die Einrichtung einer zentralen Radioanlage stark und setzt diese auch gegen die Verwaltungsgesellschaft durch; ebenso für die Schaffung einer Kleingartenanlage in Form von Mietergärten im "Funkenflugbereich" entlang der die Siedlung nordwestlich umfahrenden Bahntrasse.

Im Gegensatz zu den Mietervertretungen der anderen Frankfurter Siedlungen ist das mieterschaftliche Engagement in der Heimatsiedlung mit der "Machtergreifung" der Nationalsozialisten nicht automatisch beendet. Der Mieterverein wird zwar gleichgeschaltet und gerät 1933/34 vorübergehend sogar zum Spielball irgendwelcher lokaler, in der Siedlung wohnender Parteifunktionäre, aber man vertritt trotz dieses strukturellen Umbruches weiterhin kontinuierlich die Interessen der Mieter in den schon genannten und zeitlich über die Jahre hinweg aktuellen Aufgabenfeldern; die Zeit der "Großen Mieterversammlungen" und Proteste gegen die in Berlin residierende Wohnungsbaugesellschaft HEIMAT AG kommt sogar erst später im Jahre 1935.

Danach ist gegen Ende der dreißiger Jahre allerdings die Luft raus und damit der Mietkampf beendet; die bisher in der Siedlung aktiven Mieter werden z. T. eingezogen und entfallen damit für ein weiteres Engagement; Vorsitzende für die letzten Jahre bis 1939 wird erstmals eine Frau. Nach dem Krieg wird im Jahre 1945 auch die Heimatsiedlung besetzt und damit innerhalb weniger Stunden vollständig von den Mietern geräumt, aber schon Ende 1945 an die Bevölkerung zurückgegeben. Der Mieterverein spielt in dieser Zeit als kollektive Interessenvertretung keine Rolle mehr, obwohl sich -oder weil ?- die Siedlung inzwischen im Eigentum der Neuen Heimat befindet und damit als gewerkschaftliche Belegsiedlung gilt, d. h. es ziehen fast nur noch Mieter ein, die hauptberuflich die Mitbestimmung als demokratisches Ziel verfechten. Erst vor dem Hintergrund der Neue Heimat-Verkäufe knüpft man 1985 an die eigene Tradition an und gründet den alten, aber formell noch immer existierenden Mieterverein neu.

Zusammenfassung

Es ist überraschend, daß in den bekannten Hauptorten der Siedlungsentwicklung eine durchaus breit angelegte Vielfalt sich strukturell unterscheidender Formen der Bewohnerbeteiligung entstanden ist; offensichtlich gab es in der Aufbruchstimmung der Weimarer Republik eine kollektive Euphorie zur gesellschaftlichen Organisation in Vereinen, politischen Parteien und Gewerkschaften. Daß die Mietervertretungen dabei auch als eine Art pressure group in Bezug auf die neue Wohnkultur anzusehen sind und ihnen damit partiell durchaus ein gewolltes disziplinierendes Moment zukommt, ist wahrscheinlich und auch am Beispiel direkt belegt; in überwiegenden Maße sind diese lokalen Vereinigungen aber als Interessenvertretungen gegenüber Stadt und Wohnungsbau-Gesellschaft zu verstehen. Offen muß angesichts der politischen Entwicklung natürlich die Frage ihrer Dauerhaftigkeit bleiben; die meisten Vertretungen werden im Dritten Reich aus politischen Motiven abgewürgt und haben damit nicht einmal die Chance, nach Überwindung der für Neubausiedlungen typischen Erstbezugsprobleme sich auf Dauer zu bewähren oder mangels Interesse doch wieder einzugehen. Die wenigen über die Zeit existierenden Beispiele und das trotz eines recht großen time-lags von rund 30 - 40 Jahren aktuell erkennbare Anknüpfen an die Organisationswut damaliger Zeit belegen die These von einem potentiellen Bedürfnis dauerhafter Interessenvertretung auf Siedlungsebene.

Aus der vorliegenden Entfaltung der in ihrer Struktur recht unterschiedlichen Fallbeispiele lassen sich alle wesentlichen uns aus der aktuellen Diskussion bekannten Aspekte, Probleme, Konstruktionen, Vorgehensweisen oder Ziele der Mieterbeteiligung und -selbstverwaltung auch schon in der Zeit der Weimarer Republik aufzeigen, das Thema ist also heute nicht grundsätzlich neu: Die Konstruktion der Verwaltungsgenossenschaft (Köln) und auch das Verfahren der kommunalen Bauträgerschaft mit anschließendem Verkauf an eine Siedlungsgenossenschaft (Lindenhof/Schöneberg) haben in dieser Zeit ihren Ursprung; ebenso das Verfahren der zeitlichen Hintereinanderschaltung von einem Mieterverein und einer Genossenschaft (Lindenhof). Sogar der Fall einer durch die nicht erfolgende Übertragung der Wohnbauten auf die Mieter begründeten Umformierung eines Mietervereins in eine Wirtschaftsgenossenschaft (Steenkamp) läßt sich aufzeigen. Die strukturellen Ähnlichkeiten zur aktuellen wohnpolitischen Diskussion im Kontext der Neuen Heimat z. B. in Hamburg oder Frankfurt sind frappierend. So empfiehlt in Frankfurt schon im Frühjahr 1931 der Vorsitzende des Mieterausschusses Riederwald den Aufbau eines abgestimmten Konzeptes zur Beteiligung aller Mieter auf Unternehmensebene analog zur Betriebsvertretung:

"Die hauptsächlichsten Belange sind: Ausgleichung der Gegensätze zwischen Mieter und Vermieter, Wahrung der Interessen der Mieter in allen Fragen des Miet- und Wohnrechts, Mitwirkung bei der Schaffung eines neuzeitlichen Mietvertrages mit wenig Paragraphen und Bindungen, Mitbestimmung bei der Aufstellung der Jahresrechnung der Wohnungsgesellschaften bei gleichzeitiger Wahrung der wirtschaftlichen Interessen des Vermieters. Mitwirkung bei der der Festsetzung und Veränderung des Mietzinses, Zustimmung zu Kündigung, maßgeblicher Einfluß bei Wohnungsinstandsetzung und Reparaturen usw. Daß die Mietervertretungen, ähnlich den Betriebsvertretungen im Betriebsräte-Gesetz, auch die Rechte des Vermieters vernunftgemäß wahrzunehmen, für die Wirtschaftlichkeit zu sorgen und vor Erschütterungen zu bewahren haben, ist ein Gebot der Selbstverständlichkeit. ... Da in allen ihren Siedlungen bereits Mietervertretungen im losen Aufbau bestehen, so wäre es wünschenswert, der Frage näher zu treten, aus den Reihen derselben einen Zentral-Mieterrat für die Gesamtverwaltung zu bilden, der sicherlich nicht zum Nachteil der Gesellschaft Ersprießliches leisten dürfte. ... Von besonderer Wichtigkeit wäre nicht zuletzt die Delegierung von Mitgliedern des Zentral-Mieterrates in den Aufsichtsrat und die einzelnen Ausschüsse" (Schwarz 1931, S. 33/34).

Der zentrale Baustein der Mieterbeteiligung ist in dieser Zeit der auf die einzelne Siedlung bezogene Mieterverein (Römerstadt, Heimatsiedlung; Zehlendorf). Als eine weitere Institution tritt daneben auch der Mieterausschuß auf (Britz/Hufeisensiedlung; Westhausen) und es gibt in Altona sogar ein vollständiges, basisdemokratisch strukturiertes Systems der Mitbestimmung innerhalb des städtischen Unternehmens; bei der SAGA sitzen die Mietervertreter in der Zeit der Weimarer Republik sogar als gleichberechtigte Mitglieder im Aufsichtsrat.

Aber auch das z. B. von der Neuen Heimat hinlänglich aus den siebziger Jahren bekannte Verfahren, daß man eine mißliebige Initiative durch einen von oben inszenierten Ausschuß an den Rand der Legitimität drängen kann, wird 1929 in der Siedlung Riederwald schon erstmalig mit Erfolg durchgeführt. Und umgekehrt gibt es auch Beispiele, wie eine einmal anerkannte Vertretung einfach nicht mehr akzeptiert wird, weil sie Themen wie die Miethöhe problematisiert, die die Gesellschaft lieber nicht zur Kenntnis nehmen möchte (Westhausen).

Nur der in der Bundesrepublik seit 1970 eingeführte Begriff Mieterbeirat ist neu und als Begrifflichkeit denkbar ungeeignet, zeigt er doch schon in der Wortkonstruktion die politisch gewollte Bedeutungslosigkeit der Mietervertretung auf. In der aktuellen Diskussion wird ja inzwischen auch schon auf die diskriminierende Mittelsilbe "bei" verzichtet und man spricht heute wieder wie damals vom Mieterrat oder man greift sogar auf die selbstorganisierte Konstruktion des Mietervereins zurück.

Interessant wird vor diesem historischen Hintergrund, wie jetzt die aktuelle Entwicklung beispielsweise in Hamburg nach dem Kauf der Neuen Heimat-Bestände und der potentiellen Übertragung auf selbstverwaltende Genossenschaften ablaufen wird und vor allem, ob man nach der Neuauflage der Grün-Roten Koalition in Hessen sich an das 1986 verabschiedete und durch die Regierungswechsel niemals zur Umsetzung gelangte Konzept der Mieterbeteiligung erinnern wird (vgl. Kunze 1991, S. 428-442), daß vor dem inhaltlichen Hintergrund dieser Untersuchungen auf der Basis der politischen Kämpfe insbesondere der Mieter der Heimatsiedlung erarbeitet wurde.

Literatur

Berliner Geschichtswerkstatt, (Hrsg.) 1987: "Das war'ne ganz geschlossene Gesellschaft hier". Der Lindenhof: Eine Genossenschafts-Siedlung in der Großstadt. Berlin.

Deppe, Rainer; Herding, Richard; Hoß, Dietrich, (Hrsg.) 1978: Sozialdemokratie und Klassenkonflikte. Frankfurt.

Gemeinnützige Siedlungs-Aktiengesellschaft Altona, 1930: Geschäftsbericht für das Jahr 1929. Altona.

Gemeinnützige Siedlungs-Aktiengesellschaft Altona, 1931: Geschäftsbericht für das Jahr 1930. Altona.

Gemeinnützige Siedlungs-Aktiengesellschaft Hamburg, (Hrsg.) 1972: 50 Jahre SAGA. Hamburg.

Greven, Wilhelm, 1911: Eine städtische Wohnungs-Kommission und ihr Arbeitsgebiet. Ein Beitrag zur Lösung der Wohnungsfrage in Cöln. Cöln.

Hagspiel, Wolfram, 1981: Der Kölner Architekt Wilhelm Riphahn. Sein Lebenswerk von 1913-1945. Köln.

Harms, Hans; Schubert, Dirk; 1989: Wohnen in Hamburg - ein Stadtführer. Hamburg.

Heinen, Werner; Pfeffer, Anne-Marie; 1988: Köln: Siedlungen 1888-1938. Köln.

Herding, Richard, 1978: Sozialdemokratie und komunale Konflikte: Die Frankfurter Mieterbewegung 1973/74 bei zwei städtischen Wohnungsbaugesellschaften; in: Deppe/Herding/Hoß, 1978:196-301.

Herlyn, Ulfert; von Saldern, Adelheid; Tessin, Wulf, (Hrsg.) 1987: Neubausiedlungen der 20er und 60er Jahre. Ein historisch-soziologischer Vergleich. Frankfurt.

Hilpert, Thilo, 1980: Hufeisensiedlung Britz 1926-1980. Ein alternativer Siedlungsbau der 20er Jahre als Studienobjekt, TU Berlin Dokumente aus Forschung und Lehre Nr. 1. Berlin.

Hipp, Herrmann, 1982: Wohnstadt Hamburg. Mietshäuser der zwanziger Jahre zwischen Inflation und Weltwirtschaftskrise. Hamburg.

Huse, Norbert, (Hrsg.) 1984: Siedlungen der 20er Jahre - heute. Vier Berliner Großsiedlungen 1924-1984. Berlin.

Jaeggi, Annemarie,1984: Die Planungs- und Baugeschichte der vier Siedlungen; in: Huse, Norbert, (Hrsg.) 1984: 111-200.

Kunze, Ronald, 1985: Initiative, Beirat oder Verein - aktuelle Tendenzen in der Mieterbeteiligung. Referat vom 24.4.1985 beim Institut für Städtebau Berlin, Tagung "Neubauviertel der 20er und 60er Jahre". Unveröffentlichtes Manuscript.

Kunze, Ronald, (Hrsg.) 1986: Die Siedlung. Monatsschrift für gemeinnützige Siedlung- und Wohnungswirtschaft. Unveränderter Reprint. Hannover.

Kunze, Ronald, 1987.a: Mieterbeteiligung im Sozialen Wohnungsbau in den Siedlungen der 20er und 60er Jahre; in: Herlyn/von Saldern/Tessin (Hrsg.) 1987:188-223.

Kunze, Ronald, 1987.b: Konzept zur Demokratisierung des Wohnens. Mitbestimmung auch auf dem Gebiet der Wohnungswirtschaft; in: Alternative Kommunalpolitik, 1/1987, S. 59-64..

Kunze, Ronald, 1991: Mieterbeteiligung im Sozialen Wohnungsbau. Entstehung und Entwicklung der Mietervertretungen in den Siedlungen der Gemeinnützigen Wohnungsunternehmen. Kassel.

Lauer, Heike, 1990: Leben in neuer Sachlichkeit. Zur Aneignung der Siedlung Römerstadt in Frankfurt am Main. Frankfurt.

May, Ernst, 1930: 5 Jahre Wohnungsbautätigkeit in Frankfurt am Main; in: Das Neue Frankfurt 2-3/1930 (4), S. 21-132.

May, Ernst; Schmude 1929: Der elektrische Haushalt in der Siedlung Römerstadt. Denkschrift. Frankfurt.

Mohr, Christoph; Müller, Michael; 1985: Funktionalität und Moderne. "Das Neue Frankfurt" und seine Bauten 1925-1933. Frankfurt.

Novy, Klaus, 1983.a: Genossenschafts-Bewegung. Zum Wandel der Organisationsformen im gemeinnützigen Wohnungsbau. Aufstieg und Niedergang eines Kölner Reformunternehmens; in: Novy 1983, S. 129-152.
Novy, Klaus, 1983.b: Genossenschafts-Bewegung. Zur Geschichte und Zukunft der Wohnreform. Berlin.
Novy, Klaus, (Hrsg.) 1986: Wohnreform in Köln. Geschichte der Baugenossenschaften. Köln.
Rebentisch, Dieter, 1975: Ludwig Landmann. Frankfurter Oberbürgermeister der Weimarer Republik. Wiesbaden.
Risse, Heike, 1984: Frühe Moderne in Frankfurt am Main 1920-1933, Architektur der zwanziger Jahre in Frankfurt a.M., Traditionalismus - Expressionismus - Neue Sachlichkeit. Frankfurt.
Schwarz, Georg, 1931: Mietrecht und Mietervertretung; in: Die Siedlung 3/1931, S. 33-34.
Die Siedlung. Monatsschrift für gemeinnützige Siedlungs- und Wohnungswirtschaft. Mitteilungsblatt der Baugenossenschaften und Baugesellschaften von Groß-Frankfurt a.M.; 1929-1939. Ab 1938 unter dem Titel: "Das Wohnheim". Frankfurt.
Sievert, Wilhelm, 1927: Fünf Jahre Gemeinnützige Siedlungs A.-G. Altona; in: Amtsblatt der Stadt Altona, Nr.27-31/1927.
Timm, Christoph, 1984: Gustav Oeslner und das Neue Altona. Kommunale Architektur und Stadtplanung in der Weimarer Republik. Hamburg.
Trott, Jan von, 1986: Für eine menschliche Stadt in einer vernünftigeren Welt! Sozialdemokratische Stadtverordnetenfraktion Frankfurt am Main 80 Jahre * 1904 bis 1984. Frankfurt 6.4.1991

Ausnahme und Regel - von der Mieterbeteiligung zur Selbstverwaltung; Ansätze für ein neues Mieter-Vermieter-Verhältnis

Andreas Pfadt

Seit Anfang der 70er Jahre, als in vielen Wohnsiedlungen in der Bundesrepublik als Reflex von Forderungen nach einer Demokratisierung aller Lebensbereiche Mieterbeiräte entstanden, ist immer wieder über Formen der Mietermitwirkung und ein verändertes Mieter-Vermieter-Verhältnis diskutiert worden. Diese Diskussionen haben seit Mitte der 80er Jahre neuen Aufschwung erfahren. Beigetragen hat zunächst die schon lange bestehende Kritik an dem Verwaltungshandeln der großen Wohnungsgesellschaften, die den Bedürfnissen und Wünschen der Mieter nicht ausreichend Rechnung zu tragen schienen.

Als dann durch zunehmende Leerstände - vor allem in den Großsiedlungen -, Bauschäden und wachsende soziale Probleme sichtbar wurden, daß es umfangreicher Nachbesserungs- bzw. Erneuerungsverfahren bedarf, entstanden in diesen Siedlungen - zum Teil auf Basis der noch bestehenden Mieterbeiräte - Initiativen, die, ähnlich wie in den Altbauquartieren, Mitwirkung und Beteiligung an den anlaufenden Erneuerungsverfahren einklagten.

Durch den Niedergang der Neuen Heimat schließlich, durch den zahlreiche Siedlungen von Verkauf, Spekulation und Mieterhöhungen bedroht wurden, bildeten sich in einigen Siedlungen in Hamburg Initiativen, die den Verkauf abwenden und - wenn es nicht anders ging - das Schicksal ihrer Siedlung in die eigene Hand nehmen wollten. Es entstanden Diskussionen über Selbstverwaltungsmodelle und Kleingenossenschaften, die die betroffenen Siedlungen in Eigenregie übernehmen und selbst verwalten wollten (z. B. in Gartenstadt Farmsen, Hohnerkamp, Steenkamp-Siedlung). In einigen dieser Siedlungen konnten die Initiativen an traditionelle Siedlervereine anknüpfen, deren Mitglieder im Rahmen von Instandsetzungsmaßnahmen und der Modernisierung ihrer eigenen Wohnungen ihre Selbsthilfekompetenz schon seit langem unter Beweis gestellt hatten (Steenkamp-Siedlung, Schumacher-Siedlung).

Einen Impuls erhielten diese Initiativen von unerwarteter Seite; in den Altbauquartieren hatten sich aus den zahlreichen Mieterinitiativen, die dort lange und fast vergeblich um eine Erweiterung ihrer Mitwirkungsrechte an der Stadterneuerung gekämpft hatten, Gruppen gebildet, die wenigstens einzelne Häuser vor Abriß oder einer Verdrängungssanierung retten wollten. Nach vergeblichen Bemühungen, darüber mit den Eigentümern und Behörden in ein Gespräch zu kommen, griffen diese zusammen mit anderen schließlich zum Mittel der Hausbesetzung und anderen demonstrativen Maßnahmen, um ihre Forderungen durchzusetzen. Hier ging es schon lange nicht mehr um Mitbestimmung, sondern um Selbstverwaltung der Häuser und Wohnprojekte und deren Instandsetzung unter Einbeziehung von Selbsthilfe der Bewohner.

Spätestens jedoch als es um Erhalt und Sanierung der auf diese Weise erlangten Häuser ging und dafür auf Basis von Nutzungs- und Finanzierungskonzepten Fördermittel beantragt werden mußten, war wiederum nicht Aktion, sondern Diskussion und Streit mit Behörden und Eigentümern erforderlich. Es bedurfte professioneller Hilfe bei der Erstellung von Finanzierungskonzepten, der vertraglichen Umsetzung von Organisationsmodellen, der Integration von Selbsthilfe und professioneller Arbeit sowie bei der Planung, Durchführung und Abrechnung der Instandsetzung oder Modernisierung. In Berlin und Hamburg entstanden auf diese Weise alternative Sanierungsträger, deren Aufgabe es war, die zum Teil besetzten Häuser zu legalisieren und die dort existierenden Wohnprojekte bei der Organisation von Selbsthilfe und Selbstverwaltung, der Beantragung staatlicher Mittel und bei der Durchführung der Instandsetzungsarbeiten zu unterstützen. Auf diese Weise kamen zum Beispiel in Hamburg binnen fünf Jahren immerhin ca. vierzig selbstverwaltete alternative Wohnprojekte zustande.

Ziel der Unterstützung und Realisierung von Selbstverwaltung und Selbsthilfeprojekten war es jedoch nicht, auf Dauer ein Sondermodell für eine kleine Bevölkerungsgruppe zu schaffen. Schon der Name eines der alternativen Sanierungsträger in Berlin "Ausnahme und Regel" weist darauf hin, daß immer der Anspruch bestand, Selbstverwaltungsmodelle zur Regel zu machen, d. h. die im Alternativbereich gemachten Erfahrungen langfristig auf den sogenannten normalen Wohnungsbestand mit den sogenannten normalen Mietern zu übertragen, die nach Meinung der großen Wohnungsgesellschaften am liebsten nur verwaltet werden und sich um nichts kümmern wollen und können.

Von der Ausnahme zur Regel?

Dennoch lassen sich die bisherigen Erfahrungen nicht ohne weiteres auf andere Wohnungsbestände übertragen. Die Vielfalt der in Diskussion und Erprobung befindlichen Modelle, z. B. von Verwaltungsgenossenschaften (Falkenried) und Auffanggesellschaften, wie die Genossenschaft "Schanze", oder der Vorschlag eines sogenannten Integrationsmodelles[1] in der Steenkamp-Siedlung, zeigen, daß es für unterschiedliche Problemlagen unterschiedlicher Siedlungen und unterschiedlicher Ausgangserfahrungen der Mieter auch unterschiedliche, flexible und ausbaufähige Modelle geben muß, wenn die Erfahrungen aus den alternativen Wohnprojekten und den verschiedenen Ansätzen neuer und traditioneller Genossenschaften auf den normalen Wohnungsbestand übertragen werden sollen. Dabei kann man - nach den bisher gemachten Erfahrungen - jedoch auf folgende Erkenntnisse aufbauen:

- Mieter sind durchaus in der Lage, auch umfangreichere Erneuerungsarbeiten in die eigene Hand zu nehmen, wenn sie eine professionelle Infrastruktur zu ihrer Unterstützung vorfinden.
- Es ist in einigen Fällen gelungen, sozial schwierigste Gruppen erfolgreich mit Häusern in Verbindung zu bringen, die zum Teil innen völlig zerstört waren und eigentlich nur noch hätten abgerissen werden können.
- Selbsthilfe und Selbstverwaltung bedeuten nicht, daß alles freiwillig und ehrenamtlich durchgeführt werden kann. Gerade bei größeren Beständen muß eine professionelle Selbstverwaltung aufgebaut werden. Für umfangreichere Instandsetzungsarbeiten werden in den Projekten Arbeitsplätze geschaffen, die von professionellen Handwerkern betreut werden.

Insgesamt zeigt sich, daß auf Basis eines veränderten Mieter-Vermieterverhältnisses für die Bewohner auch ein völlig anderes Verhältnis zum Wohnen und zu ihrer Wohnumgebung entsteht. Ähnlich, wie aus einem passiven Mieter bei Erwerb eines Eigenheims ein aktiver Selbstverwalter wird, der Finanzierungsberatung, Architektenunterstützung und Instandsetzungs- und Modernisierungsarbeiten organisiert oder selbst durchführt, weil es dafür schon lange gelernte Wege und eine geregelte Beratungs- und Unterstützungsinfrastruktur gibt, sind auch andere Gruppen der Bevölkerung zu Formen gemeinsamer Selbsthilfe und Selbstverwaltung in der Lage, wenn sie auf Basis eines veränderten Mieter-Vermieterverhältnisses mehr Verfügungsrechte über ihre Häuser und Wohnungen und eine entsprechende Beratung und Unterstützung erhalten.

Dem liegt die These zugrunde, daß es nicht nur einen individuellen, sondern auch einen gesellschaftlichen Lernprozeß gibt, mit der Folge, daß die in den selbstverwalteten Projekten gesammelten Erfahrungen nicht immer völlig neu gemacht werden müssen. Vielmehr wird ein Teil davon durch Literatur, Erfahrungsberichte und vor allem die Beratungstätigkeit der professionellen Unterstützungsträger vermittelt. Und ähnlich wie bei dem Lebensmodell der Wohngemeinschaften, die bei ihrer Entstehung als "Kommunen", als Experimentierfeld linker Intellektueller, erschienen und heute sogar als therapeutische Lebensform für Problemgruppen ihren festen Platz in der Gesellschaft erlangt haben, ohne daß alle Erfahrungen und Diskussionen über Möglichkeiten des Zusammenlebens in Wohngemeinschaften immer wieder von allen Beteiligten neu gemacht werden mußten, können auch er-weiterte Formen von Selbsthilfe und Selbstverwaltung auf Basis der Erfahrungen der Pionierprojekte von den nachfolgenden Gruppen übernommen werden. Dennoch bedeutet die Installation eines veränderten Mieter-Vermieterverhältnisses oder sogar eines Selbstverwaltungsmodells die Initiierung eines Lern- und Erfahrungsprozesses unter den unmittelbar

Beteiligten, innerhalb dessen die Betroffenen Fähigkeiten und Kompetenzen erlangen, die ihnen vorher kaum zugetraut wurden.

Überlegungen, die bisher im Alternativbereich gemachten Erfahrungen auf den normalen Wohnungsbestand zu übertragen, gehen davon aus, daß mit den in der Umsetzung befindlichen Erneuerungsverfahren in einigen der Großsiedlungen die Probleme im Wohnungsbestand keineswegs gelöst sind, im Gegenteil. Die Diskussion über die momentane Wohnungsnot, die Leerstände abgebaut hat, überdeckt oberflächlich die Brisanz der sozialen und baulichen Probleme, die nicht nur in den typischen Problemsiedlungen bestehen und die spätestens, wenn dort ebenfalls Erneuerungsmaßnahmen anstehen, zum Vorschein kommen. Hier sind Konzepte einer schrittweisen Privatisierung der Wohnungsbestände oder der Übertragung der Eigentumsrechte an eine Bewohnergenossenschaft als Lösung der sozialen und der durch jahrelang unterlassene Instandhaltung entstandenen baulichen Probleme eher ungeeignet.

In dieser Situation scheint es sinnvoll, daß die Wohnungsgesellschaften selbst Lösungsansätze entwickeln und erproben, die zwar auf den bisher gemachten Erfahrungen im sogenannten Alternativbereich aufbauen, jedoch stärker an den realen Problemen im Wohnungsbestand, den schon existierenden Ansätzen gebietsbezogener Sozialarbeit und an eventuell existierende Organisationen der Bewohner anknüpfen. Ziel müßte **eine schrittweise Übertragung von Verfügungsrechten** an die Mieter sein, ohne daß sie Eigentümer ihrer Häuser oder Wohnungen werden. Dies erscheint als eine sinnvolle Fortsetzung der Versuche und Erfahrungen, die die Wohnungsgesellschaften seit den 70er Jahren mit Mieterbeiräten, Selbstverwaltung von Gemeinschaftseinrichtungen und den Konzepten einer wohngebietsbezogenen Sozialarbeit gemacht haben.

Mietermitwirkung und soziale Probleme in Wohngebieten

Sozialarbeitern und Mitarbeitern der Wohnungsämter und Wohnungsunternehmen sind die Ursachen der Probleme der gealterten Neubausiedlungen seit langem bekannt. Die Entstehung der sogenannten Sozialbrennpunkte beruht in der Regel auf einer Überlagerung verschiedener Ursachen:

- Die allgemeine Zunahme von Familien mit sozialen Problemen, bedingt durch Arbeitslosigkeit, steigende Mieten, Auflösung der Familien, mit der Folge einer steigenden Zahl von Sozialhilfeempfängern,
- eine einseitige Belegungspraxis, teils durch die Wohnungsämter und teils durch die Wohnungsunternehmen selbst, die dazu geführt hat, daß die "schwächsten" Mieter in die schlechtesten Wohnungen eingewiesen werden,

- und als Folge davon ein im Zusammenhang mit einer starken Bewohnerfluktuation erfolgter Auszug von sogenannten stabilen Haushalten (Segregation),
- die Zunahme von Mietzahlungsproblemen als Folge von Arbeitslosigkeit, niedrigem Einkommen und steigenden Mieten.

Die quantitative räumliche Konzentration von problembehafteten Familien führt zusätzlich zu sozialen Spannungen der Bewohner untereinander. Verslumungstendenzen, Zerstörungen an den Gebäuden und Anlagen sind dann Ausdruck davon, daß ein Gebiet "umkippt". Durch den Prozeß der einsetzenden Verschlechterung des Gebietsimages wird die Stigmatisierung seiner Bewohner beschleunigt. Die Form der gebauten Umwelt (Hochhäuser) spielt dabei insofern eine Rolle, als Familien, die es sich leisten können, ausziehen, weil sie eine für Kinder geeignetere Bauform und Wohnumgebung suchen oder weil der Imageverfall des Gebietes fortschreitet und sie der damit verbundenen sozialen Diskriminierung entgehen wollen. Die Bebauung ist dann vor allem Negativ-Symbol der sozialen Lage der Bewohner, die als Zwangsseßhafte im Wohngebiet verbleiben, weil sie sich einen Umzug nicht leisten können.

Bei den Überlegungen für Handlungskonzepte tauchen deshalb Veränderungen der gebauten Umwelt in der Regel nur als Teil einer umfassenden Strategie einer gebietsbezogenen Sozialarbeit oder eines Nachbesserungskonzeptes auf. Sie beziehen sich auf Instandsetzungs- und Modernisierungsmaßnahmen für die Wohnungen und die Verbesserung der Ausstattung mit Räumen zur Betreuung oder zur Selbstorganisation der Bewohner. Daneben wird jedoch in den Überlegungen stets eine Erweiterung der Mitwirkungsmöglichkeiten der Mieter erwogen. Durch Mitwirkungs- und Beteiligungsrechte, mit Mieterbeiräten, Selbstverwaltung von Einrichtungen und der Organisierung sozialer Selbsthilfe soll - so die Annahme - ein Beitrag geleistet werden, die sozialen Probleme in den Wohngebieten zu reduzieren. Ist dieser Ansatz berechtigt?

Fremdbestimmung als eine Ursache für die Probleme im Wohngebiet?

Die räumliche Konzentration sogenannter problembehafteter Familien mag wohl Auslöser zahlreicher sozialer Konflikte sein, die Ursachen für die sozialen Probleme in den Neubaugebieten liegen jedoch nur zum geringen Teil im Wohnbereich selbst. Die soziale Situation der Bewohner wird primär von anderen Bestimmungsfaktoren gekennzeichnet: Einkommen, Beruf, Stellung und Funktion im Arbeitsbereich, soziale Herkunft und Ausbildung, Alter und Stellung im Lebenszyklus.

Demgegenüber ist der Wohnort, die räumliche und soziale Umgebung als Ursachenfaktor für die in den Wohngebieten sichtbar werdenden Probleme von untergeordneter Bedeutung. Stellen sich jedoch in bestimmten Lebensbereichen Probleme ein

(z. B. bei der Erziehung der Kinder), treten Krisen auf (z. B. Verlust des Arbeitsplatzes oder eines Ehepartners) oder nehmen aufgrund von Arbeitslosigkeit, Ratenzahlungen und Erhöhung der Mietzahlungen finanzielle Belastungen zu, können die negativen Wohnbedingungen, wie z. B. Belastung durch Lärm zwischen den Wohnungen, Mangel an sozialen Kontaktmöglichkeiten, Defizite in der Versorgung mit sozialen Einrichtungen oder gar der erzwungene Wechsel des Wohnortes (Umsetzung Obdachloser oder Sanierungsbetroffener), für die einzelnen die Bewältigung ihrer Situation erheblich erschweren.

Die Wohnsituation im weitesten Sinne leistet dann u. a. einen Beitrag zu einer Lebenssituation, die sozial belastete Haushalte als Fremdbestimmung erleben. Die Abhängigkeiten, die gleichzeitig auf mehreren Ebenen auftreten, wie z. B. von der sozialen Fürsorge, der Arbeitslosenunterstützung, die finanziellen Abhängigkeiten von Krediten und Ratenzahlungen, bedeuten eine zunehmende Einschränkung der Handlungsmöglichkeiten der einzelnen.

Im Wohngebiet kommen dann die Abhängigkeiten von Vermietern und auch Nachbarn hinzu. Diese Fremdbestimmung kann nicht einmal in der eigenen Wohnumgebung kompensiert werden, denn auch diese entzieht sich der Aneignung: Hausordnungen, Mietverträge und Einschränkungen in der Benutzung der Wohnumgebung (Betreten des Rasens verboten) lassen zunehmend die Wohnsituation ebenso als Zwangssituation erscheinen wie die anderen Lebensbereiche, auf deren Gestaltung die Bewohner immer weniger Einfluß zu haben glauben. Insofern sind die Erscheinungen von Verslumung und Zerstörung unter Umständen auch als Reaktion zu werten: Dort, wo sich die Wohnumwelt nicht aneignen läßt oder sich jeder positiven Veränderbarkeit entzieht, wird sie Gegenstand von Aggressionen und Zerstörung.

Ziele einer erweiterten Mietermitwirkung und Selbstbestimmung

Wird auf diese Weise Fremdbestimmung als eine die Lösung von sozialen Problemen im Wohngebiet erschwerende Komponente erkannt, so können Veränderungen im Wohnbereich, die ein größeres Maß an Selbstbestimmung bedeuten, zwar nicht die Probleme selbst und die erlittene Fremdbestimmung in anderen Lebensbereichen kompensieren, aber dennoch einen Beitrag zur Lösung sozialer Probleme leisten. Denn ein höheres Maß an Selbstbestimmung im Wohnbereich kann folgende wichtige Funktion erfüllen:

- Die Teilnahme an gemeinsamen Aktionen der Mieter zur Mitverwaltung ihrer Häuser, zur Umgestaltung ihrer Wohnumgebung und am Bau und der Selbstverwaltung von gemeinsamen Einrichtungen können die nachbarschaftlichen Beziehungen, die Kontakte und Kommunikation im Wohngebiet verbessern und die einzelnen Familien aus ihrer sozialen Isolation herausholen.

- Sie kann damit dazu beitragen, die räumlichen und sozialen Rahmenbedingungen zu verbessern, mit Konflikten, die aus anderen Lebensbereichen resultieren, besser fertig zu werden.

Zwar ist zunächst davon auszugehen, daß mit einer Ausweitung der Mietermitwirkung in Richtung Selbstbestimmung erst in zweiter Linie ein **unmittelbarer** Lösungsansatz für sozial hoch belastete Gebiete geleistet werden kann. Hier müssen zunächst die Grundlagen für eine Normalisierung durch den Ausbau von sozialen Einrichtungen, verstärkte Sozialarbeit, den Umbau von Wohnungen, Instandsetzungsmaßnahmen, evtl. zusätzliche Mietsubventionen und vor allem eine veränderte Belegungspraxis geschaffen werden.

Dabei sollte aber von vornherein auch in diesen Gebieten der Versuch gemacht werden, die Betroffenen möglichst frühzeitig und so weit wie möglich in die Maßnahmeplanung mit einzubeziehen. Langfristig jedoch kann die Ausdehnung von Mietermitwirkung hin zu Formen von Selbstverwaltung, zumindest in bestimmten Aufgabenbereichen, eine Vergrößerung von Handlungs- und Selbsthilfekompetenzen der Bewohner begünstigen, die der "Integration" auch sogenannter Problemgruppen dient und damit der Entstehung von "lagerähnlichen Zuständen" in bestimmten Wohngebieten entgegenwirkt.

Ziel einer erweiterten Mietermitwirkung sollte also die weitgehende Selbstbestimmung der Mieter im Wohnbereich sein, das heißt auch eine weitgehende Selbstverwaltung ihres Quartiers, wie dies in einigen Siedlungen bereits praktiziert wird. Dazu sollte erprobt werden, inwieweit sich die Rechte und Kompetenzen der Bewohner, ihre Möglichkeiten zur Selbstorganisation und Selbsthilfe schrittweise erweitern lassen. Durch dieses Vorgehen und durch eine Anknüpfung an vorhandene Initiativen von Mietern und Bewohnern sowie die vorhandenen Ansätze wohngebietsbezogener Sozialarbeit unterscheidet sich ein solcher Versuch ganz wesentlich von sogenannten Modellversuchen wie z. B. das Wohnmodell Steilshoop, das seine Mitglieder von vornherein in mehreren Bereichen (Belegung, Selbstverwaltung, kollektives Wohnen) vor neue Anforderungen stellte und sie damit zu überfordern drohte.

Sinnvolle Wahlmöglichkeiten

Die Mitwirkung von Bewohnern an der Gestaltung ihrer Wohnung und ihres Wohnumfeldes hat für sie aber nur dann den Charakter von Selbstbestimmung, wenn sie aus einer breiten Palette von Mitwirkungsmöglichkeiten auswählen können und Richtung und Ergebnis ihrer Mitarbeit selbst beeinflussen können. Einzelne Aktionen oder begrenzte Angebote der Wohnungsverwaltung (wie "jetzt streichen wir mal unser Treppenhaus") oder die Überwälzung einzelner Aufgaben der Wohnungsverwaltung auf die Bewohner entsprechen nicht den Voraussetzungen von Wahl- und Gestaltungsfreiheit. Sie können unter Umständen sogar einzelne Bewohner unter einen Handlungsdruck setzen, den sie als soziale Kontrolle empfinden.

Deshalb stößt die Ausdehnung der Mietermitwirkung in Richtung Selbstbestimmung auf einen grundsätzlichen Interessengegensatz zwischen Mietern und Vermietern. Eine Stärkung der Mietermitwirkung geht einher mit dem Abtreten eines Teils der Verfügungsrechte der Vermieter an die Bewohner. Nur in dem Maße, in dem sich die Rechte und Kompetenzen der Bewohner wirklich ausdehnen, kann von ihnen ein langfristiges Interesse an einer Mitwirkung erwartet werden. Angebote von Scheinmitwirkung, die begleitet sind von umfangreichen Wahlverfahren, wie dies zum Teil bei den Mieterbeiräten praktiziert wird, verlieren sehr schnell das Interesse der Bewohner, wenn sie keinen wirklichen Zuwachs an Verfügungsrechten feststellen. Sie führen unter Umständen zu Resignation, die bereits vorhandene Probleme weiter verschärft.

Daraus wird deutlich, daß die Probleme im Wohnungsbestand nur gelöst werden können, wenn Ansätze zur Veränderung auf drei verschiedenen Ebenen gleichzeitig verfolgt werden und sich Maßnahmen in diesen Bereichen gegenseitig verstärken. Deshalb sind Maßnahmen erforderlich auf

- der Ebene der Wohnungsverwaltung, einer veränderten Organisation des Vermieters und einer veränderten Ausgestaltung des Vermieter-Mieter-Verhältnisses,
- auf der Ebene der wohngebietsbezogenen Sozialarbeit durch eine Verstärkung, Hilfe und als Anleitung zur Selbstorganisation und Selbsthilfe und
- auf der Ebene der baulich-räumlichen Voraussetzungen zur verbesserten Aneignung und Nutzung der Wohnung, des Wohnumfeldes und der Infrastrukturausstattung.

Handlungsrahmen

In einer Reihe von Versuchen und Modellprojekten haben die Hamburger SAGA und andere Wohnungsgesellschaften in einigen Wohnlagen ihren Mietern Mitbestimmungsmöglichkeiten eingeräumt und Ansätze von Selbstverwaltung realisiert, so z. B. in Kirchdorf-Süd: Mitsprache bei Mietverträgen, Hausordnungen und Benutzerrichtlinien der Gemeinschaftseinrichtungen, Mitentscheidung bei Instandsetzung, Umbau und Modernisierungen, Recht auf Einblick in die Wirtschaftlichkeitsberechnung, Vermittlungsrechte bei Kündigung, Selbstverwaltung der Gemeinschaftseinrichtungen. In Steilshoop wurden zusätzlich ein Gemeinschaftsmietvertrag geschlossen und den Bewohnern Belegungsrechte gegeben.

Daneben gibt es Ansätze in anderen Wohngebieten, wie z. B.:

- Einrichtung und Selbstverwaltung von Gemeinschaftsräumen (Spielwohnungen, Mutter und Kind-Einrichtungen, Partyräume, Mietertreffs, Kurs- und Werkräume u. a.),
- Übernahme von Modernisierungsarbeiten durch die Bewohner (Schumacher-Siedlung, Pinnasberg),
- sukzessive Übernahme von Gemeinschaftseinrichtungen in Selbstverwaltung (Birkholzweg),
- Einrichtung von Mietergärten und Gestaltung von Kinderspielplätzen.

Ursachenforschung

Fragt man nach den Ursachen, weshalb ein Teil dieser Ansätze zunächst nicht weiterentwickelt werden konnte, so lassen sich verschiedene Gründe nennen:

- In Steilshoop haben die Bewohner offensichtlich ihre soziale Kompetenz überschätzt und sich mit zu vielen und zu hohen Ansprüchen (wie z. B. Resozialisierung von Drogenabhängigen oder entlassenen Strafgefangenen) belastet. Die Isolation des Wohnmodells und seine Lage innerhalb eines problembelasteten Wohnquartiers haben schließlich dazu geführt, daß das Modell nun in reduzierter Form in einem Altbauquartier fortgeführt wird.
- Der sukzessive Niedergang vieler Mieterbeiräte dagegen könnte eher mit Kompetenzmangel erklärt werden: Die Mieterbeiräte wurden unter großem Verfahrensaufwand (Wahlverfahren) aufgestellt, erhielten auch gewisse Mitwirkungsmöglichkeiten, kamen aber aus einer defensiven Vermittlerfunktion zwischen Bewohnern und Verwaltung nicht heraus, weil sie keine ausreichenden eigenständigen Rechte, Kompetenzen und Handlungsmöglichkeiten erhielten. Folgerichtig verloren die Mieter bald das Interesse an dieser Institution.

Daraus sind für die Mietermitwirkung zwei Folgerungen zu ziehen:

1. Mietermitwirkung sollte schrittweise eingeführt werden; sie darf die Beteiligten nicht in einer "laborartigen Modellsituation", die später nicht auf den Normalbestand übertragbar ist, mit Ansprüchen überlasten.
2. Andererseits jedoch muß Mietermitwirkung zu einer wirklichen Ausdehnung der Rechte und Handlungskompetenzen der Mieter führen, und zwar in demselben Maße, wie die Mieter dann auch Pflichten - besser Mitwirkungsmöglichkeiten - wahrnehmen sollen. Vor einer reinen Abwälzung irgendwelcher Nebentätigkeiten der Wohnungsverwaltung auf Mieter unter dem Deckmantel einer Scheinmitwirkung muß sogar gewarnt werden. Sie kann eher die Resignation aktiver Mieter verstärken und zur Verschlechterung des sozialen Klimas im Wohngebiet beitragen.

Die zwischenzeitlich erfolgte Etablierung von Verwaltungsgenossenschaften in drei Hamburger Siedlungen (Schumacher-Siedlung, Gartenstadt Farmsen, Falkenried) hat völlig neue Perspektiven eröffnet. Die ersten Schritte, von der Ausnahme zur Regel zu kommen, sind erfolgt. Auf der Basis dieser Erfahrungen schlagen wir hier ein Modell vor, wie diese Ansätze auf andere Wohnungsbestände übertragen werden können.

Ansätze eines Modells zur Erweiterung von Mietermitwirkung und Selbstverwaltung

Das Modell geht davon aus, daß die Mitbestimmungsrechte der Mieter **schrittweise** erweitert werden können. Dazu ist es notwendig, ausgehend von einem aktuellen Anlaß (z. B. geplante Modernisierungen, Bildung einer Mieterinitiative) einen Lernprozeß bei den Bewohnern eines Wohngebietes einzuleiten. Aus den Erfahrungen mit noch laufenden Mitwirkungsmodellen zeigt sich, daß es für die Mitwirkungs- und Selbstverwaltungsansätze in verschiedenen Wohngebieten unterschiedliche aktuelle Anknüpfungspunkte geben kann:

- Planung und Durchführung von Umbau, Modernisierung und Instandsetzung,
- Planung, Einrichtung und Betrieb von Gemeinschaftseinrichtungen,
- Umgestaltung und Nutzung des Wohnumfeldes, Mietergärten, Spielplätze, Straßen,
- Mitwirkung an Mietverträgen, Hausordnungen und ähnlichem.

Zur sukzessiven Übernahme von Selbstgestaltungsrechten bilden die Bewohner einen Verein oder einen vereinsähnlichen Zusammenschluß auf der Basis einer Bewohnervollversammlung. Diese Bewohnervollversammlung könnte zunächst ähnliche Rechte erhalten wie die Eigentümerversammlungen in Wohnanlagen, in denen ein Teil der Wohnungen in Einzeleigentum umgewandelt worden ist. Ziel ist es jedoch, daß die Bewohnervereine, ähnlich wie die Verwaltungsgenossenschaften, ihre Wohnungen, ihr Wohnhaus oder sogar einen ganzen Wohnblock selber verwalten. Die Ziele und Aufgaben des Bewohnervereines sowie seine genaue Organisationsform werden in einer Satzung geregelt.

Zusammenschlüsse

Das Modell sieht vor, daß Mietern, die sich zum Beispiel in Bewohnervereinen zusammenschließen, in dem Maße, in dem Rechte und ihre Mitwirkung bei der Verwaltung der Wohnungen ausgedehnt werden, die entsprechenden Teile der Mieteinnahmen und andere finanzielle Mittel (z. B. die Instandhaltungspauschale oder Investitionsmittel zur Gestaltung des Wohnumfeldes) zur Verfügung überlassen werden. Je nach örtlichen Bedingungen könnten die Bewohnervereinigungen schrittweise folgende Aufgaben übernehmen:

- Ausgestaltung der Mietverträge und Hausordnungen bis hin zur Übernahme mehrerer Wohnungen durch einen Sammelmietvertrag,
- Vergabe bzw. Belegung der Wohnungen, sofern durch Rahmenvorgaben die Rechte besonders benachteiligter Gruppen berücksichtigt werden,
- Mitwirkung bei Kündigungs- und Räumungsangelegenheiten,
- Instandhaltung und Reparatur von Wohnungen und bestimmten Teilen der Gebäude,
- Koordinierung, Planung und Durchführung von Modernisierungen,
- Betrieb und Verwaltung von wohnungsbezogenen Infrastruktureinrichtungen und Gemeinschaftsräumen,
- Maßnahmen und Aktivitäten zur Nutzung und Veränderung des Wohnumfeldes (Mietergärten, Blockinnenbegrünung),
- Einsatz oder Organisation von Architekten, Sozialarbeitern, Juristen und anderen Beratungsleistungen für die Bewohner und der Vereinigung.

Wenn Mietermitwirkung als Mittel gesehen werden kann, zumindest präventiv soziale Probleme im Wohngebiet besser aufzufangen und ihre Folgen zu mildern, können Scheinlösungen und kompliziert formalisierte Verfahren keinen Beitrag leisten. Mietermitwirkungen, die einen Zuwachs an Selbstbestimmungschancen der Bewohner ermöglicht, kann nur bedeuten, daß das Verhältnis zwischen Wohnungsgesellschaften und Bewohnern, zwischen Vermietern und Mietern neu bestimmt wird. Ein Ausgleich zwischen den Interessen der Mieter, mehr Mitwirkungsrechte zu erhalten, und denen der Vermieter, möglichst alle Verfügungsrechte in ihren Händen zu halten, kann zur Zeit nur bedeuten, daß die Mieter mehr Rechte und Kompetenzen erhalten, die die Vermieter an sie abtreten.

Mit den drei in Hamburg realisierten Projekten von Verwaltungsgenossenschaften in den Siedlungen Falkenried, Farmsen und der Schumacher-Siedlung wurde gezeigt, daß Selbstverwaltung und eine erhebliche Ausdehnung von Verfügungsrechten der Mieter, auch ohne formale Übereignung des Eigentums an die Bewohner der Siedlung, möglich sind. Jetzt geht es darum, die Erfahrungen mit diesen Modellen in den normalen Wohnungsbestand zu übertragen.

Anmerkung

[1] Ein Modell zur Integration von Mietern, Genossenschaftern und Einzeleigentümern auf Basis einer Genossenschaft unter dem organisatorischen Dach der bestehenden Heimstätten-Vereinigung.

4. Kommunaler Wohnungsbau im Ausland - Modelle und Erfahrungen

Kommunaler Wohnungsbau in Großbritannien - Strukturen, Probleme und Mieterbeteiligung

Hans Harms

Der kommunale Wohnungsbau als eine Form des gemeinnützigen Wohnungsbaus ist ein Bereich, der nicht nur in Deutschland kontrovers diskutiert wird. Politische, ideologische, soziale und wohnungswirtschaftliche Argumente gehen dabei häufig undifferenziert durcheinander.

Im folgenden Beitrag wird am Beispiel des kommunalen Wohnungsbaus in England gezeigt, welche Vor- und Nachteile, welche Vorzüge und Probleme in der Struktur des kommunalen Wohnungsbaus liegen. Um vor dem Hintergrund der hiesigen Situation Überlegungen zur Übertragbarkeit der Erfahrungen in Großbritannien anstellen, sei zunächst eine kurze Skizze der Entstehungsbedingungen des englischen kommunalen Wohnungsbaus gegeben, da ohne diesen historischen und gesellschaftspolitischen Kontext die weiteren Argumente kaum verständlich wären.

Die ersten gesetzlichen Grundlagen für den Kommunalen Wohnungsbau in Großbritannien gehen auf die Zeit vor dem ersten Weltkrieg zurück. Im Jahre 1840 fand im englischen Unterhaus die erste Debatte zu Wohnungsnot und öffentlicher Gesundheit unter der Überschrift "Discontent among the working classes" statt. Verschiedene königliche Kommissionen hatten sich aus Besorgnis um soziale Unruhen und die öffentliche Gesundheit der Nation mit den sprichwörtlich schlechten Wohnverhältnissen, vor allem in den Slums der Industriestädte befaßt. Die Ergebnisse der Untersuchungen führten auch angesichts von Choleraepidemien zum ersten "Public Health Act" von 1848. Mit der historisch wegweisenden Verbindung von Bauvorschriften und öffentlichen Hygienemaßnahmen wurde in den folgenden Jahren versucht, eine Verbesserung der Wohn- und Gesundheitsverhältnisse zu erreichen. Als Maßnahmen waren vorgesehen:

1. die technische Infrastruktur auszubauen - öffentliche Kanalisations- und Wasserleitungen mit Hausanschlüssen, Pflasterung der Straßen und öffentlicher Müllabfuhr - und
2. neue Bauordnungen einzuführen, die den Einbau von Aborten vorschrieben, den Wohnräumen in Kellern Beschränkungen auferlegten und Hausabstände sowie Mindest-Hofgrößen festlegten.

Zur Kontrolle und zur weiteren Entwicklung dieser Maßnahmen und Vorschriften wurden "Boards of Health" Gesundheitskommitees und "Sanitary Officers" Gesundheitspolizei oder Sanitärbeamte eingesetzt. In großem Maßstab wurden diese Maßnahmen jedoch nicht durchgesetzt, da die neuen Vorschriften nur für den Neubau und nicht für den Wohnungsbestand bindend waren. Das Gesetz hatte sogar negative Auswirkungen, nämlich den Rückgang der privatwirtschaftlichen Bautätigkeit. Die Auflagen bewirkten steigende Mieten in Neubauten, die von vielen Arbeiterfamilien nicht aufgebracht werden konnten. Dies führte zu noch extremeren Wohnverhältnissen mit Überbelegungen in den Altbaugebieten und damit zur Notwendigkeit staatlicher Eingriffe auch dort.

Ein nächster Schritt war der "Artisans and Labourers Dwellings Act", das Handwerker- und Arbeiter- Wohnungsgesetz von 1868. Den Gemeinden wurde hiermit die Möglichkeit gegeben, Häuser für unbewohnbar zu erklären und zu schließen sowie ganze Gebiete zu sanieren und selbst in Gemeinderegie Ersatzwohnungen zu erstellen, allerdings nur in Verbindung mit "Slum-Sanierungsplänen". Mit dem Gesetz wurde zum ersten Mal die Möglichkeit zum Kommunalen Wohnungsbau in Verbindung mit Stadterneuerung geschaffen. Weitere Gesetze und Verordnungen wurden erlassen mit dem Ziel, die Verfahren zu vereinfachen und deren Anwendung zu fördern. Der Anteil des Kommunalen Wohnungsbaus lag zu Beginn des ersten Weltkrieges allerdings nur bei etwa 5 %. Der größte Teil der Arbeiter und Kleinhandwerker war weiterhin auf den überbelegten privaten Mietwohnungsmarkt im alten Bestand angewiesen.

Spätere Bauformen und Gebäudetypen des Kommunalen Wohnungsbaus in Großbritannien sowie Verwaltungsstrukturen und paternalistische Belegungs- und Kontrollverfahren sind z. T. auf einen Vorläufer des Kommunalen Wohnungsbaus zurückzuführen, nämlich auf die privaten "philanthropischen 5 %"-Gesellschaften. Sie beschränkten sich auf eine Profitrate von "nur" 5 %. Sie machten ihren Anfang im Jahre 1830 in England. Sie bauten Modellsiedlungen mit höheren Wohn- und Baustandards in den großen Städten, und wurden von den höchsten Schichten der Gesellschaft moralisch unterstützt. So weihte Prinz Albert, Gemahl der Königin Victoria, auf der großen Internationalen Ausstellung von 1851 in London ein Beispiel eines Arbeiterwohnhauses ein. Die Politik der philanthropischen Gesellschaften bestand darin, für die damalige Zeit gut ausgestattete abgeschlossenen Familienwohnungen in meist 4 bis 5-geschossigen Blocks mit sehr hohen Dichten zu bauen (z. T. 1.500 Personen pro acre, dies entspricht einer Geschoßflächenzahl von 4,5). Die Bewohner und die Wohnungen der philanthropischen Gesellschaften wurden regelmäßig auf Reinlichkeit und Ordentlichkeit geprüft und kontrolliert. Untervermieten war nicht erlaubt und große Familien konnten die Mieten nicht zahlen. Die Anzahl dieser Wohnungen, gemessen am gesamten Bestand war gering, aber die Gebäude ragten wegen ihrer hohen Dichte und ihrer Bauform als Geschoßwohnungsbau in den Industriestädten und auch im East-End von London aus den meist 2-geschossigen Reihenhäusern heraus.

Erst nach dem 1. Weltkrieg änderte sich die Wohnungspolitik. Die Kommunen wurden nun gesetzlich verpflichtet, Probleme der Wohnungsversorgung zu analysieren und mit Hilfe staatlicher Zuschüsse aktiv in den Wohnungsbau einzugreifen. Während des Krieges waren kaum Wohnungen gebaut worden und der Druck auf den Wohnungsmarkt hatte zugenommen. Die privaten Vermieter hatten versucht, mit erhöhten Mieten zu reagieren. Nach Mietstreiks und Unruhen in Glasgow waren daraufhin Mietkontrollen während des Krieges eingeführt worden. Mit dem Housing- und Townplanning Act von 1919 wurden die notwendigen Instrumente geschaffen. Der Regierungswechsel von 1924 von den Konservativen zu der Labour Party brachte vermehrten politischen Willen für den Kommunalen öffentlichen Wohnungsbau, so daß zwischen den beiden Weltkriegen insgesamt fast 4,5 Mio. Wohnungen gebaut wurden, davon 1/3 als Kommunaler Wohnungsbau. Die anderen 2/3 waren überwiegend Eigenheime. Beide Eigentumsformen entstanden vor allem in der Form von Reihen- oder Doppelhäusern, d. h. 2-geschossige "Semi-detached"-Häuser am Stadtrand. In den 20er Jahren überwogen Gemeindewohnungen, in den 30er Jahren privater Wohnungsbau. In den innerstädtischen Lagen wurde in Verbindung mit Projekten der Slumsanierung in den 30er Jahren der Gemeindewohnungsbau vielfach in Form mehrgeschossiger Laubengangblocks gebaut. Der Geschoßwohnungsbauanteil betrug jedoch zwischen den beiden Weltkriegen nur 5,8 % des gesamten Wohnungsbaues. Während des 2. Weltkrieges war die Bauindustrie fast zum Stillstand gekommen. Bis Ende des Krieges war die Bevölkerung um 1 Mio. Einwohner gewachsen, 500.000 Wohneinheiten waren durch Kriegseinwirkung zerstört worden oder waren unbewohnbar. All dies führte nach dem 2. Weltkrieg zu einer akuten Wohnungsnot, die nicht vergleichbar war mit der Situation nach dem 1. Weltkrieg. Die Labour Party verabschiedete 1949 ein Wohnungsgesetz, mit dem die Pflichten der Kommunen bei der Wohnraumversorgung erweitert wurden. Es sollte für den "allgemeinen Bedarf" und nicht mehr nur für die Arbeiter gebaut werden. Bevan, der damalige Minister für Gesundheitswesen, der auch für den Wohnungsbau verantwortlich war, strebte eine Mischung der Einkommensgruppen im Kommunalen Wohnungsbau an.

1953 übernahmen die Konservativen die Regierung. Sie verlagerten die öffentliche Förderung stärker auf den Eigenheimbau und auf Slumsanierung. Unter diesem Programm wurden innerhalb von 10 Jahren, bis Ende der 60er Jahre, 540.000 Häuser abgerissen, zuerst 2-geschossige " back to back"-Gebäude, aber danach auch die üblichen Reihenhäuser. 1,5 Mio. Bewohner wurden umgesiedelt, meist in 8 bis 20-geschossige Scheiben- und Hochhäuser auf den ehemaligen Reihenhausgebieten, den sog. Slumsanierungsgebieten innerhalb der Städte oder am Stadtrand. Damit waren erhebliche Qualitätsunterschiede im Kommunalen Wohnungsbau entstanden:

1. Die älteren Bestände aus meist 2-geschossigen Doppelhäusern sowie neuere "low-rise high density", d. h. verdichtete aber relativ niedrige Bebauungen, die Ende der 60er und in den 70er Jahren entstanden waren, (mit Dichten von 200 bis 400 Einwohnern pro ha).
2. Die z. T. stigmatisierten und vorfabrizierten schnellgebauten neuen Hochhäusern, oft in der Form von 11-geschossigen Scheibenhäusern oder bis zu 21-geschossigen Punkthäusern in den Sanierungsgebieten.

Nach dieser Form von Abrißsanierung und anschließendem Neubau begann mit dem Housing Act von 1969 eine andere Form der Stadterneuerung. Die behutsame und erhaltende Stadterneuerung in offiziell festgelegten Gebieten wurde mit den "General Improvement Areas" eingeführt. Nun wurde mit der Verbesserung des Wohnumfeldes und der Modernisierung der alten Reihenhäuser begonnen. Dabei wurden vor allem in Labour-Gemeinden Altbaubestände in den städtischen Besitz überführt und in den Kommunalen Wohnungsbau übernommen. Die Flächensanierung, als Slumsanierung deklariert, hatte damit ihr Ende gefunden.

Der Kommunale Wohnungsbau hatte seit dem 1. Weltkrieg bis Anfang der 80er Jahre ständig zugenommen. Am Gesamtbestand gemessen, betrug er 1919 5 % und 1981 über 30 %. Gleichzeitig haben die Anteile der Eigenheimwohnungen ständig zugenommen, und zwar noch stärker als der Kommunale Wohnungsbau, von 1919 10 %, stieg er 1981 auf ca. 60 %, während der private Mietwohnungsbau ständig abnahm, und zwar betrug er 1919 90 % und sank 1980 auf 10 bis 12 % (s. Grafik Nr. 1). Der kommunale Wohnungsbau umfaßt in England 70 % des gesamten Mietwohnungsbestandes.

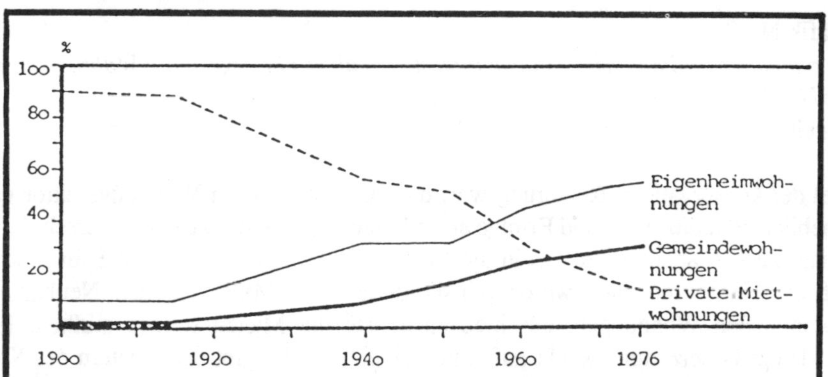

Grafik Nr. 1
Anteile verschiedener Sektoren an der Wohnungsversorgung in England und Wales, 1900 - 1976.
(Quelle: Krätke, S., 1981, S. 145)

Seit Beginn der 80er Jahre wurde durch die konservative Regierung unter Margaret Thatcher der Kommunale Wohnungsbau systematisch abgebaut. (s. Grafik Nr. 2) Dies geschah über eine Privatisierung,

- als verbilligten Verkauf an die individuellen Mieter,
- an andere Träger, die dann eine Bewirtschaftung nach privatwirtschaftlichen Verwertungskriterien anstrebten, oder
- an Housing Associations - Wohnungsbauvereinigungen - die ein Spektrum von privatwirtschaftlichen Interessenten bis zu Mietergenossenschaften abdecken können.

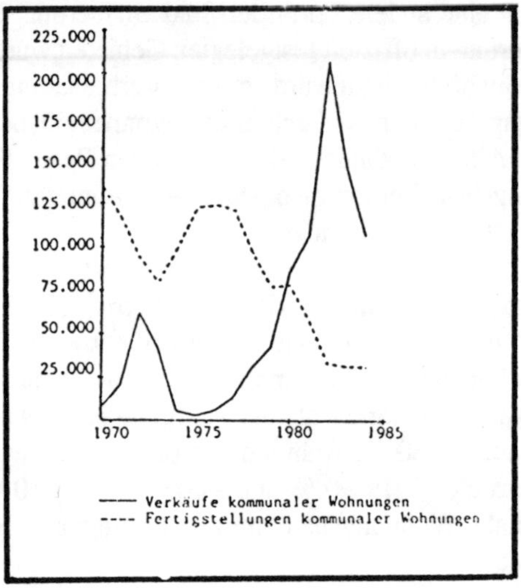

Grafik Nr. 2

Kommunaler Wohnungsbau in England und Wales: Fertiggestellte Wohnungen und Verkäufe.

(Quelle: Martens; Bullock; Harms, 1988, S. 196)

Ziel der konservativen Regierung war, die Subventionen im Wohnungssektor ganz erheblich zu reduzieren, und Erträge aus erhöhten Mieten direkt an den verschuldeten Staatshaushalt abzuführen. Bis in die Mitte der 80er Jahre sollten die Subventionen auf die Hälfte reduziert werden, insbesondere die Mittel für den Neubau von Kommunalen Wohnungen, das hieß auch, daß die Mieten steigen mußten. 1980 wurde ein Gesetz zum "Recht auf Kauf" eingeführt. Es gibt den Mietern des Kommunalen Wohnungsbaus das Recht, ihre Wohnung zu kaufen, auch wenn das dem Willen der Mehrheit des Gemeindeparlamentes widerspricht. Bei diesem Verkauf an die Mieter werden je nach der Dauer des bisherigen Mietverhältnisses Preisermäßigungen von 33 bis 50 % gegenüber dem geschätzten Marktwert eingeräumt. Der Mieter kann zur Finanzierung des Kaufes seiner Wohnung eine Hypothek aufnehmen.

Die günstigen Bedingungen sollen weite Kreise der Bevölkerung zum Kauf anregen. Bisher sind etwa eine Mio. Wohnungen aus dem kommunalen Bestand verkauft worden. Die Folge davon ist, daß:

- die kaufkräftigsten Mieter insbesondere den preisgünstigen Wohnraum mit hoher Qualität kauften,
- die mietpreissenkende Wirkung auf den Gesamtwohnungsbestand der Kommune über Mietenpooling entfällt,
- die gemeindeeigenen Versorgungsmöglichkeiten für die bedürftigsten Wohnungssuchenden auf der Warteliste eingeschränkt werden.

Die Möglichkeit der Durchsetzung sozialpolitischer Ziele in der Wohnungsvesorgung wird durch diese Verkaufspolitik erschwert und abgebaut.

Auch in der Bundesrepublik wurden Kommunale und vormals Gemeinnützige Wohnungsbestände verkauft. Aber zumeist nicht an die Mieter, sondern an private Träger. Dadurch hat es erhebliche Verunsicherungen bei Mietern und Mieterinnen gegeben.

Wenn nunmehr auf der Grundlage der Erfahrungen in Großbritannien Perspektiven für mögliche langfristige und dauerhafte Belegungs- und Mietpreisbindungen im Kontext einer sozialorientierten Kommunalen Wohnungspolitik in der Bundesrepublik diskutiert werden sollen und wenn dabei auch erweiterte Verfügungsmöglichkeiten und Rechte für Mieter erarbeitet werden sollen, scheint es notwendig, an Hand des Strukturmodells des britischen Kommunalen Wohnungsbaus zu versuchen, die Elemente herauszuarbeiten, welche für die hiesigen Verhältnisse Modellcharakter haben könnten - dies im Bewußtsein der prinzipiellen Schwierigkeiten von Übertragbarkeiten aus einem Kontext in einen anderen und im Hinblick auf andere historische Entwicklungen von Institutionen und Strukturen. Die wichtigsten Elemente des Kommunalen Wohnungsbaus in England sind:

- Finanzierung, Mittelbeschaffung und Subventionen für den Kommunalen Neubau und die Bestandserhaltung;
- Mietpreisbildung und Mietenpooling;
- neuere Ansätze von dezentralen Verwaltungsstrukturen mit Mieterbeteiligung, wie z. B. Mieterverwaltungsgenossenschaften im Rahmen Kommunaler Eigentumsstrukturen;
- Kompetenzen der Gemeinden für eine sozialorientierte Wohnungspolitik.

Diese Elemente innerhalb der vorhandenen und z. T. geänderten komplexen Strukturen der Wohnungsversorgung können hier nur vereinfacht dargestellt werden. Sie sollen schlaglichtartig für die hiesige Situation in die Diskussion gebracht werden.

1. Finanzierung und Mittelbeschaffung

- Finanzierungsquellen für Neubau und Bestandserhaltung sind langfristige Darlehen.
- Kreditaufnahme erfolgt durch die Kommune direkt auf den Geld und Kapitalmärkten.
- Neue Wohnbauprojekte werden über eine Laufzeit von 60 Jahren finanziert.
- In den ersten 10 Jahren nach dem 2. Weltkrieg konnten die Gemeinden staatliche Darlehen von einer Regierungsbehörde, dem Public Works Loan Board aufnehmen. Dies war die günstigste Art der Finanzierung, die Zinsen betrugen nur 2,5 bis 3 %.
- Heute sind die vom Finanzministerium festgesetzten Zinssätze des P.W.L.B. denen des freien Kapitalmarktes angepaßt, deshalb sind die Kommunalen Kreditaufnahmen beim P.W.L.B. zurückgegangen.
- Der P.W.L.B. refinanziert sich z. T. aus Steuereinnahmen und z. T. aus zentralstaatlicher Kreditaufnahme auf dem freien Kapitalmarkt.

2. Mietpreisbildung und Mietenpooling

- Die Mietpreisbildung liegt in der Hand der Gemeinde. Die Art der Festlegung der Mieten wurde 1935 bestimmt und gilt im Prinzip heute noch (jedoch mit Einschränkungen durch die starken Eingriffe der Zentralregierung in die traditionelle lokale Selbstbestimmung).
- Jede Gemeinde hat danach einen Kommunalen Wohnungsfonds (Housing Revenue Account). Dies ist ein wohnungswirtschaftliches Einnahmen- und Ausgabenkonto, bei dem sich Einnahmen und Ausgaben ausgleichen sollen, ohne einen Gewinn zu erzielen. (Dies wurde unter Thatcher geändert). Das wohnungswirtschaftliche Konto oder der Rechnungshaushalt enthält im wesentlichen folgende Bestandteile:

Ausgaben

- Fremdkapitalkosten zur Zahlung von Zinsen und Tilgung für die bei privaten Banken auf dem Kapitalmarkt oder bei der staatlichen Stelle des P.W.L.B. aufgenommenen Finanzierungsmittel. Eigenkapitalverzinsung wird in England nicht berücksichtigt, was einen Verzicht auf Entschuldungsgewinne und auf Eigenkapitalrendite bedeutet, und damit für die Mieter eine Verringerung der Kosten im Vergleich zu einer privatwirtschaftlichen Kostenkalkulation wie in der Bundesrepublik Deutschland üblich ist.
- Verwaltungskosten incl. Gehälter, Kosten des Kapitalverkehrs und Schuldenmanagement.
- Instandhaltungs- und Unterhaltungskosten der Kommunalen Wohnungen.

Einnahmen
- Mieteinnahmen
- Zentralstaatliche Subventionen
- Subventionen aus lokalen Steuereinnahmen, im Wesentlichen aus der Grundsteuer und der Hauswertsteuer (Rates), die die Gemeinde erhoben hatte. (Diese vom Lagewert und der Qualität und Größe des Hauses abhängigen Steuer wurde von Frau Thatcher abgeschafft und dafür eine relativ einheitliche Kopfsteuer (Poll-Tax) eingeführt[1].

Die Einnahmen und Ausgaben des kommunalen Wohnungsfonds müssen ausgeglichen sein. Um dies zu erreichen, können auf der Einnahmenseite die Gesamtmieten oder die lokalen Subventionen erhöht werden, oder es kann eine Mischung aus beidem vorgenommen werden. Bei einer gleichmäßigen Zahlung des durchschnittlichen Mietpreisniveaus der Gemeinde, subventionieren also Mieter in älteren Wohnungen mit geringeren Ausgaben durch einen Teil ihrer Miete die Mieter mit höheren Mieten in den jüngeren und teureren Jahrgängen. Die Durchschnittsmieten der Gemeinde können als Basismieten angesehen werden, sie können durch Auf- oder Abschläge, nach Lage, Größe, Zustand der Wohnung u. a. differenziert werden (s. Grafik Nr. 3).

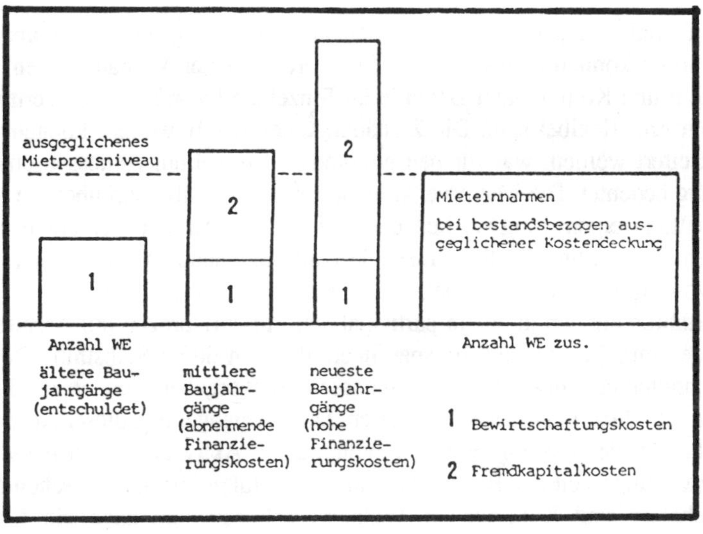

Grafik Nr. 3
Modell des Mietenausgleichs beim "rent pooling" im Gemeindewohnungsbau in England und Wales.
(Quelle: Krätke, S., 1981, S. 163)

3. Dezentrale Verwaltungsstrukturen

Im Rahmen des Kommunalen Wohnungseigentums können in einzelnen Siedlungen oder Teilbereichen Mieterverwaltungsgenossenschaften gebildet werden. (Management Cooperatives) hierbei sind die Mieter nicht Eigentümer, sie nehmen auch keine Eigenkapitalbildung vor, sondern übernehmen nur die laufende Verwaltung und Bewirtschaftung einer Wohnanlage auf der Basis einer kostendeckenden Vergütung seitens der Kommunalen Wohnungsbehörde. Da kein Eigenkapital aufgebracht werden muß, ergibt sich auch keine Ausgrenzung der Einkommensschwachen, die das nötige Kapital nicht aufbringen können.

Seit Mitte der 70er Jahre bestehen in England zahlreiche solcher Management--Kooperativen. Sie verwalten in etwa jeweils 80 bis 200 Wohneinheiten. Hier zeigt sich, daß Kommunaler Wohnungsbau und Bewohnerselbstverwaltung durchaus miteinander vereinbar sind. Das Genossenschaftsprinzip: Eine Person (ein Haushalt) - eine Stimme, gilt hier. Die Übertragung der Hausverwaltungs- und Instandhaltungsarbeiten erfolgt in vertraglicher Form. Für diese Aufgaben wird eine Vergütung gewährt, die den bisher benötigten Aufwendungen der Kommunalen Verwaltung entspricht. Die Vergütung muß nach Alter und Instandhaltungsbedarf der jeweiligen Wohnanlage variieren.

Die Zuständigkeiten zwischen Bewohnerselbstverwaltung und Kommunaler Wohnungsbehörde können abgestuft sein. Sie werden in der Verhandlungen zwischen Bewohnern und Kommunaler Behörde im Einzelnen festgelegt. Die Vertragsgestaltung kann sehr flexibel sein. Die Zuständigkeiten der Bewohner können nach und nach erweitert werden, was für neu gegründete Verwaltungsgenossenschaften eine Entlastung bedeutet. Die Mieterverwaltungsgenossenschaft kann über die Mittel der Instandhaltung eigenverantwortlich entscheiden, ist aber der Gemeinde gegenüber rechenschaftspflichtig. Größere Instandsetzungsmaßnahmen werden meist in der Verantwortung der Gemeinde belassen. Umfang, bauliche Qualität und Durchführungsverfahren können in einem partizipativen Entwurfsprozeß mit Architekten und Gemeinde erarbeitet werden. Einsparungen, die sich durch Selbsthilfe-Reparaturen oder Instandhaltung durch die Mietergenossenschaft ergeben, können zu Mietpreisrabatten an die Mietergenossenschaft führen. Durch Engagement dieser Art erhöht sich der Wohnwert der gemeindeeigenen Wohnungen. Aktiv ist jedoch meist nur eine engagierte Minderheit der Bewohner. Hausverwaltungsverträge zwischen Mietergenossenschaften und Kommunaler Wohnungsbehörde sind auch ein Beitrag zur Entbürokratisierung des sozialen Wohnungsbaus ohne eine Entkommunalisierung.

4. Kompetenzen der Gemeinde

In Großbritannien lag bis in die Mitte der 80er Jahre die Aufsicht über die Wohnbedingungen bei den Gemeinden. Traditionell hatten sie lokale Automonie in Fragen der Wohnungsversorgung. Bestimmte Aufgaben schrieb der Staat vor:

- Ermittlung des Wohnungsbedarfs (nach autonom festgelegten Kriterien),
- Erstellung von Bauprogrammen (einschl. privaten Bauvorhaben),
- die Regelung der Finanzierung,
- die Festlegung der Miethöhe für den gemeindeeigenen Bestand.

Die Wohnraumverteilung oder Wohnungsbelegungspraxis geschah nach selbst zu definierenden Dringlichkeitskriterien. Es gab weitgehende wohnungspolitische Spielräume auf Gemeindeebene. Die Prioritätensetzung war vom politischen Kurs der gewählten Gemeindevertretung abhängig. Die Folge war, daß Umfang und Art des kommunalen Wohnungsangebots und des Mietenniveaus in den verschiedenen Gemeinden erheblich variierten.

Ab Ende der 60er Jahre vergrößerte die Zentralregierung ihren Einfluß jedoch ständig. Im Jahre 1967 wurde ein einheitlicher Minimalstandard (Parker-Morris-Standard) eingeführt. Er galt für alle staatlich geförderten Wohnungen. Und es wurde eine Kostenobergrenze (Costyard Stick) pro Gemeindewohnung festgelegt. Die Mietpreisfeststellung wurde später dem Kompetenzbereich der Gemeinden z. T. entzogen. Ab 1972, unter der damaligen (konservativen) Regierung von Edward Heath wurden die sog. "Fair Rents" eingeführt und mit ihnen "Rent officers", d. h. Mietbeamte, die die Miethöhe nach Qualität und lokalem Angebot festlegen konnten. Das Mietpooling wurde jedoch bis heute beigehalten.

Eine dramatische Einschränkung der Gemeindekompetenz war die Gesetzgebung von 1980, die den Mietern das Recht zum Kaufen gab. Seitdem kann die Gemeinde nicht mehr selbst entscheiden, ob und welche Gemeindewohnungen sie verkauft. Die Mieter haben einen Rechtsanspruch auf den Kauf ihrer Wohnung. Der politische Spielraum der Gemeinderäte ist damit weit geringer geworden.

Nach dieser Darstellung der Strukturelemente des kommunalen Wohnungsbaus in Großbritannien sollen kurz einige Vorzüge und Probleme und danach zusammenfassend einige Thesen aufgestellt werden, die dazu dienen können, für die hiesige Diskussion Perspektiven zu entwickeln: für langfristige Belegungs- und Mietpreisbindungen, für soziale Miethöhen sowie auch für erweiterte Verfügungsmöglichkeiten und Rechte der Mieter.

- Die Vorzüge des kommunalen Wohnungsbaus liegen vor allem auf der wohnungswirtschaftlichen Ebene. Bis in die Anfänge der 80er Jahre konnten die

Mieten im kommunalen Wohnungsbau Großbritanniens z. T. sehr niedrig gehalten werden. Dies beruht vor allem auf dem Mietpooling auf Gemeindeebene, und auf dem Verzicht der Eigenkapitalverzinsung und Entschuldungsgewinne.

- Ein weiterer Vorteil war bis 1980, daß es auf Gemeindeebene beträchtliche Möglichkeiten für eine flexible Handhabung der Einnahmen- und Ausgabenseite des kommunalen Wohnungsfonds gab. Dabei stellte sich allerdings als Problem heraus, daß die Wohnungspolitik starken politischen und ideologischen Schwankungen unterliegen konnte. Je nach dem, welche Partei im Gemeinderat die Mehrheit hatte, wurden entweder die Grund- und Immobiliensteuern (Rates) erhöht und die Mieten stabil gehalten (Labourpolitik) oder die Immobiliensteuern wurden gesenkt und die Mieten erhöht (Torypolitik). Dabei wurden ideologisch die Eigenheimbesitzer gegen die Mieter ausgespielt.
- Im besten Fall konnte durch ein gutes Zusammenspiel von zentralstaatlichen Förder- und Genehmigungsbehörden mit den Gemeinden die Finanzierung und Subventionen so gesteuert werden, daß zentralstaatliche Zuwendungen gezielt in Gemeinden mit besonderen sozialen Problemen fließen. Dieses Zusammenspiel von zentraler und lokaler Ebene erweist sich jedoch dann als Problem, wenn verschiedene politische Parteien auf lokaler und zentraler Ebene die Macht innehaben. Unter der Thatcher-Regierung wurden die zentralstaatlichen Subventionen und Förderungen völlig eingestellt und die Autonomie der Gemeinderäte, z. B. die Miethöhen festzusetzen, erheblich eingeschränkt. Dabei wurden nicht nur die vollen Kosten des sozialen, kommunalen Wohnungsbaus den Mietern aufgebürdet, zusätzlich wurden Gewinne aus dem Verkauf in den generellen Staatshaushalt abgeführt.
- Ein generelles Problem des kommunalen Wohnungsbaus ist die oft bürokratische Verwaltung und die große Anzahl von Wohnungen unter einer Verwaltungseinheit. Notwendige Reparaturen und Instandhaltungsmaßnahmen wurden häufig verzögert und es ergaben sich Leerstände, obwohl gleichzeitig lange Wartelisten von Wohnungssuchenden bestehen. Dies führte unter anderem auch zu vielen Hausbesetzungen (Squatting). Von den Mietern ausgehend haben sich seit den 70er Jahren Mietergenossenschaften (Management Cooperatives) gebildet mit dem Ziel der Entbürokratisierung und Demokratisierung der Verwaltung, ohne jedoch aus dem kommunalen Eigentum herauszutreten, also ohne eine "Eigentümergenossenschaft" mit den erforderlichen Kapitalmitteln zu bilden. Auf diese Weise wurden zentralorganisierte bürokratische Strukturen in dezentrale demokratische umgewandelt, ohne die finanziellen Vorteile der Kommunalisierung aufzugeben.

Aus den Erfahrungen in Großbritannien lassen sich für die Diskussion in der Bundesrepublik folgende Thesen formulieren:

- Wenn das Ziel ist, tragbare und relativ niedrige Mieten im kommunalen oder sozialen Wohnungsbau zu erhalten oder zu erreichen, dann sollte die öffentliche

Förderung über Kapitalsubventionen laufen. D. h., Staat oder Gemeinde subventionieren direkt einen Teil der Gesamtkosten, um damit die Gesamtkapitalkosten zu senken.

- Das hiesige Fördermodell der "Ertragssubventionierung" ist in jeder Hinsicht, vor allem längerfristig kostentreibend, zieht steigende öffentliche Subventionen nach sich und ergibt keine Anreize zur Kostensenkung.
- Durch spätere Umschuldung von Restdarlehen und erhöhten Möglichkeiten der Eigenkapitalverzinsung werden die öffentlichen Subventionen zu verlorenen Zuschüssen zu Gunsten der Kapitaleigner, ohne damit langfristige Belegungsbindungen für die Gemeinde oder Mietpreisbindungen für die Mieter erreicht zu haben.
- Das Modell des kostendeckenden kommunalen Regiebetriebes dagegen ermöglicht langfristig soziale und tragbare Mieten sowie unbegrenzte Belegungsbindungen für die Gemeinde.
- Über Mietpooling ergeben sich auf kommunaler oder betrieblicher Ebene Durchschnittsmieten, die je nach Lage, Qualität und Einkommen der Mieter nach oben oder unten variiert werden können. In den Durchschnittsmieten müssen Rücklagen für Instandsetzungskosten enthalten sein, deren Verwendung nur für diesen Zweck festgeschrieben werden muß.
- Die Rechte der Mieter und ihre Beteiligung an der Verwaltung und Bewirtschaftung sind am besten durch kleinere Betriebseinheiten und dezentrale Verwaltungsstrukturen gewährleistet. Mieterverwaltungsgenossenschaften und Verwalter vor Ort ermöglichen höhere Verfügungsrechte der Mieter und eine stärkere Demokratisierung im Wohnungsbau.

Literatur

Community development Project (Hrsg.): Whatever Happened to Council Housing?, London 1976.

Conference of Socialist Economists (Hrsg.): Housing and Class in Britain, London 1976.

Her Majesty's Stationary Office (Hrsg.) Housing Policy, A consultative Document, London 1977.

Krätke, S.: Kommunalisierter Wohnungsbau als Infrastrukturmaßnahme, Frankfurt am Main 1981.

Martens, M.; Bullock, N; Harms, H.: in Prigge, W.; Kaib, W., (Hrsg.) Sozialer Wohnungsbau im internationalen Vergleich, Frankfurt am Main 1988.

Merret, S.: State housing in Britain, London 1978.

Murie, A.; Niner, P.; Watson, C.: Housing policy and the housing system, London 1976.

Anmerkung

[1] Stimmenverluste bei Wahlen gegen diese unbeliebte und ungerechte Steuer haben u. a. inzwischen zu Frau Thatchers Rücktritt geführt.

Bestandspolitik in den Wiener Gemeindewohnhausanlagen

Gerhard Salomon

Bestandsicherung als Bestandteil sozialer Wohnungspolitik

In der letzten Zeit ist ein neuer Begriff in der wohnungspolitischen Diskussion in Österreich aufgetaucht: die Bestandsicherung. Es ist allgemein ins Bewußtsein getreten, daß die Erhaltung eines sozialgebundenen Wohnungsbestandes unverzichtbar ist, um den sozialen Frieden aufrecht zu erhalten. Hiebei ist Erhaltung unter zwei Gesichtspunkten zu sehen:

- im Sinne der Bindung eines Wohnungsbestandes zur Bedarfsdeckung der sozial schwachen Bevölkerung und
- als bautechnische Maßnahme, um den Bestand auch physikalisch zu sichern.

Hat die Aufhebung der Sozialbindung in vielen Ländern Westeuropas zu einer Verdrängung der sozial schwachen Bevölkerung aus den Kernzonen der Städte geführt, weil diese die dort geforderten hohen Mieten nicht mehr zahlen können, so zeigt die Situation der Wohnungswirtschaft in den Ländern des ehemaligen Ostblocks das andere Extrem: Die niedrigen Mieten können kaum die notwendigsten Instandhaltungsarbeiten decken. Trotz hoher staatlicher Subventionen verfällt der Hausbestand mehr und mehr. Hier wie dort wird die Einzelprivatisierung, also der Verkauf der Wohnungen an die Mieter, als Lösung betrachtet.

Auch in Österreich gibt es Forderungen, Gemeindewohnungen an die Mieter zur Gründung von Wohnungseigentum zu verkaufen. Mit den so einlangenden Geldmitteln sollten neue Sozialwohnungen gebaut, bzw. die Modernisierung der alten finanziert werden.

Eine Schwachstelle dieses Modells besteht aber darin, daß nur reichere Mieter den Kauf finanzieren können. Sie werden auch nur dann daran interessiert sein, wenn sie beabsichtigen, die erworbene Eigentumswohnung weiter zu verwerten. Das österreichische Mietrechtsgesetz bietet aber an sich ohnedies die Möglichkeit, die Wohnung an die im Haushalt wohnenden Personen zu übertragen, so daß die Eigentumsbegründung im Regelfall kaum einen wirtschaftlichen Vorteil bietet.

Auf der anderen Seite werden aber diese Wohnungen der Disposition der Gemeinde entzogen und können nicht mehr dazu dienen, die sozialen Aufgaben auf dem Gebiete des Wohnungswesens zu erfüllen. Derzeit kommen in Wien rund 7.000 Wohnungen jährlich zur Wiedervermietung. Mit den neu gebauten Wohnungen allein, kann der Bedarf der rund 20.000 in Wien vorgemerkten wohnungssuchenden Haushalte nicht gedeckt werden. Die Begründung von Wohnungseigentum würden den Spielraum der Gemeinde Wien auf dem Sektor der Wohnungsversorgung stark verringern.

Eine verantwortungsvolle Wohnungsbestandspolitik muß daher zwei Ziele verfolgen: Die Mieten müssen so angesetzt sein, daß sie die Erhaltung und eine zeitgemäße Verbesserung des Wohnungsbestandes ermöglichen, sie müssen aber dennoch für die Mieter bezahlbar bleiben. Wo die beiden Ziele nicht miteinander vereinbar sind, müssen individuelle Beihilfen an die Bewohner geleistet werden. Der Stadt Wien mit ihrem großen Wohnungsbestand kommt also eine wichtige Rolle auf dem Wiener Wohnungsmarkt zu.

Struktur der städtischen Wohnhausanlagen

Die Städtische Wohnhäuserverwaltung betreut mit Stichtag 31. Oktober 1990 2.032 Wohnhausanlagen mit 17.269 Stiegen und insgesamt 207.710 Mietwohnungen. Je nach dem Baualter, der Ausstattung und der Finanzierung der Errichtung dieser Anlagen ergeben sich für Erhaltungs- und Verbesserungsarbeiten unterschiedliche finanzielle Bedingungen. Deshalb sei zunächst die Struktur des städtischen Wohnungsbestandes dargestellt:

Haustyp	Baujahr	Charakteristik	Anzahl der Wohnungen
3	vor 1918	städt. Althäuser, zumeist angekauft	6.135
8	1920-58	Wohnhausanlagen, Ausstattungskategorie C oder B	105.665
5	1954-68	finanziert aus WBF 1954, Ausstattungskategorie B oder A	5.260
6	1959-67	finanziert aus Budgetmitteln, Ausstattungskategorie B oder A	14.754
4	1967-72	aus Budgetmitteln mit BKB, Ausstattungskategorie zumeist A	30.651
7	1920-72	Siedlungen, Ausstattungskategorie C bis A	4.867
0,11-17	1971-89	finanziert mit WBF 1968, Ausstattungskategorie A	38.361
19	ab 1988	finanziert mit WBF 1984, Ausstattungskategorie A	1.887
			211.736

Was den Standard der Gemeindewohnungen anlangt, so verfügen 125.886 Wohnungen über Bäder, 69.165 werden durch zentrale Wärmeversorgungseinrichtungen beheizt. Dann gibt es noch 11 Anlagen mit 277 Wohnungen die Nachtspeicherheizungen und 123 Anlagen mit 1.724 Wohnungen die Gasetagenheizungen haben.

Rund 486.000 Personen wohnen in Gemeindewohnungen. Die Wohnungsgröße beträgt - bezogen auf den gesamten Durchschnitt - 56,18 m2; somit entfallen durchschnittlich 2,3 Personen auf eine Wohnung. In älteren Bauten inklusive der zwischen den Kriegen gebauten Anlagen beträgt die durchschnittliche Wohnungsgröße 45,89 m^2; bei den neueren liegt jedoch die Durchschnittsgröße zwischen 75 und 80 m^2.

Miethöhe

Die Gemeinde Wien verrechnet bei Neuvermietungen den Kategoriezins entsprechend dem Mietrechtsgesetz. Von den Altmietern wird ein Erhaltung- und Verbesserungsbeitrag eingehoben. Soferne die neueren Anlagen aus Wohnbauförderungsmittel errichtet wurden, finden dort die Bestimmungen der Wohnbauförderungsgesetze 1968 und 1984 für die Mietzinsbildung Anwendung.

Der monatliche Mietzins nach dem Mietrechtsgesetz besteht aus dem Hauptmietzins, den Betriebskosten und öffentlichen Abgaben, dem Anteil für allfällige besondere Aufwendungen (Lift, Zentralheizung, usw.) und der auf den Mietzins entfallenden Umsatzsteuer (10 %). Die Höhe des Hauptmietzinses richtet sich nach dem Ausstattungsstandard der Wohnung (Kategorie).

So dürfen höchstens

S 6,70/m^2	für eine Wohnung der Kategorie D (ohne Innenklosett, bzw. ohne Warmwasserentnahmestelle),
S 13,40/m^2	für eine Wohnung der Kategorie C (brauchbarer Zustand, mit Innenklosett und Wasserentnahmestelle),
S 20,20/m^2	für eine Wohnung der Kategorie B (brauchbarer Zustand, zumindest bestehend aus Zimmer, Küche (Kochnische), Vorraum, Innenklosett und Badegelegenheit (Baderaum oder Badenische)) und
S 26,90/m^2	für eine Wohnung der Kategorie A (zumindest 30 m2 und bestehend aus Zimmer, Küche (Kochnische), Vorraum, Innenklosett, Badegelegenheit (Baderaum oder Badenische) und zentrale Wärmeversorgungsanlage (Etagenheizung oder gleichwertige stationäre Heizung, wobei alle Haupträume beheizbar sein müssen)) verlangt werden.

Die älteren Gemeindebauten insbesondere die Zwischenkriegsbauten und Nachkriegsbauten bis Ende 1950 sind im wesentlichen mit WC und Wasserentnahmestelle versehen und entsprechen somit der Kategorie C. Ab der darauffolgenden Bauperiode bis zum Ende der 60er Jahre wurden Badezimmer eingebaut, so daß der Standard nach Kategorie B erreicht wurde. Zentralheizungsanlagen wurden ab 1960 in zunehmenden Maß eingebaut und gehörten ab 1970 zur Normalausstattung. Die nunmehr mit Hilfe der Wohnbauförderung errichteten Neubauten entsprechen der Kategorie A.

Finanzierung der Investitionen

Bei der Finanzierung von Investitionen ist es entscheidend, aus welchen Mitteln das Haus seinerzeit errichtet worden ist. Die Investitionskosten der vor etwa 1960 errichteten Wohnhausanlagen sind schon abgeschrieben, so daß die Mieten lediglich die Erhaltung der Bausubstanz decken müssen. Bei den Wohnhausanlagen der Haustypen 4 und 6 bindet die Amortisation der ursprünglichen Errichtungskosten rund ein Viertel bis ein Drittel der Einnahmen aus dem Hauptmietzins. Bei den aus Wohnbauförderungsmitteln errichteten Anlagen geht nahezu der gesamte Hauptmietzins für die Tilgung und Verzinsung der seinerzeit aufgenommenen Darlehen auf.

Vor Einführung des Mietrechtsgesetzes hat die Stadt Wien für die Erhaltung und Revitalisierung von städtischen Wohnhäusern in ihrem Budget Vorsorge getroffen. Die Einnahmen aus den Häusern bis zum 1.1.1982 waren äußerst gering. Der Hautpmietzins jener Bauten, die vor 1960 errichtet wurden, betrug S 1,-- pro m^2 und Monat. Bei den Wohnhausbauten ab 1960, die die Stadt Wien aus Eigenmitteln errichtete, stand kein Anteil für die Erhaltung zur Verfügung. Alle Kosten für die Erhaltungsarbeiten mußten aus dem Budget der Stadt Wien getragen werden. Lediglich bei den städtischen Althäusern wurde schon damals der Weg beschritten, daß ein Kredit auf das jeweilige Haus aufgenommen wurde, der dann im Wege eines behördlichen Mietenerhöhungsverfahrens auf die Mieter umgelegt wurde.

In den letzten Jahren vor 1982 wurde auch eine Sanierung der Wohnhausanlagen in der Form versucht, daß die Investitionen in einem Verfahren nach dem Zinsstoppgesetz überwälzt wurden. Die Überwälzung fand jedoch nicht zur Gänze statt, sondern es wurde eine Obergrenze eingezogen, d. h. es wurde - gleichgültig, wie hoch der errechnete Zins war - auf die Mieter nur ein festgesetzter Betrag (in der Regel S 8,-- pro m^2) überwälzt. Die Gemeinde Wien trug auf diese Weise mehr als die Hälfte der Instandsetzungskosten endgültig.

Mit Einführung des Erhaltungsbetrages durch das Mietrechtsgesetz 1982 verbesserte sich die Situation bei einem Großteil der Wohnhausanlagen. Rückschauend kann heute gesagt werden, daß bei den ausfinanzierten, besser ausgestatteten Wohnungen die Erhaltungsbeiträge ausreichend sind, um die Erhaltung der Häuser langfristig sicherzustellen und auch verschiedene Verbesserungsmaßnahmen zu finanzieren.

Für die Wohnhausanlagen der Zwischenkriegszeit und der unmittelbaren Nachkriegszeit sind aber die Einnahmen aus den Erhaltung- und Verbesserungsbeitrag nicht ausreichend, um größere Investitionen zu finanzieren. Das österreichische System der Kategoriemiete hat nämlich die Schwäche, daß der Erhaltungsaufwand in schlechter ausgestatteten Häusern genau so hoch, wenn nicht höher als in den besser ausgestatteten ist. Derzeit müssen durchschnittlich 20 Schilling (3 DM) pro m^2 Wohnfläche monatlich dafür gerechnet werden. Die Städtische Wohnhäuserverwaltung ist bei diesen Anlagen so vorgegangen, daß zunächst zur Bestandssicherung die Rauchfangköpfe und die Dächer saniert wurden. Reparaturen an den Fassaden und an den Fenstern konnten nur abschnittsweise vorgenommen werden.

Das Inkrafttreten des Wohnhaussanierungsgesetzes hat 1984 eine Möglichkeit geschaffen, gerade in den Wohnhausanlagen der Zwischenkriegszeit Erhaltungs- und Sanierungsarbeiten zu finanzieren. Zunächst hatte es den Anschein, als ob auf diese Art und Weise auch für diese Wohnhausanlagen eine durchgreifende Sanierung finanziert werden könnte. Der Bund hat nach der Nationalratswahl 1986 im Jahre 1987 zur "Budgetkonsolidierung" die Wohnbauförderung an die Länder übertragen. Zug um Zug damit wurden auch die Mittel gekürzt. Die Reform der Einkommenssteuer 1988 vergrößerte zwar das persönliche Einkommen, verringerte aber weiter die Wohnbauförderungsmittel.

Die geänderten Rahmenbedingungen wirkten sich auch auf die Bautätigkeit der Stadt Wien aus. Sanierungsmittel standen nur für die schlechter ausgestatteten Anlagen - und da zu schlechteren Bedingungen - zur Verfügung. Konnte bis dahin eine Sockelsanierung mit einer Mietenerhöhung auf rund 20 Schilling pro m^2 finanziert werden, so stiegen diese nunmehr auf 24 Schilling. Infolge des Abbaues von Annuitätenzuschüssen werden sie in 3-Jahres-Sprüngen weiter steigen. Wegen des großen Nachholbedarfes an Erhaltungsarbeiten mußte aber das Erhaltungsprogramm weiter durchgezogen werden. Soziale Härten können nur durch Wohnbeihilfen gemildert werden. Die Entwicklung der Investitionen sowohl aus dem Erhaltungs- und Verbesserungs beitrag als auch aus Sanierungsmitteln ist aus der folgenden Aufstellung zu ersehen:

Jahr	Instandhaltung	Sanierung von Gebäuden	insgesamt
1980	462.413.000 S	36.900.000 S	499.313.000 S
1981	550.713.000 S	129.701.000 S	680.414.000 S
1982	890.068.000 S	240.851.000 S	1.130.919.000 S
1983	1.127.567.000 S	260.161.000 S	1.387.728.000 S
1984	1.168.668.000 S	325.216.000 S	1.493.884.000 S
1985	1.446.321.000 S	322.760.000 S	1.769.081.000 S
1986	1.419.321.000 S	440.621.000 S	1.859.942.000 S
1987	1.533.562.000 S	746.088.000 S	2.279.650.000 S
1988	1.563.567.000 S	585.088.000 S	2.148.655.000 S
1989	1.431.650.000 S	979.872.000 S	2.441.522.000 S
1990	1.508.042.000 S	1.410.891.000 S	2.918.933.000 S
1991	1.697.476.000 S	1.721.925.000 S	3.419.401.000 S

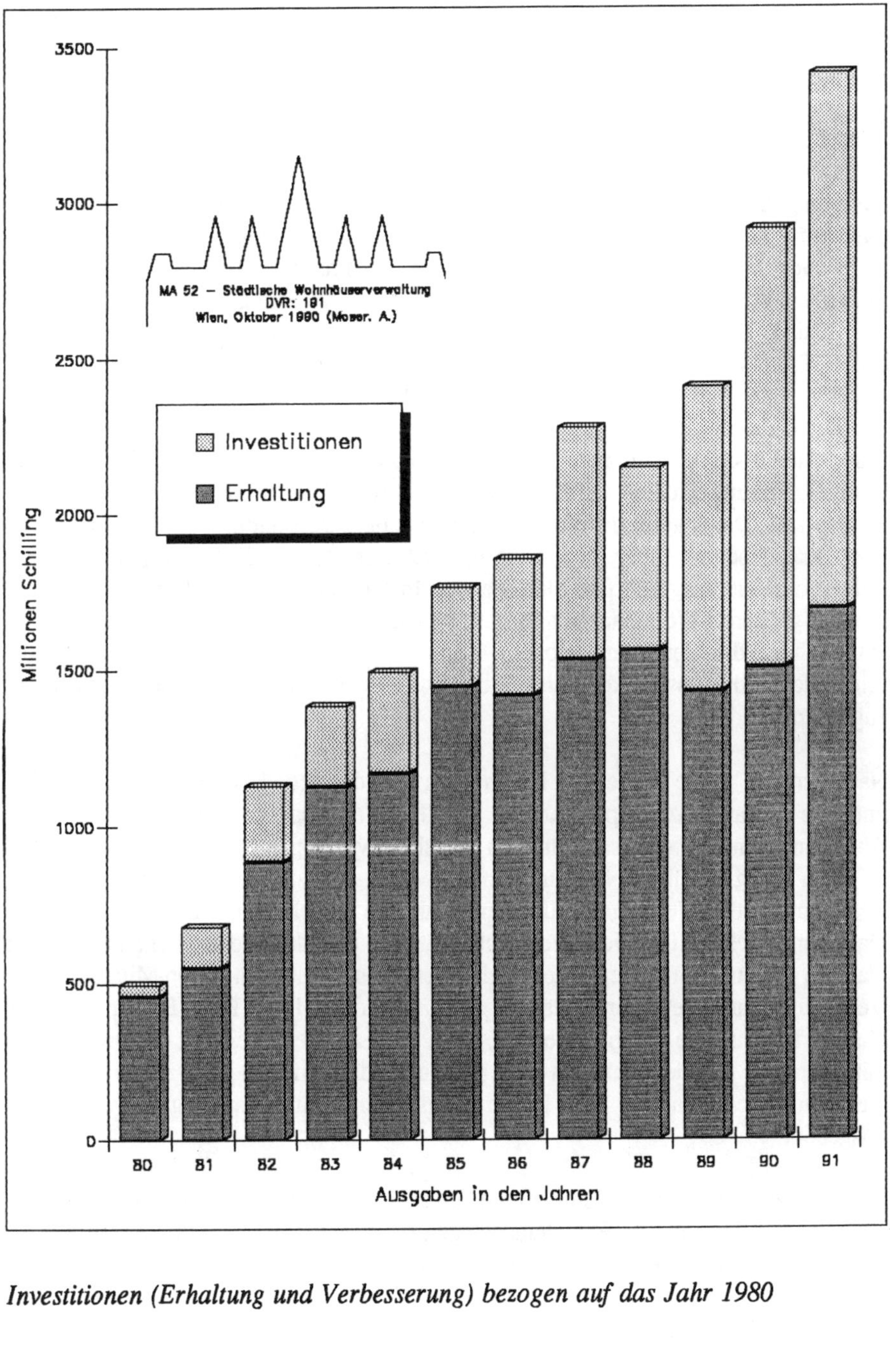

Investitionen (Erhaltung und Verbesserung) bezogen auf das Jahr 1980

Mietermitsprache bei der Sanierung städtischer Wohnhausanlagen

Die Mitsprache der Mieter bei der Erhaltung und Verbesserung ihrer Wohnhäuser geht auf die Einführung des Erhaltungsbeitrages im Jahre 1982 zurück. Damals war es notwendig, daß die Stadt Wien diese Maßnahme ihren Mietern verständlich gemacht hat. Zu diesem Zweck wurden anläßlich der Einhebung des Erhaltungsbeitrages alle Mieter schriftlich verständigt und es wurden systematisch Mieterversammlungen in großem Umfang in ganz Wien abgehalten. Hand in Hand mit der Einhebung des Erhaltungsbeitrages wurde auch das Instandsetzungsprogramm der städtischen Wohnhäuser einer Revision unterzogen, um die einfließenden Mittel einer sinnvollen Verwendung zuzuführen. Die technische Abteilung hatte Bauprojekte für alle Bezirke zu entwickeln und darzulegen, welche Arbeiten aus dem Erhaltungsbeitrag finanziert werden können.

Im Zuge dieses Instandsetzungsprogrammes wurde den Mietern erstmals die Disposition überlassen, ob neue Fenster eingebaut werden sollen, ob die Fassade eine Wärmedämmung erhalten soll und in welchen Farben der Fassadenanstrich ausgeführt werden soll. Die Städtische Wohnhäuserverwaltung verständigte die Mieter jeweils vom Arbeitsbeginn über den Umfang der Arbeiten und darüber, in welcher Reihenfolge sie ausgeführt werden. Fanden Instandsetzungs- und Reparaturarbeiten in einer größeren Wohnhausanlage statt, so wurden an Ort und Stelle Baukanzleien eingerichtet, die den unmittelbaren Kontakt zu den Mietern erleichterten. Beschwerden und Wünsche konnten somit gleich entgegengenommen und einer Lösung zugeführt werden.

Nachdem die "große Welle" der Information über das neue Mietrechtsgesetz abebbte und die Instandsetzungsprogramme im Gange waren, kam der Wunsch nach Abhaltung von Mieterversammlungen vor allem von jenen Mietern, die gerade erst in einen fertiggestellten Neubau gezogen waren. So wurden unmittelbar nach der Besiedlung über Verlangen Informationsabende abgehalten, im Zuge derer die Hausgemeinschaft Hausvertrauensleute wählte, die dann den Kontakt mit der Hausverwaltung aufrecht erhielten. Bei diesen Versammlungen waren Mitarbeiter der Verwaltung anwesend und klärten an Ort und Stelle offene Fragen ab. Die Hausvertrauensleute übernahmen es, von Zeit zu Zeit weitere Versammlungen einzuberufen und je nach Art des Problems die einschlägigen Mitarbeiter der Verwaltung einzuladen. Das Informationssystem wurde ständig erweitert und ausgebaut.

Zuletzt hat der Wiener Gemeinderat Ende 1988 einstimmig ein Statut für die Mietermitbestimmung in Wohnhausanlagen der Stadt Wien beschlossen, in das die Erfahrungen von 6 Jahren praktizierter Mietermitsprache eingeflossen sind. (S. dazu den Anhang.)

Projektgruppenorganisation

Für die Sanierung von Großwohnhausanlagen wurde darüber hinaus eine Projektgruppenorganisation entwickelt, die eine weitgehende Mitsprache sowohl der Bezirksvertretungen als auch der Mieter der betreffenden Anlagen sicherstellen soll. Die Projektgruppe stellt dabei ein Beratungsgremium außerhalb der Organisation der Stadt Wien dar, wobei die Angehörigen jeder Dienststelle weiter eigenverantwortlich zu handeln haben. Absprachen auf der Ebene der Projektgruppe ermöglichen es aber, Probleme rechtzeitig zu erkennen und sachgemäße Lösungen einvernehmlich zu erarbeiten.

Die ersten derartigen Projektgruppen wurden Anfang 1988 für den George-Washington-Hof und die Wohnhausanlage 10, Gudrunstraße 55-103, eingerichtet. Danach folgten der Rabenhof und der Karl-Marx-Hof.

Die Erfahrungen dieser zwei Jahre zeigen, daß Mieterbetreuung und Mieterinformation für jede Sanierungstätigkeit wichtig sind, speziell wenn diese einen größeren Umfang hat. Nur so gelingt es, Differenzen nicht zu Auseinandersetzungen anwachsen zu lassen. Der informierte Mieter ist auch ein interessierter Partner für die Sanierung der Anlagen.

Die Stadt Wien hat den Weg der sanften Stadterneuerung beschritten. Demgemäß war und ist die Einbindung der betroffenen Mieter in das Sanierungsgeschehen oberstes Gebot. So wurden die Mieter von einer geplanten Sanierung vorerst schriftlich in Kenntnis gesetzt. Jeder Mieter erhielt ein Schreiben, in dem die Reparatur angekündigt wird. Auf Grund des ersten Sanierungskonzeptes werden die Kosten der Sanierung und das künftige Entgelt errechnet. Die Mieter werden über die beabsichtigten Maßnahmen, die für sie daraus resultierende finanzielle Belastung hinsichtlich der allgemeinen Teile des Hauses, über die Möglichkeiten von Wohnungszusammenlegungen, Umsiedlungen und Standardanhebungen im Rahmen einer Hausversammlung informiert. Die Information umfaßt auch Möglichkeiten der Subjektförderung (Beihilfen).

Haben Mieter Interesse an einer Verbesserung ihrer Wohnung oder an einer Ersatzwohnung, so führen Mitarbeiter der entsprechenden Fachabteilungen mit ihnen Einzelgespräche. Hiebei wird versucht, für jeden Mieter die nach seinen Lebensumständen richtige und von ihm gewünschte Lösung zu finden, sei es, daß er um- oder abgesiedelt wird, daß er sich seine bestehende Wohnung umbauen läßt, oder daß er schlicht in der Wohnung ohne Umbauarbeiten verbleibt. Die Stadt Wien trachtet, Konflikte vor den Behördenverfahren auszuräumen. Wünsche und Anregungen werden berücksichtigt, Absiedlungen nur im Einvernehmen mit den Betroffenen vorgenommen.

Die Praxis zeigt, daß gerade im Bereich der Sanierung und Revitalisierung, Mißverständnisse und Konflikte besser gelöst werden können, wenn die Bewohner des Hauses frühzeitig von der geplanten Maßnahmen erfahren und ihnen die Wahl zwischen verschiedenen Möglichkeiten eingeräumt wird. So kann man auf ihre Anliegen eingehen. Die Mieter können hier im Rahmen des Projektes gestaltend mitwirken und ihre Wünsche realisieren.

Kritik an der Sanierungstätigkeit

Vor allem aus Kreisen der Wiener Arbeiterkammer und der Sozialarbeiter wird die Tätigkeit der Stadt Wien auf dem Gebiet der Stadterneuerung in den städtischen Wohnhausanlagen nicht unwidersprochen hingenommen. Kritisiert wird vor allem, daß durch Umbauten und Verbesserungsarbeiten "billiger Wohnraum wegsaniert" werde. Dadurch werde immer einer größerer Teil des Einkommens der Bevölkerung für die Mieten gebunden. Ihren Klienten werde ein Standard aufgezwungen, den sie sich nicht leisten könnten. Dadurch stiegen die Mietenrückstände, immer mehr Familien würden unter die Armutsgrenze gedrückt.

Kritisiert wird aber auch die Versorgung der Wohnungen mit Fernwärme. Die Fernwärme verführe zum Verbrauch und könne vom Kunden nicht kontrolliert werden. Erst bei der Abrechnung der Heizungskosten am Ende der Heizperiode falle den Kunden die Belastung auf. Wenn der Mieter die Rechnung nicht zahlt, kommt es dann zur Abschaltung der Wärmeversorgung. Die Kritik ist in den theoretischen Ansätzen sicher berechtigt, muß aber in der Praxis relativiert werden; die Erneuerung des Wohnungsbestandes ist ein Prozeß, der sicher noch Jahrzehnte dauern wird. Heute werden die infrastrukturellen Voraussetzungen für die Verbesserung der Wohnungen in einer Anlage nach der anderen geschaffen. Will jemand seine Wohnung verbessern, so kann er sich beteiligen, will er nicht, so wird er dazu nicht gezwungen. Der Zeitpunkt, wann alle Wohnungen im Standard angehoben sind, hängt daher von der Bewohnerentwicklung ab, und ist nicht abzusehen.

Die Klienten der Sozialarbeiter selbst fordern immer mit Vehemenz eine zumindest mit Bad und Warmwasserversorgung ausgestattete Wohnung. Das österreichische System der Miet- und Wohnbeihilfen ist den Betroffenen sehr wohl bekannt. Es kennt keine Differenzierung nach dem Ausstattungsstandard, sondern geht vom nach Einkommen und Familiengröße zumutbaren Wohnungsaufwand aus. Die Differenz zur tatsächlichen Grundmiete wird von der Beihilfe abgefangen. Probleme treten auch nicht für den typische Sozialhilfeempfänger auf; Hauptbetroffene sind vielmehr die unteren Mittelschichten, deren Einkommen gerade über der Grenze der Wohnbeihilfe liegt.

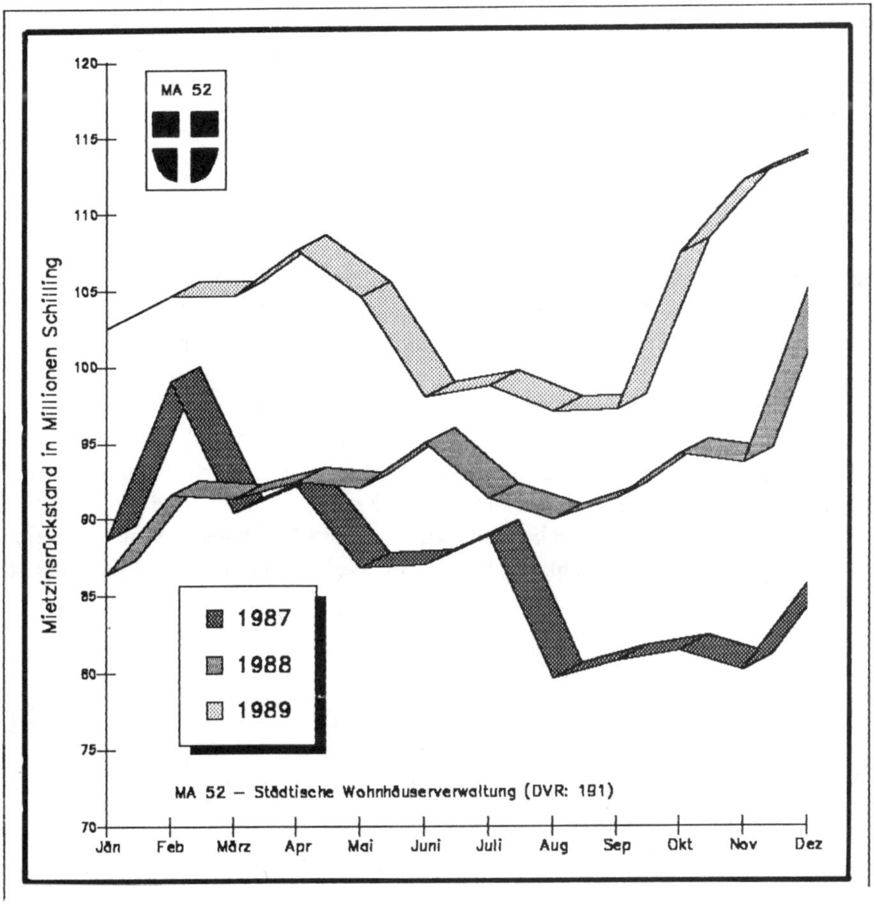

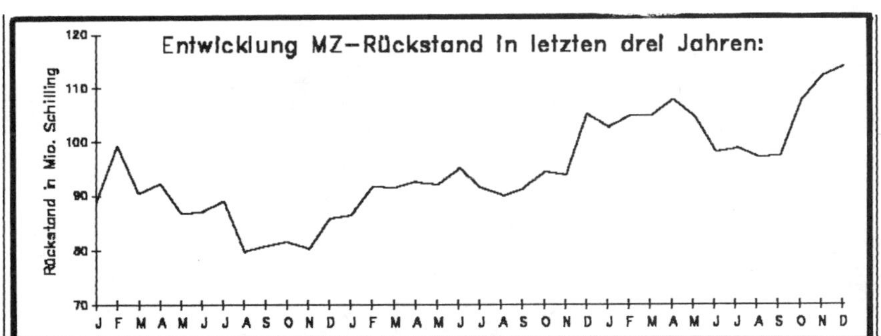

Mietzinsrückstand in den letzten drei Jahren

Was die Mietzinsrückstände anlangt, so liegen diese bei rund 2,5 Prozent der Jahresmieteinnahmen. Die Rückstandsbetreuung nimmt einen sehr breiten Raum in der Tätigkeit der Hausverwaltung ein. Durch engen Kontakt mit den Sozialdienststellen - Jugendamt und Sozialamt - wird versucht, Härten zu vermeiden und den Familien die Wohnungen zu erhalten.

Ausblick auf die weitere Entwicklung

Die Bestandsicherung in Wien hat, wie dargelegt, zwei wichtige Bereiche:
- Die Erhaltung und Verbesserung der Bausubstanz und
- die Erhaltung der Bezahlbarkeit der Mieten für den Großteil der Bevölkerung.

Die Wohnung soll keine Ware sein, die nach den Marktgegebenheiten gekauft und verkauft wird. Andererseits lassen sich die wirtschaftlichen Rahmenbedingungen nicht außer Kraft setzen. An der Kostendeckung führt kein Weg vorbei, wobei es aber notwendig ist, in einzelnen Bereichen durch Kreditstützungen und Beihilfen zu intervenieren. Gleich wichtig neben dem kommunalen Wohnungsbestand muß eine Wohnungsbestandspolitik treten, die bezahlbare Wohnungen auch im Privatbereich erhält.

Anhang

Das Mietermitbestimmungsstatut für Wiens Gemeindebauten

Das "Mietermitbestimmungsstatut" für Wiens kommunale Wohnhausanlagen wurde am 30. November 1988 vom Wiener Gemeinderat einstimmig beschlossen. Es wird mit 1. Jänner 1989 in Kraft treten und gemeinsam mit der bereits angelaufenen Dezentralisierung der städtischen Wohnhäuserverwaltung ein wichtiger Schritt zur Verbesserung der Partnerschaft und der Kommunikation zwischen den rund 220.000 Mietern und der Hausverwaltung sein. Die demokratische Wahl von Mietervertretern, Einsichts-, Vorschlags- und Kontrollrechte für die Mietergemeinschaft und die Verpflichtung der Hausverwaltung, die Mietergemeinschaft dabei weitestgehend zu unterstützen, sollen die Basis für einen beispielhaften Schritt der Demokratisierung des Wohnbereiches sein.

§ 1 Einleitung

(1) Wohnen ist ein Grundrecht des Menschen. Kaum andere Maßnahmen greifen so unmittelbar in das Leben des einzelnen ein, wie solche im Wohnbereich.

(2) Niemand kann die Interessen der Mieter besser kennen und besser vertreten als die Mieter selbst. Mitbestimmung und Mitverantwortung bedeuten Demokratie im Wohnbereich.

(3) Das Mitbestimmungsstatut für die Mieter der Wohnhausanlagen der Stadt Wien schafft unbeschadet der geltenden Bundes- und Landesgesetze Informations-, Kontroll- und Mitspracherechte der Mieter. Diese Rechte der Mietergemeinschaft finden ihre Grenze dort, wo sie die Rechte des einzelnen einschränken.

(4) Die durch Gesetze und Verträge garantierten Rechte der einzelnen Mieter und Dritter bleiben voll gewährleistet. Keine Bestimmung dieses Statuts ist so zu verstehen, daß dadurch ein dem einzelnen Mieter zustehendes Recht geschmälert wird.

(5) Die Grundsätze des sozialen Wohnbaus (wie die Schaffung und Erhaltung von Wohnungen für finanziell schwache Familien, die Schaffung und Erhaltung von Einrichtungen für Kinder usw.) bleiben voll erhalten. Darüberhinaus erklärt die Stadt Wien ihre Bereitschaft, die künftigen Mieter bei der Gestaltung ihrer Wohnungen mitwirken zu lassen.

(6) Unter dem Begriff "Wohnhaus" in diesem Statut ist die wirtschaftliche Einheit im Sinne der mietrechtlichen Bestimmungen zu verstehen.

§ 2 Recht der Mieter

(1) Die in diesem Statut geregelten Rechte stehen dem Mieter (Hauptmieter) der Wohnung vom Tag des Abschlusses des Mietvertrages bis zur rechtskräftigen Auflösung des Vertrages zu.
(2) Über die in den allgemeinen zivilrechtlichen Bestimmungen enthaltenen Rechte hinaus sind die Mieter berechtigt, an allen Veranstaltungen der Mietergemeinschaft teilzunehmen und hierfür bestimmte Einrichtungen der Hausgemeinschaft zu benützen. Ihnen steht das Stimmrecht sowie das aktive und passive Wahlrecht in der Mieterversammlung zu.

§ 3 Organe der Mietermitbestimmung

Die Organe der Mietermitbestimmung sind die Mieterversammlung (§ 4), der Mieterbeirat (§ 6) bzw. der Mietervertreter (§ 8) und die Wohnungskommission.

§ 4 Mieterversammlung

(1) Der Vorsitzende des Mieterbeirates, in Wohnhäusern, in denen kein Mieterbeirat zu bestellen ist, der Mietervertreter, hat mindestens einmal pro Jahr die Mieterversammlung einzuberufen.
(2) Eine Mieterversammlung ist auch dann einzuberufen, wenn dies entweder mindestens ein Viertel der Mieter, oder wenn dies mindestens 50 Mieter verlangen.
(3) Die Einberufung hat so rechtzeitig zu erfolgen, daß alle Mieter mindestens 14 Tage vorher von Zeit, Ort, Beginn und Tagesordnung in Kenntnis gesetzt werden.
(4) Bei der Mieterversammlung sind alle Bewohner des Wohnhauses teilnahmeberechtigt. Die Mieterversammlung kann beschließen, auch andere Personen an der Versammlung teilnehmen zu lassen. Darüber hinaus können auch andere Personen, wie z. B. Vertreter von Mieterorganisationen als Auskunftspersonen, teilnehmen, wenn sie von einem Mitglied des Mieterbeirates oder vom Mietervertreter eingeladen werden.
(5) Wird die Wohnhausverwaltung zur Teilnahme eingeladen, so ist ihr die Tagesordnung bekanntzugeben.
(6) Die Mieter sind in der Mieterversammlung stimmberechtigt. Für jedes Mietobjekt hat der Mieter eine Stimme. Sind mehrere Personen Mieter eines Objektes, so steht ihnen gemeinsam nur eine Stimme zu.
(7) Die Mieterversammlung ist bei Anwesenheit der Hälfte der stimmberechtigten Mieter beschlußfähig. Ist die Mieterversammlung zur festgesetzten Stunde nicht beschlußfähig, so findet sie 30 Minuten später mit derselben Tagesordnung statt, die ohne Rücksicht auf die Zahl der Mieter beschlußfähig ist.

(8) Die Wahlen und die Beschlüsse in der Mieterversammlung erfolgen mit einfacher Mehrheit der anwesenden Stimmberechtigten.
(9) Den Vorsitz in der Mieterversammlung führt der Vorsitzende des Mieterbeirates, in dessen Verhinderung sein Stellvertreter bzw. der Mietervertreter.

§ 5 Aufgabenkreis der Mieterversammlung

Die Mieterversammlung hat folgende Aufgaben:

(1) Festsetzung der Zahl der Mitglieder des Mieterbeirates.
(2) Wahl und Enthebung der Mitglieder des Mieterbeirates bzw. des Mietervertreters.
(3) Entgegennahme von Berichten des Mieterbeirates/Mietervertreters und Beschlußfassung darüber.
(4) Meinungsbildung über anstehende Fragen.
(5) Zustimmung zu Änderungen und Ergänzungen der Hausordnung.
(6) Beschlußfassung über die Nutzung von Gemeinschaftsanlagen, soweit nicht einzelnen Mietern Nutzungsrechte zustehen.
(7) Anrufung der Wohnungskommission bei Differenzen mit der Wohnhausverwaltung.

§ 6 Mieterbeirat

(1) Die Zahl der Mitglieder des Mieterbeirates wird von der Mieterversammlung festgelegt. Bis zu einer derartigen Festlegung sind zu wählen:
- bis 20 Mietobjekte: 1 bis 3 Mietervertreter
- 21 - 50 Mietobjekte: bis 4 Mietervertreter
- für je 50 weitere Mietobjekte: je ein weiterer Mietervertreter.
(2) Der Mieterbeirat wird von der Mieterversammlung gewählt. Scheidet ein Mitglied aus dem Mieterbeirat aus, kann der Mieterbeirat an seine Stelle einen anderen Mieter kooptieren, wozu die nachträgliche Genehmigung in der nächsten Mieterversammlung einzuholen ist.
(3) Die Funktionsdauer des Mieterbeirates währt bis zur Wahl eines neuen Beirates, längstens jedoch 3 Jahre. Ausgeschiedene Mietervertreter sind wieder wählbar.
(4) Die Funktion eines Mitgliedes des Mieterbeirates erlischt außer durch Ablauf der Funktionsperiode durch Enthebung, Rücktritt oder durch Auflösung des Mietverhältnisses in der Wohnhausanlage.
(5) Die Mieterversammlung kann bei Anwesenheit von entweder mindestens einem Drittel der Mieter oder von mindestens 150 Mietern den gesamten Mieterbeirat oder einzelne seiner Mitglieder entheben.
(6) Die Mitglieder des Mieterbeirates können jederzeit ihren Rücktritt erklären.

§ 7 Arbeitsweise des Mieterbeirates

(1) Die Mitglieder des Mieterbeirates wählen aus ihrer Mitte einen Vorsitzenden, dessen Stellvertreter, einen Schriftführer und dessen Stellvertreter, allenfalls weitere Funktionsträger. Die Aufteilung der Funktionen ist im Hause anzuschlagen und der Wohnhausverwaltung mitzuteilen.
(2) Der Mieterbeirat kann zur Vertretung der Interessen von Kindern und Jugendlichen einen Jugendvertrauensrat einrichten.
(3) Der Mieterbeirat wird vom Vorsitzenden, in seiner Verhinderung von seinem Stellvertreter einberufen.
(4) Der Mieterbeirat ist beschlußfähig, wenn alle eine Mitglieder eingeladen werden und mindestens die Hälfte von Ihnen anwesend sind.
(5) Der Mieterbeirat faßt seine Beschlüsse mit einfacher Stimmenmehrheit; bei Stimmengleichheit ist der Antrag abgelehnt.
(6) Die Beschlüsse des Mieterbeirates sind den Mietern zur Kenntnis zu bringen.
(7) Der Mieterbeirat soll vor seinen Sitzungen Sprechstunden für die Bewohner abhalten, wofür Zeit und Ort den Mietern zur Kenntnis zu bringen ist.
(8) Der Mieterbeirat wird nach außen vom Vorsitzenden, bei dessen Verhinderung von dessen Stellvertreter, vertreten.

§ 8 Mietervertreter in Kleinanlagen

In Wohnhäusern mit weniger als 20 Mietobjekten ist nur ein Mietervertreter und ein Stellvertreter zu wählen. Für diesen gelten die Bestimmungen hinsichtlich des Mieterbeirates singgemäß.

§ 9 Aufgabenkreis des Mieterbeirates

(1) Zum Wirkungsbereich des Mieterbeirates/Mietervertreters gehören alle Aufgaben, die nicht ausdrücklich einem anderen Organ zugewiesen sind.
(2) Dem Mieterbeirat/Mietervertreter obliegt es, die Anliegen der Mieter gegenüber der Verwaltung geltend zu machen.
(3) Der Mieterbeirat/Mietervertreter hat die Beschlüsse der Mieterversammlung zu vollziehen. Ihm obliegt es, der Mieterversammlung regelmäßig über seine Tätigkeit zu berichten.
(4) Wendet sich ein Mieter an den Mieterbeirat, so hat dieser den Antrag innerhalb von 3 Monaten in Behandlung zu nehmen. Der antragstellende Mieter ist von der Erledigung in Kenntnis zu setzen.

§ 10 Wahl des Mieterbeirates und der Mietervertreter

(1) Wahlberechtigt sind alle Mieter des Wohnhauses, die dort im Zeitpunkt der Wahl ein aufrechtes Mietverhältnis haben. Mehrere Mitmieter eines Mietgegenstandes haben zusammen nur eine Stimme.
(2) Wählbar sind die Personen nach Abs. 1, ausgenommen sind jedoch Hausbesorger und Personen, die mit Verwaltungsagenden in dem Wohnhaus betraut sind. Die Bewerber haben sich in der Mieterversammlung persönlich vorzustellen.
(3) Jeder Mieter ist berechtigt, einen Wahlvorschlag für den Mieterbeirat und für das Wahlkomitee zu erstatten. Diese Vorschläge müssen spätestens 8 Tage vor der Wahl beim Vorsitzenden des Mieterbeirates oder im Falle der Erstwahl bei der Wohnhausverwaltung eingebracht werden.
(4) Zur Vorbereitung und Durchführung der Wahl der Mietervertreter ist ein Wahlkomitee zu wählen. Das Wahlkomitee besteht aus drei Mitgliedern, die aktiv wahlberechtigt sein müssen. Kandidaten für den Mieterbeirat dürfen dem Wahlkomitee nicht angehören.
(5) Ist noch kein Mieterbeirat gewählt, so wird die Mieterversammlung zur Wahl der Mietervertreter von der Wohnhausverwaltung einberufen und geleitet. Die Wohnhausverwaltung ist zur Einberufung verpflichtet, wenn dies entweder mindestens zehn Prozent der Mieter oder mindestens 50 Mieter verlangen.
(6) Bei der Mieterversammlung wird zunächst das Wahlkomitee mit Stimmenmehrheit gewählt. Das Wahlkomitee sichetet die eingelangten Wahlvorschläge für die Mietervertreter und leitet die weitere Wahlhandlung.
(7) Die Art der Stimmabgabe beschließt die Mieterversammlung. Über Verlangen eines Drittels der anwesenden Mieter ist eine geheime Stimmabgabe durchzuführen. Sofern die Stimmabgabe nicht geheim erfolgt, ist über jedes Mitglied des Mieterbeirates gesondert abzustimmen.
(8) Bestehen Zweifel an der Wahlberechtigung eines Wählers, so hat dieser die zur Beurteilung seines Wahlrechtes erforderlichen Belege dem Wahlkomitee vorzulegen.

§ 11 Wahlanzeige

Das Wahlkomitee hat das Wahlergebnis den Mietern zur Kenntnis zu bringen und der Wohnhausverwaltung schriftlich mitzuteilen.

§ 12 Zentraler Mieterbeirat

Sind in einer Wohnhausanlage, die aus mehreren Wohnhäusern besteht, mehrere Mieterbeiräte gewählt worden, kann ein zentraler Mieterbeirat gewählt werden. Seine Aufgabe ist es, übergreifende Interessen der Gemeinschaft gegenüber der Wohnhausverwaltung und nach außen wahrzunehmen und zu vertreten. Der zentrale Mieterbeirat wird durch die Versammlung aller Mieterbeiräte eingerichtet. Diese wird durch einen beliebigen Mieterbeirat einberufen. Die Mitglieder des zentralen Mieterbeirates werden von den einzelnen Mieterbeiräten entsandt. Bei der Errichtung des zentralen Mieterbeirates ist die Zahl der Delegierten von der konstituierenden Versammlung festzulegen. Für die Tätigkeit des zentralen Mieterbeirates gelten die Bestimmungen über die Arbeitsweise des Mieterbeirates sinngemäß.

§ 13 Allgemeiner Inhalt der Mitwirkung

(1) Unbeschadet der gesetzlichen Einsichtsrechte jedes einzelnen Mieters ist der Mieterbeirat/Mietervertreter berechtigt, die Einhaltung der Vorschriften über die Berechnung und Verwendung der Mietzinse und sonstigen Einnahmen des Wohnhauses zu überprüfen.
Er ist berechtigt, in alle die Verwaltung des Wohnhauses betreffenden Aufzeichnungen, Abrechnungen, Zahlungsbelege und sonstige Unterlagen Einsicht zu nehmen und diese zu überprüfen. Von der Einsichtnahme sind solche Unterlagen, durch deren Kenntnisnahme schutzwürdiger Interessen einzelner Mieter verletzt werden könnten, ausgenommen.

(2) Die Wohnhausverwaltung ist verpflichtet, dem Mieterbeirat/Mietervertreter über alle Angelegenheiten, die die Verwaltung, Erhaltung und Verbesserung der Anlage betreffen, Auskunft zu geben, insofern dagegen nicht gesetzliche oder vertragliche Hindernisse bestehen, und die Abrechnung übersichtlich darzulegen.

(3) Der Mieterbeirat/Mietervertreter ist berechtigt, bei der Wohnhausverwaltung Maßnahmen zur Beseitigung von Mängeln und zur Schaffung von Verbesserungen für die Bewohner zu verlangen.

(4) Wohnhausverwaltung und Mieterbeirat/Mietervertreter können im Rahmen der Verwaltung der Anlage Vereinbarungen treffen. Werden gesetzliche oder vertraglich fixierte Interessen einzelner Mieter dadurch verändert, ist die Zustimmung dieses Mieters vom Mieterbeirat/Mietervertreter dem Vermieter gegenüber durch besondere Vollmacht nachzuweisen.

§ 14 Erhaltung und Verbesserung

(1) Die Wohnhausverwaltung ist verpflichtet, den Mieterbeirat/Mietervertreter über Erhaltungsarbeiten größeren Umfanges sowie über Verbesserungsarbeiten zu informieren. Über Beginn und Dauer dieser Arbeiten soll das Einvernehmen hergestellt werden. Der Mieterbeirat/Mietervertreter ist berechtigt, auch Vorschläge für die Planung und Bauüberwachung zu unterbreiten.

(2) Der Mieterbeirat/Mietervertreter ist berechtigt, die Durchführung von Erhaltungs- und Verbesserungsarbeiten im Rahmen der vorhandenen Mittel (z. B. Mietzinsreserve, Erhaltungs- und Verbesserungsbeitrag) zu verlangen. Er kann eine zweckmäßige Koordination und Reihung dieser Arbeiten begehren, die sich am

Stand der Technik, den finanziellen Auswirkungen oder anderen wichtigen Interessen der Bewohner orientieren soll.

(3) Die Wohnhausverwaltung hat mit dem Mieterbeirat/Mietervertreter spätestens vor Ablauf eines jeden Kalenderjahres eine Beratung über die für das nächste Kalenderjahr in Aussicht genommenen Erhaltungs- und Verbesserungsarbeiten, über deren voraussichtliche Kosten und Bedeckung sowie über die sonst vorhersehbaren Aufwendungen und Belastungen abzuhalten (Vorausschau).

(4) Sind derartige Erhaltungs- und Verbesserungsarbeiten nicht geplant, so wird eine solche Beratung nur über ausdrücklichen Wunsch des Mieterbeirates/Mietervertreters erfolgen.

(5) Die Wohnhausverwaltung hat dem Mieterbeirat/Mietervertreter vor Durchführung einer über die laufenden Erhaltungsarbeiten hinausgehende Erhaltungsarbeit sowie einer Verbesserungsarbeit Kostenschätzungen bekanntzugeben, über die Finanzierung zu informieren und die finanziellen Auswirkungen für den einzelnen Mieter darzulegen.

(6) Sofern Erhaltungs- und Verbesserungsarbeiten auszuschreiben sind, ist der Mieterbeirat/Mietervertreter so rechtzeitig zu verständigen, daß sich auch Gewerbetreibende seines Vertrauens, die die sonstigen Auflagen zur Übernahme von Aufträgen erfüllen, an der Ausschreibung beteiligen können.

(7) Der Mieterbeirat/Mietervertreter ist berechtigt, Einsicht in die Kostenvoranschläge eines mit Erhaltungs- und Verbesserungsarbeiten beauftragten Unternehmens zu nehmen, Mängel bei der Durchführung der Arbeiten aufzuzeigen sowie deren Behebung von der Wohnhausverwaltung zu verlangen.

(8) Der Mieterbeirat/Mietervertreter kann anläßlich der Durchführung von Gebäude(gesamt)sanierungen vorschlagen, daß in unvermieteten Wohnungen Wohnungsverbesserungen durchgeführt werden.

§ 15 Betriebskosten

(1) Der Mieterbeirat/Mietervertreter ist berechtigt, der Wohnhausverwaltung Vorschläge zur Senkung der Betriebs- und Heizkosten zu unterbreiten und darüber Vereinbarungen zu schließen (§ 13, Abs. 4 gilt sinngemäß).

(2) Der Mieterbeirat/Mietervertreter ist berechtigt, Vorschläge zur Senkung der Hausbesorgerkosten zu erstatten. Der Mieterbeirat/Mietervertreter ist von der Anstellung oder Kündigung des Hausbesorgers zu informieren.

§ 16 Gemeinschaftseinrichtungen und Hausordnung

(1) Die Wohnhausverwaltung ist verpflichtet, mit dem Mieterbeirat(Mietervertreter vor Errichtung und Ausgestaltung von Gemeinschaftseinrichtungen (Gemeinschaftsräumen, Bädern, Saunen, Grünanlagen, Kinderspielplätzen und dgl.) das Einvernehmen herzustellen. Über die Selbstgestaltung und Selbstverwaltung

solcher Einrichtungen sollen Vereinbarungen getroffen werden (§ 15 gilt sinngemäß).

(2) Der Mieterbeirat/Mietervertreter ist berechtigt, der Wohnhausverwaltung Benützungsregelungen für die genannten Gemeinschaftseinrichtungen vorzuschlagen. Diese Benützungsregelungen haben für jeden Mieter die gleiche Benützungsmöglichkeit vorzusehen und schutzwürdige Interessen von Minderheiten zu berücksichtigen. Er hat jedoch vorher die Genehmigung der Mieterversammlung einzuholen.

(3) Soll künftig die Hausordnung für die Anlage erstellt oder abgeändert werden, ist der Mieterbeirat/Mietervertreter zur Beratung beizuziehen (Abs. 2 gilt sinngemäß).

§ 17 Streitschlichtung

Zur Schlichtung von Streitigkeiten zwischen Mieterbeirat/Mietervertreter und Wohnhausverwaltung sowie zwischen einzelnen Mietern und Mieterbeirat/Mietervertreter kann jede Seite die Wohnungskommission um Vermittlung ersuchen.

§ 18 Kündigung von Mietern

Macht der Mieter vom Mietgegenstand einen erheblichen nachteiligen Gebrauch, vernachlässigt er den Mietgegenstand in arger Weise oder verleidet er durch sein rücksichtsloses anstößiges oder sonst ungehöriges Verhalten den Mitbewohnern das Zusammenleben, so hat die Wohnhausverwaltung vor der Kündigung den Mieterbeirat/Mietervertreter zu verständigen.

§ 19 Unterstützungspflicht des Vermieters

Die Wohnhausverwaltung ist verpflichtet, die Tätigkeit des Mieterbeirates/Mietervertreters insofern zu unterstützen, als die unbedingt benötigten Drucksorten für die Wahl des Mieterbeirates/Mietervertreters zur Verfügung gestellt werden. Sie hat weiters Anschlagtafeln in genügender Zahl an geeigneten Stellen anzubringen sowie nach Möglichkeit einen Raum in der Wohnhausanlage für die Tätigkeit zur Verfügung zustellen.

§ 20 Übergangsbestimmung

(1) Das Mietermitbestimmungsstatut tritt mit 1.1.1989 in Kraft und ist zunächst bis 31.12.1993 wirksam. Die Geltungsdauer verlängert sich jeweils um ein Jahr, sofern das Statut nicht mindestens sechs Monate vor deren Ende widerrufen wird.

(2) Das Mietermitbestimmungsstatut wird im jeweiligen Haus dann wirksam, wenn ein Mieterbeirat oder ein Mietervertreter gewählt wurde.

(3) Bis zur statutengemäßen Wahl eines Mieterbeirates/Mietervertreters, spätestens jedoch bis 1.1.1990, gelten die bisherigen Mietervertreter - gleichgültig, auf welche Weise sie bestellt wurden - als Mietervertreter im Sinne des Statuts.

Mietermitbestimmungsrechte und Organisationsformen der Bewohner im Sozialwohnbau in Skandinavien

Britta Tornow

Der soziale Wohnungsbau und besonders die hier bestehenden Mietermitbestimmungsrechte in den skandinavischen Ländern werden in der Diskussion in der Bundesrepublik als vorbildlich dargestellt, und in der Tat kann man aus den Erfahrungen manches lernen. Aber - um es vorneweg zu sagen: auch in den skandinavischen Ländern ist der soziale Wohnungsbau nicht von Krisen verschont geblieben. Wohnungsbaugesellschaften und Mieter haben z. B. zu tun mit Bauschäden, deren Behebung astronomische Summen kostet, mit hohen Mieten, mit hohen Fluktuationsraten und einer Verschärfung der sozialen Probleme in den städtebaulich wenig attraktiven Beständen. Auch hier werden umfassende Projekte zur Attraktivitätssteigerung und zur Verbesserung der Wohn- und Lebensbedingungen, vor allem in den großen Wohnsiedlungen der 60er und 70er Jahre durchgeführt.

Die wichtigsten Zielsetzungen sind dabei:

- das soziale Klima in den Wohnsiedlungen zu verbessern und durch Freizeitaktivitäten, Ausbildungsangebote und Arbeitsplätze zu bereichern,
- die Beseitigung der Bauschäden mit einer Verbesserung der architektonischen Gestaltung der Siedlungen zu verbinden und,
- die Mieter stärker an der Gestaltung ihrer Wohnumwelt zu beteiligen.

Die Diskussion über die Probleme im sozialen Wohnungsbau hat dazu beigetragen, daß die Mitbestimmungsrechte der Mieter in den skandinavischen Ländern in den letzten Jahren entscheidend erweitert worden sind.

Das System der Mieterbeteiligung in allen vier skandinavischen Ländern umfassend darstellen, ist im Rahmen dieses Beitrags nicht möglich. Hier kann lediglich ein kurzer Überblick über die wichtigsten Unterschiede und Gemeinsamkeiten der Länder Dänemark, Schweden und Norwegen gebeben werden, um dann das Beispiel Dänemark näher zu untersuchen.[1] Dänemark deshalb,

- weil dort die Mieterbeteiligung auf der lokalen Ebene am weitgehendsten entwikkelt ist und
- weil die Struktur der Wohnungsträger am ehesten mit unserem System zu vergleichen ist.

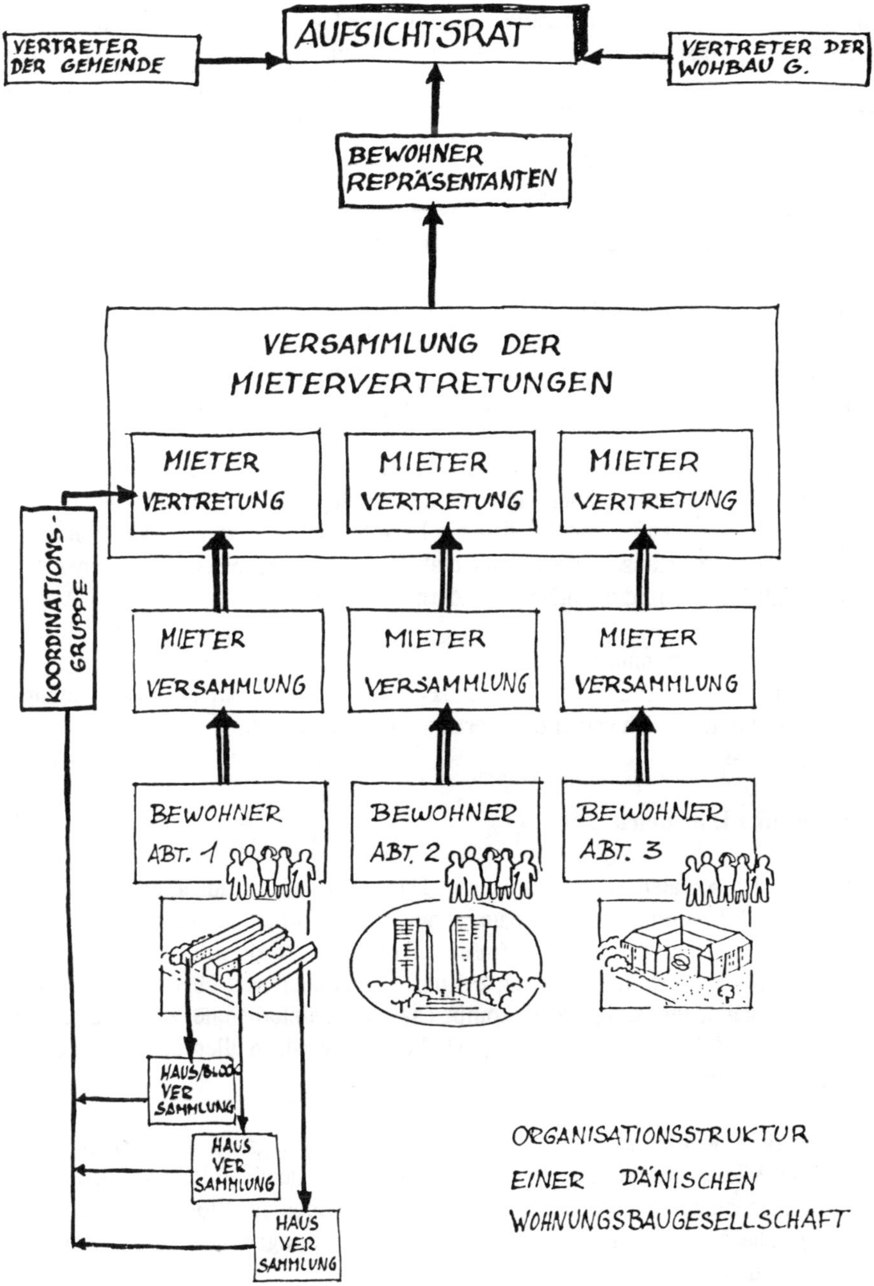

ORGANISATIONSSTRUKTUR EINER DÄNISCHEN WOHNUNGSBAUGESELLSCHAFT

In Dänemark sind die Mietermitbestimmungsrechte im sozialen Wohnungsbau grundsätzlich verankert. In jeder Siedlung des Sozialen Wohnungsbaus, ob in der Hand einer Wohnungsbaugesellschaft oder Genossenschaft, können die Bewohner Mietervertretungen wählen. Diese haben als Selbstverwaltungsorgane auf Siedlungsebene eine Reihe von Kompetenzen, auf die noch einzugehen sein wird.

In Schweden gibt es diese Form der Selbstverwaltung auf der lokalen Ebene nur bei den Genossenschaften. Bei den kommunalen Wohnungsbaugesellschaften sind es die lokalen und regionalen Abteilungen der Mietervereine, die Mitspracherechte bei der Instandhaltung, Modernisierung sowie der Einrichtung von Gemeinschaftsräumen haben und die jährlich den Mietpreis und den Jahreshaushalt mit den Wohnungsbaugesellschaften aushandeln. Da aber nicht alle Bewohner Mitglied des Mietervereins sind, haben also nicht alle Mieter die Möglichkeit der Einflußnahme.

In Norwegen sind gemeinnützige Genossenschaften die alleinigen Träger des sozialen Wohnungsbaus - die Bewohner haben weitreichende Mitbestimmungsmöglichkeiten auf allen Ebenen. Auffallend ist, daß die Entscheidungsstruktur in den Genossenschaften sehr demokratisch aussieht, die reale Beteiligung der Mieter aber keineswegs ausgeprägter ist als in den anderen Ländern.

Die Mietermitbestimmung auf der lokalen Ebene basiert also in Dänemark und Norwegen und den schwedischen Genossenschaften auf dem Selbstverwaltungsprinzip, während in Schweden das Verhandlungsprinzip gilt.

Das Beispiel Dänemark

Innerhalb des sozialen Wohnungsbaus in Dänemark gibt es außergewöhnlich weit entwickelte Mitbestimmungsrechte und Organisationsformen der Bewohner. Auf der lokalen Ebene sind diese - mit Einschränkungen - vergleichbar mit den neuen Ansätzen der Mietermitbestimmung bei uns, gehen aber weit über die in den 70er Jahren entstandenen weitgehend kompetenzlosen Mieterbeiräte z. B. der Neuen Heimat hinaus[2]. Was bei uns nur als Modell erprobt wird, ist allerdings in Dänemark seit Jahren überall Praxis.

Bereits 1958 wurde den Mietern im sozialen Wohnungsbau zugesichert, durch gewählte Mietervertreter ihre Interessen gegenüber dem Wohnungsunternehmen geltend machen zu können, indem sie vor allen wichtigen das Wohngebiet betreffenden Entscheidungen, wie zum Beispiel Modernisierungen und Mieterhöhungen, gehört werden mußten.

Das Recht, Selbstverwaltungsorgane auf der lokalen Ebene zu bilden, wurde 1975 erstmals gesetzlich gesichert, durch die Novelle des Wohnungsbaugesetzes von 1984 wurden die Kompetenzen der Mieter sowie ihre Mitbestimmungsmöglichkeiten auf der übergeordneten Ebene erheblich erweitert[3].

Aber nicht nur im Sozialen Wohnungsbau, auch im privaten Mietwohnungsbau haben die Bewohner weitgehende Rechte. Hierzu zwei Anmerkungen:

- Mietervertretungen können laut Mietgesetz auch die Bewohner privater Mietwohnungen bilden - vorausgesetzt, ihr Wohnhaus umfaßt mehr als 6 Mietparteien - und damit zum Beispiel Einsicht in die Kostenkalkulation und Instandhaltungsplanung des Eigentümers nehmen.
- Wenn ein Hauseigentümer sein Haus verkaufen will, muß er es zunächst den Mietern anbieten, die es dann gemeinsam als Genossenschaft kaufen können.

Die Struktur der Wohnungsbaugesellschaften und der formale Aufbau der Mietermitbestimmung

Der Anteil der Sozialwohnungen am Gesamtwohnungsbestand betrug 1987 17 %, des privaten Mietwohnungsbaus 22 %. 2 % der Wohnungen gehören privaten Genossenschaften, 55 % sind Eigenheime. Anders als in Deutschland nimmt der Anteil der Sozialwohnungen trotz sinkender Neubauzahlen noch zu.

Themen wie der Verkauf von Sozialwohnungen oder die Aufhebung des Gemeinnützigkeitsstatus der sozialen Wohnungsbaugesellschaften standen in Dänemark bisher nicht zur Diskussion. Erstmals in diesem Jahr kam eine der dänischen Regierungsparteien mit der Idee der Privatisierung von Sozialwohnungen - und stieß damit bei allen übrigen Parteien auf Ablehnung, bei der Wohnungswirtschaft auf entschiedenen Widerstand.

Der soziale Wohnungsbau liegt in Dänemark ausschließlich in der Hand gemeinnütziger Wohnungsträger. Sie sind wie in der Bundesrepublik der Gewinnbeschränkung unterworfen. Dagegen ist die Belegung der Wohnungen nicht durch festgelegte Einkommensobergrenzen der Mieter bestimmt, die kommunalen Wohnungsämter besitzen jedoch Belegungsrechte für einen Teil der Sozialwohnungen.

Die Bewohnerstruktur im Sozialen Wohnungsbau zeigt ähnliche Tendenzen wie in Deutschland: überrepräsentiert sind junge sowie alte Menschen, Alleinerziehende sowie Haushalte, die von einem Transfereinkommen leben müssen.

Bei den Wohnungsträgern sind drei Formen zu unterscheiden:

- Gemeinnützige Genossenschaften (Almenyttige andelsboligforeninger) mit 40 % der Sozialwohnungen;
- unabhängige (meist kommunale) Wohnungsbaugesellschaften (selvejende boligselskaber) mit 53 % der Sozialwohnungen;
- Garantiegesellschaften (Garantiselskaber) mit 47 % der Sozialwohnungen.

Mietermitbestimmung auf Gesellschaftsebene

Unterschiede zwischen den drei Trägerformen finden sich auf der übergeordneten Entscheidungsebene des Wohnungsunternehmens.

Bei den gemeinnützigen Genossenschaften setzt sich der Aufsichtsrat ausschließlich aus Bewohnervertretern zusammen, die durch die Generalversammlung der Mieter oder die Zusammenkunft aller Mietervertretungen bestimmt werden. In den Aufsichtsräten der beiden anderen Gesellschaftsformen sitzen neben den Mietervertretern auch Vertreter der Kommunen, der Gewerkschaften oder anderer Wohnungsbaugesellschaften. Durch die Novelle des Wohnungsbaugesetzes von 1984 können jedoch die Mietervertreter die Mehrheit im Aufsichtsrat stellen. Dies hat seitdem in vielen Wohnungsbaugesellschaften zu einer Veränderung der Mehrheitsverhältnisse geführt, in einigen Aufsichtsräten haben die Bewohnervertreter sogar den Vorsitz übernommen.

Mietermitbestimmung auf der lokalem Ebene

Jede Siedlung bildet in der Regel eine selbständig und unabhängig von der Muttergesellschaft wirtschaftende Abteilung (afdeling). Eine Abteilung kann aus 50, aber auch aus mehr als 1.000 Wohneinheiten bestehen, im Durchschnitt umfaßt sie ca. 100 Wohnungen.

Die Abteilungen bilden den Rahmen für die Mitbestimmung und Selbstverwaltung der Bewohner, in Dänemark kurz umschrieben mit dem Begriff Bewohnerdemokratie (beboerdemokrati). Durch ihre Selbstverwaltungsorgane können die Bewohner einer Abteilung wesentliche die Siedlung betreffende Entscheidungen fällen. Mietervertretungen arbeiten in Dänemark also in der Regel siedlungsbezogen, was bei uns durch die starke Zersplitterung der Trägerstrukturen erschwert wird.

Mit ihren drei Organen kommt die Organisationsstruktur der Bewohner einer Abteilung einer Kombination aus Basisdemokratie und repräsentativer Demokratie nahe. Es sind:

- Der Abteilungsvorstand/die Mietervertretung (afdelingsbestyrelse)

Die Mietervertretung wird jährlich auf der Mieterversammlung gewählt. Sie besteht aus mindestens drei Personen, in größeren Siedlungen entsprechend der Anzahl der Wohnungen auch aus mehr. Ihre Arbeit ist ehrenamtlich.

- Die Mieterversammlung (afdelingsmödet)
  Die Mieterversammlung findet mindestens einmal im Jahr statt, in der Regel jedoch öfter.
- Die Urabstimmung (urafstemning)
  Eine Urabstimmung kann - zu jedem beliebigem Thema - von der Mietervertretung oder der Mieterversammlung beschlossen werden. Wenn es sich um Modernisierungs- oder andere bauliche Maßnahmen handelt, die eine mehr als 15 %ige Mieterhöhung erfordern, reicht der Beschluß von nur 25 % der Mieter aus.

Die Mietervertretung

Die Aufgaben der Mietervertretung bestehen in der Verantwortung für die Ausstattung und den baulichen Zustand der Siedlung, in der Koordination der Mieterversammlungen. Sie stellt eine Art Bindeglied zwischen der Wohnungsbaugesellschaft und der Mieterversammlung dar. Entscheidungsbefugnisse hat die Mietervertretung in folgenden Bereichen: Planung von Instandhaltungs- und Modernisierungsmaßnahmen, Errichtung und Betrieb von Gemeinschaftseinrichtungen, Etablierung von Freizeitaktivitäten, Abrechnung der Heizkosten und Änderung der Hausordnung. Damit kann sie eigenständig über die Anwendung der finanziellen Mittel entscheiden, dies jedoch nur im Rahmen des jährlich festgelegten Haushaltes. Den jährlichen Haushaltsplan arbeitet die Wohnungsbaugesellschaft zwar in Abstimmung mit der Mietervertretung aus - und deren Zustimmung ist auch Voraussetzung - die endgültige Entscheidung behält sich jedoch die Leitung der Wohnungsbaugesellschaft vor. Um diese vielfältigen Aufgaben zu bewältigen, bildet in vielen Siedlungen dic Mietervertretung zusätzliche Ausschüsse, zum Beispiel zu den Themen Wohnungswirtschaft, Freizeit, Wohnumfeld, Kinder, Feste.

Die Mieterversammlung

Die Mieterversammlung bildet das Diskussionsforum für alle die Siedlung betreffenden wesentlichen Entscheidungen. Außerdem können bestimmte Entscheidungen nicht ohne Zustimmung der Mieterversammlung erfolgen. Die Zustimmung der Mieterversammlung ist notwendig für die Abrechnung der Heizkosten und die Änderung der Hausordnung. Außerdem muß die Mieterversammlung zustimmen, wenn Verbesserungsmaßnahmen eine Mieterhöhung zur Folge haben. In manchen Siedlungen ist festgelegt, daß die Mieterversammlung auch dem Jahreshaushalt zustimmen muß, in der Regel aber bekommen die Mieter den Jahreshaushalt nur zugeschickt und können im Rahmen der Mieterversammlung darüber diskutieren und Fragen stellen. Der Rechenschaftsbericht der Mietervertretung mit der Abrechnung des vergangenen Jahreshaushaltes bedarf jedoch ihrer Zustimmung. Darüberhinaus hat die Mieterversammlung ein Vetorecht bei Vorschlägen der Wohnungsbaugesellschaft zu Modernisierungsmaßnahmen und der Einrichtung von Gemeinschaftsanlagen.

In einigen Wohngebieten ist die Entscheidungsstruktur der Mietervertretung zusätzlich dezentralisiert worden: Die Bewohner jeweils eines räumlich abgrenzbaren Siedlungsbereiches, wie z. B. eines Blocks oder einer Hausgruppe um einen Platz herum bilden eine Mietervertretung, die über Veränderungen und Aktivitäten in ihrem unmittelbaren Umfeld befinden kann. Dies betrifft die Freiflächen, Spielplätze, evtl. das Gemeinschaftshaus. Diese dezentralen Mietervertretungen kleinerer Wohnbereiche schicken in der Regel einen Vertreter in eine Koordinationsgruppe, die entweder die Mietervertretung der gesamtem Siedlung repräsentiert oder aber eng mit ihr zusammenarbeitet. Diese Organisationsstruktur wirkt sich fördernd auf die Beteiligung und die Aktivierung der Bewohner aus, kann aber zu einem erhöhten bürokratischen Aufwand führen.

Die Praxis

Die folgenden Zahlen sind das Ergebnis einer landesweiten Umfrage, die eine vom dänischen Verband gemeinnütziger Wohnungsunternehmen eingesetzte Untersuchungskommission in diesem Jahre durchgeführt hat[4].

77 % der Siedlungen haben Mietervertretungen gewählt. Da es sich bei den Siedlungen ohne Mietervertretung überwiegend um kleinere Wohngebiete handelt, gibt es immerhin in 92 % des gesamten Sozialwohnungsbestands Mietervertretungen.

32 % der Bewohner nehmen im Landesdurchschnitt ein Mal im Jahr an einer Mieterversammlung teil. In kleineren Wohngebieten ist die Teilnahme wesentlich größer als in großen Wohngebieten. Die Hälfte der Bewohner hat jedoch noch nie an einer Mieterversammlung teilgenommen. Dazu schreibt der Vorsitzende einer Mietervertretung in einem Protokoll: "Und so hatten wir wieder Mieterversammlung. Nur ca. 70 Bewohner waren gekommen aber wir hatten ja auch keine Abstimmung über die Haltung von Katzen oder Hunden, und das ist offenbar das einzige, was die Leute aus den Wohnungen locken kann, naja, Mieterhöhungen helfen normalerweise auch, um die Beteiligung zu verbessern". Üblicherweise wird eine Mieterversammlung einmal im Jahr abgehalten, in 36 % der Siedlungen finden jedoch mehrere Versammlungen statt.

1989 hat in 19 % der Wohngebiete eine Urabstimmung stattgefunden, wobei etwa die Hälfte der Bewohner jeweils mitgestimmt hat. Zu entscheiden war vorwiegend über Modernisierungsmaßnahmen.

In 56 % der Aufsichtsräte in den Wohnungsbaugesellschaften haben die Bewohnervertreter die Mehrheit. 58 % der Vorsitzenden sind von den Bewohnern gewählt.

Insgesamt kommt die Unternehmungskommission zu folgendem Urteil: Die Mieter beteiligen sich nach ihrer Ansicht noch nicht genug. Dies betrifft besonders die gesellschaftlich benachteiligten Gruppen.

Oft gibt es eine Kluft zwischen Mietern und Mieterbetreuung, besonders in großen Siedlungen. Die skandinavischen Erfahrungen besagen, daß die Siedlungen möglichst eine Größenordnung von 300 Wohneinheiten nicht überschreiten sollen, um noch eine funktionierende Mieterbeteiligung zu gewährleisten. Während es für viele Mieter schwer ist mitzureden - besonders, wenn es sich um ökonomische Fragen handelt, was bei fast jedem Punkt der Fall ist -, bilden sich die Mietervertreter zu regelrechten Experten der Wohnungswirtschaft aus. Die Arbeit der Mietervertreter ist zudem ehrenamtlich, und dies können sich viele Bewohner von ihrem Zeitbudget her nicht leisten, besonders nicht Frauen und Familien mit kleinen Kinder. Frauen sind entsprechend unterrepräsentiert in den oberen Gremien.

Mietermitbestimmung, so die dänischen Wohnungsexperten, läßt sich bezeichnen als eine dauerhafte Einrichtung mit repräsentativem Charakter. Zumeist verläuft der Alltag der Mieterbeteiligung eher undramatisch. Wenn wichtige Entscheidungen zu treffen sind, werden jedoch plötzlich Viele aktiv. Der Rahmen der Mieterbeteiligung wird als ein Angebot gesehen, Einfluß zu nehmen. Es gibt aber auch Siedlungen mit einer ausgesprochen lebendigen und kontinuierlichen Mieterbeteiligung.

Schlußfolgerungen

Die guten Bedingungen der dänischen Mieter, Einfluß zu nehmen, sind gewiß nicht nur auf die formalen Entscheidungsstrukturen zurückzuführen. Bemerkenswert ist das gesellschaftliche Klima, in dem sich in Dänemark die Mitbestimmung entfalten kann. So wie die Mitbestimmung verschiedener gesellschaftlicher Gruppen in der Gesellschaft sehr ernst genommen wird, so wird auch die Mietermitbestimmung von allen Beteiligten als selbstverständlich angesehen. Dies drückt sich in einer immer wiederkehrenden Diskussion aus, wie die Demokratisierung und Dezentralisierung des Wohnungssektors weiterentwickelt werden kann. Dabei geht es aber nicht nur um die Veränderung der Gesetzgebung, sondern auch um die Verbesserung und den Ausbau der Informations- und Kommunikationsmöglichkeiten in den Wohngebieten sowie um die Schulung der Mietervertreter. In den meisten größeren dänischen Wohnsiedlungen gibt es Mieterzeitungen und neuerdings werden sogar lokale Radio- und Fernsehsender eingerichtet, von denen aus Bewohner über die Neuigkeiten im Wohngebiet berichten können.

Mietervertreter können sich laufend auf Kosten der Wohnungsunternehmen weiterbilden. Die Themen der Kurse reichen von Wohnungswirtschaft und Bautechnik bis hin zu Ökologie und Sozialarbeit.

Die Arbeit der Organe der Mieterschaft ist auch dadurch geprägt, daß
- ihre Existenz nicht angezweifelt wird;
- sie ernst genommen werden;
- sie auf Dauer fest in den Siedlungen verankert sind.

Die in Dänemark gemachten Erfahrungen mit den Mitbestimmungsmöglichkeiten der Mieter verdeutlichen:
- Mietermitbestimmung bedeutet nicht, daß alle Bewohner aktiv werden, sondern daß die Interessen von vielen durch wenige vertreten werden. Dabei besteht natürlich immer die Gefahr, daß sich bestimmte Interessen durchsetzen und daß sich Experten herausbilden, so daß oft eine zu große Distanz zwischen Mietern und Mietervertretung entsteht.
- Die Organisationsstruktur der Mieter im sozialen Wohnungsbau bietet nur einen Rahmen an. Wie die Mieterbeteiligung letztendlich mit Leben und Inhalt erfüllt wird, hängt in erster Linie von der Größe der Siedlungseinheit, der Zusammensetzung der Bewohner und dem sozialen Klima sowie von dem Verhältnis zwischen Mietern und Wohnungsbaugesellschaft ab. Gerade die Mieter im sozialen Wohnungsbau haben oft nicht die Ressourcen und Möglichkeiten, sich aktiv zu beteiligen.
- Reale Mietermitbestimmung bedeutet das Verfügen über die finanziellen Mittel. In dieser Hinsicht haben die dänischen Mieter durch ihre Vertretungen recht weitgehende Kompetenzen. Beklagt wird jedoch, daß sie keine alleinige Entscheidung über den Jahreshaushalt treffen können wie die Mieter in Schweden und Norwegen. Schwedische und norwegischen Erfahrungen zeigen jedoch: Auch wenn die Mieter das formale Entscheidungsrecht über den Haushalt und die Miethöhe haben, bedeutet dies in der Praxis nicht, daß sie freiere Hände haben als die dänischen Mieter. Die meisten Ausgaben werden nämlich auf anderen Ebenen, durch die Gemeinden und den Staat festgelegt, wie zum Beispiel Steuern, Zinssätze, Nebenkosten etc.
- Bewohnerorganisationen sind keine Garantie für die Lösung sozialer Probleme im Wohngebiet, sie können aber auf latente problematische Entwicklungen frühzeitig reagieren und sind eine gute Basis, um projektorientierte Mieterbeteiligung ins Leben zu rufen. Eine formalisierte Mitbestimmung sollte also möglichst von

Anfang an in jedem Wohngebiet eingerichtet werden - und nicht erst wenn soziale Probleme aufgetaucht sind.

- Echte Mieterbeteiligung hat die Umverteilung von Macht und Rollen zur Konsequenz, sie bedeutet aber auch die Umverteilung von Verantwortung. Die dänischen Mietervertreter sprechen auffallend viel von "unseren Problemen" und "unseren wirtschaftlichen Schwierigkeiten". Sie übernehmen damit Verantwortung für Probleme, für deren Entstehung sie gar nicht verantwortlich sind, Verantwortung auch für gesellschaftlich verursachte Probleme, die sie auf der lokalen Ebene gar nicht lösen können.

Anmerkungen

1 Die vier nordischen Länder haben vor einigen Jahren eine vergleichende Untersuchung (Nordisk Ministerraad: Socialt bostadsbyggande och beboendedemokrati i Norden, Stockholm 1982) zur Mieterbeteiligung im Sozialen Wohnungbsbau durchgeführt, mit dem Ziel, voneinander im Hinblick auf mehr Demokratie im Wohnbereich zu lernen. Einige der Ergebnisse dieser Untersuchung sind in diesen Beitrag eingeflossen.

2 Hier sei auf vereinzelte neuere Modelle der Mietermitbestimmung, auf Siedlungsebene verwiesen: Zum einen gibt es "von oben" installierte Mieterbeiräte wie zum Beispiel bei der (ehemaligen) Neuen Heimat, Berlin, und bei der SAGA in der Hamburger Großsiedlung Kirchdorf-Süd, zum anderen "von unten" erkämpfte Mietermitbestimmungsrechte, wie in einigen von der Landesentwicklungsgesellschaft Nordrhein-Westfalen übernommene Siedlungen. In der Regel umfassen die Rechte der Mietervertretungen ein Informationsrecht (z. B. bei der Zusammensetzung der Miete), ein Mitentscheidungsrecht (z. B. bei der Wohnungsbelegung) und ein Mitbestimmungsrecht (bei Fragen der Hausordnung, Instandhaltung, Modernisierung und Wohnumfeldplanung).

3 Gesetzliche Grundlage ist das Wohnungsbaugesetz (lov om boligbyggeri) von 1984.

4 Boligselskabernes Landsforening: Beboerdemokratie, - Resultaterne af en BL-undersögelse, Kopenhagen 1990.

Mietermitbestimmung in den Niederlanden

Helga Fassbinder

Ein Bericht über Erfahrungen und Strategien der Mietermitbestimmung in den Niederlanden bedarf zum Verständnis einiger einleitender Hinweise, die sich auf die spezifische politische Kultur in diesem Lande und auf die Struktur seiner sozialen Wohnungswirtschaft beziehen.

Um mit letzterem zu beginnen: Der gemeinnützige Wohnungsbestand wird neben den kommunalen Wohnungsbetrieben durch ca. 850 Wohnungsbaukorporationen verwaltet, die mit ganz wenigen Ausnahmen einen lediglich lokalen Aktionsrahmen haben.

Ihrer Struktur nach ähneln sie den Genossenschaften[1]. Sie sind vergleichsweise klein; die Hälfte von ihnen hat weniger als 750 Wohnungen, die größten nicht viel mehr als 12.000. Größere verwaltungsmäßig zusammengefaßte Bestände gibt es nur bei den kommunalen Wohnungsbetrieben in Rotterdam und Amsterdam, die mit 40.000 bzw. 35.000 Wohnungen die weitaus größten Wohnungseigentümer der Niederlande sind.

Aber die Wohnungsbaugesellschaften sind nicht nur ihrer Größe nach verschieden von ihren deutschen Schwestern, sie spielen auch eine andere Rolle in einem sehr weitgehend staatlich gesteuerten Wohnungssektor. Sie fungieren nämlich quasi als Instrumente staatlicher Wohnungsversorgung und besitzen nur eine sehr begrenzte Eigenständigkeit. Sie sind eingebettet in ein engmaschiges Netz von Regeln, die ihre wirtschaftlichen Verhältnisse und ihre Aktivitäten durchsichtig machen. So fließen alle Einnahmen aus Mieten und Transaktionen in die sogenannte Allgemeine Betriebsreserve, über die die Wohnungsbaukorporation im Prinzip nur mit Zustimmung der Gemeinde verfügen darf. Die Mittel für die laufende Instandhaltung, deren Höhe ebenfalls gesetzlich festgelegt ist, gehen dagegen in einen gesonderten Instandhaltungsfonds. Das bedeutet: Bei allen wichtigen betriebswirtschaftlichen Entscheidungen, wie zum Beispiel bei Fragen des Grunderwerbs und der grundschuldnerischen Belastung sowie bei allen Baumaßnahmen muß die Zustimmung des Gemeinderates eingeholt werden. Auch sind die Wohnungsbaukorporationen verpflichtet, zum Abschluß eines jeden Kalenderjahres eine detaillierte Jahresabrechnung über Bestand, Einnahmen und Ausgaben zusammen mit einem Bericht eines vereidigten Buchprüfers bei der Gemeinde vorzulegen. Wirtschaftlich schwache Korporationen bedürfen bei ihrer Jahresplanung selbst vorab der Zustimmung durch die Gemeinde[2]. Die im Vergleich mit anderen europäischen Ländern recht weitgehende Mietermitbestimmung, die den Korporationen unter dem Stichwort Demokratisierung in den 70er Jahren auferlegt wurde, wurde denn auch explizit mit der Notwendigkeit weiterer öffentlicher Kontrolle begründet.

Es mag bekannt sein, daß die Niederlande in der Demokratisierungswelle der 60er Jahre in Europa eine herausragende Rolle gespielt haben - dies nicht allein im Hinblick auf die Breite der Bewegung, die von kirchlichen Kreisen bis zu den Universitäten reichte. Auch die öffentliche Resonanz war bemerkenswert positiv; sie entbehrte der denunziatorischen Schärfe, die andernorts üblich war, und war im Gegenteil von einem gewissen wohlwollenden Verständnis getragen[3]. Dies führte dazu, daß der Begriff Demokratisierung bis zum heutigen Tage einen positiven Beiklang besitzt und als theoretischer Rahmen für eine Reihe von parteipolitischen Initiativen insbesondere der Sozialdemokratie dienen konnte. Eine solche Initiative bereits aus der ersten Hälfte der 70er Jahre zielte auf die Vergrößerung des Mietereinflusses in den gemeinnützigen Wohnungsbaubeständen.

Diese Forderung nach verstärkter Einflußmöglichkeit der Mieter auf die Wohnungsverwaltung war vor allem von den basisdemokratischen Initiativen ausgegangen, die sich Anfang der 70er Jahre im Zuge der Stadterneuerungsmaßnahmen gebildet hatten. Sie wurde aber auch von einigen Gemeinden und insbesondere durch die kleinen linken Parteien sowie durch starke Strömungen innerhalb der Sozialdemokratie unterstützt. Dies führte zu landesweiten öffentlichen Diskussionen, an denen sich auch die Wohnungsbaukorporationen mit eigenen Reformvorschlägen beteiligten, und mündete schließlich in eine Gesetzesinitiative des damaligen sozialdemokratischen Staatssekretärs, die 1975 dem Parlament vorgelegt wurde und 1977 in Kraft trat. Diese Regelung legt den Wohnungsbaukorporationen die Pflicht auf, sich in einer Reihe von wichtigen Verwaltungsentscheiden mit ihren Mietern abzustimmen. Dazu gehören

- Fragen der Verwaltung der Wohnungen und der zentralen Versorgungseinrichtungen,
- Erhöhung der Miete und Mietnebenkosten,
- Gestaltung der Mietverträge,
- alle Fragen der Instandhaltung, Modernisierung und Wohnumfeldverbesserung.

Außerdem haben die Mieter das Recht, alle Jahresberichte, Jahresabrechnungen und Kostenübersichten einzusehen. Die bestehenden Wohnungsbaukorporationen wurden angewiesen, im Verlauf eines Übergangszeitraumes (bis 1979) entsprechende Regelungen in ihre Statuten aufzunehmen.

Die gesetzliche Demokratisierungsverpflichtung von 1977 hat jedoch im allgemeinen in der Praxis für die Mietermitbestimmung nicht den großen Durchbruch gebracht. Zwar haben in wenigen Fällen die Mieter versucht, mit mehr oder weniger Erfolg ihre Vorstände zu kippen und mehrheitlich durch Mieter oder Sachverständige ihres Vertrauens zu ersetzen, wie zum Beispiel bei den Wohnungsbaukorporationen St.Trudo in Eindhoven und Volksbelang in Helmond. Im großen und ganzen aber blieb diese so wohlgemeinte Öffnung für Mieterbeteiligung ziemlich folgenlos, zumindest überall dort, wo der Mieterkampf nicht auf eine längere Tradition zurückblicken kann.

Um diesen vielleicht erstaunlichen Tatbestand etwas begreiflicher zu machen, sollen im folgenden zwei charakteristische Mitbestimmungssituationen geschildert werden: zum einen der Fall einer Wohnungsbaukorporation mit sehr weitgehender innerer Demokratisierung, deren Mieter freilich nicht über Erfahrungen in vorangegangenen Mieterkämpfen verfügten und daher auch nicht über in der Nachbarschaft verankerte Leitvorstellungen und Beurteilungskriterien, die es ihnen ermöglicht hätten, eigene Mieterpositionen zu entwickeln; zum anderen der Fall des kommunalen Wohnungsbetriebes von Amsterdam, dessen Mieter in Generationen währenden Mieterkämpfen ein hohes Maß an kollektiver Identität und politischem Bewußtsein über ihre Ziele entwickelt haben und für die die gesetzliche Regelung lediglich den offiziellen Rahmen für seit langem erhobene Forderungen brachte.

Mietermitbestimmung bei der Wohnungsbaukorporation Stichting Tuinstadt Zuidwijk

Die Wohnungsbaukorporation Stichting Tuinstad Zuidwijk (STZ) ist ansässig in Rotterdam und bewirtschaftet ca. 12.000 Wohneinheiten. Sie gehört also zu den Großen. Obendrein verfügt sie über gute finanzielle Reserven - hierin eher die Ausnahme als die Regel unter den großstädtischen Korporationen. STZ hat einen Mieterrat, der von den Mietern gewählt wird und regelmäßig Vollversammlungen abhält. Dieser Mieterrat hat eine Reihe von sachbezogenen Ausschüssen eingesetzt, die Themen wie Instandhaltung, Heizung, öffentliche Bereiche innerhalb der Gebäude, Wohnumfeld, Mieten und Nebenkosten etc. behandeln und anstehende Fragen in Tuchfühlung mit den Angestellten der Korporation soweit bearbeiten, daß Lösungsvorschläge unterbreitet werden können. Im Aufsichtsrat sind die Mieter mit der Hälfte der Sitze vertreten; sie stellen sieben Mitglieder, während die anderen sieben Mitglieder aufgrund ihrer Fachkompetenz kooptiert werden und im Prinzip keine Mieter sind. Die Beteiligung der Mieter an ihren Vollversammlungen und an den Ausschüssen ist gut. Es gibt eine periodisch erscheinende Mieterzeitung und für Aktuelles eine Wandzeitung. So weit also alles bestens.

Diese ausgedehnte Mietermitbestimmung, die STZ zu einem Paradepferd niederländischer Demokratisierung der Wohnungsverwaltung machen könnte, ist freilich nicht von den Mietern ausgegangen. Sie entsprang vielmehr den Ideen eines vorausschauenden Direktors, der darin einen Vorteil für die Korporation als Betrieb sah[4]. Aus dem privatwirtschaftlichen Management kommend, hing er der Idee eines kundenorientierten Verwaltens an und sah in einer entwickelten Mietermitbestimmung die Garantie für eine Kongruenz zwischen sozialen Zielen und betriebswirtschaftlicher Optimierung. Zufriedene, für die gemeinsame Sache engagierte Mieter machen sich bezahlt, so seine Auffassung. Ein Mieterwechsel bringt immerhin für die Wohnungsbaukorporation einen durchschnittlichen Kostenaufwand von ca. DM 4.000 mit sich, ganz abgesehen von betriebswirtschaftlichen Defiziten, die aus Leerstand und Vandalismus resultieren.

Die Erfahrungen mit dieser weitgehenden Mietermitbestimmung sind allerdings nicht unbedingt nur begeisternd[5]. Den Mietervertretern fehlt es an Fachwissen, um die oft sehr komplexen Vorschläge, die durch das Direktorium angetragen werden, hinsichtlich ihrer Folgen für die Mieter und ihrer Konsequenzen im breiteren kommunalen und landesweiten Kontext von Wohnungsmarkt und Wohnungspolitik beurteilen zu können. Schon gar nicht scheinen sie imstande, "Mieterpositionen" zu formulieren. Es fehlt an Vorstellungen über die Grundzüge einer mieterfreundlichen Politik, an denen man sich orientieren und aus denen Beurteilungskriterien erwachsen könnten. Und es fehlt gänzlich so etwas wie eine kollektive Erfahrung mit Forderungen, Strategien und Maßnahmen im Mieterinteresse. Die Vergangenheit hatte den Mietern Gutes wie Schlechtes ungefragt aus dem paternalistischen Füllhorn der Leitung der Wohnungsbaukorporation beschert. Kritische Diskussionen von Maßnahmen, Vergleiche mit Erfahrungen und Auswirkungen in anderen Städten, geschweige denn in anderen Ländern, bestanden nicht. Es bedarf daher vermutlich eines eigenen Lernprozesses, bis diese sieben Mietervertreter ihre Mitbestimmungsmöglichkeit gut werden nutzen können. Sicherlich sind sie noch leicht mit ein paar mieterfreundlichen Schlagworten zu manipulieren, und man kann beobachten, daß sie sich in Verhalten und Anschauung allzusehr an die Sachverständigen anpassen. Auch wird in einem Punkt schnell eine Interessenachse zwischen diesen beiden "Parteien" im Aufsichtsrat sichtbar: Beide sind höchst interessiert daran, die Sozialstruktur der Mieter in den von ihnen verwalteten Wohnungen zu verbessern. Die einen folgen dabei explizit ökonomischen Erwägungen - der Wert des Bestandes steigt auch mit dem Einkommensniveau und Sozialstatus der Mieter -, die anderen wollen das Image ihrer Nachbarschaft erhöhen oder zumindest halten, um nicht in die Gefahr einer sozialen Deklassierung zu geraten. Beide sind sich also einig in der Ablehnung von gesellschaftlichen Problemgruppen und Ausländern als potentiellen Mietern. Im konkreten Fall mag dies nur zu verständlich sein - eine solche Haltung wird jedoch fatal für die Wohnungsversorgung im sozialen Sektor, sollte sie verallgemeinert werden.

Insgesamt kann man schlußfolgern, daß dann, wenn ein Quartier nicht über Erfahrung und Tradition im Mieterkampf verfügt und das kollektive Bewußtsein als Mieter auch nicht auf andere Weise spezifische Inhalte und Zielsetzungen entwickeln konnte, die Eröffnung von Möglichkeiten der Mietermitbestimmung allein nur in begrenztem Maße zu dem intendierten Ziel einer Vergrößerung der Verfügungsgewalt der Mieter über ihre Wohnsituation führt. Eine wichtige Konsequenz hieraus ist: In einer solchen Situation bedarf es auf alle Fälle der Unterstützung durch eine professionelle Infrastruktur, die auf die Interessen der Mieter ausgerichtet ist und sie in allen Fragen beraten kann. Darauf wird weiter unten im Zusammenhang mit dem niederländischen Mieterverband noch einmal zurückzukommen sein.

Daß die Möglichkeit der Mietermitbestimmung dann, wenn sie auf eine dafür vorbereitete Einstellung bei den Mietern trifft, auch anders genutzt werden kann und die Eröffnung solcher gesetzlicher Möglichkeiten unmittelbar mit Riesenschritten dem eigentlichen Ziel der Demokratisierung der Wohnungsversorgung näher führen kann, zeigt das Beispiel des kommunalen Wohnungsbetriebes von Amsterdam.

Mietermitbestimmung beim kommunalen Wohnungsbetrieb Amsterdam

Der Amsterdamer Wohnungsbetrieb besitzt einen Bestand von 35.000 Wohnungen. Diese Wohnungen spielen eine spezielle Rolle bei der Wohnungszuteilung: Über sie kann die Gemeinde ohne Einschränkung verfügen, was ihr die Möglichkeit einer Korrektur des Wohnungsmarktes und der Vermietungspraxis der Wohnungsbaukorporationen und der privaten Vermieter gibt. Gleichzeitig ist die Gemeinde Amsterdam der Meinung, daß "Wohnungsbetriebe eine besondere Funktion bei der Demokratisierung haben ... sie erfüllen vielfach eine Vorbildfunktion: sind sie doch den politischen Bestrebungen eher zugänglich als die Wohnungsbaukorporationen, die sich den Demokratisierungsforderungen oftmals widersetzen"[6].

Zu Beginn der 80er Jahre wurde eine durchgreifende Reorganisation des Amsterdamer Wohnungsbetriebes eingeleitet mit folgenden drei Zielsetzungen:

- eine sog. "externe Demokratisierung", das heißt Erweiterung des Bewohnereinflusses auf die Wohnungsverwaltung,
- eine "interne Demokratisierung", mit der ein Abbau von Bürokratie und mehr Verantwortlichkeit für das Personal erreicht werden sollte,
- größere Effizienz bei der Instandhaltung, Modernisierung und Erneuerung.

Explizit wollte man durch diese Reorganisation zu einem Vorbild auch für die Wohnungsbaukorporationen werden. Die Reorganisation beinhaltete folgende Schritte:

- Aufteilung des Wohnungsbetriebes in kleine Betriebseinheiten, soweit dies betriebswirtschaftlich möglich ist,

- Ausrichtung der Betriebseinheiten auf jeweils ein Gebiet (Stadtteil),
- weitgehende Dezentralisierung der Entscheidungsstrukturen und Verantwortlichkeiten,
- Entspezialisierung innerhalb der oben genannten Hauptaufgabenbereiche mit dem Ziel, bürokratische Strukturen zu durchbrechen und die einzelnen Abteilungen für Bewohner besser zugänglich zu machen[7].

Anders als in Tuinstad Zuidwijk sind hier die Mieter aktive, selbstbewußte und keineswegs leicht zu steuernde Partner. Die lange Tradition von Mieterkämpfen in den älteren Komplexen des Wohnungsbetriebes, die bis in die 30er Jahre zurückreichen, aber auch das politisch hochentwickelte Klima der Stadt, das eine eigene starke Gegenkultur der Basis hervorgebracht hat, sind der ideologische Hintergrund, auf dem es den Mietern möglich ist, eigene Zielvorstellungen, Verfahrensvorschläge und Lösungen einzubringen. Hier wird deutlich, daß Mietermitbestimmung ein Begriff ist, der ebenso wie Emanzipation in bezug gesetzt werden muß zu den historisch-kulturellen Rahmenbedingungen und für sich selbst nur innerhalb einer großen Bandbreite Aussagekraft besitzt.

Experimente mit der Mietermitbestimmung

Die Diskussion um allgemeine Demokratisierungsstrategien, die in der Gesetzesänderung von 1977 ihren Niederschlag fand, machte zu Beginn der 80er Jahre einer mehr pragmatischen Betrachtungsweise Platz, wie sie auch in dem oben geschilderten Fall von STZ zum Ausdruck kommt. Zusätzlich erhob sich in diesen Jahren eine ideologische "Gegenreformation", die Begriffe wie Privatisierung, Eigeninitiative und Markt wieder in Mode brachte. Dies führte zu einer Verschiebung der Aufmerksamkeit weg von den allgemeinen Prinzipien der Mietermitbestimmung, hin zu einer fallweisen Förderung von Mieteraktivitäten. Unter der grassierenden Begeisterung für Eigeninitiative entfaltete sich ein wohlwollendes Klima für eine Mieterselbstbestimmung, die sich viel weiter erstrecken konnte, als in den zuvor geführten Diskussionen um Mietermitbestimmung je anvisiert worden war.

So experimentierte die Gemeinde Amsterdam mit dem Projekt "De halve Wereld" mit einer fast vollständigen Mieterselbstverwaltung im kommunalen Wohnungsbau[8]. Ähnliche Initiativen, wenn auch meist nicht so weitgehend, entstanden andernorts bei Wohnungsbaugesellschaften, Gemeinden und Mietern. Wie blühend die Kreativität bei den verschiedenen denkbaren Formen von Miterselbstverwaltung ist, wird vielleicht durch den Umstand illustriert, daß in Amsterdam ein auf Selbstkostenbasis arbeitendes Beratungsbüro, die Stiftung Abakus, gegründet wurde, das Bewohnerselbstverwaltungsprojekte landesweit berät und betreut.

Solche Initiativen beschränken sich meist nicht auf den Bereich der Mietermitbestimmung bei der Wohnungsverwaltung. Selbstbau, alternative Wohnformen und Mischstrukturen (wie z. B. die Integration von Arbeitsstätten in Wohnkomplexe oder auch in die Wohnung selbst) sind ebenfalls Aktionsfelder für Mieterinitiativen, wobei sich viele Vorhaben selbst auf mehreren dieser Gebiete bewegen. Viel diskutiert werden auch Zwischenformen der Wohnungsbewirtschaftung, die die klassische Unterscheidung in einen sozialen Mietsektor und einen Sektor Wohnungseigentum aufheben. Dies betrifft zum Beispiel die Trennung zwischen gemieteter, im sozialen Wohnungsbau errichteter konstruktiver Tragstruktur des Gebäudes und dem (auf evtl. Wunsch im Mietereigentum befindlichen) Ausbau der Wohnung, ein Konzept, das seit langem von der SAR vorgeschlagen wird[9], oder den Zusammenschluß von kleinen Hauseigentümern einer Nachbarschaft zu einem Wohnungsbewirtschaftungsverein[10].

Zur Förderung solcher Initiativen wurde 1982 durch das Ministerium für Wohnungsbau, Raumordnung und Umwelt eine unabhängige Experimenten-Kommission aus 12 Fachleuten ins Leben gerufen. Dieser Kommission, die über einen eigenen kleinen Etat verfügte, wurde als Aufgabe gestellt, das Engagement der Bewohner für ihre Wohnungen zu fördern. Inzwischen hat diese Kommission eine große Anzahl von Experimenten offiziell anerkannt und einen Teil der Sonderkosten, die durch den experimentellen Charakter des Projektes verursacht wurden, subventioniert. Eine Anzahl dieser Experimente bewegt sich explizit auf dem Gebiet "Neue Formen der Wohnungsverwaltung". Diese Vorhaben werden an die Kommission von Antragstellern aus der Praxis herangetragen, von ihr auf Realisierbarkeit und exemplarischen Lerneffekt für bestimmte Problemlösungen beurteilt und sodann in der praktischen Ausführung betreut und schließlich ausgewertet. Das Ergebnis dieser Auswertung wird in einem Gutachten, das evtl. Empfehlungen zur Anpassung oder Neufassung von Regelungen, Vorschriften und Finanzierungsmethoden enthält, dem Staatssekretär für Wohnungsversorgung vorgelegt.

Mindestens ebenso wichtig wie diese Empfehlungen, jedenfalls von größerem unmittelbaren Einfluß, ist die Publizität, die die Kommission um positiv abgeschlossene Experimente entfaltet. Dadurch wird bei allen Beteiligten, insbesondere aber bei den Professionals, der Denkhorizont des Möglichen erweitert[11]. Mittlerweile kann man nach inzwischen langjähriger Arbeit der Kommission ohne Einschränkung von einem Erfolg sprechen. Trotz der relativ bescheidenen Anzahl von geförderten Experimenten und einem sehr bescheidenen Umfang der aufgewendeten Mittel hat die Arbeit der Kommission einen Schneeballeffekt zuwege gebracht[12]. Die Einstellung sowohl von kommunalen Beamten und Politikern als auch von den Wohnungsbaukorporationen - sicherlich was die Dachverbände betrifft - gegenüber dem Experimentieren ist deutlich ins Positive umgeschlagen. Neue Wege und gerade auch mehr Möglichkeiten für Mitbestimmung und Eigenaktivitäten von Bewohnern haben ein positives Image gewonnen. Dabei spielen Probleme wie Vandalismus und Kleinkriminalität, mit denen die Wohnungswirtschaft heute zu kämpfen hat, sicherlich eine Rolle: Nicht wenige Fachleute in der Praxis sind dazu übergegangen, wirkungsvolle Strategien ihrer Bekämpfung in derselben Richtung zu sehen wie der oben genannte Direktor von STZ: in einem Vergrößern der Beteiligung der Bewohner.

Dies hat auch zu einem deutlichen Umschwung im Lager der Wohnungsbaukorporationen geführt. Die beiden Dachverbände NWR und NCIV setzen sich nun durchaus dafür ein, ihren Mitgliedern ein mitbestimmungsgerechtes Denken nahezubringen. Es werden Schulungskurse und Kongresse veranstaltet, in denen die Vorteile (im betriebswirtschaftlichen Sinne) engagierter, mitbeteiligter Mieter erläutert werden und das "Wie" und "Wo" an Beispielen vorexerziert werden.

Es wäre jedoch verkehrt, diesen Umschwung platt ökonomisch zu interpretieren. Es schwingt ein Rückgriff auf die idealistischen Anfangszeiten der Wohnungsbaukorporationen in den 20er und 30er Jahren mit, den man nicht übersehen sollte. Die heutigen Korporationen sehen sich konfrontiert mit einem deutlichen Negativ-Image, das sie zwar nicht so drastisch an den Pranger stellt, wie dies in Deutschland nach der Affäre um die Neue Heimat aufkam. Doch hat der Gedanke der Sozialen Wohnungswirtschaft, den nun einmal die Wohnungsbaukorporationen verkörpern, jegliche Attraktivität eingebüßt in einem ideologischen Klima, das durch eine allgemeine Euphorie über Markt und Eigentum bestimmt ist. Nun scheint sich der allzu große Pragmatismus zu rächen, mit dem die soziale Wohnungswirtschaft ihr klassisches sozialistisches Gedankengut über Bord geworfen und durch betriebswirtschaftliche Rentabilitätserwägungen und Subventionsjägerei ersetzt hat. Ihr bleibt keine andere Attraktion als ein geringerer Mietpreis ihrer Wohnungen - und diese Basis führt zwangsläufig zum Ausfiltern all derjenigen Mieter, die sich anderes, Attraktiveres leisten können.

In dieser Situation beginnt die soziale Wohnungswirtschaft, sich auf die Elemente ihres sozialen Ausgangspunktes zu besinnen, die über eine rein monetäre Betrachtungsweise hinausgehen: Die "Siedlung" war ja auch in den Niederlanden als umfassende Heimat gedacht, als Ort der emotionalen Identifikation, der Freizeitgestaltung und der Begegnung mit anderen. Das heutige Engagement von Mietern in der Verwaltung ihres Wohnkomplexes könnte an diese Vergangenheit anknüpfen, und der Freiraum für eine großzügig aufgefaßte Mietermitbestimmung könnte vielleicht etwas von dem Wir-Gefühl zurückbringen, das so nötig wäre als Gegengewicht zu den Tendenzen von Privatisierung und individueller Isolation[13].

Die Organisation der Mieter im niederländischen Mieterbund

Nicht allein die Wohnungsbaukorporationen sinnen auf Strategien, wie ihr Wohnungsbestand unter den heutigen Rahmenbedingungen für Mieter attraktiv bleiben kann. Auch die Mieter selbst beginnen sich zu rühren und vorrangig dort, wo man es vielleicht am wenigsten erwarten würde: in den Nachkriegssiedlungen. Dies ist umso erstaunlicher, als der Organisationsgrad niederländischer Mieter im allgemeinen sehr niedrig ist und ein landesweiter Zusammenschluß von Mietern in einem nationalen Mieterbund, dem Nederlands Verbond van Huurders (NVH), überhaupt erst 1972 zustande kam. Was nun in nicht wenigen Nachkriegssiedlungen zu beobachten ist, hat denn auch als Initiative in erster Instanz noch keinen Bezug zum NVH. Mieter schließen sich zusammen, wobei Anlaß meist Unzufriedenheit mit der schlechten Qualität der Wohnungen und des Wohnumfeldes ist bei doch gleichzeitig ziemlich hohen Mieten. Die Organisationen, die durch die Mieter errichtet werden (meist in Form einer Vereinigung), beschäftigen sich dementsprechend mit Fragen wie der Höhe der Mieten und der Nebenkosten, unterlassener Instandhaltung, möglichen Maßnahmen zur Energieeinsparung, Verbesserung des Wohnumfeldes und Maßnahmen gegen Vandalismus. Viele dieser Organisationen schließen sich dann dem niederländischen Mieterverband an, so daß dieser zur Zeit ein jährliches Wachstum von ca. 10.000 Mitgliedern verzeichnen kann[14].

Diese Vorgänge sind bemerkenswert vor dem Hintergrund des bisherigen Verlaufs von Mieterkämpfen in den Niederlanden. Zum ersten Mal wird das hierzulande geläufige Handlungsmuster der lokalen Protestaktion, das insbesondere in den Stadterneuerungsgebieten der 70er Jahre zu spektakulären Erfolgen geführt hat und eine landesweite Organisation gar nicht erst im Blickfeld erscheinen ließ, auf breiter Basis verlassen. Statt dessen wird zurückgegriffen auf eine Organisationsform, die sich einordnet in das repräsentativ-demokratische Spiel gut organisierter Interessengruppen, die ihre Ziele vorrangig durch Verhandlung zu erreichen suchen. Hier scheint ein neuer Realismus herangewachsen zu sein.

In der Tat hatten ja die spektakulären Aktionen in dem Maße ihre Wirkungskraft eingebüßt, in dem die öffentliche Meinung sich neuen Wertschätzungen zuwandte: Der ordentliche Bürger der 80er Jahre, der auf staatliche Eingriffe und Subventionen verzichtete und sich im Zweifelsfall selbst half, hatte den "chaotischen Aktivisten" der 70er Jahre abgelöst. Bewohnerorganisationen waren unter diesen veränderten Vorzeichen nicht mehr imstande, sich direkt an die entscheidungsbefugten Landespolitiker zu wenden, wie dies noch in den traditionsreichen Stadterneuerungsgebieten in den 70er Jahren der Fall gewesen war - für Politiker erbringt der direkte Kontakt mit der "Basis" bereits seit längerem keine Schlagzeilen mehr.

Zudem hatte sich der Wind im Reich der Wohnungsversorgung verschärft. Dem Abbau des sozialen Charakters der Wohnungsversorgung, der unter der Flagge großer politischer Operationen wie Dezentralisierung, Deregulierung und Einsparung in beschleunigtem Tempo durchgeführt wurde, war mit nur lokalen Protesten nicht mehr zu parieren. Dies ist so weit sichtbar geworden, daß man mit dem hierzulande gebräuchlichen Pragmatismus nun auch "an der Basis" die tiefverwurzelte Abneigung gegen große, überspannende Organisationsformen beiseite legt und am Aufbau einer gemeinsamem landesweiten Interessenvertretung aktiv mitarbeitet. Es war denn auch konsequent, als Ende 1990 eine organisatorische Zentralisierung der Mieterinteressen zustande kam: Die drei anerkannten "Wohnkonsumentenorganisationen", der Mieterbund (NVH), die Interessenvertretung der Jugendlichen und Wohnungssuchenden (LOBH) und das Nationale Ombudsteam Stadterneuerung (LOS), das die Interessen der Bewohner von Stadterneuerungsgebieten vertritt, schlossen sich zu einer Organisation, dem niederländischen "Wohnbund", zusammen.

Neuerliche Demokratisierungsvorstöße auf gesetzlicher Ebene

Erinnern wir uns: 1975 legte der damalige Staatssekretär eine Neufassung des Besluit Toegelaten Instellingen Volkshuisvesting (BTIV) vor, das den Wohnungsbaukorporationen gewisse Demokratisierungsverpflichtungen auferlegte[15], was schließlich 1977 Gesetzeskraft erlangte. Mit zu den Startsignalen dieser Gesetzesänderung gehörte 1974 die Einsetzung einer gewichtig besetzten Kommission[16], die mit der Untersuchung des Verhältnisses von Mietern und Vermietern betraut wurde. Diese Kommission nahm ihre Arbeit ungewöhnlich ernst, recherchierte jahrelang in vielen Gesprächen mit allen möglichen Beteiligten und Betroffenen und legte schließlich der Öffentlichkeit 1980 einen dicken Bericht vor, der u. a. Auslöser wurde für die Einsetzung der Experimenten-Kommission 1982. 1984 zeitigte dieser Bericht eine weitere Spätfolge: die Verabschiedung eines ministeriellen Berichts über "Wohnkonsumenten und Wohnungsversorgung", in dem die Interessenvertretung der sog. Wohnkonsumenten durch eine Reihe von Organisationen wie dem niederländischen Mieterbund, aber auch anderen, partikulare Interessen vertretenden Organisationen quasi legitimiert wurde[17]. Wieder zwei Jahre später legte der Staatssekretär einige Änderungsvorschläge des oben genannten Gesetzes vor. Ziel dieser Änderungsvorschläge ist es in den Worten des Staatssekretärs, größere Garantien zu bieten für eingehende Beratungen zwischen Mietern einerseits und Wohnungskorporationen sowie den kommunalen Wohnungsbetrieben andererseits. Beide werden nun verpflichtet, mindestens einmal im Jahr mit ihren Mietern zu Beratungen zusammenzutreffen. Mieter müssen die Gelegenheit erhalten, ihre Meinung zu einer langen Reihe von speziell aufgeführten Punkten zu äußern, die von Neubauplänen über Vermietungskonzeption, Instandhaltung, Miethöhe etc. bis zur kleinmaßstäblichen täglichen Verwaltung der zentralen Einrichtungen reicht. Zwar sollen auch zukünftig die Beschlüsse letztlich vom Aufsichtsrat gefaßt werden, doch will die neue Regelung zukünftig zumindest einen Mieter im Aufsichtsrat sitzen wissen und soll ein weiterer Aufsichtsratssitz auf gemeinsamen Vortrag der Mieter besetzt werden. Sodann soll eine "interne Beschwerde-Kommission" installiert werden, in der zumindest zwei Personen sitzen, die weder beim Vermieter arbeiten noch im Aufsichtsrat sitzen; auch über das Verfahren der Beschwerdebearbeitung sind Richtlinien gegeben. Sodann - und dies ist ein wichtiger Punkt - gibt die neue Regelung einer Gruppe von Mietern, wenn sie zumindest ein Drittel der Bewohner eines Komplexes vertritt, den Status einer Bewohner-Kommission und knüpft an diesen Status das Recht auf Beratung mit der Wohnungsbaukorporation bzw. dem kommunalen Wohnungsbetrieb, sobald sie dies wünscht.

Die Reaktion des niederländischen Wohnbundes als Sprecher der Wohnkonsumenteninteressen auf diese Gesetzesänderung war erwartungsgemäß positiv, die der Wohnungsbaukorporationen jedoch weniger eindeutig. Zwar wurde von beiden Dachverbänden NWR und NCIV diese Initiative zur weiteren Demokratisierung begrüßt, jedoch nur der kleinere christliche Verband[18] konnte sich zu einem deutlichen Ja durchringen. Der große Bruder NWR äußerte die Befürchtung, daß durch eine solche allzu detaillierte Regelung die gerade erst keimhaft begonnenen eigenen Schritte der Korporationen in Richtung auf mehr Mietermitbestimmung sabotiert werden könnten.

Trotzdem: Der Vorgang macht deutlich, daß nicht nur breite gesellschaftliche Gruppen, sondern auch das Ministerium daran interessiert sind, die Demokratisierung der Wohnungsverwaltung weiter voranzutreiben - geordnete Verhandlungsstrukturen zu schaffen, könnte man mit kritischem Abstand sagen. Strukturen, die einen gewissen Rahmen dafür bieten, unkontrollierte und unkontrollierbare Konflikte zu vermindern. Sicherlich ist dies richtig. Doch weist vieles darauf hin, daß an einer solchen Formalisierung des Mietereinflusses ohnedies kein Weg vorbeiführt. Wenn dann die Wohnungsbaukorporationen die Kosten für die Aktivitäten der Mieter-Kommissionen, die sich auf die genannten Punkte beziehen, zu tragen haben, darüber hinaus sogar "die Mittel für die Vertreter der Bewohner und Wohnungssuchenden, ebenso für Information, Schulung und finanzielle Unterstützung", wie dies der ministerielle Erläuterungsbericht schreibt, so kann man sich vorstellen, daß der niederländische Mieterverband ausgesprochen gestärkt aus dieser Entwicklung hervorgeht.

Greifen wir einen Augenblick zurück auf das Beispiel der Mietermitbestimmung bei der Stichting Tuinstad Zuidwijk in Rotterdam und betrachten sie vor dem Hintergrund, der sich hier nun abzeichnet. Ein Problem dieser Mieter bestand darin, daß sie bei der Beurteilung von schwierigen Fragen ohne eine fachliche Vorarbeit, die von einem Mieterstandpunkt ausgegangen wäre, fertig werden mußten. Die wachsenden Aktivitäten des niederländischen Wohnbundes, der sich bemüht, aktuelle Entwicklungen in der Wohnungspolitik zu kommentieren und Mieterstandpunkte in Schulungskursen und Tagungen zu vermitteln, können - im Verein mit den finanziellen Möglichkeiten, die die vorliegende Gesetzesänderung bietet - Schwierigkeiten bewältigen helfen. Schwierigkeiten, die sich mit der Mietermitbestimmung überall da auftun, wo wir es nicht mit avancierten, sondern mit ganz gewöhnlichen Umständen zu tun haben - und das ist schließlich auch in den Niederlanden die Mehrheit der Fälle.

Anmerkungen

1 Ausführlicher dargestellt in: H. Fassbinder, J. Rosemann, Die Demokratisierung der Wohnungsverwaltung in den Niederlanden, in: Stadtbauwelt 77 (1983), S. 458 ff.

2 Ebenfalls ausführlicher a.a.O.

3 Zum kulturhistorischen Hintergrund der Partizipation in den Niederlanden: H. Fassbinder, Stadterneuerungs- und Planungsdemokratisierung. Zur konzeptionellen Entwicklung der Stadterneuerungsverfahren in den Niederlanden. Institut für Höhere Studien Wien, Politikwissenschaftliche Serie 1/1982.

4 In einem Vortrag auf dem 3. Internationalen Kongreß des Wohnbunds in Münster hat der Direktor von STZ einen guten Einblick in seine Philosophie gegeben. Siehe Peter Floor, Sozialer Wohnungsbau - Segen oder Fluch für die Gemeinschaft? in: Joachim Brech (Hrsg.), Konzepte der Wohnraumerhaltung, Beispiele - Modelle - Experimente, Darmstadt 1986.

5 Die im folgenden geschilderte Einschätzung entstammt persönlichen Beobachtungen der Autorin als "sachverständiges" Aufsichtsratsmitglied von STZ.

6 Lex Pouw, Dezentralisierung und Demokratisierung - die Reorganisation des Kommunalen Wohnbetriebs in Amsterdam, in: Joachim Brech (Hrsg.), Konzepte zur Wohnraumerhaltung, a.a.O, S. 175.

7 Die Aufzählung folgt Lex Pouw, a.a.O., S. 179.

8 Felix van der Laar, Experiment mit der Selbstverwaltung bei dem Kommunalen Wohnungsbetrieb Amsterdam, in: Joachim Brech, a.a.O, S. 2/1 ff.

9 STZ hat ein bemerkenswertes Projekt realisiert, das der SAR-Philosophie folgt, wobei es geglückt ist, unterdurchschnittliche Mieten zu erreichen. Hierüber ist ein englischsprachiger Bericht erschienen: SAR-Report, The Keijenburg-Project, Eindhoven 1986.

10 So das Projekt "De Gouden Matselaar" in Hoorn, das viel Interesse und Nachfolge gefunden hat, siehe Gerard Brakkee, De Hoornse Variant, in: Iglo Nr. 2, 3 und 4 (1986).

11 H. Fassbinder, De crisis van de woningkorporatie en de noodzaak tot medebeheer, in: J. Smeets, W. de Hoop, The future of urban management, Technische Universität Eindhoven 1986, S. 95 ff.

12 Die inzwischen offiziell durch die Experimenten-Kommission adoptierten Experimente stellen nur einen kleinen Teil dessen dar, was tatsächlich im Lande inzwischen "experimentell" gebaut, erneuert und verwaltet wird. Wie stark der Gedanke Fuß gefaßt hat, zeigt, daß auch auf kommunalem Niveau an die Errichtung von Experimenten-Kommissionen gedacht wird. Die Gemeinde Utrecht hat als erste eine eigene Experimenten-Kommission ins Leben gerufen.

13 H. Fassbinder, De crisis van de woningkorporatie en de noodzaak tot medebeheer, in: J. Smeets, W. de Hoop, The future of urban Management, S. 95 ff., Technische Universität Eindhoven 1986.

14 Der niederländische Mieterverband NVH hat derzeit rund 70.000 Mitglieder.

15 Im Besluit Toegelaten Instelligen Volkshuisvesting (BTIV) wird die Einrichtung, Funktion sowie interne Struktur der Wohnungsbaukorporation gesetzlich geregelt. Die entsprechende Regelung für kommunale Wohnungsbetriebe ist im Besluit Geldelijke Steun Volkhuisvesting (BGSV) festgelegt.

[16] Es handelt sich hierbei um die nach ihrem Vorsitzenden benannte Commissie Gladstra van Loon.

[17] Als Wohnkonsumentenorganisation werden die bis zu ihrer Vereinigung 1990 getrennt operierenden Organisationen des Niederländischen Mieterbundes NVH, die Landelijk Organisatie Belange Huisvesting LOBH sowie einige weitere kleinere Organisationen, die die Interessen von Frauen u. a. vertreten, bezeichnet.

[18] Dem NCIV sind ca. 350 der insgesamt 850 Wohnungsbaukorporationen angeschlossen - allerdings überproportional kleinere Korporationen.

5.
Wohnungs- und Wohnungsteilmärkte unter veränderten Bedingungen in den 90er Jahren

Wohnungspolitische Zielsetzungen für städtische Wohnungsbestände in Hamburg

Knut Gustafsson

Das Thema "Wohnungspolitische Zielsetzungen für städtische Wohnungsbestände in Hamburg" möchte ich in sieben Abschnitten erläutern:

In einem ersten Teil geht es um die reale Wohnungsmarktsituation der Stadt Hamburg, denn Zielsetzungen leiten sich auch aus der Ausgangslage ab, in die Wohnungsunternehmen gestellt sind. Dabei will ich auch auf die Veränderung der Struktur der Eigentümer der Wohnungen eingehen und deutlich machen, welchen neuen quantitativen Beitrag die städtischen Wohnungsbestände an der Lösung der wohnungspolitischen Aufgaben leisten können.

Im zweiten Teil wird dargelegt, welcher wohnungspolitische Verlust mit der Abschaffung des Wohnungsgemeinnützigkeitsgesetzes verbunden war und ist.

Im dritten Teil werde ich deutlich machen, welche Anstrengungen der Senat unternommen hat, um negative Auswirkungen, die die Mieter nach Fortfall des Wohnungsgemeinnützigkeitsgesetzes zu tragen hätten, zu mindern.

In einem vierten Teil werde ich mich der Frage zuwenden, welche Modelle von der Stadt in Angriff genommen wurden, um Teile der städtischen Wohnungsbestände in andere Eigentumsformen zu überführen.

Im fünften Abschnitt werde ich die finanzwirksamen Senatsbeschlüsse, sofern die städtischen Wohnungsunternehmen betroffen sind, darlegen, um im sechsten Teil die Zielsetzungen der städtischen Wohnungsunternehmen zu erläutern.

In einem siebten Teil werde ich schließlich eine zusammenfassende Bewertung der Funktion kommunaler Wohnungsunternehmen geben.

I.

In der Stadt-Bauwelt vom 28. September 1990 wird von Ulrich Pfeiffer das Bekenntnis abgelegt: "In der gegenwärtigen Situation über Langfristtendenzen der

Stadtentwicklung zu schreiben, gleicht dem berühmten Versuch, einen Pudding an die Wand zu nageln. Es gibt fast keine festen Rahmendaten mehr". Man kann diese Feststellung auch auf globale Fragen der Nachfrageentwicklung nach Wohnraum beziehen. Feste Daten liegen dagegen für die Beurteilung der realen Wohnungsmarktsituation in Hamburg vor: In weniger als zwei Jahren nahm die Hamburger Bevölkerung lt. Statistischem Landesamt um 36.000 Personen zu.

Legt man eine durchschnittliche Wohnfläche von 34 qm pro Person zugrunde, dann hätte die Wohnfläche in Hamburg allein aus diesem Grund um 1.224.000 qm steigen müssen. Tatsächlich betrug die Zahl der fertiggestellten Wohnungen in 1989 und 1990 6.307. Bei einer durchschnittlichen Wohnungsgröße von 60 qm im Neubau entspricht dies rd. 378.000 qm Wohnfläche. Allein diese Gegenüberstellung zeigt: In Hamburg wohnen - trotz beachtlicher Neubauraten - mehr Menschen auf durchschnittlich weniger Quadratmeter Wohnfläche. Oder: Hamburg rückt zusammen. Viele Menschen kommen dabei zu kurz. Auch Obdachlosigkeit ist dann die Folge.

Es sei hier nicht um die Definition der Obdachlosigkeit gestritten, und auch nicht über die Zahl derer, die im Sinne eines fehlenden Mietvertrags als obdachlos bezeichnet werden. Tatsächlicher Fakt ist aber:

- Mehrere hundert Menschen, mögen es 400 oder 800 sein, übernachten im Freien.
- 1984 konnten noch 20.625 öffentlich geförderte Wohnungen an § 5-Schein-Inhaber vergeben werden. 1990 waren es nur noch 4.917. Das sind nur noch 23,8 % der Zahl von 1984.
- 1984 wurden rd. 6.400 Wohnungen an Dringlichkeitsfälle vermittelt. 1990 waren es zwar 7.693 Wohnungen, also 20,2 % mehr, aber gleichzeitig stieg die Zahl der anerkannten Dringlichkeitsfälle auf 11.823 (1984: 8.041).

Die Versorgungssituation ist also erheblich schlechter geworden. Und auch die folgenden Zahlen kennzeichnen den Wohnungsmarkt:

- In Hamburg lebten 1990 18.000 Asylbewerber.
- Allein in den ersten neun Monaten des Jahres 1990 sind 6.351 nach Hamburg gekommen. Bis zum Jahresende werden es rund. 10.000 sein.

Diesen Entwicklungen begegnet die Stadt mit einer Fülle von Maßnahmen: Die Wohnungsbauprogramme wurden auf 4.400 öffentlich geförderte Wohnungen jährlich aufgestockt. Die Umsetzung erfolgt mit beachtlichem Tempo. Die Zahl der Baugenehmigungen schnellte 1990 auf 8.853 Wohnungen hoch, nachdem im Vorjahr rd. 3.300 Genehmigungen gezählt wurden.

Dieser Entwicklung steht eine Veränderung der Struktur der Eigentümer auf der Anbieterseite gegenüber, wie sie in keiner großen Stadt in der Bundesrepublik zu verzeichnen ist. Wir zählen heute rd. 800.000 Wohnungen in der Stadt. 133.000 sind von Eigentümern selbst genutzte Wohnungen. Dem stehen 657.000 Mietwohnungen gegenüber. Rund 40 % davon sind Mietsozialwohnungen. 41 % aller Sozialwohnungen sind im Eigentum städtischer Gesellschaften.

Eine andere Sichtweise ist: Bis zur Übernahme der Wohnungen der Neuen Heimat durch die Stadt verfügte Hamburg über

- rd. 87.000 SAGA-eigene Wohnungen und
- rd. 9.600 stadteigene Wohnungen.

Gemessen an dem Mietwohnungsbestand betrug der Anteil am Mietwohnungsbestand damit rd. 15 %. Nach Übernahme der Wohnungen der NH erhöhte sich der Bestand um rd. 40.000 Wohnungen. Damit hält die Stadt nunmehr über 20 % bzw. mehr als jede 5. Wohnung der Hamburger Mietwohnungsbestände in ihrer Verfügung.

Strukturveränderungen auf Wohnungsmärkten vollziehen sich in der Regel in kleinen Schritten. Durch die Vergrößerung des städtischen Wohnungsbestandes ist ein Struktursprung gelungen: Der schleichenden Aushöhlung des gebundenen Mietwohnungsbestandes wurde ein preiskontrollierter Wohnungsbestand der Stadt gegenübergestellt. Dies ist angesichts der Zahl der aus der Bindung laufenden Wohnungen und angesichts des Ungleichgewichts auf dem Wohnungsmarkt die wohnungspolitische Leistung des Senats.

II.

Ich behaupte: Wir haben die Folgen der Aufhebung des Wohnungsgemeinnützigkeitsgesetzes (WGG) noch nicht voll erfaßt. Und ferner: Wieder einmal werden die Mieter Opfer eines ordnungspolitischen Purismus werden.

1988 wurde ich anläßlich einer Anhörung zum Steuerreformgesetz gefragt: "Können die Kommunen auf den Status Gemeinnützigkeit verzichten?" Dies war meine Argumentation: "Um die gestellte Frage zu beantworten, sind folgende Fakten aufzuarbeiten:

a) Welche Preisbindungen bestehen und welchen Wert haben diese Bindungen heute?
b) Welchen Nutzen bringt die faktische Vermögensbindung bei den gemeinnützigen Wohnungsunternehmen?"

Zu a: Preisbindungen

Nach § 7 WGG darf ein gemeinnütziges Wohnungsunternehmen Wohnungen nur zu angemessenen Preisen überlassen. Nach § 13 WGGDV ist der Preis dann angemessen, wenn er den Betrag nicht überschreitet, der zur Deckung der laufenden Aufwendungen nach den Grundsätzen einer ordnungsgemäßen Geschäftsführung notwendig ist.

Damit gilt faktisch für alle Wohnungen der gemeinnützigen Wohnungsunternehmen das Kostenmietenprinzip. Die Realität zeigt, daß der Mietvorteil aller von gemeinnützigen Wohnungsunternehmen angebotenen Wohnungen etwa 675 Mio. DM pro Jahr beträgt. Dieser Vorteil hat einen so hohen Wert, daß auf ihn ohne Not nicht verzichtet werden sollte. Mit der Aufhebung des WGG wird dieser Vorteil jetzt rapide dahinschmelzen.

Hamburg hat die einzig verbliebene Bremse gezogen und die 5 %-Verordnung in Kraft gesetzt. Aber: Sie darf nur für 5 Jahre gelten. 5 Jahre sind jedoch für Wohnungsmärkte keine Zeitgrößen. Wir werden 1994/95 die endgültigen Folgen zu spüren bekommen.

Zu b: Vermögensbildung

Wesentliche Bestandteile des Gemeinnützigkeitsrechtes sind die dauerhaften Bindungen des gemeinnützigen Vermögens für die Aufgaben der Wohnraumversorgung. Und zwar für die Aufgabenerfüllung unter gemeinnützigkeitsrechtlichen Vorzeichen. Damit wird das gemeinnützige Vermögen zu einem Vermögen mit Stiftungscharakter. Dies ist von hoher Bedeutung für die kommunale Wohnungspolitik: Der Veräußerung von Vermögensteilen aus dem gemeinnützigen Bereich sind enge Grenzen gesetzt. Das zuwachsende Vermögen verbleibt im Unternehmen und damit ausschließlich zur weiteren Verwendung wohnungspolitischer Aufgaben. Dies alles ist jetzt verloren. Man hat die Fungibilität der Wohnungen hergestellt und ein gemeinnützigkeitsrechtlich gebundenes Vermögen zur Ware degradiert.

Angesichts der massiven Strukturveränderungen auf dem Wohnungsmarkt war es ein Gebot, die Stellung der Hamburger Wohnungsunternehmen zu stärken. Und es war unabdingbar im Sinne einer sozialpolitisch verantwortlichen Wohnungspolitik, spekulationsgefährdete Wohnungen der NH aufzukaufen. Heute zeigt sich im übrigen, daß die Übernahmen des wohnungspolitischen Portfolios zu einem Preis erfolgte, der zugunsten der Stadt überaus beachtlich war und ist. Wertsteigerungen von rd. 300 Mio. DM werden genannt.

III.

Nach dem Fortfall des WGG werden die drei städtischen Wohnungunternehmen wichtige Pfeiler des ohne Not abgeschafften WGG-Rechtes ersetzen müssen:

- Es gilt faktisch die Vermögensbindung für diese Gesellschaften. Der Senat hat entsprechend am 11. Juli 1990 beschlossen: "Der Verkauf städtischer Wohnungen und von Wohnungen städtischer Wohnungsunternehmen wird nicht weiter verfolgt. Denkbare Genossenschaftsgründungen sind hiervon nicht betroffen. Kleinere städtische Objekte (Villen o. ä.) sind von diesem Beschluß ausgenommen."
- Die sozialpolitische Verantwortung im Sinne des Vorhaltens von Wohnungen für auch benachteiligte Personen und Haushalte wird deutlich erfüllt.
  Dies wird z. B. bei der SAGA im Jahr 1989 deutlich:
  - Die Mehrzahl der Mieter wurde der SAGA auf Grundlage der Notfall- und Kennziffererteilung durch die Wohnungsämter der FHH vermittelt.
  - Der Anteil an Sozialhilfeempfängern, mit denen Mietverträge geschlossen wurden, betrug 1989 30,5 %.
  - Bei einem unveränderten Ausländeranteil von 12 % an der Hamburger Gesamtbevölkerung vermietete die SAGA 1989 1.485 Wohnungen an Ausländer.
- Eine maßvolle Mietenpolitik, die sich nicht an den oberen Werten der Vergleichsmieten orientiert, wird gewährleisten, daß für einkommensschwächere Haushalte Zugang zu den städtischen Wohnungen, die nicht preisgebunden sind, verbleibt.

Die Hauptanpassungslasten des Fortfalls des WGG werden - das ist meine Analyse - die städtischen Wohnungsunternehmen zu tragen haben, wenn sich nicht die ehemals gemeinnützigen Unternehmen deutlich und unmißverständlich zu ihrer gemeinnützigkeitsrechtlichen Selbstbindung bekennen und auch danach handeln.

IV.

Teile des städtischen Wohnungsbestandes in Hamburg sind in einem Umfang wie in keiner anderen Stadt in den vergangenen wenigen Jahren in neue Organisationsformen überführt worden:

- Rd. 1.000 Wohnungen der Stadt wurden in ein Treuhandvermögen bei der STEG übergeleitet. Die STEG hat den Auftrag, in eigener Verantwortung, zusammen mit den Mietern, Instandsetzung und Modernisierung zu organisieren. Die Stadt setzt hier auf einen Sanierungsträger, der einer behutsamen Stadterneuerung verpflichtet ist. Dieses Modell ist bei der besonderen Struktur und in Anbetracht des Zustandes der Wohnungen nicht beliebig wiederholbar. Es zeigt die Offenheit der Stadt, neue Wege zu gehen, um Mieter- und Eigentümerinteressen in einem größtmöglichen Maß in Übereinstimmung zu bringen.
  Dieses Modell ist auch aus der Einsicht entstanden, daß Liegenschaftsvermögen kein totes Kapitel sein darf, sondern eine soziale Aufgabe zu erfüllen hat.
- 324 Wohnungen der Falkenried-Terassen werden aus der WVN ausgegliedert und in eine Mieterverwaltungsgenossenschaft übergehen. Die Bürgerschaft hat gemäß

Vorschlag des Senats diesem Modell zugestimmt. (Vgl. Auszüge aus der entsprechenden Drucksache, Anhang 1).

- Für die Kurt-Schumacher-Siedlung ist das Modell einer Mieterverwaltungsgenossenschaft entwickelt worden.
- Für Farmsen (über 2.500 Wohnungen) haben Senat und Bürgerschaft der Übertragung auf eine Mietergenossenschaft zugestimmt (Anhang 2). Die Umsetzung wird derzeit mit Nachdruck verfolgt.

Ich will vor diesem Hintergrund vier Thesen aufstellen:

These 1

Der Wunsch nach neuen Organisationsformen von städtischen Wohnungsvermögen entsteht immer dann, wenn Unsicherheit über die Zukunft dieser Bestände besteht. Solange der Koalitionssenat sich zum Ziel gesetzt hatte, trotz Wohnungsmangel städtische Wohnungen zu verkaufen, bestand der hohe und verständliche Wunsch nach Sicherheit bei den Mietern. Nach dem Motto: "Ehe wir verkauft werden, kaufen wir unsere Wohnungen", werden von Mietern Gefahr abwehrende Genossenschaften engagiert gefordert und entwickelt. Farmsen steht für eine solche Entwicklung.

These 2

Initiativen, die "ihre" Wohnungsbestände selbst in die Hand nehmen wollen, neigen zum "closed-shop-Prinzip". Sie streben eine Organisation der Verwaltung der Bestände oder aber auch die Übernahme der Bestände an, ohne dabei die selbstverständliche Pflicht zu übernehmen, diese Bestände für alle - insbesondere die Schwachen in unserer Gesellschaft - offen zu halten. Damit besteht die Gefahr, daß die Stadt gerade in Zeiten der Wohnungsnot wichtige Belegungsrechte verliert. Im übrigen stellt sich diese Frage auch bei manchem Projekt der alternativen Sanierung.

These 3

Werden städtische Wohnungsbestände in ihrer Substanz vernachlässigt, werden die Mieter danach streben, ihre Wohnung selbst "in die Hand" zu nehmen. Tendenziell sind die Falkenried-Terrassen ein Beispiel für diese Entwicklung.

These 4

Die Überführung von städtischen Wohnungen in neue Eigentumsformen bedeutet immer auch, daß aus den Konsumenten (Mieter) Unternehmer (z. B. Genossenschaft) werden. An die Stelle eines Giro-Dauerauftrages für die Begleichung der Miete treten die unternehmerischen und wirtschaftlichen Pflichten des Miteigentümers. Das wird die Bindung an die Wohnung, die Verantwortung für die Wohnung stärken. Auf der anderen Seite stehen neue Pflichten und Finanzierungsaufwendungen.

V.

Die unterschiedlichen Modelle zur "Behandlung" städtischer Wohnungseinheiten sind entwickelt und beschlossen worden, bevor der Senat grundlegende Beschlüsse zugunsten der drei Wohnungsunternehmen SAGA, GWG und WVN gefaßt hat. Diese Beschlüsse beziehen sich auf zwei Kernbereiche:

- Die Unternehmen sollen so ausgestattet werden, daß sie über eine ausreichende Eigenkapitaldecke zur Erfüllung ihrer Aufgaben verfügen.
- Zusätzlich sollen sie finanziell in die Lage versetzt werden, Instandsetzungsrückstände zügig abzubauen.

Heute kann folgendes Zwischenfazit gezogen werden:

- Durch Kapitalzuführungen ist die GWG nunmehr mit einer Kapitaldecke ausgestattet, die erwarten läßt, daß ausgeglichene Jahresergebnisse erzielt werden.
- Die GWG ist in eine wirtschaftlich solides Fahrwasser überführt worden.
- Die GWG ist in die Lage versetzt worden, sich am Instandsetzungsprogramm des Senats zu beteiligen.
- Die GWG wird sich an Dachgeschoßausbauten beteiligen können.

Auch die WVN ist - bezogen auf ihren Wohnungsbestand (ohne Farmsen) - mit einer nennenswerten Eigenkapitalstruktur ausgestattet worden. Kapital zur Instandsetzung der Wohnungen wurde zugeführt. Für die Mieter bedeutet dies Sicherheit. Ihre Wohnungen gehören zu einem Unternehmen, das die Versäumnisse der Vergangenheit in Bezug auf die Instandsetzungsarbeiten aufholen kann. GWG und WVN haben Instandsetzungsprogramme entwickelt.

Den - zu Recht - nicht immer zufriedenen Mietern der Hohnerkamp-Siedlung konnte bereits mitgeteilt werden, daß mit ihnen gemeinsam die nächsten Schritte zur Verbesserung der Wohnungen beraten werden können. Das Echo ist m. E. positiv. Die Zeiten der Unsicherheit sollen der Vergangenheit angehören. An ihre Stelle tritt eine Phase der vertrauensvollen Kooperation.

Durch die Senatsbeschlüsse vom Juli 1990 haben die städtischen Unternehmen insgesamt rd. 315 Mio. DM erhalten. Eigenkapitalzuführungen für den Dachgeschoßausbau sind nicht einmal mit eingerechnet. Um diese Größenordnung verständlich zu machen: Umgerechnet auf den entsprechenden Wohnungsbestand entfallen auf jede Wohnung rechnerisch fast 8.000 DM.

VI.

Zu den Zielsetzungen der städtischen Wohnungsunternehmen ist zu sagen: Die SAGA steht in der guten Tradition gemeinnütziger, städtischer Wohnungsunternehmen. Soziale Verantwortung muß an erster Stelle stehen, auch wenn der Zielkonflikt mit der Wirtschaftlichkeit nicht immer einfach zu lösen ist. Wer nimmt schon - bei aller Kritik - zur Kenntnis, daß es gerade die Mietenstruktur der Wohnungen der SAGA ist, die von hoher Bedeutung auf einem ungleichgewichtigen Wohnungsmarkt ist? Denn:

- 9.800 Wohnungen haben Mieten zwischen 6,-- DM und 7,-- DM (Brutto-Kalt) und
- für fast 31.000 Wohnungen beträgt die Brutto-Kaltmiete zwischen 8,-- DM und 9,-- DM.

Auch für die SAGA hat der Senat einschneidende Beschlüsse gefaßt:

- Es werden keine Wohnungen mehr verkauft.
- Sie erhält 30 Mio. DM als einen ersten Betrag zum Abbau des Instandsetzungsstaus.

Die SAGA ist auf gutem Weg, ihr Leistungsangebot zu verbessern. Eine mieternahe Verwaltung der Wohnungsbestände wird eingerichtet.

Die GWG soll, so die Satzung, als sozialverpflichtetes Wohnungsunternehmen den Wohnungsbestand so verwalten, daß eine Eigenkapitalverzinsung möglich sein wird.

Wir haben bei den Mietern nachgefragt, wie es denn um ihre Wohnzufriedenheit mit dieser neuen Gesellschaft steht; die Ergebnisse sind erfreulich:

- rd. 86 % der Mieter "benoten" den Gesamteindruck, den sie von der GWG haben, mit "zufriedenstellend und besser".
- Mit der Verwaltung sind rund 83 % der Mieter zufrieden.
- Der technische Service erhielt eine mittlere Zustimmungsquote, verzeichnete aber auch "Zufriedenheitsgewinne". Das war im übrigen vor Aufstellung der Instandsetzungsprogramme der Gesellschaft.
- Das nahe Wohnumfeld (Vorgarten und Gartenanlage) beurteilten rd. 81 % der Mieter positiv.

Das alles soll noch verbessert werden. Mit dazu beitragen wird, daß derzeit rd. 6.500 Wohnungen der GWG modernisiert oder instandgesetzt werden. Der WVN wurde die

Last als Verkaufsgesellschaft genommen. Die Wohnungen werden nicht mehr verkauft.

VII.

Abgeleitet aus dem bisher Vorgetragenen sei zusammenfassend festgestellt:

1. Hamburg benötigt zur Korrektur des Marktgeschehens einen festen Bestand an Wohnungen. Wirtschaftliche und soziale Sicherheit der Mieter kann in kommunalen Wohnungsbeständen eher gesichert werden, als in anderen Unternehmensformen.
2. Das Handeln der kommunalen Wohnungsunternehmen muß von folgenden Zielen geleitet sein:
   - Sicherung des Bestandes,
   - Verfügbarkeit preisgünstigen Wohnraums,
   - soziale Verpflichtung für die Unterbringung auch einkommensschwächerer Haushalte,
   - Kooperation mit den Mietern.
3. Solange durch die vom Bund geprägte Förderungssystematik im sozialen Wohnungsbau ein ausgewogenes Verhältnis von Leistung (Subvention) und Gegenleistung (Bindung und Anfangsmiete) gewährleistet ist, kann der soziale Wohnungsbau mit allen Investoren organisiert werden.
   Je stärker das Verhältnis von Subvention und Bindung ins Wanken gerät, desto notwendiger wird der kommunale Wohnungsbau.
4. Dauerhaft kann kein Wohnungsunternehmen aus der Substanz leben. Wer nicht baut, produziert auf Dauer eine für die Wirtschaftlichkeit des Wohnungsunternehmens problematische Wohnungsstruktur. Dies gilt auch für städtische Wohnungsunternehmen. Insofern bedarf es einer Korrektur der Zielsetzung der städtischen Wohnungsunternehmen. Dies gilt um so mehr dann, wenn aufgestockte Wohnungsbauprogramme durch die bisherigen Investoren nicht ausreichend umgesetzt werden können.
5. Die Wohnung darf kein Profitcenter für ein Unternehmen sein. Dann geht die soziale Substanz verloren. Der Mieter darf auf einem Betriebsabrechnungsbogen nicht zu einer Kostenstelle degradiert werden, auch wenn er noch so sehr sozial gehandicapt ist. Auch deshalb brauchen wir die kommunalen Wohnungsunternehmen.

Anhang 1

Auszug aus:
Mitteilung des Senats an die Bürgerschaft (Drucksache 13/6184), Nachtragshaushalt 1990

Finanzierung des Grunderwerbs und der Grunderneuerung der Falkenried-Terrassen im Eigentum der Lawaetz-Stiftung

1. Ziele und Konzeption für die Erhaltung und Erneuerung der Terrassenwohnungen

1.1. Bei dem Ensemble der Falkenried-Terrassen handelt es sich um eine Gesamtanlage, deren Unterschutzstellung nach dem Denkmalschutzgesetz beabsichtigt ist.

Seit langem sind daher Überlegungen zur Finanzierung der dringend erforderlichen Erneuerungsmaßnahmen im Hinblick auf einen langfristigen Erhalt angestellt worden. Der überwiegende Teil der Wohnungen befand sich seit Anfang der 70er Jahre im Eigentum der NHN. Während die Wohnungen in den Vorderhäusern inzwischen mit hohem Einsatz aus öffentlichen Förderungsmitteln modernisiert worden sind, konnten die Überlegungen zur Finanzierung des Erhalts der 324 Hinterhauswohnungen mit der NHN nicht zum Abschluß gebracht werden.

Diese inzwischen der WVN gehörenden Wohnungen sollen zu Konditionen veräußert werden, die mietpreisgünstigen Wohnraum für sozial benachteiligte Bürgerinnen und Bürger dauerhaft sichern.

Die Johann-Daniel-Laweatz-Stiftung soll die Grundstücke lastenfrei von der WVN zum Verkehrswert erwerben und im Zusammenwirken mit den Bewohnern die Grunderneuerung der 324 Terrassenwohnungen in einem Zeitraum von 5 Jahren durchführen. Grunderneuerung bedeutet überwiegend Instandsetzungsmaßnahmen, deren Kosten nicht auf die Miete umgelegt werden dürfen, sowie kleine (mietrelevante) Modernisierungsmaßnahmen, die im Einvernehmen mit den Bewohnern durchgeführt werden sollen. Die Kosten der Grunderneuerung sollen folgende Obergrenzen im Durchschnitt aller Wohnungen nicht überschreiten:

Kosten	Instandsetzungsmaßnahmen	Kleine Modernisierungsmaßnahmen
Kosten/WE	48.000 DM	12.000 DM
Kosten insg.	15,6 Mio. DM	3,9 Mio. DM
Kosten p.a. im Durchschn. (65 WE)	3,1 Mio. DM	0,8 Mio. DM

Nach Ausführung der Modernisierungsmaßnahmen wird sich die Nettokaltmiete von derzeit 2,45 DM/qm um etwa 3,00 DM/qm erhöhen. Mit der Baubetreuung soll der alternative Sanierungsträger STATTBAU GmbH betreut werden.

1.2 Seit 1973 kämpft die Mieterinitiative Falkenried-Löwenstraße für den Erhalt und die Instandsetzung der Falkenried-Terrassen. 1982 hat sich diese Initiative als Verein konstituiert. Am 15. April 1988 wurde aus dieser Initiative heraus die Mietergenossenschaft Falkenried-Terrassen gegründet.

Die Genossenschaft Falkenried wurde gegründet, um die Häuser vor Abriß, Spekulation, Umwandlung in Eigentumswohnungen und Luxusmodernisierung zu bewahren.

Dieses Ziel ist in der Genossenschaftssatzung niedergelegt. Dort heißt es: "Genossenschaft erwirbt und bewirtschaftet Wohnungen.

Ein Schwergewicht liegt in der Erhaltung kulturhistorisch bedeutsamer und schutzwürdiger Bausubstanz.

Die Genossenschaft erhält preiswerten Wohnraum möglichst unter Einbeziehung von Selbsthilfearbeiten. Bei der Bewirtschaftung werden Formen der Selbstverwaltung realisiert. Den Genossenschaftsmitgliedern steht das Recht auf wohnliche Versorgung durch die Nutzung von genossenschaftlichem Wohnraum zu".

Nach Abschluß der Instandsetzungsmaßnahmen wird die Mieter-Genossenschaft die Wohnungen in Mieterselbstverwaltung sukzessive übernehmen. Hierdurch wird eine bewohnernah organisierte Verwaltung realisiert. Die Mieter-Verwaltungsgenossenschaft soll verpflichetet werden, bei Erstbezug der Wohnungen die Vorlage eines § 5-Scheines durch die künftigen Mieter/innen sicherzustellen. Bei der Auswahl der Mieter/innen wird die Mieter-Verwaltungsgenossenschaft besonders dringliche Fälle und einkommensschwache Bewerber/innen verstärkt berücksichtigt. Ferner soll sichergestellt werden, daß die mit hohem Aufwand geförderten Wohnungen gegebenenfalls auch zur Erhebung einer Fehlbelegungsabgabe herangezogen werden können.

Die Wohnungen der Falkenried-Terrassen sollen auch insoweit den Wohnungen des öffentlich geförderten Wohnungsbaus gleichgestellt werden.

2. Kauf und vollständige Übernahme durch die Lawaetz-Stiftung

Die 324 Wohnungen sollen vor Beginn der Grunderneuerung durch die Lawaetz-Stiftung gekauft werden.

2.1 Grunderwerb

Die Gesamtkosten für den Grunderwerb und Kauf der Gebäude einschließlich der Sicherung der Wegerechte für die fast ausschließlich im Blockinnern befindlichen Grundstücke (120.000 DM) belaufen sich einschließlich Nebenkosten auf rund 5.945.000 DM. Hiervon wird die Stiftung 0,580 Mio DM über den Kapitalmarkt finanzieren. Die daraus resultierenden Kapitalkosten von 0,45 DM/qm können aus der Altmiete (2,45 DM/qm netto-kalt) abgedeckt werden. Die Höhe des restlichen Betrages von 5.365.0000 DM ist der Lawaetz-Stiftung ein Zuschuß aus dem neu einzurichtenden Titel 4100.893.05 "Zuschuß an die Lawaetz-Stiftung für den Erwerb der Falkenried-Terrassen" zu gewähren.

Voraussetzung für die Vollziehbarkeit des Verkaufs an die Lawaetz-Stiftung ist die Teilung der vorhandenen Grundstücke, so daß für die straßenrandständigen Gebäude (Terrassen) separate Grundstücke gebildet werden.

2.2 Grunderneuerung

Im Gegensatz zu den Kosten der kleinen Modernisierungsmaßnahmen dürfen die Instandsetzungskosten (48.000 DM/WE, 3,1 Mio DM p.a. über 5 Jahre, insgesamt rund 15,6 Mio DM) nicht auf dic Miete umgelegt werden.

Die Hälfte der Erneuerungskosten (7,8 Mio DM - jährliche Teilbeträge von 1,56 Mio DM) wird von der Wohnungsbaukreditanstalt aus dem Programmvolumen des Hamburgischen Modernisierungsprogrammes bereitgestellt und abgerechnet. Die Förderung der Falkenried-Terrassen wird für 5 Jahre jährlich etwa 3,9 Mio DM des jährlichen Programmvolumens von 80 Mio DM im Hamburgischen Modernisierungsprogramm binden. Die restlichen 50 % der Kosten sind als Eigenanteil vom Eigentümer zu tragen. Zur Finanzierung dieses Eigenanteils wird der Stiftung ein Zuschuß aus dem neu einzurichtenden Titel 4100.893.02 "Zuschuß an die Lawaetz-Stiftung für die Grunderneuerung der Falkenried-Terrassen (Eigenanteil)" gewährt.

2.3 Sonstige Kosten

Im Zusammenhang mit der Durchführung der Grunderneuerung entstehen der Lawaetz-Stiftung folgende zusätzlichen Kosten:

- Da während der Grunderneuerung der Falkenried-Terrassen die Wohnungen geräumt werden müssen, werden Umsetzungskosten entstehen. Deren Höhe ist mit etwa 1.0 Mio DM anzunehmen. Die Räumung der Wohneinheiten soll möglichst unter Ausnutzung der zur Zeit freien, unbewohnbaren Wohnungen erfolgen. Es kann nicht ausgeschlossen werden, daß dennoch Mietausgleichszahlungen erforderlich werden. Diese wären dem oben genannten Bedarf hinzuzurechnen. Weitere 0,35 Mio DM werden voraussichtlich als Mietzinsausfall bei der Lawaetz-Stiftung entstehen. Die erforderlichen Sozialplanmittel werden aus dem Titel 6040.893.06 "Förderung von Stadtentwicklungs- und -erneuerungsaktivitäten vornehmlich in innerstädtischen Gebieten" aufgebracht. In 1990 ist dieser Titel um 200.000 DM zu verstärken.

Die Leistung der Sozialplanmittel erfolgt in gleicher Weise wie in Sanierungs- und SIKS-Gebieten.

- Darüber hinaus entstehen der Lawaetz-Stiftung im Zuge der Grunderneuerung zusätzliche unrentierliche Instandhaltungsaufwendungen in Höhe von etwa 228.000 DM, die auf den objektiv schlechten Zustand der Terrassenwohnungen zurückzuführen sind. Bei der Ermittlung dieser Kosten, die nur grob geschätzt werden können, ist ein zusätzlicher Instandhaltungsbedarf von 0,80 DM/qm zugrunde gelegt worden, der über die mit der Miete erhobene Instandhaltungspauschale hinausgeht. Die erforderlichen Mittel sollen der Lawaetz-Stiftung im Wege von Zuschüssen bei dem neu einzurichtenden Titel 4100.684.14 "Zuschuß an die Lawaetz-Stiftung zur Deckung unrentierlicher Kosten während der Grunderneuerung der Falkenried-Terrassen" zur Verfügung gestellt werden. Für 1990 ist der Titel mit 90.000 DM Kassenmittel und 138.000 DM Verpflichtungsermächtigung auszustatten. Der Mittelbedarf in den Folgejahren wird sich entsprechend dem Verlauf der Grunderneuerung verringern.

Anhang 2

Auszug aus:
Mitteilung des Senats an die Bürgerschaft (Drucksache 13/8008)

Unterrichtung über den Ankauf der Gartenstadtsiedlung Farmsen durch die Stadt sowie über die Übertragung der Verwaltung des Wohnungsbestandes auf die Mietergenossenschaft Gartenstadt Farmsen

Haushaltsplan 1991 - Nachforderung von Haushaltsmitteln

1. Anlaß

Mit dieser Drucksache sollen die Voraussetzungen für eine Übertragung der Verwaltung in der Gartenstadtsiedlung Farmsen gelegenen Wohnungen auf die von den Mietern gegründete Mietergenossenschaft Farmsen eG (Mietergenossenschaft) geschaffen werden. Gleichzeitig soll die Mietergenossenschaft zu einer laufenden ordnungsgemäßen Verwaltung instand gesetzt werden. Damit entspricht der Senat dem Wunsch nach Selbstverwaltung dieses Wohnungsbestandes.

2. Ausgangslage

In dem Gebiet der heutigen Gartenstadtsiedlung Farmsen sind zur Wohnungsversorgung der Bevölkerung Hamburgs Mitte bis Ende der 50er Jahre von der Neuen Heimat insgesamt 2.553 Wohnungen mit öffentlichen Mitteln errichtet worden. Die Gesamtwohnfläche beläuft sich auf 137.436 qm; daneben gehören zur Siedlung 1.667 qm Gewerbeflächen, vorwiegend Läden, sowie 79 Garagen. Die durchschnittlich 54 qm großen Wohnungen in drei- bis fünfgeschossigen Mehrfamilienhäusern und in Reihenhäusern haben für die Wohnungsversorgung vor allem einkommensschwacher Mieter stets eine erhebliche Rolle gespielt.

Bereits bei dem Erwerb des Wohnungsbestandes im Rahmen der Gesamtabwicklung des Neue Heimat-Verkaufs durch die Stadt und die Übernahme in das Eigentum der neu gegründeten städtischen Wohnungsverwaltungsgesellschaft Nord (WVN) hatte der Senat die Absicht, diese Wohnungen in Farmsen an die Mieter zur Selbstverwaltung zu übertragen, vgl. Drucksache 13/3397 vom 3. März 1989. Nachdem sich das Interesse und die Bereitschaft der Mieter zur Übernahme des Wohnungsbestandes inzwischen verfestigt haben, ist es das Ziel des Senats, diese Übertragung nunmehr zu verwirklichen. Zu diesem Zweck hat der Senat beschlossen, daß die Stadt die Gartenstadtsiedlung Farmsen von der WVN zum Wert von 110,2 Mio DM aus Mitteln des Grundstocks für Grunderwerb ankauft.

3. Zielsetzung

Über die Form der Übertragung der Wohnungsverwaltung und -bewirtschaftung ist mit den Vertretern der Mietergenossenschaft grundsätzlich Einvernehmen erzielt worden. Die Mietergenossenschaft soll alle Wohnungen und gewerblich genutzten Flächen in der Gartenstadtsiedlung im Wege eines Generalpachtvertrages übernehmen und eigenverantwortlich verwalten und bewirtschaften.

Mit dieser Vorlage wird die Bürgerschaft über die Grundzüge der Übertragung sowie über die finanziellen Auswirkungen unterrichtet und um die Bereitstellung der erforderlichen Haushaltsmittel gebeten.

4. Gründung der Mietergenossenschaft

Die von den Mietern gewählten Vertreter haben den Weg zur erfolgreichen Gründung der Mietergenossenschaft Gartenstadtsiedlung Farmsen eG beschritten. Die Mietergenossenschaft hat ihre Gründungsversammlung durchgeführt und sich eine Satzung gegeben. Die für die Rechtsfähigkeit der Mietergenossenschaft notwendige Eintragung beim Registergericht wird vorbereitet und soll erfolgen, sobald das bereits in Auftrag gegebene Prüfungsgutachten des genossenschaftlichen Prüfungsverbandes vorliegt.

Mit dieser Aufgabe hat die Mietergenossenschaft den Verband Norddeutscher Wohnungsunternehmen (VNW) betraut, dem sich die Mietergenossenschaft als Prüfungsverband nach dem Genossenschaftsgesetz anschließen wird.

Voraussetzung für die Vorlage des positiven Prüfungsgutachtens ist die Feststellung, daß die Mietergenossenschaft in der Lage ist, die zu übernehmenden Wohnungen ordnungsgemäß zu verwalten und zu bewirtschaften.

Der Mietergenossenschaft sind nach eigenen Angaben vom 19. März 1991 inzwischen 1.429 Mieter aus der Gartenstadtsiedlung sowie 178 Externe beigetreten und haben sich zur Übernahme der erforderlichen Genossenschaftsanteile verpflichtet. Außerdem haben inzwischen 200 Mietparteien einen Anspruch auf Übernahme der

Genossenschaftsanteile gemäß § 15 a des Bundessozialhilfegesetzes geltend gemacht. Unter Einbeziehung dieser Gruppe beträgt die Zahl der Mitglieder aus der Mieterschaft zur Zeit 1.629. Der Senat geht davon aus, daß bis zum Zeitpunkt der Übertragung ca. 70 % der Mieter Mitglieder der Genossenschaft geworden sind. Er rechnet ferner damit, daß auch die übrigen Mieter sich der Mietergenossenschaft freiwillig anschließen werden, sodaß die Gründung vollzogen und der Wohnungsbestand von der Mietergenossenschaft übernommen worden ist. Die Höhe der Genossenschaftsanteile ist nach Aussage des Prüfungsverbandes (VNW) mit 600 DM je Wohnung ausreichend. Soweit die Mieter Anspruch auf Hilfe gemäß § 15 a des Bundessozialhilfegesetzes haben, werden ihnen die Genossenschaftsanteile darlehensweise aus dem Titel 4220.863.04 "Darlehen zur Sicherung der Unterkunft oder zur Behebung einer vergleichbaren Notlage" zur Verfügung gestellt werden.

5. Übertragungsmodell

Die Stadt erwirbt von der WVN das Eigentum an den Grundstücken (Wohnungen, Gewerbeobjekte, Garagen) zum Wert von 110,2 Mio DM. Die Finanzbehörde schließt mit der Mietergenossenschaft einen Generalpachtvertrag über 30 Jahre mit zweimaliger Verlängerungsoption über jeweils 10 Jahre ab, der die Verwaltung und Bewirtschaftung der 2.553 Wohnungen der Gartenstadtsiedlung Farmsen auf die Mietergenossenschaft überträgt.

Der Generalpachtvertrag soll folgende Eckdaten vorsehen:
- 25 % der Netto-Kalt-Mieten der gesamten Siedlung werden als Pachtzins an die Finanzbehörde abgeführt.
- Die verbleibenden 75 % werden zur Finanzierung der Verwaltungskosten (gesetzlicher Rahmen und eine Dynamisierung), zur Abdeckung des Mietausfallwagnisses sowie zusammen mit den einmaligen Zuschüssen in Höhe von durchschnittlich 10.000 DM pro Wohnung und Mitteln aus dem 500 Mio DM-Instandsetzungsprogramm - soweit anwendbar - zur Finanzierung der Instandhaltung, Instandsetzung und Modernisierung eingesetzt oder in die Rücklage eingestellt.
- Die Mietergenossenschaft kann eine Rücklage bis zur Höhe von 65 % einer Jahres-Netto-Kalt-Miete bilden. Darüber hinausgehende Mittel müssen zusätzlich an die Finanzbehörde abgeführt werden.
- Die Mietergenossenschaft erhält (in Teilbeträgen) eine Starthilfe zum Zwecke des Anschubs der Verwaltung in Höhe von 1 Mio DM.

Zur Abdeckung der Kosten der Instandsetzung und Modernisierung der Gartenstadtsiedlung soll der Mietergenossenschaft ein Zuschuß von durchschnittlich 10.000 DM pro Wohnung, das sind insgesamt 25,53 Mio DM, in mehreren Jahresraten gewährt werden. Im übrigen sind die laufenden Aufwendungen (Verwaltungs-, Instandhaltungs-, Instandsetzungs- und Modernisierungskosten, Mietausfallwagnis) von der Mietergenossenschaft aus den Mieteinnahmen, die nicht als Pachtzins an die Finanzbehörde abgeführt werden, zu erwirtschaften.

Im Rahmen der Übertragung sichert sich die Stadt an Teilen des Wohnungsbestandes für die Zeit nach dem Auslaufen der Bindungen aufgrund der Regeltilgung der öffentlichen Mittel ein dauerhaftes Belegungsrecht für die Versorgung von Wohnungssuchenden.

Es wird folgende Belegungsbindung festgelegt:

- Bis zum Auslaufen der Sozialbindungen
  - 30 % an vordringlich Wohnungssuchende, durch Vorschlag des Bezirksamtes,
  - 55 % an § 5-Schein-Inhaber, Vergabe durch die Mietergenossenschaft,
  - 15 % an Mieter, deren Jahreseinkommen die Einkommensgrenzen nach § 25 Zweites Wohnungsbaugesetz um nicht mehr als 25 % überschreiten, Vergabe durch die Mietergenossenschaft.

- Nach Auslaufen der Sozialbindungen
  - 20 % an vordringlich Wohnungssuchende, durch Vorschlag des Bezirksamtes,
  - 55 % an § 5-Schein-Inhaber, Vergabe durch die Mietergenossenschaft,
  - 25 % an Mieter, deren Jahreseinkommen die Einkommensgrenzen nach § 25 Zweites Wohnungsbaugesetz um nicht mehr als 25 % überschreiten, Vergabe durch die Mietergenossenschaft.

Das Belegungsrecht wird in der Satzung der Mietergenossenschaft festgeschrieben und im einzelnen in dem zwischen der Finanzbehörde und der Mietergenossenschaft nach Beschluß der Bürgerschaft abzuschließenden Generalpachtvertrag geregelt.

Senat und Mietergenossenschaft gehen davon aus, daß die nach dem Beschluß der Bürgerschaft erforderlichen Umsetzungsmaßnahmen ab Bürgerschaftsbeschluß mindestens sechs Monate in Anspruch nehmen werden.

6. Mietrechtliche Gestaltung

Die Wohnungen in der Gartenstadtsiedlung Farmsen unterliegen aufgrund der öffentlichen Förderung in den 50er Jahren den Mietpreis- und Belegungsbindungen des öffentlich geförderten sozialen Wohnungsbaus.

Die Mietpreis- und Belegungsbindungen laufen aufgrund der planmäßigen Tilgung der öffentlichen Mittel zwischen 1991 und 1997 sukzessive aus. Die Mietpreisgestaltung würde sich dann nach dem Gesetz zur Regelung der Miethöhe unter Berücksichtigung der bis 1995 geltenden Verordnung zur Begrenzung des Mietenanstiegs richten.

Der Generalpachtvertrag legt fest, daß die Netto-Kalt-Mieten nach Auslaufen der Bindungen gemäß Wohnungsbindungsgesetz (zwischen 1991 und 1997) um 5 % p.a. - bezogen auf die jeweilige Netto-Kalt-Miete einschließlich erfolgter Modernisierungsumlagen - angeboten werden sollen. Modernisierungsmaßnahmen werden gesondert nach § 3 MHG mit 11 % auf die Miete umgelegt. Zur Sicherung preiswerten Wohnraums dürfen die Netto-kalt-Mieten die jeweilige Anfangsmiete (netto-Kalt) im sozialen Wohnungsbau - derzeit 7,00 DM/qm - nicht übersteigen.

7. Betreuung der Mietergenossenschaft in der Startphase

Um die Mietergenossenschaft in der Aufbauphase zu unterstützen, ist die Betreuung im Rahmen eines Kooperationsvertrages mit einer Wohnungsbaugesellschaft bzw. Genossenschaft vorgesehen. Die Kosten werden aus einem einmaligen Zuschuß, der in Raten auszuzahlen ist, für den Aufbau der Verwaltung und den laufenden Erträgen finanziert.

Chancen für die Erhaltung kommunaler Wohnungsbestände

Michael Sachs

In Hamburg werden rund 137.000 Wohnungen von städtischen Wohnungsunternehmen vermietet. Das sind ca. 21 % aller Hamburger Mietwohnungen. Rund 106.000 der städtischen Wohnungen sind Sozialwohnungen und stellen damit über 40 % des Hamburger Sozialwohnungsbestands. Einen vergleichbar hohen Anteil städtischer Wohnungen am Gesamtbestand gibt es in westdeutschen Großstädten nur noch in Bremen (rund 30 % des Mietwohnungsbestandes bei städtischen Gesellschaften).

Gerade in den letzten vier Jahren wurde die Rolle der städtischen Wohnungsunternehmen in Hamburg immer wieder infrage gestellt. In der Legislaturperiode 1987 bis 1991 hat insbesondere der liberale Koalitionspartner keine Gelegenheit ausgelassen, den hohen Marktanteil städtischer Unternehmen und ihr Geschäftsgebahren zu kritisieren. Insbesondere bei der Frage, ob sich Hamburg an der Regionalisierung der ins Straucheln geratenen Neuen Heimat durch den Ankauf von 41.000 Wohnungen beteiligen sollte, traten die diametral gegensätzlichen ordnungspolitischen Grundauffassungen der beiden Koalitionäre offen zu Tage.

Neben vielen tagespolitisch bestimmten Polemiken tauchten immer wieder Kritikpunkte auf, die seit langem die Diskussion um den städtischen Wohnungsbestand prägen und auch von Vertretern anderer ordnungspolitischer Vorstellungen sowie von Mietern seit Jahren vorgebracht werden.

- Zunächst wurde die Frage nach der Größe des städtischen Wohnungsbesitzes thematisiert. Dabei ging es nicht nur um die Problematisierung einer möglicherweise marktbeeinflussenden Stellung der städtischen Wohnungsunternehmen, sondern auch um Bedenken wegen der Politikabhängigkeit dieser Vermieter-Mieter-Beziehung.
- Weiter wurde der Vorwurf der mangelnden Instandhaltung erhoben, die von den stadteigenen Gesellschaften SAGA und GWG[1] verwalteten Bestände seien generell in einem schlechteren Zustand und würden langsamer instandgesetzt als die Wohnungsbestände privater Vermieter.
- Schließlich: Die SAGA sei ein anonymer und bürokratischer Verwaltungsapparat, der nicht nur Mieternähe vermissen ließe, sondern auch viel höhere Verwaltungskosten verursache als kleinere Wohnungsunternehmen.

Nach sozialdemokratischer Auffassung gehört das Gut Wohnen zu den Grundbedürfnissen menschlichen Lebens. Die Wohnversorgung darf daher nicht allein marktwirtschaftlichen Mechanismen ausgeliefert sein. Auch wenn die liberale Markttheorie idealtypisch unterstellt, das System von Angebot und Nachfrage bewirke den gerechten Interessenausgleich und eine optimale Versorgung, so zeigt doch die Erfahrung, daß Wohnungssuchende und Mieter gegenüber den Eigentümern und Vermietern strukturell benachteiligt sind und daß immer wieder langanhaltende Zeiten struktueller Unterversorgung, sprich: der Wohnungsnot entstehen[2].

Aus dieser Erkenntnis resultiert das sozialdemokratische Sozialstaatspostulat, demgemäß der Staat über Rechtssetzung, finanzielle Förderung, Steuerrecht und Bereitstellung eines ausreichenden Wohnungsangebotes zur Sicherung der Grundversorgung in den Wohnungsmarkt intervenieren muß. Insofern leisten die städtischen Wohnungsunternehmen einen Beitrag zur Daseinsvorsorge der Menschen in gleicher Weise, wie etwa die Gesundheitsvorsorge durch staatliche Krankenhäuser garantiert wird. Wozu aber städtische Unternehmen, wo es doch sozialen Wohnungsbau gibt?

Öffentlich geförderter Mietwohnungsbau durch Private ist keine Versorgungsgarantie für alle Zeit. Durch die Regeltilgung öffentlicher Baudarlehen sowie durch die Möglichkeit, sich durch vorzeitige Rückzahlungen öffentlicher Mittel den auferlegten Bindungen zu entziehen, wird der gegenwärtig recht hohe Bestand von Sozialwohnungen in den nächsten Jahren massiv verringert. Allein im Zeitraum von 1987 bis 1990 sind in Hamburg 22.600 Mietwohnungen aus der Sozialbindung entlassen worden. Damit sind sowohl die Belegungsmöglichkeiten nach sozialen Kriterien als auch die Bindungen an die Kostenmiete entfallen.

Geschäftspolitik der städtischen Wohnungsunternehmen in Hamburg ist es demgegenüber, preiswerten Wohnraum für sozial schwache Bevölkerungskreise dauerhaft anzubieten. Konkret heißt dies, daß auch die formal nicht mehr gebundenen Wohnungsbestände der städtischen Unternehmen einer faktischen Belegungsbindung unterliegen und in der Mietenentwicklung gebremst bleiben.

Die Frage nach der Marktmacht der städtischen Wohnungsunternehmen - von liberalen Kritikern als Schreckgespenst ausgemalt, von linken Kritikern als unzureichend genutzt bewertet - bleibt insofern theoretisch. Sie ist real dort vorhanden, wo der freie Wohnungsmarkt versagt: bei der Versorgung der Einkommensschwachen, der mit Problemen belasteten, der sozial ausgegrenzten Haushalte.

Aufgrund der sozialverpflichteten Mietenpolitik stellen die städtischen Wohnungen aber auch einen wesentlichen mietpreisdämpfenden Faktor auf dem Hamburger Wohnungsmarkt dar. Die durchschnittliche Bruttokaltmiete der SAGA-Bestände beträgt 7,94 DM/qm, bei der GWG 8,45 DM/qm und bei der WVN 7,68 DM/qm.

Nach Abzug von Betriebskosten von durchschnittlich 1,50 DM/qm liegen die Nettokaltmieten der öffentlichen Wohnungsbestände durchschnittlich zwischen 6,20 DM und 7,-- DM.

Demgegenüber betrug die Durchschnittsmiete aller freien Hamburger Wohnungsbestände nach dem Mietenspiegel 1989 8,47 DM/qm netto - bzw. 10,03 DM/qm brutto kalt (in Ermangelung neuer Mietenspiegel-Daten kann man nur schätzen, daß diese Werte 1991 um rund 15 % höher liegen als 1989).

Der Anteil der städtischen Wohnungsunternehmen an der Unterbringung der vordringlich Wohnungsuchenden und der Sozialhilfeempfänger ist verhältnismäßig groß. 1990 hat z. B. die SAGA 63 % aller Neuvermietungen an Not- und Dringlichkeitsfälle vorgenommen. Im Durchschnitt sind rund 30 % aller Neumieter der SAGA Sozialhilfeempfänger.

Die häufig beklagte Politikabhängigkeit des städtischen Wohnungsbestandes ist in der Tat nicht von der Hand zu weisen. Es besteht die Gefahr, daß durch veränderte Mehrheiten auf der Parlaments- und Regierungsebene alle vier Jahre die unternehmerische Strategie des Hauptgesellschafters geändert wird. Die Mieter von SAGA, GWG und WVN haben dies leidvoll erfahren müssen, als nach der Bildung der sozialliberalen Koalition in Hamburg 1987 plötzlich die Forderung nach Veräußerung städtischen Wohnungsbestandes im Regierungslager laut wurde. Erst als die Sozialdemokraten merkten, daß die Umsetzung dieser Forderung einen massenweisen Loyalitätsentzug ihrer Stammwählerschaft zur Folge haben würde, setzten sie im Senat einen strikten Verkaufsstop durch[3]. Dies verweist auf ein weiteres Problem städtischen Wohnungsbesitzes. Nicht nur Fehler und Mängel im Geschäftsgebahren der städtischen Wohnungsunternehmen, sondern auch alle aus wirtschaftlicher Rationalität und sachlichen Notwendigkeiten hergeleiteten Maßnahmen, die Nachteile für die Mieter mit sich bringen, erst recht jede Mieterhöhung, erzeugt bei den Betroffenen politischen Unmut und löst bei den regierenden Parteien die Angst vor dem Verlust von Wählerstimmen aus.

Die Behauptung, daß die städtischen Wohnungsbestände einen schlechteren Instandhaltungszustand aufweisen als Wohnungsbestände privater Gesellschaften, wird im politischen Geschäft durch spektakuläre Presseberichte nachhaltig verbreitet, ohne daß dazu je Untersuchungsergebnisse oder objektive Daten vorgelegt wurden. Dennoch kann nicht bestritten werden, daß

- die SAGA aufgrund ihres großen Wohnungsbestandes in kritischen Lagen (Großsiedlungen) und ihrer Vermietungsverpflichtung auch an "verhaltensauffällige" Mieter erheblich unter Wohnungsverschleiß und Vandalismus leidet,

- GWG und WVN mit der Übernahme der Wohnungsbestände der zuletzt krisengeschüttelten Neuen Heimat auch die dort aufgelaufenen Instandsetzungsrückstände übernommen haben.

Der häufig gerade von Mieterinitiativen erhobene Vorwurf, die jahrelang aus der Instandhaltungspauschale angesammelten Mittel würden nicht voll eingesetzt, ist ungerechtfertigt: die SAGA z. B. hat seit 1981 bis heute rund 330 Mio. DM mehr für Instandsetzungsarbeiten aufgewendet, als sie über die Instandhaltungspauschale mit der Miete eingenommen hat. Auch GWG und WVN haben in den letzten Jahren Zuwendungen erhalten, um über die in der Miete enthaltenen Pauschalen Mittel für die Instandhaltung der Bestände aufwenden zu können.

Auch ein Vergleich mit privaten Vermietern erhärtet den Vorwurf nicht; private haben bei Instandsetzungsmaßnahmen den steuerlichen Entlastungsvorteil durch die Abzugsmöglichkeit von Verlusten aus Vermietung und Verpachtung. Außerdem haben sie einen breiten Gestaltungsspielraum bei der Verbindung von Instandsetzungsmaßnahmen mit mietewirksamer Modernisierung. Hier werden also entweder Fiskus oder Mieter, meist beide geschröpft.

Die bei der SAGA entstehenden Verwaltungskosten pro Wohneinheit liegen mehr als doppelt so hoch, wie die nach der 2. Berechnungsverordnung bei Sozialwohnungen über die Miete abzurechnenden Verwaltungskosten. Abgesehen von der Tatsache, daß nach Ansicht aller Wohnungswirtschaftler die Kostenansätze der 2. Berechnungsverordnung schlicht unrealistisch sind, weicht die SAGA doch in weit stärkerem Maße von diesem Richtwert ab als andere Unternehmen.

Es ist nicht von der Hand zu weisen, daß es in der Vergangenheit bei der SAGA an organisations- und personalwirtschaftlichen Entscheidungen zur Anpassung an moderne Managementsysteme mangelte[4]. Dennoch läßt sich nur ein Teil des überhöhten Kostenaufwands auf ein Effizienzdefizit der SAGA zurückführen. Aufgrund ihrer besonderen Versorgungsverpflichtung haben die städtischen Wohnungsunternehmen einerseits in weit stärkerem Maße als jeder andere Vermieter "soziale Lasten" unserer Gesellschaft zu tragen, andererseits unterliegen sie einer besonderen Erwartungshaltung hinsichtlich ihrer sozialen Leistungsfähigkeit.

Während sich kein privater Vermieter von irgendeiner staatlichen Instanz oder Mieterinitiative vorschreiben ließe, ob und wieviele Sozialarbeiter er für seine Mieter einsetzen muß, mit welchem sozialen Geschick sein Mahn- und Klagewesen vorgehen soll, um Kündigungen zu verhindern, wie oft die Reinigungskolonnen sich durch Hauseingänge und Grünanlagen durcharbeiten müssen, oder wie weit der Aufgabenbereich eines Hausmeisters über die rein technische Instandhaltung auszudehnen sei, wird den städtischen Wohnungsunternehmen all dies zu Recht abverlangt. Letztlich bleibt vom Vorwurf der überteuerten Verwaltung nur die Frage, ob die sozialen Kosten dieser staatlichen Daseinsvorsorge über das Wohnungsunternehmen, die Sozialbehörde oder einen freien Träger abgewickelt werden.

Und noch ein weiterer Kostenfaktor ist anzuführen: die SAGA und die frühere Neue Heimat Nord - also die Wohnungsbestände der heutigen GWG - waren Spitzenreiter in Hamburg, was die Teilnahme an Forschungsvorhaben des BM-Bau, an Studien- und Modellvorhaben, an Forschungsarbeiten der Hamburger Universität oder TU-Hamburg-Harburg oder sonstigen Untersuchungen und Projekten betrifft. Die vielfältigen Forschungsergebnisse zur Verbesserung der Mietermitwirkung, der Bestandsverwaltung, des Wohnungsbaus, der Wohnungsbelegung und der Sozialarbeit betreffen also fast ausschließlich jene großen kommunalen oder ehemals gemeinnützigen Wohnungsunternehmen, wogegen Anforderungen dieser Art an private Vermieter praktisch nicht gerichtet werden.

Im Zusammenhang mit der Kritik an den städtischen Wohnungsunternehmen ist von verschiedenen Seiten der Vorschlag gemacht worden, große Teile des städtischen Wohnungsbestandes in Mietergenossenschaften zu überführen. Interessanterweise hat es bei dieser Forderung eine ungewöhnliche Koalition von Grün-Alternativen und "Wirtschaftsliberalen" gegeben. Die Sozialdemokraten als traditioneller Verbündeter der Selbsthilfe- und Genossenschaftsbewegung sahen sich hier unter Druck gesetzt.

Ziel der Wohnreformbewegung der zwanziger Jahre war es, die Wohnung aus ihrem Charakter als Ware auf dem Markt weitgehend herauszulösen und einen möglichst großen staatlichen und genossenschaftlichen Wohnungssektor zu schaffen. Es hat keinen Sinn, die Genossenschaftsidee gegen den staatlichen Wohnungsbestand auszuspielen. Beide erfüllen durchaus unterschiedliche Funktionen in einer Gegenmachtstrategie zum freien Markt.

An Genossenschaftsgründungen werden früher wie heute hohe Anforderungen gestellt: sie müssen durch die Initiative und stete Mitarbeit der Gründer und zukünftigen Nutzer getragen werden, sie erfordern einen relativ hohen Eigenkapitaleinsatz und es muß die Bereitschaft und die Fähigkeit der Bewohner zur Übernahme von Eigenleistungen vorhanden sein. Aus diesen Vorhaben resultiert zwangsläufig, daß Genossenschaften immer auch "closed shops" sind, d. h. sie sind nicht in der Lage, im gleichen Maße wie städtische Wohnungsunternehmen zur Versorgung von einkommensschwachen und sozial benachteiligten Bevölkerungsschichten beizutragen. Deshalb wäre es falsch, große Teile des städtischen Wohnungsbestandes in genossenschaftliches Eigentum umzuwandeln. Dies würde langfristig die Dispositionsmasse für die staatliche Wohnungsversorgung in gleicher Weise reduzieren, wie dies durch die Veräußerung an Private geschehen wäre.

Damit ist nicht ausgeschlossen, daß in einigen Wohnanlagen, die sich durch eine relativ homogene Mieterschaft auszeichnen und ein besonderes, historisch gewachsenes Verhältnis zwischen Bewohnern und Bausubstanz aufweisen, die Übertragung an Mietergenossenschaften durchaus sinnvoll ist. Dann ist aber jedenfalls das Modell der Mieterselbstverwaltung in Form einer Verwaltungsgenossenschaft aus mehreren Gründen einer eigentumsrechtlichen Übertragung der Bestände vorzuziehen.

Die gestiegene Nachfrage auf dem Wohnungsmarkt, die zunehmende Wohnungsnot breiter Schichten der Bevölkerung und die Verdrängung der Einkommensschwachen in die öffentlich geförderten und kommunalen Wohnungsbestände sorgen im Moment für "Vollvermietung" und relativ geringe Fluktuationsraten bei den städtischen Wohnungsunternehmen. Aus dieser Situation resultiert die Gefahr, daß struktuelle Defizite in den Unternehmen und in den Wohnungsbeständen, über die Mitte der achtziger Jahre aufgrund von Vermietungsschwierigkeiten nachgedacht wurde, wieder verdrängt werden. In einem wirtschaftspolitischen Klima der Deregulierung können die städtischen Wohnungsunternehmen nur überleben, wenn sie über die optimale Wahrnehmung ihres Versorgungsauftrages und betriebswirtschaftliche Konsolidierung ihre Akzeptanz in der Öffentlichkeit langfristig ausbauen und sichern können. Die dafür erforderlichen Schritte sind in Hamburg bereits in der letzten Legislaturperiode eingeleitet worden:

- Schaffung effektiver Organisationsstrukturen bei der SAGA,
- eine dezentrale und mieternahe Wohnungsverwaltung, d. h. Übertragung der Vermietungs- und Verwaltungstätigkeiten auf regional zugeordnete Geschäftsstellen (bei der GWG bereits umgesetzt, bei der SAGA im Aufbau begriffen),
- Ausdehnung der Möglichkeiten und Angebote für Mietermitwirkung durch institutionalisierte Mietervertretungen und Kooperation mit Mieterinitiativen.

Bei den städtischen Wohnungsgesellschaften sollen Mietervertretungen gebildet werden, die ein umfassendes Informationsrecht über alle Aufzeichnungen und Unterlagen erhalten, die der Mietkalkulation zugrunde liegen, und zudem Mitwirkungsrechte bei Instandhaltung, Modernisierung und Wohnumfeldverbesserungen haben.

Am Beginn der neuen Legislaturperiode sollten noch weitere Weichenstellungen erfolgen:

- eine Grundsatzentscheidung über die Kosten- und Leistungsträger für soziale Betreuungsleistungen und sozial bedingte Kosten in problematischen Wohnanlagen,
- weitere Kapitalzuführung für die Abarbeitung des Instandsetzungsrückstands,
- Wiedereinstieg der städtischen Unternehmen in den Wohnungsneubau.

Gerade zum letzten Punkt hat es in der vergangenen Legislaturperiode eine unüberbrückbare Differenz zwischen den Koatitionspartnern gegeben. Die damals von den Liberalen vertretene Auffassung, die städtischen Gesellschaften, insbesondere die SAGA, sollten sich zunächst organisatorisch-wirtschaftlich konsolidieren, bevor sie wieder an Neubauprogrammen teilnehmen dürften, war insofern kontraproduktiv, weil gerade durch den Verzicht auf Wohnungsneubau zumindest ein Teil der strukturellen Probleme resultiert und - behielte man diese Politik bei - sich potenzieren würde:

- Die Schließung der Neubauabteilungen reduzierte auch den technischen Sachverstand in den Unternehmen und hat damit auch Auswirkungen auf die Qualität der Wohnungsverwaltung;
- ohne den Zugang von Neubauwohnungen verschlechtert sich die Alters- und Qualitätsstruktur des Wohnungsbestandes und damit die gesamte Rentabilität.

Angesichts der noch zunehmenden Versorgungsprobleme auf dem Wohnungsmarkt, der absehbaren Zuwanderung und der Zuspitzung sozialer Probleme wird der städtische Wohnungsbestand in Hamburg in den nächsten Jahren noch an Bedeutung gewinnen. Dann wird sich zeigen, wie wichtig es war, daß die Stadt die 41.000 NH-Wohnungen erworben hat.

Anmerkungen

1 Die von der NH-Nord, der NWDS und der BGI angekauften Wohnungen und Grundstücke wurden 1989 auf 2 städtische Gesellschaften verteilt. Die zunächst noch gemeinnützige GWG übernahm rd. 31.000 überwiegend öffentlich geförderte Wohnungen zur langfristigen Bewirtschaftung. Die WVN erhielt die Aufgabe, die unbebauten Grundstücke und rd. 10.000 überwiegend frei finanzierte oder kurzfristig aus der Sozialbindung entlassene Wohnungen zu veräußern.

2 Vgl. Ernst Wolowicz, Zwischen Staatsintervention und freiem Spiel, in: Christian Ude (Hg.), Wege aus der Wohnungsnot, 1990, S. 13 ff.

3 Nach der Zuspitzung der Lage auf dem Hamburger Wohnungsmarkt, heftigen Mieterprotesten und Auseinandersetzungen innerhalb der sozialliberalen Koalition beschloß der Senat im Juli 1990: "Der Verkauf städtischer Wohnungen und von Wohnungen städtischer Unternehmen wird nicht weiter verfolgt. Denkbare Genossenschaftsgründungen sind hiervon nicht betroffen. Kleinere städtische Objekte sind von diesem Beschluß ausgenommen."

4 Bei der SAGA beträgt das Verhältnis "Mitarbeiter zu verwalteten Wohnungen" 1:115, bei der GWG 1:150.

Anhang

Neue Zukunft im Herzen Europas
Sozialdemokratisches Hamburg-Programm 1991 - 1995 (Auszug S. 15 ff.)

Darüber hinaus geht es vor allem darum, Baulücken zu schließen und den preiswerten Wohnungsbestand zu erhalten. Wir werden uns auch dabei verstärkt um die Versorgung einkommensschwächerer Gruppen kümmern.

Die Zweckentfremdung von Wohnungen wird auch künftig so restriktiv wie möglich gehandhabt. Den Verkauf städtischer Wohnungen halten wir für die falsche Antwort auf den neuen Wohnungsmangel in Hamburg. Verkauf kommt deshalb für uns nicht in Frage. Diese Leitentscheidung unseres Bürgermeisters im Interesse der Mieterinnen und Mieter in Hamburg ist nach viel Zank in der Koalition akzeptiert worden und gilt auch in der kommenden Wahlperiode.

Im Einklang mit den Mietern unterstützen wir jedoch tragfähige Genossenschaftsgründungen. Wir sehen hierin einen bürgennahen Weg zur Erhaltung preiswerten Wohnraums. Wenn die Mieter diesen Weg gehen und den wirtschaftlich nötigen Eigenbeitrag aufbringen wollen, haben sie unsere Unterstützung.

Die Mieter der städtischen Wohnungsunternehmen haben aber ein Recht darauf, solche Entscheidungen nicht unter dem Druck von Verkaufsabsichten, sondern auf der Grundlage solider, langfristiger und verläßlicher unternehmerischer Konzepte und bei umfassender Information über Vorteile und Risiken treffen zu können.

Bei den städtischen Wohnungsgesellschaften sollen Mietervertretungen gebildet werden, die insbesondere bei Instandhaltung, Modernisierung und Wohnumfeldverbesserungen der Wohnanlagen Mitwirkungsrechte haben.

Im Interesse eines ausreichenden, sozialverpflichteten Wohnungsangebotes in Hamburg haben wir die Zahl städtischer Wohnungen auf 140.000 gesteigert. Dies war dringend nötig, weil die Bundesregierung in Bonn die Wohnungs-Gemeinnützigkeit abgeschafft und der heutigen falschen Entwicklung auf dem Wohnungs-Sektor bundesweit - besonders in den Ballungsgebieten - Tür und Tor geöffnet hatte. Es war deshalb richtig, 41.000 Wohnungen hinzuzukaufen. Und ein gutes Geschäft war es wegen der gestiegenen Werte auch. Um die jetzigen 140.000 städtischen Wohnungen weiter zu modernisieren und, wo es nötig ist, instandzusetzen, sollen 350 Mio. DM zur Verfügung stehen. Die städtischen Wohnungsunternehmen müssen finanziell und organisatorisch so strukturiert sein, daß sie dauerhaft und langfristig preiswerten Wohnraum für breite Bevölkerungsschichten bereitstellen und die Versorgung dringlich Wohnungssuchender sicherstellen können. Wir haben 1990 wichtige Grundlagen einer Konsolidierung der Unternehmen geschaffen. In der kommenden Legislaturperiode werden wir sie weiter reformieren, hin zu

- effektiveren Organisationsstrukturen,
- dezentraler und mieternaher Wohnungsverwaltung,
- mehr Mieterbeteiligung.

Allerdings wird es uns nicht möglich sein, die Wohnungsprobleme in unserer Stadt auf Dauer gegen den Bund zu lösen. Auch Durchschnittsverdiener müssen es sich leisten können, in einer Großstadt zu wohnen. Neue Mietgesetze braucht das Land. Unsere Vorschläge liegen auf dem Tisch.

Die Hamburger SPD wird deshalb - gemeinsam mit den anderen SPD-geführten Ländern - für ein Bundesgesetz streiten, das u. a. die Halbierung der Grenze für Mieterhöhungen im Drei-Jahres-Zeitraum auf 15 %, die Abschaffung der Staffelmieten und die Einschränkung von Eigenbedarfskündigungen vorsieht. Dafür muß es eine Mieter-Mehrheit im gesamtdeutschen Bundestag geben.

Können gesellschaftlich und ökonomisch ausgegrenzte Gruppen über kommunale Wohnungsbestände versorgt werden?

Jürgen Evers / Wolfgang Pickert

Das Thema "Können gesellschaftlich und ökonomisch ausgegrenzte Gruppen über kommunale Wohnungsbestände versorgt werden?" reizt sehr zu einer provokativen Antwort. Ja! Sie können! Denn wir wissen sehr genau, daß Armut der Grund für das Wohnproblem ist und daß es so etwas wie "Wohnunfähigkeit" nicht gibt!

Im Sinne der Fragestellung soll die Situation der betreffenden Gruppierungen im Wohnungsmarkt an Hand von acht Thesen verdeutlicht werden:

1. Die Unterversorgung mit menschenwürdigem Wohnraum, die Armut des Wohnens entspricht der zunehmenden Spaltung des Wohnungsmarktes.
2. Die Spaltung der Wohnungsversorgung trennt zwangskollektive Wohnformen mit fehlender Privatheit, geringem oder nicht vorhandenem Mieterschutz etc. von individuellen Wohnformen, die höhere Wohnstandards aufweisen.
3. Staat, Markt und Wohlfahrtsverbände sind Sektoren der Wohnungs- bzw. Unterkunftsversorgung, die nach unterschiedlichen Prinzipien, aber am Ende mit dem gleichen Resultat arbeiten: dem Ausschluß eines Teils der Bürger von normaler Wohnraumversorgung.
4. Der Ausschluß vollzieht sich über Zuschreibung von Wohnungsunfähigkeit, über Mieterdiskriminierung und verminderte Mietzahlungsfähigkeit.
5. Gleichzeitig leben immer mehr Menschen in größeren Wohnungen, steigt die Eigentumsquote und wachsen die Selbstbestimmungsansprüche und z. T. auch Möglichkeiten der Mieter.
6. An dieser Entwicklung hat die abgespaltene Wohnarmut nicht teil. Vielmehr wird sie mehr und mehr von der normalen Wohnungsversorgung abgekoppelt. Dies geschieht über Prozesse der zunehmenden Ghettoisierung, sowie über die Geltung von Sonderrechten im Bereich der zwangskollektiven Unterkunftsformen (Nutzungsverträge, befristete Mietverträge, Heim- und Anstaltsrecht etc.).
7. Das kollektive Sonderwohnen ist inhuman, zu teuer und ineffektiv. Deshalb müssen alle Bürger in zwangskollektiven Unterkünften und sogenannten Billighotels mit normalen, menschenwürdigen Wohnungen versorgt werden.
8. Dies kann nur erreicht werden, wenn Bund und Länder eine Politik der systematischen Auflösung zwangskollektiver Unterbringungsformen betreiben. Dies bedarf einer aktiven Wohnungspolitik, die wieder den sozialen Wohnungsbau fördert. Die Politik der radikalen Liberalisierung (Deregulierung) des Wohnungsmarktes ist gescheitert.[1]

Beispielhaft für die oben beschriebenen Abspaltungsprozesse soll hier die Situation alleinstehender Wohnungsloser angeführt werden: "Nur die unsichtbare, aber eiserne Hand des Marktes greift umsichtig ein. Zwischen dem allgemeinen Wohnungsmarkt und dem Markt der öffentlich verwalteten Notunterkünfte und den wohlfahrtsverbandlich geführten Heime, schiebt sich - gelockt von hohen Renditen - ein wachsender, von knallharten Kommerzinteressen diktierter schwarzer Wohnungsmarkt von Billigpensionen und -hotels, menschenunwürdigen Absteigen. Dort verschwindet nun wieder einmal die Nachfrage alleinstehender Wohnungsloser, die offiziell nicht vorhanden ist, wie in einem schwarzen Loch."[2]

Gesellschaftliche und ökonomische Ausgrenzung - und damit auch Ausgrenzung aus dem Wohnungsmarkt - ist durch empirische Untersuchungen der letzten 15 Jahre als Folge materieller und immaterieller Verarmungsprozesse belegt. Die exakte Kategorisierung gerade der materiellen Armut ist bis zum heutigen Datum nicht abgeschlossen. Ohne an dieser Stelle eine umfangreiche Erörterung über Armutsdefinitionen zu führen, seien zwei prägnante Zitate angeführt. Baumann: "Wer von Armut spricht, redet auch über den Reichtum, denn wo es keinen Reichen gibt, wird man auch keinen Armen finden. Armut und Reichtum sind wechselseitig aufeinander bezogen, ihre Ursache liegt in einem: sie sind Resultat der gesellschaftlichen Verteilung von Lebensbedingungen und Gütern. Armut entsteht aus und in bestimmbaren sozialen Prozessen und ist nicht als wie auch immer geartete unveränderliche, schicksalhafte Gefährdung menschlicher Lebenstätigkeit schlechthin zu betrachten."[3]

Viele reden von Armut meistens nur in Verbindung mit Einkommen. Dies ist zwar nicht falsch; für die von Armut betroffenen Menschen bedeutet dies aber viel mehr. Darauf weist Helena Manos zu Recht hin, indem sie ausführt: "Armut bedeutet zugleich materielle Entbehrungen, allseitige Reduzierung von Möglichkeiten, Machtlosigkeit im weitesten Sinne des Wortes."[4]

Aus den Zitaten wird deutlich, daß ökonomische und gesellschaftliche Ausgrenzung nicht voneinander zu trennen sind, beide Prozesse bedingen sich wechselseitig. Sie sind darüber hinaus nicht ohne die in der Bundesrepublik Deutschland und besonders in Hamburg zu registrierende Armutsentwicklung zu begreifen und zu erklären. Deshalb sei kurz etwas zur Armutsentwicklung in unserer Stadt gesagt. Aufgrund der im Armutsforschungsbereich äußerst schlechten Datenlage wird sich dies allerdings auf die Einkommensentwicklung konzentrieren müssen.

Einkommensentwicklung

Die bundesweit bei der Entwicklung der Einkommen zu registrierende "Schere zwischen arm und reich" ist auch in Hamburg deutlich sichtbar: Einer kontinuierlichen Steigerung der mittleren, guten und Spitzeneinkommen steht eine Abkoppelung von immer mehr Haushalten, die mit rapiden Abnahmen ihrer Einkommen konfrontiert sind, von dieser Entwicklung entgegen. Während zum Beispiel 1980 die "untere Hälfte" der Steuerpflichtigen noch über 20 % des Gesamteinkommens verfügen konnte, betrug ihr Anteil 1983 nur noch 16 %.[5] Eine neuere Auswertung der Einkommenssteuerstatistik und einer daraus abzuleitenden Einkommensentwicklung liegt für Hamburg leider immer noch nicht vor. Aber auch ohne das Vorliegen exakter Daten kann in Hamburg von einem besonders deutlichem Auseinanderklaffen der Einkommensentwicklung zwischen den verschiedenen Bevölkerungsgruppen gesprochen werden, wenn man die allgemeine Entwicklung der Einkommensstruktur in der Bundesrepublik Deutschland in Verbindung mit der Entwicklung der sozialen Infrastrukturdaten speziell in Hamburg sieht. So kommt auch das GEWOS-Institut zu folgendem Ergebnis: von den 826.000 Hamburger Haushalten bilden 325.000 die Gruppe der Haushalte mit niedrigem Einkommen, d. h., daß diese Gruppe zum unteren Drittel der Einkommensverteilung gemessen an der jeweiligen Haushaltsgröße gehört (Bezugsrahmen: die Einkommemnsgrenzen im öffentlich geförderten Wohnungsbau nach § 25 II WoBauG).[6]

Bisher noch nicht detailliert betrachtet wurden die Struktur und die Entwicklung der Einkommen in der Gruppe der Bezieher von Transfereinkommen. Insbesondere bei den Beziehern von Arbeitslosengeld, Arbeitslosenhilfe und Sozialhilfe ist ein starker zahlenmäßiger Anstieg in den Jahren 1986 bis 1989 zu registrieren. Dabei ist eine Verfestigung derjenigen Gruppe, die bereits über längere Zeiträume in Abhängigkeit von diesen Transferleistungen leben mußte, deutlich zu erkennen. Dazu einige Daten:

Die offizielle Zahl der vom Hamburger Arbeitsamt als arbeitslos registrierten Menschen beträgt derzeit rd. 70.000. Da ein hoher Teil der Menschen, die tatsächlich ohne Arbeit sind, in der offiziellen Arbeitslosenstatistik des Arbeitsamtes nicht enthalten ist, muß real von einer wesentlich höheren Zahl ausgegangen werden. Doch auch in der offiziellen Statistik liegt Hamburg mit einer Arbeitslosenquote von 8 % immer noch über dem Bundesdurchschnitt von 6,4 %.[7] In einigen Hamburger Stadtteilen waren vor einem Jahr darüber hinaus extrem hohe (offizielle) Arbeitslosenquoten zu verzeichnen, so z. B. in St. Pauli, St. Georg und Billbrook bis zu 55,9 % und in Altona, Veddel, Neustadt und Dulsberg bis zu 22,5 %.[8]

Ähnliche Entwicklungen sind für den Bereich der Sozialhilfe zu identifizieren: "147.000 HamburgerInnen beziehen Sozialhilfeleistungen ... (ohne die Berücksichtigung der verschämten Armen - die Dunkelziffer wird auf 50 % geschätzt). Die Sozialhilfedichte liegt in Hamburg mit 85 Sozialhilfeempfängern pro 1.000 Einwohner weit über dem entsprechenden Durchschnitt für das Bundesgebiet (49 Empfänger). Gerade in den letzten 8 Jahren ist die Sozialhilfedichte erheblich angestiegen (1980: 58)."[9]

Relevant in diesem Zusammenhang ist der Tatbestand, daß bei einer sozialräumlichen Betrachtungsweise des gesamten Hamburger Stadtgebietes diejenigen Stadtteile mit den höchsten Arbeitslosenquoten auch bei der Sozialhilfedichte führend sind.[10] Aus allen Untersuchungen zu den Ursachen von Obdachlosigkeit geht eindeutig hervor, daß sie im wesentlichen auf den Faktor "materielle Armut" zurückzuführen ist. Die infolge der Einkommensarmut auftretenden Mietschulden führen zu Räumungsklagen, die immer noch häufigste Ursache der Obdachlosigkeit sind.[11]

Wir können zusammenfassen:
Aufgrund der bisher dargelegten Entwicklung von Armut und Wohnungsnot ist es nicht verwunderlich, daß in Hamburg immer mehr Menschen zu verzeichnen sind, die überhaupt keine Wohnungen haben. Nach einer Aufstellung des Hamburger Mietervereins "Mieter helfen Mietern" für den "Arbeitskreis Wohnraumversorgung" sind dies zur Zeit ca. 43.254 Menschen.[12] In dieser Zahl sind all diejenigen Personen erfaßt, die in irgendeiner Art und Weise in Ersatzunterkünften untergebracht sind. Enthalten ist ebenfalls die Schätzung einer Dunkelziffer von Menschen, die auf der Straße und/oder in Abbruchhäusern leben oder vorübergehend bei Freunden oder Bekannten unterkommen.

Für viele dieser Menschen gibt es zur Zeit, aber auch perspektivisch, praktisch keine Möglichkeiten, zu einer Wohnung zu gelangen. Dabei verteilen sich die Chancen weiterhin für die betroffenen Gruppen sehr unterschiedlich in dem Sinn, daß die schwächsten Gruppen, die außerdem mit den größten Vorurteilen belegt sind, am Ende der langen Warteschlange stehen.

Diese "Hierarchisierung" der Armen und Wohnungslosen führt bereits zu Konflikten und Aggressionen zwischen den unterschiedlichen Gruppen der Ausgeschlossenen, wie Beratungsstellen und Einrichtungen freier Träger und Verbände berichten. Ebenfalls ist bereits heute eine starke Marginalisierung einiger Personengruppen in der Obdachlosigkeit zu verzeichnen. Verweildauer von bis zu 1 Jahr und mehr wird für das "Klientel" vieler Beratungsstellen und Einrichtungen der unterschiedlichen Arbeitsfelder mehr und mehr zur Selbstverständlichkeit.

Was ist zu tun?

Aufgrund der Spaltung des Wohnungsmarktes und der verdeutlichten Verarmungsprozesse lassen sich weitere Segmentierungen des Wohnungsmarktes befürchten, und zwar in:
- den individuellen Sektor,
- den zwangskollektiven Sektor der Wohlfahrt,

- den zwangskollektiven kommerziellen Sektor der Ausbeuter, Profiteure und Zuhälter, und
- den Sektor der "Freiheit des offenen Wohnens und Erfrierens auf der Straße" - wie dieser Zustand zynisch benannt werden kann.

Das weitere Fortschreiten der rapiden Aufteilung der Stadt in arm und reich läßt für bestimmte Stadtbereiche den weiteren Weg der Verslumung vorzeichnen. Sie werden sich dann von den oben aufgeführten zwangskollektiven Wohnformen nicht mehr deutlich abheben.

Diese drastische Zunahme zwangskollektiver und aussichtsloser Wohnformen ist nicht nur inhuman und teurer, sie bedeutet auch eine Bankrotterklärung des Sozialstaatspostulats. Alle Entwicklungen und Daten weisen daraufhin, daß die jetzige Situation der Ausgegrenzten noch lange nicht das Ende gesellschaftlicher Ausgrenzungen bedeutet. Von daher ist mit weiterer Polarisierung und Zuspitzung zu rechnen. Erkenntnisse insbesondere aus der Geschichte der Obdachlosenhilfe und aus der Geschichte der Massenarbeitslosigkeit in der Bundesrepublik Deutschland weisen eindeutig darauf hin, daß Abspaltungen über eine bestimmte Intensität und Dauer hinaus zu dauerhaften Verfestigungen auf Seiten der Abgespaltenen führen. Von daher sind alle Versuche, die auf ein Installieren und Akzeptieren weiterer Provisorien gerichtet sind, im Sinne des Sozialstaatspostulats entschieden abzulehnen. Der Staat mit all seinen Gebietskörperschaften kann nicht aus der Verantwortung gelassen werden. Dies hätte fatale und dauerhafte Folgen für die von der momentanen Ausgrenzung besonders hart getroffenen Menschen.

Um die Integration aller von Ausgrenzung betroffenen Menschen in den normalen Wohnungsmarkt zu erreichen, bedarf es einer grundsätzlichen und umfassenden Umorientierung kommunaler Wohnungspolitik, die ihre Sozialverpflichtung dadurch wahrnimmt, daß sie vorrangig ausreichenden Wohnraum für marginalisierte Bevölkerungsgruppen bereitstellt. Aufzugeben ist daher z. B. die in Hamburg immer noch vorzufindende individualisierende, diskriminierende und willkürliche Anerkennungs- und Vergabepraxis von Wohnungen an Dringlichkeitsfälle, die in der derzeit vorzufindenden Form einen aktiven Beitrag zur weiteren Verfestigung der abgespaltenen Wohnungsarmut leistet, wie eine Untersuchung von Günter Liebers belegt[13].

Einige grundsätzliche Empfehlungen zur Gestaltung der Hamburger Wohnungspolitik

Die zur Zeit zu beobachtende konfuse und partielle Begegnung der Wohnungsnot ist umgehend zu ersetzen durch die Erarbeitung und Umsetzung eines Leitplanes "Wohnen in Hamburg", der sich durch eine eindeutige "soziale Orientierung und

Prioritätensetzung" auszeichnet. Eine alleinige Zuständigkeit der Baubehörde hat sich aufgrund bisheriger Erfahrungen als nicht ausreichend erwiesen, um die notwendigen sozialen Aspekte hinreichend zur Geltung zu bringen. Von daher ist eine gleichberechtigte Beteiligung der Sozialbehörde und erfahrener verwaltungsexterner Institutionen zwingend erforderlich.

Dieser Leitplan "Wohnen in Hamburg" hat
- Entwicklungslinien der Neuplanung,
- Ausweisung von Wohnungsbauflächen,
- neue Realisierungsmethoden und Instrumente,
- städtische Bauformen,
- Planungsprozesse unter Bürgerbeteiligung,
- Einsatz ökologischer Bauweisen und kostensenkender Bauabwicklungen sowie
- die Berücksichtigung neuer Wohnformen

kontinuierlich fortzuschreiben.[14]

Für den Bereich Neubau würde dies unter anderem bedeuten:
Da sozialer Wohnungsbau mit den herkömmlichen Finanzierungssystemen kaum noch zu realisieren ist, weil er eine endlose Lawine von Nachsubventionen nach sich zieht, ist er künftig in kommunaler Regie zu betreiben und als Infrastrukturleistung - wie andere Infrastrukturleistungen auch - aus Haushaltsmitteln der öffentlichen Hand zu finanzieren. Die Entwicklung neuer Finanzierungsinstrumente im sozialen Wohnungsbau ist unumgänglich[15].

Für den Bereich der Bestandssicherung bedeutet dies unter anderem: Wohnungsbestandssicherung muß eines der Hauptaugenmerke in der Hamburger Wohnungspolitik werden. Neu zu entwickelnde Verwaltungs- und Bewirtschaftungsinstrumente, z. B. die Stiftung in Gründung "Sozial Wohnen - Selbst Verwalten", sind von der Freien und Hansestadt Hamburg zu fördern.[16]

Im Rahmen der Sicherung preiswerter Wohnungsbestände muß die Anwendung der Erhaltungssatzung nach § 172, Absatz 1, Nummer 2 Baugesetzbuch sowie das Ausüben von Vorkaufsrechten durch die Kommune Priorität haben.[17]

Die Einnahmen der Fehlförderungsabgabe sind von der Freien und Hansestadt Hamburg gezielt durch Ausübung von Vorkaufsrechten, Erwerb von Belegbindungen, Förderung von Mietermodernisierungsprogrammen im Wohnungsbestand zu verwenden. Zur Abwendung der akuten Probleme im Komplex der Obdachlosigkeit wird der Abschluß eines Vertrages zwischen der Freien und Hansestadt Hamburg und den Wohnungsunternehmen angeregt, durch den im Ergebnis ein Kontingent von 3.000 Wohnungen ausschließlich für die Unterbringung akut Obdachloser zur Verfügung steht.

In den bereits erwähnten Untersuchungen zu den ursächlichen Faktoren für das Entstehen von Obdachlosigkeit sind vorwiegend sozioökonomische Tatbestände ermittelt worden. Danach gibt es typische Problemkonstellationen, die ein hohes Risiko für Haushalte zur Folge haben, obdachlos zu werden. Mittelpunkt dieser typischen Problemkonstellationen sind in der Regel unzureichende Einkommensverhältnisse.[18]

Ein präventives Konzept zur Verhinderung von Obdachlosigkeit[19] muß die Beseitigung genau dieser Problemkonstellationen auf den Handlungsebenen

- Mietschuldenbeseitigung,
- Einkommenssicherung,
- Abbau von Überschuldung,
- Haushaltsberatung und
- persönliche Beratung

zum Ziel haben.

Ein umfassendes präventives Gesamzkonzept zur Verhinderung von Obdachlosigkeit setzt die Einrichtung von Fachstellen, welche die alleinige und abschließende Entscheidungskompetenz im Bereich der Wohnungssicherung und Wohnungsbeschaffung haben, voraus. Die Fachstellen sind räumlich dezentral einzurichten und sollen im Rahmen der aufsuchenden Sozialarbeit die Dunkelzifferproblematik im Sozialleistungssystem erfolgreich bearbeiten. Fachstellen zur Verhinderung von Wohnungslosigkeit sind mit Belegungskontingenten auszustatten, aus denen im Falle eines nicht aufhaltbaren Wohnungsverlustes im Einzelfall vermittelt werden kann.[20]

Für sozial besonders benachteiligte und belastete Stadtteile sind gesonderte Stadtteilentwicklungs- und -erneuerungskonzepte zu entwickeln, die als kombinierte und integrierte Planungs- und Finanzierungsprogramme bezeichnet werden können. Solche Ansätze sind von Ilona Anders in ihrem Artikel "Stadterneuerung und Beschäftigung" in der Ausgabe 1/90 der Zeitschrift "Standpunkt: Sozial" ausführlich dargestellt worden.[21]

Fazit: **Politik ist gefragt - nicht Sozialarbeit!**

Anmerkungen

[1] Specht, Thomas: Spaltung im Wohnungsmarkt - Die unsichtbare Armut des Wohnens in der Bundesrepublik. Zusammenfassung des Beitrages in 8 Thesen, in: Arbeitskreis Soziale Fragen der Patriotischen Gesellschaft von 1765 (Hrsg.): Verhinderung von Obdachlosigkeit in Hamburg, Dokumentation der Fachtagung am 25.9.1989, Hamburg 1989, S. 35 f. Der ungekürzte Beitrag ist soeben (11/90) erschienen in: Döring, Diether, Hanesch, Walter und Huster, Ernst-Ulrich (Hrsg.): Armut im Wohlstand, Frankfurt am Main (edition suhrkamp 1595) 1990, S. 227-243.

[2] Specht, Thomas: Ohne Wohnsitz auf der Straße - Durchsetzung von Sozial- und Wohnungshilfen für alleinstehende Wohnungslose, S. 6 f., in: Dokumentation der Fachtagung Wohnraumversorgung für Bürger mit geringem Einkommen vom 17.-18.11.1988 in Hamburg, zu beziehen über: Evangelische Arbeitsgemeinschaft Gefärdetenhilfe Hamburg, c/o Tagesaufenthaltsstätte Bundesstr. 101, 2000 Hamburg 13.

[3] Baumann, Walter: Die im Schatten leben. Armut und Lohnabhängigkeit in der Bundesrepublik, Pahl-Rugenstein, Köln 1982, S. 9.

[4] Manos, Helena: Thesenpapier zu Armut und Reichtum anläßlich einer Diskussionsveranstaltung des Hamburger Institutes für Sozialforschung im Januar 1987, unveröffentlicht.

[5] Vgl. Plum, Wolfgang: Veränderungen der Vermögens- und Einkommenskonzentration sowie der sozioökonomischen Position von Gebietseinheiten in Hamburg zwischen 1980 und 1983. Eine Auswertung der Steuer- und Sozialhilfestatistiken, Diskussionspapier 1988-1 des Hamburger Instituts für Sozialforschung, Hamburg 1988.

[6] GEWOS GmbH, Michael Sachs, Hamburg 1988.

[7] Zahlenangaben beziehen sich auf Ende Oktober 1990 und sind der Presse Anfang November 1990 entnommen.

[8] Vgl. Freie und Hansestadt Hamburg, Behörde für Arbeit, Gesundheit und Soziales, Referat für Aufgaben- und Ablaufplanung (Hrsg.): "Planung aktuell", Erwerbslosigkeit in Hamburg, Hamburg im Mai 1990.

[9] Mutschler, Roland: Zur Krise der Wohraumversorgung in Hamburg, in: standpunkt: sozial, Hamburger Forum für Soziale Arbeit, Heft 1, März 1990, S. 12.

[10] Freie und Hansestadt Hamburg, a.a.O.

[11] Vgl. vor allem: Deutscher Verein für öffentliche und private Fürsorge: "Grundlagenpapier zur Fachtagung Wohnungsverlust und Obdachlosigkeit - Hilfe für davon betroffene und bedrohte Menschen." Ergebnisse ausgewählter sozialwissenschaftlicher Untersuchungen, Frankfurt 1989; Koch, Franz: Ursachen von Obdachlosigkeit, Düsseldorf 1984, und: Plattner, W., Plaschke, A., Hodapp, A., Schlösser, O.: Mieter in der Krise, Berlin 1985.

[12] Assmus, Karin: Zusammenstellung von Wohnungsmarktdaten des Hamburger Mietervereins "Mieter helfen Mietern" für den Arbeitskreis Wohnraumversorgung, Hamburg 1.7.1990.

[13] Liebers, Günter: Belegungsbindungen - Verwaltete Wohnungsnot. Verlag für wissenschaftliche Publikation, Darmstadt 1991.

[14] Vgl. Koalitionsvereinbarungen zwischen SPD und GRÜNEN in Frankfurt am Main.

[15] Vgl. Schroeders, Peter: Der ökonomische und soziale Kollaps des sozialen Mietwohnungsbaus oder die Notwendigkeitkeit zur Neustrukturierung der Wohnungsbauförderung, in: Ambulante Hilfe Hamburg e. V. (Hrsg.): Leitlinien und Perspektiven für die Wohnungspolitik der 90er Jahre in Hamburg, Hamburg 1989, S. 69-85, auch in leicht veränderter Form veröffentlicht in: standpunkt: sozial, Heft 1, a.a.O., S. 19-24.

[16] Vgl. hierzu: Müller, Ingeborg: "Sozial Wohnen - Selbst Verwalten" - Ein Stiftungsmodell, in: Ambulante Hilfe Hamburg e. V. (Hrsg.): Leitlinien ..., a.a.O., S. 95-100.

[17] Wie es z. B. in Nürnberg praktiziert wird.

[18] Vgl. die Literaturangaben unter Anmerkung 11 und die Ausführungen von Mutschler, Roland: Verhinderung von Wohnungslosigkeit in Hamburg, in: standpunkt: sozial, Heft 1, a.a.O., S. 37-43.

[19] Eine ausführlichere Darstellung erfolgt bei Mutschler, Roland: Verhinderung ..., a.a.O.

[20] Vgl. ebenda.

[21] Anders, Ilona: Stadterneuerung und Beschäftigung - Ansätze für eine sozial- und beschäftigungsorientierte Stadterneuerung, in: standpunkt: sozial, Heft 1, a.a.O., S. 44-49.

Wirtschaftliche und gesellschaftliche Umstrukturierungen und Grenzen kommunaler Wohnungsbestandspolitik

Jens S. Dangschat

Das Wohnen in innenstadtnahen Wohnquartieren hat sich in den letzten 20 Jahren stark verändert: Die "unwirtlichen" Gegend, in der man keine Kinder großziehen könne, die man - den sozialen Aufstieg symbolisierend - rasch zu verlassen habe, ist nun gekennzeichnet durch fein herausgeputzte Jugendstilfassaden und lange Warteschlangen bei der Wohnungsbesichtigung. Der Preis ist häufig der gleichzeitige Besuch von einem Dutzend Kaufinteressenten, die in alle Ecken schauen, Eigenbedarfskündigungen, schmerzhafte Mietpreissprünge, Dachgeschoßausbau, "verkaufte" Mieter und ein Leben auf der Baustelle während der Modernisierung. Diese Stichworte beschreiben einerseits die entfesselten Marktkräfte, andererseits die Verunsicherung der Mieter, denen die Nachbarn genommen werden, oder deren Recht auf Immobilität infrage gestellt wird[1]. Die Innenstädte fungieren nicht mehr nur als "Restkategorie" für Alte, Arme, Arbeitslose, Ausländer und Asylanten, sondern sie sind zu den attraktivsten Wohnstandorten geworden. Ist der Wohnraummangel in Ballungsgebieten besonders groß, so liegt das vor allem in einem immensen Nachfrageüberhang im zentral gelegen Wohnungsbestand.

Die Ursachen für den Wohnraummangel und die veränderten Wohnbedingungen vor allem in den innenstadtnahen Wohngebieten sind zum einen eine zunehmende Zahl von Menschen, die nicht genug Fläche zwischen sich und ihren Mitbewohnern haben können, denen es nicht protzig und nobel genug sein kann. Zum anderen sind es Menschen, welche - die Marktgesetze achtend, die anderen manchmal nicht - die Nachfrage puschen und den Bestand unter Druck nehmen, und denen die Sozialverpflichtung von Eigentum nicht einmal bei der Wohnung etwas gilt. Drittens sind es Politiker, die fernab aller Wahrnehmung gesellschaftlicher Polarisierung, ihre Interessen durchsetzen. Es sind die Politiker in Bonn - ob rot oder schwarz oder blau-gelb -, die meinen, Reregulierungen ihrer Deregulierungen vor allem über die Steuergesetzgebung zu leisten[2] (1989 betrug die Summe der Steuergeschenke etwa 5,7 Mrd. DM, knapp weniger als der Etat des Bundesbauministeriums); diese Geschenke lösen jedoch nicht die Probleme, die sie zu lösen vorgeben, weil hiermit keine Wohnungsbau- oder -bestandspolitik machbar ist. Es sind weiter Kommunalpolitiker, die mit allen Mitteln die Abwanderung der aufstrebenden Mittelschichten verhindern wollen und in einem grandiosen und ruinösen Wettbewerb in der Europaliga der Städte ihre Position ausbauen wollen und dazu die Stadt zum

"Unternehmen" erklären und bedenkenlos die Innenstädte opfern. Hier wird nach Kräften "angeschoben", wo bereits der Motor hochtourig läuft, die Bremsen und Dämpfer werden jedoch nicht ernsthaft und energisch eingesetzt.

1. Der Preis der Fehler der Vergangenheit ist hoch

Dabei sah es vor knapp zehn Jahren noch ganz anders aus. In der ersten Hälfte der 80er Jahre alarmierten Leerstände die Wohnungswirtschaft. Abriß und Herabzonen sollten die "Angebotshalde" schmälern und die Architektur korrigieren, zumal aus den langfristigen demographischen Trends dramatische Bevölkerungsrückgänge abgelesen wurden. Der Bund sah fortan für einen staatlich geförderten sozialen Mietwohnungsbau keine Notwendigkeit mehr. Der private Wohnungsbau sollte die oberen Schichten versorgen und die notwendigen Kompensationen der Abgänge sollten zu den unteren Gruppen herabgefiltert werden. Wo es noch regionale oder lokale Engpässe für eine direkte Versorgung unterer Einkommensgruppen gäbe, dort sollten mit mehr lokaler Kenntnis allenfalls Länderprogramme eingesetzt werden.

Zu diesem Zeitpunkt ist die Aufmerksamkeit der Stadtentwicklung schon vom Neubau in die Bestandspflege umgeschwenkt. Um die massiven Suburbanisierung der aufstrebenden Mittelschichten zu bremsen, wurde versucht, die privaten Investitionen in den Bestand mit allen Mitteln anzuregen. Die Abschreibungsmöglichkeiten des Wohnungsneubaus über den § 7 b EStG wurden auf den Bestand ausgedehnt, Luxusmodernisierung und andere intensive Investitionen und Aufwendungen wurden besonders steuerlich gefördert, kommunale und Länderprogramme unterstützten die Aufwertung des Wohnumfeldes des Wohnungsbestandes und preiswerter Wohnraum wurde kaum noch erhalten, manchmal sogar zielstrebig vernichtet.

Nur fünf Jahre später brachte es die Volkszählung an den Tag und bestätigte die Mahnungen der Mieter-Vertreter - es fehlten Wohnungen, weit mehr als befürchtet, insbesondere in Ballungsgebieten (in Hamburg: knapp 40.000). Die Ursachen dieser grandiosen Fehleinschätzungen des Wohnraumbedarfs waren:

- Eine falsche Interpretation der Ursachen der Leerstände in einem Wohnungsmarktsegment: Die Logik des sozialen Wohnungsbaus geht von kontinuierlichen Einkommenszuwächsen auch bei den einkommensschwachen Bevölkerungsgruppen aus. Die ökonomische Krise seit der ersten Hälfte der 70er Jahre zeigte jedoch, daß genau diese Gruppe am anfälligsten für relative und absolute Einkommenseinbußen war, und daß diese die unsichersten Arbeitsbedingungen in Kauf nehmen mußte. Die Entwicklung führte dazu, daß sich ein wachsender Anteil an Bewohnern trotz Wohngeldes die steigenden Mieten in den neuen, großen und gut ausgestatteten Wohnungen in den Großsiedlungen nicht mehr leisten konnte und in kleinere, schlechter ausgestattete und vom qm-Preis günstigere Wohnungen umzog. Erst durch Mietpreissenkungen und den Verzicht auf die Fehlbelegungsabgabe wurden die leerstehenden Wohnungen wieder "marktfähig".

- Eine falsche Interpretation der demographischen Trends: Die Annahme eines deutlichen Rückganges der Bevölkerungszahl betrafen lediglich die deutschen Bewohner. Für eine Wohnungspolitik ist jedoch die Zahl der Haushalte die entscheidende Größe; und die ist nach wie vor steigend (veraltete Prognosen aus der Zeit vor der Vereinigung sahen hier das Maximum Mitte der 90er Jahre).
- Ein Überschätzen der filtering-Prozesse: Durch eine vielfältige räumliche, soziale und marktbedingte Segmentierung wurden die Zuwächse kaum "nach unten" weitergereicht. Die Masse an filtering-Potential ging durch eine deutliche Zunahme des Flächenkonsums der einkommensstarken Gruppen verloren. Diese entzog im Gegenteil den Haushalten mit mittleren und nierdigen Einkommen weiteren Wohnraum.
- Eine Nicht-Beachtung der entstehenden gesellschaftlichen und regionalen Disparitäten: Die ökonomische Krise der 70er Jahre beendete die Hegemonie des Ruhrgebietes und der Ballungszentren im Norden und Hessens gegenüber dem Süden, sowie der großen Großstädte gegenüber den kleineren Großstädten und Mittelstädten. Dadurch entstand insbesondere in den Regionen ökonomischen Niedergangs eine Leerstandsproblematik. Zusätzlich stieg gerade in Ballungszentren, insbesondere denen West- und Norddeutschlands, die Zahl der Haushalte gegenüber der Zahl der Bevölkerung am stärksten an und verschärfte die Nachfrage in preiswerten Segmenten. Die regionalen ökonomischen und fiskalischen Disparitäten verhinderten auch, daß in den Gebieten, in denen aufgrund der größten Nachfrage-Überhänge nach preiswertem Wohnraum Sozialmietwohnungen hätten erstellt werden müssen, diese dann auch gebaut wurden. Die auf die Länderebene umverteilten Steuereinnahmen wurden häufig zur Konsolidierung der angespannten Haushalte verwendet und der Sozialmietwohnungsbau weitgehend eingestellt (insbesondere in den Stadtstaaten, so auch in Hamburg).

  Die zu geringe Beachtung der entstehenden und sich vertiefenden sozialen Unterschiede führte zu einer Unterschätzung der Unterschiede des Flächenkonsums und der Mietzahlungsfähigkeit der Bewohner. Sie führte aber auch zu einer Disparität in den unteren Einkommensgruppen. Empfänger von Sozialhilfe konnten in den (teuren) Sozialmietwohnungen verbleiben (da die Miete vom Sozialamt übernommen wurde) oder wurden aufgrund der kommunalen Belegungsrechte dort sogar konzentriert, während die Haushalte, deren Einkommen knapp über den Sozialhilfesätzen liegen, sich die Mieten trotz Wohngeld nicht leisten konnten und daher fortziehen mußten - in die Reste des preiswerten innerstädtischen Bestand oder die einfachen Wohnungen aus der Wiederaufbauphase.

In der gegenwärtigen Diskussion um Wohnungsmangel in Ballungsgebieten werden die gleichen Fehler gemacht wie vor knapp zehn Jahren, auch wenn die Ursachen und die Verschärfungen der gegenwärtigen Übernachfrage sich verschoben haben. Dieser Artikel hat daher das Ziel, einerseits die gegenwärtigen ökonomischen und sozialen Umstrukturierungen in ihren Auswirkungen auf den innerstädtischen Wohnungsmarkt am Beispiel von Hamburg zu analysieren und andererseits die Möglichkeiten zu diskutieren, wie die entstehenden Probleme politische verringert werden können.

2. Wirtschaftliche Polarisierungen

Hochindustrialisierte Gesellschaften sind seit den 70er Jahren wie niemals zuvor Veränderungen unterworfen. Der wesentliche Grund hierfür sind globale wirtschaftliche Umstrukturierungen. Sie führen zu gegenläufigen Prozessen des Aufstieges und Verfalls, oftmals in enger räumlicher Nachbarschaft. In diesen Gesellschaften sind insbesondere die "Zentren" betroffen: die großen Großstädte, hier insbesondere die innenstadtnahen Gebiete[3]. Wirtschaftliche Krise und Prosperität - beides, und insbesondere ihr Wechsel scheint gegenwärtig für Stadtforscher, Kommunalpolitiker und Stadtplaner nur schwierig nachzuvollziehen zu sein. Bevor die Krise analysiert ist, schleicht sich der freudig begrüßte wirtschaftliche Aufschwung ins Haus. Er verführt dazu, den Trends einen optimistischen Schwung nach oben zu geben und suggeriert wieder zunehmende finanzielle Handlungsspielräume der lokalen Politik und damit ein automatisches Ende sozialer Probleme.

Seit Beginn der 70er Jahre finden innerhalb der Ökonomie erhebliche Umstrukturierungen auf verschiedener räumlicher Aggregationsebene statt. Sie äußern sich in Städten und Regionen in einer veränderten Beschäftigtenstruktur, in struktureller Arbeitslosigkeit und in einer Differenzierung der Arbeits- und Produktionsbedingungen. Die gemeinsame Ursache besteht in der zunehmenden Freiheit, die Standorte von Produktion und Dienstleistungen nach Kapitalverwertungsinteressen zu wählen. Nicht mehr die "harten" Standortfaktoren - räumliche Nähe zu Rohstoffen und zu den im Produktionsprozeß vor- und nachgelagerten Abläufen oder zu Abnehmern - sind häufig die entscheidenden Standortfaktoren, sondern die weltweit günstigste Produktions- und Vertriebsform (flexible accumulation)[4]. Diese entscheidet sich aus dem Einsatz von Technologie, manpower, Umwelt und Logistik. Dadurch wird ein weltweites arbeitsteiliges Produktions- und Konsumtionsnetz entwickelt (internationale Arbeitsteilung)[5].

Aus der flexiblen Kapitalakkumulation und der internationalen Arbeitsteilung resultieren vielfältige, sich überlagernde Konzentrations- und Dekonzentrationsprozesse wirtschaftlicher Aktivität. In den wirtschaftlich starken Ländern führt dies vor allem zu einer Konzentration der Kontroll-, Entscheidungs- und Logistikfunktionen in den alten Zentren (global cities)[6]. Dort nimmt die Zahl der Beschäftigten in

Dienstleistungsfunktionen wieder zu, insbesondere auch in den führenden Positionen. Hinzu kommt häufig eine Konzentration von High-Tech-Produktion (Neo-Industrialisierung). Ob auch die Zahl der jobs in einfachen Dienstleistungsberufen (deutlich) und in der Produktion (wieder) zunimmt (Re-Industrialisierung), hängt davon ab, ob "backstage-offices" ebenfalls verlagert werden (meist an die Peripherie der Region; dezentrale Zentralisation). Eine ausschließliche Verlagerung der veralteten Produktion (De-Industrialisierung) in periphere Räume führt zu struktureller Arbeitslosigkeit und an den neuen Standorten zu Beschäftigungszuwächsen[7].

Diese Verlagerungen sind nur möglich, wenn die Produktionsabläufe und die Arbeitsbedingungen flexibilisiert und dereguliert werden. Die Produktionsweise verändert sich durch ein Auflösen der vertikalen Integration, d. h. Teile der Fertigung werden fremden Firmen (sub-contracting) oder Tochterfirmen übertragen; die termingerechte Lieferung der Halbfertigwaren und Vorprodukte (just-in-time-production) wird im Stammhaus überwacht. Eine andere Möglichkeit ist, die Arbeitsverträge zu flexibilisieren (Teilzeitarbeit) und zu deregulieren (Zeitarbeit, befristete Verträge, Jobs).

Diese Prozesse der ökonomischen Umstrukturierung sind auch in der Entwicklung der Beschäftigtenstruktur in Hamburg abzulesen. Von den knapp 1 Mio. Beschäftigten in Hamburg war 1970 noch gut jeder Dritte (343.882) im sekundären Sektor beschäftigt (35,4 %). Im Vergleich zu allen anderen bundesdeutschen Großstädten war dieser Anteil weitaus der niedrigste (Frankfurt am Main: 42,1 %; West-Berlin: 43,4 %; München: 47,0 %; Stuttgart: 54,3 %). In den 70er Jahren sank er darüberhinaus am stärksten, in den 80er Jahren war der Rückgang nur in den Ruhrgebiets-Metropolen höher. 1989 war nur noch gut jeder Vierte (26,9 %) im sekundären Sektor tätig (196.510) (Frankfurt am Main: 31,5 %; West-Berlin: 34,3 %; München: 36,0 %; Stuttgart: 47,8 %). Doch auch die "alten" Dienstleistungsbranchen gaben in Hamburg im Gegensatz zu den in der Entwicklung rückständigen süddeutschen Großstädten - Beschäftigte ab: Die Zahl der Beschäftigten im Handel sank von 200.070 (20,6 %) auf gut 135.502 (18,5 %), im Verkehr und Nachrichtenwesen von 123.783 (12,8 %) auf 88.125 (12,1)[8]. Durch diese Umstrukturierungen nahm die Zahl der Arbeitslosen seit 1970 (2.319) zuerst langsam (1980: 23.084), dann rasch (1985: 89.162) zu, erreichte 1987 den Höhepunkt (99.216 = 13,9 %) und sank seither beständig auf gegenwärtig 62.227 (Juni 1991; 8,5 % - saisonbedingt niedriger als im Jahresmittel 1991).

3. Sozialer Wandel

Parallel zu und in Folge der ökonomischen Umstrukturierungen veränderten sich die gesellschaftlichen Strukturen immer rascher, insbesondere in Großstädten[9]. Die wirtschaftliche Umstrukturierung bewirkt durch veränderte Beschäftigtenstrukturen und Produktionsweisen, durch flexibilisierte und deregulierte Arbeitsbeziehungen sowie durch strukturelle Arbeitslosigkeit unmittelbar eine andere Sozialstruktur (sozio-ökonomischer Wandel). In den USA, wo die ökonomische Umstrukturierung früher und intensiver einsetzte und die Gesellschaft sich bisher stärker polarisierte, spricht man von einer tendenziellen Auflösung der Mittelschichten zu Gunsten nur weniger Aufsteiger in die oberen Schichten und mehr Absteigern in die unteren Schichten[10]; in Westeuropa beobachtet man dagegen eher eine Diversifizierung der mittleren Schichten ("neue" soziale Ungleichheit). Gemeinsamer Nenner dieser Ansätze ist, daß die traditionelle vertikale Ungleichheit, die entweder über Klassen oder Schichten beschrieben wird, überlagert wird von neuen Dimensionen sozialer Ungleichheit, die sich in ihrer diskriminierenden Wirkung verstärken.

Hradil definiert daher zusätzliche Dimensionen sozialer Ungleichheit (Arbeitsbedingungen, Freizeitbedingungen, Wohn- und Wohnumweltbedingungen, soziale Sicherheit und mögliche Diskriminierungen), beschreibt deren neuen Zuweisungsmerkmale (Geschlecht, Region, Familienverhältnisse, Alter, Geburtskohorte und Nationalität) und Ursachenfelder (staatliche Handeln und die gesellschaftlichen Veränderungen), die sich zu neuen Kombinationen und Akkumulationen sozialer Ungleichheit sowie zu neuen Lebensstilen fügen[11].

Ein gegenwärtig viel diskutiertes Konzept zur Kategorisierung sozialer Ungleichheit ist die Kapital-Theorie von Bourdieu[12]. Er geht davon aus, daß die Unterschiede innerhalb der Gesellschaft als ein unterschiedliches Ausmaß des Besitzes an Kapital verstanden werden können. Er geht dazu jedoch über das ausschließlich ökonomische Verständnis von "Kapital" hinaus, indem er neben dem "ökonomischen Kapital" das "kulturelle Kapital" und das "soziale Kapital" einführt[13]:

Wohn- und Wohnumfeldbedingungen als Merkmale sozialer Ungleichheit haben in Großbritannien zum Konzept der "housing classes" geführt, d. h. zu der Überlegung, daß unabhängig von der Berufs- und Einkommenssituation die Position im Wohnungsmarkt und damit die Vergabe von Wohnungen nach Standorten und nach Wohnbedingungen zusätzlich benachteiligend wirken können[14].

Als Ursachen der sozio-demographischen Verschiebungen werden die Verstädterung und eine generelle Wohlstandsentwicklung genannt. Langfristige Trends zeigen einen Rückgang der Haushaltsgröße durch eine Verlagerung zu einem Zwei-Generationen-Haushalt und einer Verringerung der durchschnittlichen Kinderzahl pro Haushalt. Letztere ist zuerst auf einen dramatischen Rückgang an kinderreichen Haushalten zurückzuführen (1900 lebten in 58 % aller Haushalte vier und mehr Kinder; 1980: 4 %) und in zweiter Linie auf eine Zunahme der Zahl kinderloser Haushalte (1900: 9 %; 1980: 15 %), die den Trend zu einem Ein-Generationen-Haushalt einleiten.

Späte Heiraten, hohe Trennungs- und Scheidungsziffern verringern zusätzlich die mittlere Größe der Haushalte und lassen deren Zahl auch bei rückläufigen Bevölkerungszahlen weiter ansteigen. Neben den quantitativen Zuwächsen der Nachfrage veränderten sich jedoch die qualitativen Ansprüche an die Wohnungsausstattung und insbesondere den Wohnstandort. Zentrale Standorte werden wegen der Nähe zum Ausbildungs- und Arbeitsplatz, zu Einkaufs-, Freizeit- und kulturellen Einrichtungen bevorzugt. Dieses jedoch nicht allein wegen einer höheren Attraktivität, sondern auch aus einer Notwendigkeit der Organisation eines Berufsalltages und der sozialen Kontakte[15]. Da diese demographischen Veränderungen mit dem Hereinwachsens der Baby-boom-Generation in die Haushaltsgründungsphase zeitlich zusammenfällt, überlagerten sich demographische und verhaltensbedingte Mengeneffekte. Dies führte insgesamt zu einem sprunghaften Anstieg der Nachfrage nach innenstadtnahem Wohnraum und zuerst noch nicht zu einem "neuen" Innenstadt-Chic (den es sicherlich zusätzlich gibt) oder gar zu einer "Trendwende".

Ursache für den erwähnten Verhaltenseffekt (das Entstehen "neuer" Haushaltsformen) ist ein sozio-kultureller Wandel vor allem in bestimmten sozialen Gruppen; diese Gruppen sind über das Alter (20 bis Mitte 30), Bildung (hoher Anteil mit Hochschulreife) und Kapital (hohes ökonomisches Kapital und/oder soziales Kapital) beschreibbar. In diesen Gruppen läßt sich - insbesondere bei Frauen - eine verstärkte berufliche Orientierung feststellen und ein zunehmendes Bedürfnis nach Selbstverwirklichung und Individualisierung. Dieses resultiert darin, daß diejenige Phase des Lebens ausgedehnt wird, in der man sich nicht festlegen und schon gar nicht festlegen lassen will. Es ist vielmehr die Zeit individueller Experimente (mit Ausbildungen, Berufen, Jobs, Karrieren, Partnerschaften und Wohnformen). Diese Wertsetzung begünstigt ein ökonomisches Verhalten (flexibel sein, just-in-time-Befriedigung). In dieser Zeit können Partnerschaften häufig und Kinder in der Regel als einschränkend empfunden und daher Bindungen (insbesondere die Ehe und Familie) zeitlich verschoben oder ganz abgelehnt werden.

Mit der Ausdehnung dieser Phase des Lebenszyklus verlängert sich auch die Erfahrung mit und die Gewöhnung an innenstadtnahe Standorte. Es entstehen auf diese Weise urbane Lebensstile, die auch dann nicht aufgegeben werden, wenn feste Partnerschaften eingegangen und Kinder in diesen Beziehungen geboren oder in diese eingebracht werden. Ein großer Teil der "neuen Urbanität"[16] läßt sich also nicht aus Zuzügen, sondern aus Beharrung erklären. Es gibt für eine zunehmende Zahl keinen Grund mehr, in das Umland zu ziehen und dort einen anderen Lebensstil zu leben, insbesondere auch dadurch, daß ein Eigentumserwerb im Bestand steuerlich ebenso attraktiv ist, wie der Bau eines Eigenheimes.

Doch Lebensstil wird zunehmend auch distinktiv, d. h. im Sinne des Sich-sozial-Abgrenzen und Andere-sozial-Ausgrenzen eingesetzt. Lebensstilisierung ist zugleich

Symbol sozialer Ungleichheit und eine (bedeutsamer werdende) Dimension sozialer Ungleichheit[17]. Lebensstilisierung in seiner symbolischen Funktion ist daher immer demonstrativ, provozierend und konfliktreich und bedient sich notwendigerweise der städtischen Räume als Bühnen der (Selbst-)Darstellung. Eine In-Besitz-Nahme von Räumen durch funktionale und/oder ästhetische Festschreibung (post-modern gestaltete Einkaufspassagen oder Grafitties in Bahnhofshallen) für eine soziale Gruppe führt deshalb immer wieder zum Protest der auf Dauer oder zeitweilig verdrängten Gruppe. Treffen beide Aspekte der Festschreibung zusammen, wird der Widerstand gegen die anderen erhöht.

4. Urban Management

Die Reaktion auf die wirtschaftliche Umstrukturierung und diesen skizzierten sozialen Wandel, sowie der Versuch, diese zu steuern, wurde zuerst von der französischen "Regulationsschule" analysiert[18]. Ihre Vertreter gehen davon aus, daß jedem "Akkumulationsregime" eine entsprechende politische und gesellschaftliche "Regulationsweise" eigen ist. Die wirtschaftliche Krise seit Beginn der 70er Jahre sei danach das Ende eines Akkumulationsmodus (Fordismus), der durch einen neuen, mit einer adäquaten Regulationsweise (Post-Fordismus) abgelöst werde.

Das zunehmend flexibel eingesetzte Investitionskapital führt zu und verstärkt regionale Disparitäten (Süd-Nord-Gefälle). Es zwingt daher die Regionen dazu, im Rahmen der internationalen Arbeitsteilung ihre Position im globalen Städtesystem zu halten oder gar auszubauen. Durch diesen Wettbewerb der Städte/Regionen werden die lokalen Entscheidungsträger (Politiker, Stadtplaner, Kammern und Investoren) in eine aktive Rolle gedrängt ("Von der Verwaltung zum Management")[19]. Dabei werden ebenfalls Strategien der Flexibilisierung (z. B. Gründen von stadteigenen Wirtschaftsentwicklungs-GmbHs) und Deregulierung (z. B. Stadtentwicklungsplanung) gewählt, häufig in Verbindung mit Firmen, Kammern und Verbänden (public-private-partnership).

Innerhalb der Politikforschung wird einerseits ein Rückzug des Zentralstaates aus bestimmten politischen Feldern (beispielsweise Stadtentwicklungs- und Wohnungsbaupolitik) festgestellt, andererseits gibt es eine Reihe von finanziellen und rechtlichen Abhängigkeiten der Kommunen von Bund und Bundesländern[20]. Es wird nun verschiedentlich untersucht, in welcher Weise die lokalen Entscheidungsträger reagieren und welcher Zielsetzung - Unterstützung der Kapitalakkumulation innerhalb der Region oder soziale Abfederung der entstehenden Disparitäten - eher gefolgt wird[21].

Hamburgs politische Reaktion auf die wirtschaftliche Umstrukturierung in den 70er Jahren war zu Beginn von einer Fehleinschätzung der globalen Wirtschaftsentwicklung gekennzeichnet. In einem finanziellen Kraftakt wurde einerseits versucht, durch die Industrialisierung der Unterelbe privates Investment anzureizen. Mit dieser wurden fast alle investiven Mittel der Stadt gebunden und sie erwies sich als grandiose Fehlinvestition. Andererseits wurde über Arbeitsbeschaffungsmaßnahmen ein zweiter Arbeitsmarkt eingerichtet. Diese keynesianischen Strategien führten zu einem raschen Anstieg der Verschuldung von einem Anteil der Schulden an den jährlichen Einnahmen von 12 % (1980) auf fast 20 % (1983)[22].

Eine Trendwende der Zielsetzung, aber auch der Strategie der hamburgischen Wirtschaftsentwicklungspolitik leitete 1983 eine Rede des Ersten Bürgermeisters Klaus von Dohnanyi ein, dessen Titel "Unternehmen Hamburg" den offensichtlich ersten Ansatz zu einer korporatistischen Stadtpolitik eines sozialdemokratischen Bürgermeisters in der Bundesrepublik Deutschland skizzierte. Er forderte - im Gegensatz zur Politik der Unterstützung der "declining industries" - ein Verschieben der Aufmerksamkeit vom Hafen zu modernen Technologien und Dienstleistungen. Darüberhinaus forderte der "Unternehmens-Chef" seine Wirtschaftsabteilungen zu einem Wettbwerb mit anderen Städten auf nationaler und europäischer Ebene auf. Dazu sollte insbesondere die Wissenschaft - vor allem die zu diesem Zweck 1978 gegründete Technische Universität - mit der Wirtschaft kooperieren.

Von Dohnanyi brach damit auch die alten korporatistischen Verbindungen auf - "Hamburgs Zukunft liegt aber nicht mehr in erster Linie auf dem Wasser, sondern immer stärker auf dem Lande"[23] -, die sich über die Interessen am Hafen gebildet hatten (aus dem rechten Flügel der SPD, der Kaufmannschaft und den hafenbezogenen Firmen in der Handelskammer und den Gewerkschaften). Eine zweite Kooperationslinie legte die Handelskammer Hamburg[24], die ein halbes Jahr später massiv und unter der Priorität der Haushaltskonsolidierung eine wirtschaftsfreundlichere, effizientere und optimistischere Politik und Planung forderte, die unter Umgehung bestehender Bauvorschriften, Planungs- und Umweltschutzauflagen durchgesetzt werden sollte - ganz eindeutig ein Beispiel für Forderungen nach Flexibilisierungen und Deregulierungen, die daraufhin auch umgesetzt wurden.

Gebündelt wurden diese Aktivitäten in der 1984 gegründeten Hamburger Wirtschaftsförderungsgesellschaft (HWF). Die HWF soll - explizit an den (zu) langsamen Behördenentscheidungen vorbei und von der Beeinflussung durch die SPD befreit - Bestandspflege der vorhandenen Betriebe betreiben und soll neue Firmen nach Hamburg holen. Ausgestattet mit einem Etat durch die Wirtschaftsbehörde, ist sie in ihren Entscheidungen relativ unabhängig und aller parlamentarischen Kontrolle entzogen. Auch dies ist ein Beispiel einer öffentlich-privaten Partnerschaft zur Flexibilisierung von Handlungsweisen zum Preis der Deregulierung parlamentarischer

Demokratie. Daneben wurden eine Reihe von Einrichtungen und Netzwerken gegründet, um den Wissens- und Informationstransfer zu beschleunigen - allesamt Beispiele für funktionierende public-private-partnerships (TUHH, HIT, TBZ, ZEWU, HAW, DAKOSY).

Weitere Forderungen von Dohnanyis waren die Stärkung der "weichen" Standortfaktoren, der Ausbau von Kultur (Museen und Festivals), Messe und Sport (Bewerbung zur Ausrichtung der Olympischen Spiele), der Ausbau des Tourismus, eine die zentralen Funktionen stärkende Stadtentwicklungspolitik und die Ausrichtung am "neuen" Mittelstand ("kreativc Menschen gewinnen"). Die Reaktion der Handelskammer war hier noch deutlicher. Sie stellte explizite Forderungen an die Ziele und Schwerpunkte der Stadtentwicklungspolitik und deren Durchführung, die größtenteils in der Folgezeit umgesetzt wurden: Zurückstellen der lokalen Interessen hinter die gesamtstädtischen; verstärkte Ausweisung von Gewerbegebieten; Ausbau des Verkehrssystems; Ausbau der City-Ost, Neubau der City-Süd und Bereitstellung von Wohnraum für den Bedarf der gehobenen Angestellten, insbesondere in der Innenstadt, sowie Einkaufsgalerien, Restaurants und kulturelle (Groß-)Ereignisse. Damit forderte die Handelskammer nicht nur zur unmittelbaren Gentrifizierung auf - darüberhinaus wollte sie das "urbane" Ambiente schaffen (lassen), das weitere Aufwertungen zwangsweise nach sich zieht.

Die Legitimation für diese einseitig an Wirtschaftsinteressen ausgerichtete Partnerschaft aus Politik, Verwaltung, Wirtschaft und Wissenschaft wurde aus dem Bekenntnis zur "Filteringtheorie" abgeleitet: "... die sozial Schwachen in Hamburg werden nur dann wirklich geschützt werden können, wenn die Starken in Hamburg auch als Steuerzahler bleiben"[25].

Die Stadtentwicklungspolitik Hamburgs stand schon früh wegen der besonderen Situation als Stadtstaat unter der Prämisse, die Suburbanisierung insbesondere der einkommensstarken Wohnbevölkerung sowie der Dienstleistungs- und Gewerbebetriebe über Bestandspolitik zu verringern. Im Jahr 1977 hatte sich der Hamburger Senat "die Stadtentwicklung zu einem politischen Schwerpunkt gemacht"[26], und speziell für die Stadtteile der inneren Stadt "Leitgedanken" formuliert. Das bedeutete sehr früh ein Verschieben des ohnehin administrativ eingeschränkten Interesses am Wachstum der Agglomeration zur Umstrukturierung des (innerstädtischen) Baubestandes.

In dem Maße, wie die Suburbanisierung zurückgedrängt wurde (1973: 33.790 Fortzüge ins Umland, 1988: 19.970) ging jedoch innenstadtnah preiswerter Wohnraum verloren. Hamburgs Modernisierungs-, Instandsetzungs- und Sanierungsprogramme führten zu erheblichen Wertsteigerungen und Aufwertungen des Wohnumfeldes des innerstädtischen Wohnungsbestandes, konnten aber nicht Verdrängungen durch starke Mietpreissteigerungen und Umwandlungen verhindern.

Aus einigen Aussagen von Mitarbeitern der Baubehörde bis hin zum gegenwärtigen Ersten Bürgermeister H. Voscherau ist sogar zu folgern, daß eine Aufwertung beabsichtigt ist oder sie zumindest billigend in Kauf genommen wird.

Das drückt sich in drei Bereichen aus: Umgestaltung des innenstadtnahen Wohnungsbestandes, Umgestaltung der Einkaufsbezirke durch neun aufeinander bezogene Einkaufspassagen in der City-West und einem "Face-Lifting" in der City-Ost sowie einer innerstädtischen Ausweitung des Büro-, Messe- und Hotelsektors vor allem in der City-Süd; hier sind unter Verwendung von Gewerbebrachen am Hafenrand Erweiterungen vorgesehen (mit den Höhepunkten an der Kehrwieder-Spitze und Ericus-Spitze).

Der Oberbaudirektor, E. Kossak[27], - verantwortlich für die Leitplanung und die bauliche Gestaltung der Stadt - setzt auf die Wirkung einer qualitativ hochwertigen Architektur im Rahmen einer offensiven Stadtentwicklungspolitik, die er für den entscheidenden Wachstumsfaktor Hamburgs auf dem Weg zu einer europäischen Hafenmetropole hält. In einer Rede auf einer SPD-Fachkonferenz zur Stadtentwicklungspolitik im Mai 1989 konstatiert der Bausenator E. Wagner aufgrund des fast vollendeten Strukturwandels eine hohe Nachfrage an qualifiziert ausgebildeten Fachkräften aus technischen und kaufmännischen Berufen und aus unternehmensbezogenen Dienstleistungen. Diese "neuen städtischen Mittelschichten" würden ein städtisches Milieu bevorzugen, das Hamburg zwar biete, jedoch auch ausbauen müsse.

Damit setzte die Stadtentwicklungspolitik in Hamburg auf die Umstrukturierung der Innenstadt auf die "erste" Stadt. Diese ist an dem Interesse von Kongreß-, Tagungs- und Einkaufstouristen ausgerichtet, die über eine hohe Kaufkraft und die nötige Mobilität verfügen sowie auf die gehobenen mittleren Schichten der Bewohner, die ein solches Ambiente als Kulisse der Selbstdarstellung (miß)brauchen. Mit dieser Stadtentwicklungspolitik werden die "Gentrifier" angesprochen - die Verkörperung einer neuen Leitfigur und das Symbol des wirtschaftlichen Aufschwungs nach der in Hamburg lang andauernden wirtschaftlichen Krise.

5. Residentielle Segregierung

Die soziale und räumliche Differenzierung "übersetzt" sich in eine sozial-räumliche der Wohnstandorte (residentielle Segregierung) und der aufgesuchten Gelegenheiten oder Stadtgebiete. Mit zunehmender residentiellen Segregierung und der wachsenden Einsicht, diese planerisch nicht verhindern zu können, stieg gleichwohl deren Ablehnung sowie das Bedürfnis, die räumliche Trennung sozialer Gruppen zu verhindern.

Diese Denkweise scheint eine typische der Mittelschicht zu sein, die den unteren Schichten eine Integration und Unterordnung unter ihre Werte abverlangt und ihnen dafür verbesserte soziale Aufsteigsmöglichkeiten suggeriert - gegenüber der (viel höheren) Segregation der oberen Einkommensgruppen verhielten sich jedoch Sozialwissenschaftler, Politiker und Planer immer uninteressiert. Lediglich ausländischen Gruppen gegenüber war man bereit, deren Konzentrationen bis zu einem gewissen Grad zu tolerieren, um ihnen - trotz aller Integrationsbemühungen - die kulturelle Identität zu erhalten. Man hielt dadurch aber auch weite Gebiete einer Stadt - letztlich die eigenen Wohnviertel - von diesen Nachbarn frei.

Da sich die Gesellschaft insbesondere in Städten zunehmend auf mehreren Ebenen ausdifferenziert, sind auch deren räumliche Widerspiegelung in zweifacher Weise davon betroffen. Erstens bilden sich vielfältige räumliche Muster der Attraktions- und Abstoßungsbeziehungen, die sich überlagern und in ihrer Wirkung beeinflussen, und zweitens ist die Bewertung von Konzentrationen differenzierter vorzunehmen. Dann kann es eben auch sozial-räumliche Bedingungen geben, unter denen eine Konzentration nicht nur abgebaut, sondern im Gegenteil gefördert werden sollte.

Trotz des Aufwertungsstrudels haben sich innenstadtnah Nischen gebildet, in denen ein (noch) preiswerter Wohnungsbestand überlebte, der mit einkommensschwachen Personen belegt ist. Dieses sind (noch) die Schutzräume, in denen die Besitzer nur geringen ökonomischen Kapitals ihre sozialen und kulturellen Fertigkeiten entwickeln und damit ihr Kapital erhöhen können. Wenn nun jedoch aus einem falsch verstandenen Bedürfnis, städtebauliche "Schandflecken", eine ökonomische Unternutzung (wie beim alten Standort der Mehrzweckhalle), soziale Segregierungen oder politisches Protestpotential dadurch aufzulösen, daß man für dieses Gebiet gezielt private Investitionen anreizt (wie beim Standort der Flora-Alt oder dem Quarrèe in Ottensen) oder Menschen der (deutschen) Mittelschicht ansiedelt (wie durch Modernisierungs- und Sanierungsprogramme zur Verhinderung der Suburbanisierung), dann ist dies nichts anderes als planungsunterstützte und gewollte Zerstörung der sozialen Netzwerke, eine (neben der ökonomischen) weitere soziale Verarmung und schließlich eine Vertreibung der Bewohner[28].

6. Gentrification und die Spirale der Aufwertung

Unter Gentrification versteht man die Aufwertung des Wohnungsbestandes und die Umwertung von innenstadtnahen Wohngebieten durch die neu Hinzuziehenden. Dabei erfährt nicht nur der Wohnungsbestand einen erheblichen Veränderungsdruck, sondern auch die Infrastruktur des Wohnviertels[29].

Staatliche Deregulierungspolitik, die Subvention der Eigentumsbildung und der Modernisierung im Bestand, sowie eine Aufwertungspolitik Hamburgs treffen auf eine gestiegene Nachfrage nach innerstädischem Wohnraum (demographischer Effekt), insbesondere nach teurem Wohnraum (sozio-ökonomischer und Lebensstil-Effekt). Es liegen zu diesen Aufwertungsprozessen zwar keine amtlichen Statistiken in Hamburg vor (im Gegensatz zu beispielsweise Berlin und München), dennoch bestätigen eigene Untersuchungen eine deutliche Aufwertung, Verunsicherung und Verdrängung in allen innenstadtnahen Gebieten[30].

Diese Untersuchungen belegen eine Welle der Aufwertung durch die gesamte innere Stadt Hamburgs. Das erneute Anziehen der wirtschaftlichen Konjunktur zum Ende der 80er Jahre hat dazu geführt, daß die Nachfrage nach gut ausgestatteten und großen Wohnungen in attraktiver Lage stark zugenommen hat; die Verkaufs- und Mietpreise zogen hier deutlich an. Dieses führte zu einer Verdrängungswelle, ausgehend von Eppendorf, Harvestehude und Winterhude über Rotherbaum, Hoheluft, Eimsbüttel, nach Ottensen, St. Georg, St. Pauli. Die Welle der Aufwertung wird in jedem Verdrängungsschritt größer, weil in der Regel die verdrängenden Haushalte kleiner sind als die ansässigen und weil die Verdrängungsketten auf jedem Segment einsetzen. In dem unteren Segment strömen noch diejenigen Haushalte als Nachfrager hinzu, deren ehemalige Sozialmietwohnungen aus den Bindungen gelaufen sind und die auf der Suche nach einer (für sie) bezahlbaren Wohnung sind.

Daher ist insbesondere das untere innerstädtische Segment unter erheblichen Preisdruck geraten. In schlecht ausgestatteten, schlecht gelegenen Wohnungen verdoppelte sich der Mietpreis innerhalb von zwei bis drei Jahren; dieses Segment wies den wohl stärksten Preisschub innerhalb der letzten zwei Jahre auf. Dies hat zur Folge, daß der preiswerte Restbestand in der inneren Stadt endgültig verloren geht und daß diese Bestände rasch heruntergewohnt werden, weil eine hohe Rendite trotz oder wegen geringer Reinvestition erzielbar ist. So ist die Ursache der Preisgabe der letzten preisgünstigen Bestände auf den generellen Wohnraummangel und eine verhängnisvolle Wohnungspolitik der Stadt zurückzuführen. Der Preis für diese Ausrichtung an eine vordergründige Zielsetzung (Abwehr der Suburbanisierung der Bessergestellten, Aufwertung der inneren Stadt zum Wettbewerb auf europäischer Ebene) wird sehr hoch sein; München zahlt ihn gegenwärtig, indem es wegen der Wohnungssituation kaum noch gelingt, Firmen in der Region anzusiedeln.

Ein Faktor der Aufwertung ist die Umwandlung von Miet- in Eigentumswohnungen. Nach einer internen Studie der Baubehörde Hamburg waren von den 28.123 Wohnungen, die zwischen 1978 und 1985 in den Bezirken Eimsbüttel und Nord 28.123 als abgeschlossen erklärt wurden, 35,8 % als Eigentumswohnungen verkauft worden. Mit dieser Zahl und mit dem statistischen Wissen, daß seit 1984 die Zahl der Anträge auf Abgeschlossenheit zurückgegangen sind, wurde eine Abwiegelungspolitik in Hamburg betrieben. Die Ergebnisse der Studie können aber auch so gelesen werden, daß sich bis 1984 ein erhebliches Spekulationsreservoir gebildet hat, das schrittweise in den Markt zurückgeführt wird. Da die Untersuchung aufgrund eines aus beiden Bezirken signalisierten Handlungsdruckes entstanden ist, hätte Warnung und nicht Entwarnung als Schlußfolgerung gewählt werden müssen. Heute gehen Makler in Hamburg davon aus, daß etwa 5 % bis 10 % der als abgeschlossen bescheinigten Wohnungen noch nicht als Eigentumswohnungen verkauft sind (pers. Information). Die Studie der Baubehörde berücksichtigt weiter nicht die innerstädtischen Schwankungen, denn der Rückgang der Anträge seit 1983/84 gilt nicht für alle Stadt- und Ortsteile und alle Segmente[31].

Zahl der Wohnungen mit Abgeschlossenheitsbescheinigungen, nach ausgewählten Stadtteilen, 1978-1990

Stadtteil (Bezirk)	Abgeschlossen-heitsbeschein.	Wohnungen VZ 1987	Anteil
Winterhude (Nord)	3.753	28.378	13,22
Eimsbüttel (Eimsbüttel)	3.294	31.430	10,48
Eppendorf (Nord)	2.501	12.737	19,58
Barmbek (Nord)		-	-
Uhlenhorst (Nord)	1.343	9.329	14,40
Harvestehude (Eimsbüttel)	1.270	9.859	12,88
Bramfeld (Wandsbek)	1.215	-	-
Ottensen (Altona)	1.195	16.095	7,42
Rotherbaum (Eimsbüttel)	1.149	8.514	13,50
Hoheluft-West (Eimsbüttel)	1.054	7.307	14,42

Quelle: Eigene Berechnungen aus den Baueingangsbüchern

Nach eigenen Erhebungen wurden in Hamburg zwischen 1978 und 1990 für knapp 33.000 Wohnungen eine Abgeschlossenheitsbescheinigung erteilt, vorwiegend aus dem freifinanzierten Sektor. Dabei entfielen auf den Bezirk Hamburg-Nord 38,2 % aller Bescheinigungen, gefolgt von Eimsbüttel (25,3 %) und Altona (13,8 %). Eine zu vernachlässigende Rolle haben hierbei die Bezirke Harburg und Bergedorf. Bei allen Bezirken liegt das Maximum der Bescheinigungen in den Jahren 1983/84. Die Zahl der Abgeschlossenheitsbescheinigungen war besonders hoch in den Stadtteilen Winterhude, Eimsbüttel, Eppendorf, Barmbek, Uhlenhorst, Harvestehude, Bramfeld, Ottensen, Rotherbaum, Hoheluft-West (s. Tab.).

Bezieht man die Zahl der Anträge auf den Bestand an Wohnungen, dann kommt man jedoch zu einer unterschiedlichen Bedeutung der Anträge für den jeweiligen Stadtteil. Danach ist am intensivsten von der Spekulation darauf, Mietwohnungen in Eigentumswohnungen umzuwandeln, der Stadtteil Eppendorf betroffen; hier wurde für fast jede fünfte Wohnung eine solche Bescheinigung erfolgreich beantragt. Es folgen mit gut 14 % Hoheluft-West und Uhlenhorst knapp vor Rotherbaum und Winterhude. Alle Stadtteile gehören zu denen, in denen die Gentrifizierung seit geraumer Zeit beobachtbar ist und auf hohem Niveau abläuft. Ottensen dagegen, mit gut 7 % Schlußlicht in der Spitzengruppe, gehört zu den Stadtteilen, die erst am Anfang der baulichen Auf- und der sozialen Umwertung stehen.

Eine letzte Analyse gilt der Antragsentwicklung in dem halben Jahr zwischen dem Urteil des Bayerischen Verwaltungsgerichts (Mai 1989), das die Anerkennung einer Abgeschlossenheit an die heutigen Bauvorschriften knüpfte, und der Anweisung des Bausenators Wagner an die Bauprüfabteilungen, in Hamburg entsprechend zu verfahren. Verglichen mit dem Vorjahr, also 1988, sind in 1989 die Zahlen der Bescheinigungen für abgeschlossene Wohnungen in einigen Stadtteilen erheblich nach oben geschnellt:

- In Eimsbüttel von 106 auf 443 (also um 420 %),
- in Harvestehude von 31 auf 222 (also um 710 %),
- in Rotherbaum von 12 auf 34 (also um 280 %),
- in Ottensen von 19 auf 70 (also um 350 %) und
- St. Georg kam von 0 auf 24.

Das bedeutet, daß in Hamburg "auf den letzten Drücker" noch eine ansehnliche Reserve für ein Spekulationsreservoir geschaffen wurde[32].

7. Kommunale Wohnungsbestandspolitik in Hamburg

"Die Diskrepanz der aktuellen Wohnungsversorgungssituation besteht also in der gegenläufigen Entwicklung von abnehmenden mietpreisgünstigen, mietpreis- und belegungsgebundenen Beständen und wachsenden Anteilen der Bevölkerung, die für eine angemessene Wohnungsversorgung gerade auf diese Bestände angewiesen wären"[33]. Die Entwicklung verweist nicht nur die Filtering-Theorie in den Bereich der Ideologie, sondern zeigt, daß die Verbesserung der Wohnsituation derer, die es sich leisten können, auf Kosten der Einkommensschwachen vorgenommen wird. Bei diesen Markt-Prozessen hat das "Unternehmen Hamburg" kräftig mitgeholfen und die Warnungen über den hohen Preis dieser Politik sträflich mißachtet.

Aus dieser prekären Lage des Hamburger Wohnungsmarktes wird gegenwärtig versucht, mit dem traditionellen Instrumentarium herauszukommen. Nach großen

Startschwierigkeiten kommt die lange vernachlässigte Wohnungsneubaupolitik wieder in Gang. Obwohl zur Chefsache erklärt, bleiben die Baufertigstellungen noch hinter den Planzahlen zurück. Das liegt zum einen daran, weil man es versäumt hatte, ähnlich wie für die Hafenerweiterung oder andere Gewerbeflächen, rechtzeitig geeignetes Bauland auszuweisen und B-Pläne zu erstellen. Außerdem gibt es kaum eine Idee, die verhindert, daß die gleichen Fehler der peripheren Großsiedlungen der 60er und 70er Jahre wiederholt werden - stattdessen werden die neueren Siedlungen erweitert (Allermöhe, evtl. auch Kirchdorf-Süd).

Vollkommen verzichtet hat Hamburg jedoch auf eine vorausschauende Bestandspolitik. Obwohl seit langem auf die Gefahr der rasch auslaufenden Bindungen der Sozialmietwohnungen und der Konzentration der Reste in den (großen) Großsiedlungen hingewiesen wurde, ist in Hamburg versäumt worden, im Bestand sich Belegungs- und Mietpreisbindungsrechte zu sichern. Die landeseigenen Modernisierungsprogramme unterstützten vor allem die Sozialmietwohnungen der großen Träger (NH, SAGA), die jetzt aus den Bindungen gelaufen sind. In den Modernisierungsgebieten wurde vorwiegend mit privaten Mitteln modernisiert, während die Stadt die Wohnumfeldmaßnahmen bezahlte. Sicherlich ist es schwierig, den "Investitionskanal" öffentlicher Förderung zu definieren[34], doch Hamburg hätte hier viel offensiver vorgehen können. Hamburg hat praktisch keine Versuche gemacht, eine - in Teilen von der eigenen Stadtentwicklungspolitik inszenierte - Aufwertung wieder zu dämpfen oder zu begrenzen.

Selbst in den Gebieten, in denen die Modernisierung durch die öffentliche Hand finanziert wurde, ist der Schutz nur befristet auf neun, resp. zwölf Jahre. Bei einer Überführung in den freien Markt ist zu befürchten, daß erneut eine Verdrängungswelle einsetzen wird. Von der Möglichkeit der Verhinderung überzogener Modernisierungen mittels "Milieuschutzsatzung" (Satzung zur Erhalt der Bevölkerungszusammensetzung nach § 172 BauGB) hat die Stadt nur in einem Ausnahmefall (Hohnerkamp-Siedlung) Gebrauch gemacht, nicht jedoch - trotz breiter Forderung - im innerstädtischen Bestand. Jetzt ist zu befürchten, daß die Mietpreisentwicklung im nicht-modernisierten Bestand schon so weit gegangen ist, daß sich die notwendigen Interventionsgrenzen nicht werden durchsetzen lassen, resp. die unerwünschten Nebeneffekte zu gravierend sind[35]. Dieses Instrument - während der wirtschaftlichen Krise Mitte der 80er Jahre eingesetzt, hätte weite Teile des innenstadtnahen Wohnungsbestandes vor einer "Luxus-Modernisierung" bewahrt.

Eine weitere Ursache der verfehlten Wohnungsbestandspolitik liegt jedoch in der Tatsache, daß es nur sporadische Informationen über den Wohnungsbestand gibt. Bis zur Volkszählung war die Zahl der Mietwohnungen nicht bekannt, ebenso nicht die Zahl der Umwandlungen (die bis heute nicht bekannt ist). Es gibt keine Kontrolle über die Mietenentwicklung in mit öffentlichen Mitteln geförderten Wohnungen, keine genauen Informationen über die Zahl und Zusammensetzung der Wohnungen, die aus den Bindungen laufen; es gibt keine Evaluation der Modernisierungs- und Instandsetzungsprogramme. Es gibt darüberhinaus keine differenzierenden Informationen über den Wohnungsmarkt nach Wohnungsmarktsegmenten, nach räumlichen Einheiten, nach Versorgungs- und Belastungsgraden sozialer Gruppen. Die zunehmende soziale und räumliche Differenzierung in Hamburg erfordert jedoch eine sehr spezifische, kleinräumig variierende Zusammensetzung der Instrumente sowie von Interventions- und Duldungsgrenzen. Dieses kann so lange nicht geschehen, wie die dazu notwendigen Informationen fehlen.

Die gesamte Aufmerksamkeit der Bestandspolitik wird gegenwärtig auf die durchsetzbare Aufwertung der Westlichen Inneren Stadt gerichtet; die Aufbaugebiete der 50er Jahre geraten dabei völlig aus dem Blickfeld. Alle Versuche von außen, die brennenden Themen anzusprechen, werden übergangen; es gibt keine Kooperation zwischen externen Fachleuten und der Baubehörde. Ergebnisse von Gutachten unterliegen der Geheimhaltung und sind nicht Gegenstand der breiteren hausinternen oder öffentlichen Diskussion. Auf dieser schmalen Informations-Basis kann auch der bestmeinendste Wohnungspolitiker keine sachgerechten Entscheidungen treffen.

Anmerkungen

1 Alisch, M. / Dangschat, J.S., 1991: The Restructuring of the Housing-Supply as a Consequence of Demand Shifts - The Case of Hamburg. Vortrag auf der ENHR-Konferenz "Housing Policy as a Strategy for Change", Oslo, 24.-27.6.1991.

2 Novy, K., 1990: Gewinner und Verlierer im Kampf um die Deregulierungsrenten. Skizze zur wohnungspolitischen Lage in der Bundesrepublik. In: Norton, A. / Novy, K. (Hrsg.), 1990: Soziale Wohnungspolitik der 90er Jahre. Probleme und Handlungsansätze aus britisch-deutscher Sicht. Stadtforschung aktuell, Band 26. Basel et al.: Birkhäuser, S. 29-46.

3 Dangschat, J.S., 1991a: Gentrification - Indikator und Folge globaler ökonomischer Umgestaltung, des Sozialen Wandels, politischer Handlungen und von Verschiebungen auf dem Wohnungsmarkt in innenstadtnahen Wohngebieten. Unveröff. Habilitation. Hamburg, S. 159-177.

4 Harvey, D., 1987: Flexibe Akkumulation durch Urbanisierung. Reflektionen über "Postmodernismus" in amerikanischen Städten. PROKLA 69, 17. Jg., S. 109-131. Zuerst als: Flexible Accumulation through Urbanization: Reflections on 'Post-Modernism' in the American City. Antipode, Vol. 19, S. 260-286. Wiederabgedruckt in: Borst, R. / Krätke, S. / Mayer, M. / Roth, R. / Schmoll, F. (Hg.), 1990: Das neue Gesicht der Städte. Theoretische Ansätze und empirische Befunde aus der internationalen Debatte. Stadtforschung aktuell, Band 29. Basel et al.: Birkhäuser., S. 39-61.

5 Cohen, R.B., 1981: The New International Division of Labor, Multinational Corporations and Urban Hierarchy. In: M. Dear / A.J. Scott (Hrsg.): Urbanization and Urban Planning in Capitalist Society. London und New York: Methuen, S. 287-315.

6 Feagin, J.R. / Smith, M.P., 1987: Cities and the New International Division of Labor: An Overview. In: M.P. Smith / J.R. Feagin (Hrsg.), 1987: The Capitalist City. Global Restructuring and Community Policies. Oxford: Basil Blackwell, S. 3-34. Auf deutsch als: "Global Cities" und neue internationale Arbeitsteilung. In: Borst, R. u. a. (Hrsg.), 1990, a. a. O., S. 62-88.

[7] Läpple, D., 1987: Zur Diskussion über "Lange Wellen", "Raumzyklen" und gesellschaftliche Restrukturierung. In: Prigge, W. (Hg.), 1987: Die Materialität des Städtischen. Stadtentwicklung und Urbanität im gesellschaftlichen Umbruch. Stadtforschung aktuell, Band 17. Basel & Boston: Birkhäuser, S. 59-76.

[8] Dangschat, J.S., 1991b: City Case Study: Hamburg. Hamburg - The High in the North. Urbanisation and the Functions of Cities in the European Community. Hamburg. mimeo., S. 16-18; Dangschat, J.S., 1991c: The Urban System of the United Germany. Urbanisation and the Functions of Cities in the European Community. Hamburg. mimeo., S. 26-27.

[9] Vgl. Dangschat, J.S., 1991a, a. a. O., S. 178-206.

[10] Steinberg, B., 1983: The Mass Market is Splitting Apart. Fortune, 28.11., S. 76-82.

[11] Vgl. Hradil, S., 1987: Sozialstrukturanalyse in einer fortgeschrittenen Gesellschaft. Von Klassen und Schichten zu Lagen und Milieus. Opladen: Leske + Budrich, S. 29-48.

[12] Bourdieu, P., 1983: Ökonomisches Kapital, kulturelles Kapital, soziales Kapital. In: Kreckel, R. (Hrsg.), 1983: Soziale Ungleichheiten. Soziale Welt, Sonderband 2. Göttingen: Otto-Schwarz Verlag, S. 183-198.

[13] Das ökonomische Kapital ist das Einkommen, das Vermögen, der Besitz. Das kulturelle Kapital tritt in drei Formen auf: in verinnerlichter Form als dauerhafter Disposition (Dauer und Intensität des Bildungserwerbs), in objektivierter Form durch den Besitz kultureller Güter und Fertigkeiten und in institutionalisierter Form (schulischer Titel). Das soziale Kapital ist die Menge und die Intensität der sozialen Beziehungen, d. h. es ist bestimmt durch die Ressourcen aufgrund der Zugehörigkeit zu einer Gruppe; vgl. P. Bourdieu, 1983, a.a.O., S. 185-191.

[14] Vgl. Rex, J.A. & Moore, R., 1967: Race, Community and Conflict. A Study of Sparkbrook. Oxford: University Press; Rex, J.A., 1968: The Sociology of a Zone of Transition. In: R. E. Pahl (Hrsg.): Readings in Urban Sociology. Oxford: Pergamon Press, S. 211-231; Pahl, R., 1975: Whose City?. Harmondsworth: Penguin und Saunders, P., 1987: Soziologie der Stadt. Frankfurt am Main: Campus. Zuerst als: Social Theory and the Urban Question. London: Hutchinson: 1981. Zu einer neueren Diskussion unter Verwendung der Bourdieuschen Kapital-Theorie vgl. Dangschat, J.S., 1990: Geld ist nicht (mehr) alles - Gentrification als räumliche Segregierung nach horizontalen Ungleichheiten, S. 81-89. In: Blasius, J. / Dangschat, J.S. (Hrsg.), 1990: Gentrification - Die Aufwertung innenstadtnaher Wohnviertel. Frankfurt am Main: Campus, S. 69-92.

[15] Engelsdorp Gastelaars, R. van / Vijgen, J., 1990: Residential Differentiation in the Netherlands: The Rise of New Urban Households. In: Deben, L. / Heinemeijer, W. / van der Vaart, D. (Hrsg.): Residential Differentiation. Amsterdam: Centrum voor grootstedelijk onderzoek, S. 136-163.

[16] Häußermann, H. / Siebel, W., 1987: Neue Urbanität. Frankfurt am Main: Suhrkamp.

[17] Vgl. Lüdtke, H., 1989: Expressive Ungleichheit. Zur Soziologie der Lebensstile. Leske + Budrich: Opladen.

[18] Leborgne, D. / Lipietz, A., 1990: Neue Technologien, neue Regulationsweisen: Einige räumliche Implikationen. In: Borst, R. u. a. (Hrsg.), 1990, a. a. O., S. 109-129.

[19] Mayer, M., 1990: Lokale Politik in der unternehmerischen Stadt. In: Borst u. a. (Hrsg.), 1990, a. a. O., S. 190-208.

[20] Häußermann, H., 1991: Lokale Politik und Zentralstaat. Ist auf kommunaler Ebene eine "alternative Politik" möglich?, S. 52-91. In: Heinelt, H. / Wollmann, H. (Hrsg.), 1991: Brennpunkt Stadt. Stadtpolitik und lokale Politikforschung in den 80er und 90er Jahren. Stadtforschung aktuell, Band 31. Basel et al.: Birkhäuser. Zu einer Diskussion der "Freiheitsgrade" vgl. Krätke, S. / Schmoll, F., 1987: Der lokale Staat - 'Ausführungsorgan' oder 'Gegenmacht'. PROKLA 68, 17. Jg., S. 30-72.

[21] Harloe, M., Pickvance, C. / Urry, J. (Hrsg.), 1990: Place, Policy and Politics. London et al.: Unwin Hyman.

[22] Zur Beschreibung in Hamburg vgl. Dangschat, J.S. / Oßenbrügge, J., 1990: Hamburg: Crisis Management, Urban Regeneration, and the Social Democrats, S. 93-94. In: Judd, D. / Parkinson, M. (Hrsg.), 1990: Leadership and Urban Regeneration. Cities in North America and Europe. Urban Affairs

Annual Reviews, Vol. 37. Newburry Park et al.: Sage, S. 86-105 und Dangschat, 1991a, a. a. O., S. 234-239.

23 Dohnanyi, K. von, 1983: Unternehmen Hamburg, S. 11. In: Überseeclub Hamburg (Hrsg.): Jahresband 1982/83. Hamburg, S. 3-28.

24 Handelskammer Hamburg (Hrsg.), 1984: Herausforderung für den Norden - Zur Diskussion um das wirtschaftliche Süd-Nord-Gefälle. Hamburg.

25 Von Dohnanyi, 1983, a. a. O., S. 21.

26 So in der Einleitung der damalige Präses der Baubehörde, Bialas, in: Baubehörde der Freien und Hansestadt Hamburg, 1977: Leitgedanken für die Stadtteile der inneren Stadt von Hamburg. Hamburg: Baubehörde, S. 4.

27 Kossak, E.A., 1989: Hamburg nach 1992 - Hafenstadt und mehr. Oder: Die städtebauliche Unverwechselbarkeit Hamburgs als die Voraussetzung für die Zukunft Hamburgs als eine europäische Metropole. Hamburg. Mimeo.

28 Vgl. Alisch, M., Dangschat, J.S. / Felde, W. zum, 1990: Betroffenheit und Reaktionen von Bewohnern in aufgewerteten innenstadtnahen Wohngebieten. Unveröff. Forschungsbericht, Hamburg und Alisch, M. / Felde, W. zum, 1990: "Das gute Wohngefühl ist weg!" - Wahrnehmungen, Bewertungen und Reaktionen von Bewohnern im Vorfeld der Verdrängung. In: Blasius, J. / Dangschat, J.S. (Hrsg.), 1990, a. a. O., S. 277-300.

29 Dangschat, Jens S., 1988: Gentrification - die Aufwertung innenstadtnaher Wohngebiete. In: Friedrichs, J. (Hrsg.), 1988: Stadtanalyse. Sonderheft der Kölner Zeitschrift für Soziologie und Sozialpsychologie, Band 28. Westdeutscher Verlag: Opladen, S. 272-292.

30 Vgl. Alisch, M. / Dangschat, J.S. (Hrsg.), in Vorb.: Wiederbelebung und Aufwertung in Hamburg. Westdeutscher Verlag; Alisch u.a., 1990, a. a. O.; Alisch / zum Felde, 1990, a. a. O.; Dangschat, J.S. / Friedrichs, J., 1988: Gentrification in der inneren Stadt von Hamburg. Eine empirische Untersuchung des Wandels von drei Wohnvierteln. Hamburg: Gesellschaft für Sozialwisenschaftliche Stadtforschung.

31 So ist beispielsweise eine Verschiebung der Umwandlungsaktivität von gut ausgestatteten und großen Wohnungen in sehr guten Lagen in den attraktivsten Stadtteilen zu den schlechter ausgestatteten Wohnungen in schlechten Lagen beobachtbar. In diesem Zusammenhang ging auch der Anteil der Umwandler zurück, die gleichzeitig die Wohnung intensiv modernisieren.

32 Über Eppendorf und Winterhude können keine genauen Zahlen genannt werden. Für das spannende Jahr 1989 wurden Informationen über die Abgeschlossenheitsbescheinigungen vom Bezirksamt Hamburg-Nord verweigert. Daher ist die Zahl der Meldungen an die Baubehörde/ASW hier die Basis, die sich oftmals jedoch als nicht ausreichend darstellt. Danach wäre die Zahl der Anträge - dort entgegen dem Trend - gegenüber 1988 eher zurückgegangen (vgl. Dangschat, J.S., 1991d: Welche Zusammensetzung der Wohnbevölkerung ist erhaltenswert? Kommentar zur Anwendung der Milieuschutzsatzung aus soziologischer Sicht. In: Dohrendorf, R. (Hrsg.), 1991: Die soziale Erhaltungssatzung und ihre Bedeutung für die Stadterneuerung und Stadtentwicklung. Darmstadt: VWP Verlag für Wissenschaftliche Publikationen, S. 15-42.

33 Schubert, D., 1990: Wohnungsbestand und Wohnungsneubau - oder warum neue Wohnungen nicht die "neue" Wohnungsnot lösen, S. 49. In: Huke-Schubert, B. (Hrsg.): Wohnen morgen - Wohnungsbau in den 90er Jahren. Darmstadt: VWP Verlag für wissenschaftliche Publikationen: Darmstadt, S. 41-55.

34 Froessler, R. / Selle, K., 1990: "Friede den Hütten ...?" Traditionelle und erweiterte Handlungsansätze zur Sicherung preiswerter Wohnverhältnisse,. In: Blasius, J. / Dangschat, J.S. (Hrsg.), 1990, a. a. O., S. 128-153.

35 Vgl. Dangschat, 1991d, a. a. O.

Differenzierungs-, Polarisierungs- und Deregulierungsprozesse im kommunalen Wohnungsbestand in Hamburg

Dirk Schubert / Michael Ferner

Mit dem Titel dieses Beitrages werden tiefgreifende aktuelle und künftige Veränderungen der Struktur der Wohnungsbestände unterstellt. Dabei haben die "traditionellen" kommunalen Wohnungsbestände des gemeinnützigen städtischen Wohnungsunternehmens - der SAGA - und die Wohnungsbestände der früheren Neuen Heimat, die von der Stadt gekauft wurden, entscheidenden Anteil an der zukünftigen Entwicklung.

Die Turbulenzen um die SAGA und die Geschichte des Neue-Heimat-Skandals haben die Mieter zunehmend verunsichert. Blicken wir zurück: Im Jahresbericht der Neuen Heimat 1976 heißt es: "Die eigenen Wohnungsbestände der Unternehmensgruppe dienen ... der reformerischen Wohnungsversorgung und der sozialen Absicherung ihrer Bewohner." Und vier Jahre später heißt es im Jahresbericht der gleichen Firma: "Die Neue Heimat bietet an: sozialen Kundendienst, Maßnahmen zur Förderung von nachbarschaftlichen Kontakten in den Wohnanlagen, Hilfen zur Integration sozial gefährdeter Haushalte und übergesetzlichen Mieterschutz"[1], letzteres bitte langsam auf der Zunge zergehen lassen. Viele MieterInnen haben diese Aussage als bare Münze genommen und sind davon ausgegangen, daß eine Sozialwohnung bei einem Gemeinnützigen Wohnungsunternehmen dauerhaft niedrige Mieten und Wohnsicherheit garantieren würde.

Hier soll nicht die Geschichte der Neuen Heimat und der Weiterverkäufe dieses Wohnungsunternehmens nachzeichnet werden, obwohl das ein spannender Wirtschaftskrimi wäre[2]. Hier soll zunächst kurz dargestellt werden, um wieviele Wohnungen es beim kommunalen Wohnungsbestand in Hamburg geht, um dann auf Struktur, Besonderheiten, auf Differenzierungen im Sozialwohnungsbestand nach Baujahrgängen und Polarisierungen in diesem Bestand vor dem Hintergrund wohnungspolitischer Deregulierungen einzugehen.

Der städtische Bestand umfaßt 1990 die gekauften rund 41.000 Wohnungen der ehemaligen Neuen Heimat, von denen ca. 10.000 bei der nichtgemeinnützigen WVN verwaltet werden sollen, und ca. 30.000 Wohnungen, die bei der gemeinnützigen GWG verbleiben. Dazu kommt der Wohnungsbestand der SAGA der 86.837 Wohnungen umfaßt, weiter ca. 9.700 für die Stadt verwaltete Wohnungen. Das sind insgesamt 127.558 Wohnungen, davon sind ca. 105.000 Wohneinheiten als Sozialer Wohnungsbau öffentlich gefördert, ca. 23.000 Wohnungen sind nicht mehr in der öffentlichen Förderung. Das sind ca. 16 % vom Gesamtwohnungsbestand von 776.000 Wohnungen in Hamburg, und vom Sozialwohnungsbestand in Hamburg von 1990 ca. 250.000 Wohneinheiten 45 %[3]. Es handelt sich also auch quantitativ um einen bedeutenden Wohnungsbestand.

Zwischen den Strukturproblemem des sozialen Wohnungsbaus und des Marktsegmentes des kommunalen Wohnungsbestandes besteht ein enger Zusammenhang. Die Entwicklungen auf dem Wohnungsteilmarkt Sozialwohnungen sind wiederum eng mit gesamtstädtischen Wohnungsmarktentwicklungen verknüpft. Die Prozesse, die auf den Sozialwohnungsbestand einwirken, sollen noch einmal kurz skizziert werden:

a) Durch die planmäßige und vorzeitige Rückzahlung öffentlicher Mittel wird sich der Bestand nach Schätzungen der Baubehörde bis 1995 auf nur noch 164.000 und bis zum Jahr 2000 auf 100.000 Wohnungen reduzieren, die Preis- und Belegungsbindungen unterliegen[4]. Der Marktanteil der SAGA im Sozialmietwohnungsbereich erhöht sich nach einem Gutachten - dem Berger-Gutachten - von derzeit 26 % auf 69 % im Jahr 2000, und die Bedeutung der SAGA als Versorger vor allem der einkommensschwächeren Bevölkerungsgrupen wird weiter zunehmen. Das zentrale SAGA-eigene Problem liegt darin, so das Berger-Gutachten mit der sich zwangsläufig verschlechternden Mieterstruktur "richtig" umzugehen[5].

   Das Phänomen der nur temporären Bindungen wird häufig als unveränderlicher Sachzwang dargestelt. Das ist es aber nicht. In Holland, England und Österreich z. B. kennt man eine solche Förderung nicht.

   Als wir von seiten der Technischen Universität Hamburg-Harburg vor 5 Jahren auf das Problem des Auslaufens der Bindungen aufmerksam gemacht hatten, hieß es von der Baubehörde, dieses Problem sei in Hamburg nicht so dramatisch zu bewerten, da ca. 210.000 Wohnungen im Eigentum Gemeinnütziger Wohnungsuntenehmen wären, und damit weiter der gemeinnützigkeitsrechlichen Kostenmiete unterliegen würden[6]. Jedoch:

b) Mit der Steuerreform vom Juli 1988 wurden zum 1.1.1990 die Steuerbefreiungen für Gemeinnützige Wohnungsunternehmen aufgehoben[7]. Damit - quasi nach dem Gleichbehandlungsgrundsatz - die vormals Gemeinnützigen Wohnungsunternehmen die nun zu zahlenden Steuern erwirtschaften können, werden Mietpreiserhöhungen erforderlich. Mietpreiserhöhungen sind nach Aufhebung der Wohnungsgemeinnützigkeit in den Beständen, bei denen die Bindungen (ggf. inkl. Nachwirkungsfrist) ausgelaufen sind und die dann nicht mehr dem Kostenmietenprinzip unterliegen, möglich. In Hamburg sind bei ca. 50.000 Wohnungen die öffentlichen Fördermittel schon zurückgezahlt. Für sie gilt die ortsübliche Vergleichsmiete.

c) Für ca. 6.200 Sozialwohnungen sind bereits Abgeschlossenheitsbescheinigungen erstellt worden - die Voraussetzung zur Umwandlung von einer Miet- in eine Eigentumswohnung[8]. Damit gehen zwar dem Wohnungsmarkt keine Wohnungen, aber in der Regel mietpreisgünstige Wohnungen verloren.

Um zu illustrieren, von welchen falschen Annahmen noch vor zwei Jahren die Wohnungsmarktprognosen und auch das Berger-Gutachten für die SAGA ausging, ein Zitat aus dem Gutachten: "Der Wohnungsmarkt geht kontinuierlich von einem Nachfrageüberhang von ca. 40.000 Wohnungen in 1985 in einen Angebotsüberhang von ca. 38.000 Wohnungen im Jahr 2000 über"[9]. Es bedarf keiner detaillierten Berechnungen, um zu zeigen, daß das Gegenteil der Fall ist[10]. Wir haben es derzeit mit einer dramatischen Verringerung mietpreisgünstiger und (noch) mietpreisgebundener und belegungsgebundener Wohnungen zu tun. Und auf der Nachfrageseite des Wohnungsmarktes besteht eine genau so explosive Zunahme von Bevölkerungsgruppen, die auf solche Wohnungen angewiesen sind[11]. Die Diskrepanz der aktuellen Wohnungsversorgungssituation besteht also in der gegenläufigen Entwicklung von abnehmenden (noch) gebundenen Beständen und wachsenden Anteilen der Bevölkerung, die für eine angemessene Wohnungsvesorgung gerade auf diese Bestände angewiesen sind[12]. In diesem Kontext kommt den kommunalen Wohnungsbeständen für eine zukünftige soziale Wohnungspolitik eine zentrale Bedeutung zu.

1. Differenzierungsprozesse

Vor diesem Hintergrund gibt es nicht mehr "den" sozialen Wohnungsbestand, oder "die" städtischen Wohnungen, sondern nur heterogene Marktsegmente, die sich weiter differenzieren. Prägend für die Sozialwohnungsbestände und auch die kommunalen Wohnungsbestände ist, daß sie vorwiegend in größeren zusammenhängenden Siedlungseinheiten realisiert worden sind. Das bedeutet, daß der überwiegende Teil dieser Bestände nicht verstreut über das ganze Stadtgebiet vorfindbar ist, sondern daß fast immer städtebaulich relativ homogene Quartiersstrukturen geplant und realisiert worden sind[13].

Das wiederum ist eine wichtige Chance und Ausgangsbedingung für den Zusammenschluß von Bewohnern und für Modelle, der Mieterbeteiligung. Anhand einiger Beispiele aus einem von uns durchgeführten Forschungsprojekt soll deutlich gemacht werden, wie unterschiedlich Bevölkerungsstrukturen und Wohnungsbestände sind[14].

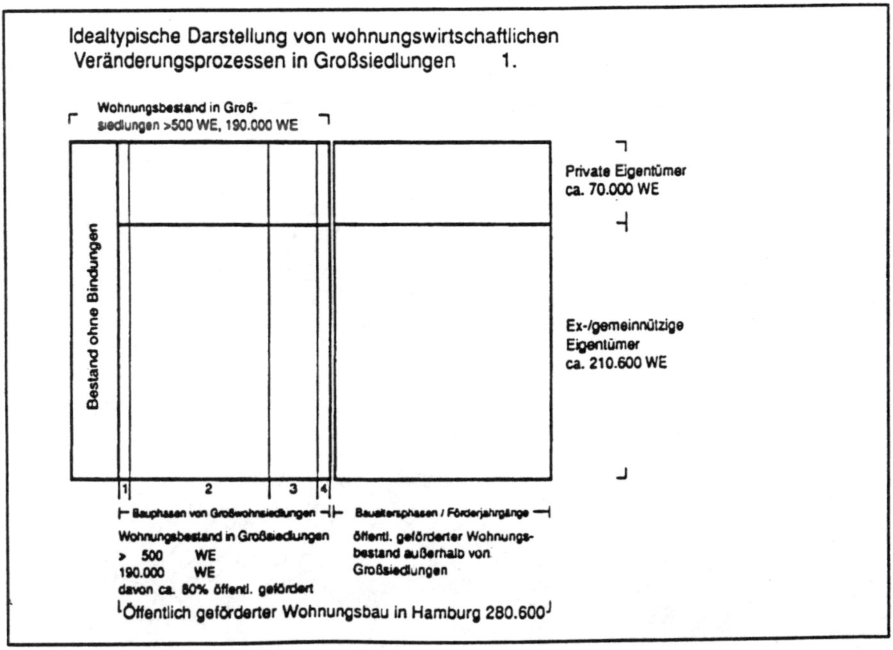

Wir haben zu diesem Zweck die Wohnungsbestände und Großsiedlungen nach dem Zeitpunkt des Erstbezuges klassifiziert:

a) Siedlungen und Wohnungsbestände der Phase I: 1945 - 1956

Beispiel: Farmsen Gartenstadt, im Eigentum der WVN, also der früheren Neuen Heimat, Genossenschaft in Gründung

Die Wohnungsbestände in diesen Siedlungen der I. Phase wurden in der Regel, überwiegend auf der Grundlage des 1. Wohnungsbaugesetzes, in der Zeit staatlich gelenkter Wohnraumbewirtschaftung mit direkten öffentlichen Subventionen finanziert. Bei den Siedlungen dieses Baualters sind die Bindungen ausgelaufen bzw. werden in Kürze beendet sein. In Verbindung mit der Aufhebung des Gemeinützigkeitsrechtes werden die Mieten, die zur Zeit um 6,80 DM/qm liegen, jährlich um 5 % angehoben werden können.

Lageplan Farmsen-Gartenstadt

Grunddaten der Siedlung:

Lage:	Farmsen-Gartenstadt
Bauzeit:	1953-1954
Einwohner (1987):	5.799
Wohneinheiten:	2.553
Einwohnerdichte:	72 EW/Hektar
Geschoßflächenzahl:	0.34

Während die Wohnungen in Farmsen als Sozialwohnungen erstellt wurden, sind sie in Hohnerkamp, einer ähnlichen Siedlung nicht, wie häufig angenommen wird, als sozialer Wohnungsbau entstanden, sondern als frei finanzierter, von einem gemeinnützigen Wohnungsbauträger - der Neuen Heimat - gebauter Wohnungsbau. Das war solange kein Thema und auch kein Problem, solange es die Wohnungsgemeinnützigkeit gab.

Doch nicht nur die "Stammbewohner" sind mittlerweile in die Jahre gekommen, sondern auch die Gebäude. Die schlechte Bausubstanz und die langfristig, unterlassene Instandhaltung haben zu einem erheblichen Sanierungsbedarf geführt, dessen baldige Behebung dringend notwendig erscheint. Der damit verbundene Finanzbedarf ist sehr hoch (z. B. für Asbestsanierung) und übersteigt oftmals die verfügbaren Eigenmittel der Wohnungsunternehmen. In den relativ kleinen und mit niedrigem Standard versehenen Wohnungen haben die Mieter selbst Modernisierungen in großem Umfang vorgenommen.

Die Siedlungen und Wohnungsbestände dieser Bauphase sind inzwischen über 35 Jahre alt. In dieser Zeit konnten sich gewachsene soziale Strukturen entwickeln. Das soziale Netz ist von ausgeprägten Nachbarschaftshilfen geprägt. Heute wissen wir: Die Zukunft liegt im Alter, mit 60 fängt das Leben erst an. Damit ergeben sich auch neue Anforderungen an die Infrastruktur.

Die "Überalterung" der "Stammbewohner" und ein hoher Anteil an Sozialfürsorgeabhängigen bei den Neuzuzüglern lassen die ehemalige Ausgewogenheit der Bewohnerstruktur schwinden. Unterschiedliche Lebensweisen und damit verbundene Konflikte drohen das bisher stabile Gemeinwesen zu verändern. Mangelnde Integrationsfähigkeit, Stigmatisierung und Abschottungstendenzen sind festzustellen. Die verdeckte Armut nimmt zu. Interessensvertretungen der Mieter gibt es nur in wenigen Siedlungen.

Im Vergleich zu den Wohnungsbeständen der späteren Phasen sind diese Quartiere besser in das Siedlungsgefüge der Stadt integriert. Die städtebaulichen Qualitäten - niedrige, gering verdichtete Bebauung verbunden mit weitläufigen und durchgrünten Wohnumfeld - bieten aber auch Ansatzmöglichkeiten zu Veränderungen. Dies zeigen auch die gegenwärtigen Bestrebungen zu Nachverdichtungen von Siedlungen der 50er Jahre.

Zusammengefaßt stellt sich die Situation der Siedlungen der frühen 50er Jahre so dar, daß die Zustände im Wohnungsbestand, die Wandlungen der Bewohnerstruktur, die wohnungspolitischen und städtebaulichen Rahmenbedingungen insgesamt einen erheblichen Veränderungsdruck bewirken. Im Rahmen von Nachbesserungsmaßnahmen bei Siedlungen der 50iger Jahre können mögliche Spielräume zur Aufwertung der Siedlungen voll ausgenutzt werden. Dies betrifft die Mietenentwicklung, die Mieterauswahl als auch die bauliche Nachverdichtung. Dabei besteht jedoch die Gefahr, daß dies zur Verdrängung der unteren Einkommensgruppen führt, die die durch Modernisierung und andere Faktoren bewirkten jährlichen Mietsteigerungen nicht mehr zahlen können. In Verbindung mit einer rigorosen Vermietungspolitik (Mieterselektion, konsequente Räumung bei Mietrückständen) droht den davon Betroffenen Abschiebung in "schlechtere" Bestände - neue Ghettos - oder gar Obdachlosigkeit.

b) Siedlungen und Wohnungsbestände der Phase II: 1957 - 1966

Beispiel: Hohenhorst, SAGA-Bestand ca. 85 %

Die Probleme der Siedlungen und Wohnungsbestände der Bauzeit zwischen 1957 und 1966 sind lange unterschätzt worden, sowohl was die Wertung ihrer Problemlage als auch ihre Anzahl bzw. ihren Stellenwert beim sozialgebundenen Wohnungsbestand betrifft. Während der Nachbesserungsdiskussion wurden sie weit weniger beachtet als die Wohnungsbestände und prominenten Siedlungen der folgenden Phase III, andererseits wurden diese "grauen Mäuse" im Rahmen der Verbesserungsstrategien der Siedlungen der Phase III gerne als "Auffanglager" für "Problemmieter" benutzt.

Mittlerweile - auch bedingt durch Nachbesserungsstrategien der Wohnungsunternehmen und der öffentlichen Hand (Stichworte: Mieterselektion, künstlicher Wohnungsleerstand, Nachsubventionierung) in den Siedlungen der III. Phase - müssen die Probleme im Wohnungsbestand dieser II. Phase als mindestens ebenso gravierend angesehen werden.

Die sozialen Verhältnisse, so Berichte der sozialen Dienste, haben sich im Laufe der letzten Jahre in den Siedlungen dieser Zeit ständig verschlechtert. Als Folge der allgemeinen sozialen Ausgrenzung, der Funktion dieser Gebiete als "Zuweisungsgebiete" und "Auffanglager", der wahllosen Zuweisung der Wohnungsämter, der Abschiebung von Mietern durch Wohnungsverwaltungen und durch mangelhafte soziale Betreuung, ist es in Siedlungen und Wohnungsbeständen der II. Phase zu krisenhaften Erscheinungen gekommen. Allerdings treten diese nur in wenigen Fällen gleichmäßig in den Siedlungen auf, vielmehr kommt es durch die Kombination von massiven Bebauungsstrukturen mit funktionalen Mängeln mit einer wahllosen Belegungspolitik in Teilbereichen zu eindeutigen, sozialräumlichen Problemschwerpunkten, den sogenannten "sozialen Brennpunktgebieten".

Lageplan Hohenhorst

Grunddaten der Siedlung:

Lage:	Bezirk: 5 Wandsbek Ortsteil: 526, 512, 513 Blöcke: 220-224, 243-246 (526) 27-33, 35, 36 (512)
Bauzeit:	1959-1964
Einwohner (1987):	7.381
Wohneinheiten:	3.720
Einwohnerdichte:	89 EW/Hektar
Geschoßflächenzahl:	0.55

Problematisch ist auch der bauliche Zustand dieser Wohnungsbestände. Die generell schlechte Bausubstanz dieser Zeit, bedingt durch den Einsatz mangelhafter Materialien insbesondere im Fertigteilbau, Verwahrlosung durch mangelhafte Instandsetzung mit nun deutlich sichtbaren Verschleißerscheinungen und ein modernisierungswürdiger Standard bedeuten für die nun oft schon über 30 Jahre alten Wohnungen und Gebäude einen enormen Instandsetzungs- und Modernisierungsaufwand bzw. Rückstau, dessen Kosten bisher noch nicht ansatzweise abgeschätzt worden sind. In Verbindung mit einem wenig attraktiven städtebaulichen Erscheinungsbild führen diese Umstände zu einer Minderung bzw. Belastung der Wohnqualität dieser Siedlungsgeneration.

Die gegenwärtig im Rahmen des 500 Mio. Instandsetzungsprogrammes durchgeführten Maßnahmen lassen allerdings die Kosten erahnen. Ein Beispiel aus der Siedlung Dannerallee: Im Rahmen des 500 Mio. Instandsetzungsprogrammes werden zur Zeit zwei der vier SAGA-Punkthochhäuser an der Dannerallee instandgesetzt. Die Kosten für die Maßnahmen (Ausbesserung der Fertigteilplatten und Balkone, Einbau neuer Fenster) belaufen sich je Gebäude auf 3 Mio. DM, das sind pro Wohnung 20.000 DM, was der Förderhöchstgrenze für dieses Programm entspricht. Bei einem Zuschuss von 40 % belaufen sich die Kosten für die SAGA pro Gebäude auf 1,8 Mio. DM.

Darüberhinaus konnten sich bei Modernisierungsmaßnahmen für den Wohnungsbestand der II. Phase Förderungsprobleme ergeben. Bedingung für eine Förderung der Maßnahme war, daß die umlegbaren Modernisierungskosten nicht zu einer Erhöhung der Miete führen, die über die in den Richtlinien zur Modernisierungsförderung festgelegte Obergrenze hinausgeht. Die meisten Mieten haben jedoch in dieser Phase die Grenze schon erreicht (Hohenhorst 8,07 DM/qm bzw. 8,34 DM/qm Dannerallee 8,74 DM/qm), so daß sich bei Modernisierungen kein Mieterhöhungsspielraum mehr ergibt, bzw. die Maßnahmen regulär nicht öffentlich gefördert werden konnten.

Die Wohnungsbestände dieser Zeit sind in den nächsten Jahren vom Ablauf der Sozialbindung quantitativ am stärksten betroffen, sei es durch regulären Ablauf oder durch vorzeitige Tilgung der öffentlichen Darlehen. Neben drohenden erheblichen Mieterhöhungen und verstärkter Differenzierung der Mieter müssen auch die enormen Kosten zur Sanierung der Gebäude mit in die Betrachtung der zukünftigen Entwicklungen einbezogen werden.

Die Wohnungsbestände unterliegen damit zukünftig einem erhöhten Veränderungsdruck, wobei seitens der Wohnungsunternehmen die Siedlungen je nach ihren Verwertungschancen unterschiedlich behandelt werden. Betroffen werden davon nicht nur ganze Siedlungen sein, sondern auch Teilbereiche.

c) Siedlungen und Wohnungsbestände der Phase III: 1967 - 1976

Beispiel: Osdorfer Born, SAGA-Anteil 45 %, in dem 14 geschossigen Wohnband, dem "Affenfelsen", 100 %

In den Wohnungsbeständen und vor allem in den Großsiedlungen der III. Generation gab es Mitte der 80er Jahre die höchsten Wohnungsleerstände und Fluktuationen. Diese Bestände galten und gelten als besonders problematische. "Soziale Erosionsprozesse", "Konzentrationen von Problemmietern" und "Ghettoisierung" waren Etikettierungen, die den Siedlungen zugewiesen wurden. Das negative Image hält teilweise bis heute vor.

Alle Siedlungen in Hamburg, bei denen nach dem Städtebauförderungsverfahren "vorbereitende Untersuchungen" eingeleitet wurden - Steilshoop, Kirchdorf-Süd und Mümmelmannsberg - sind dieser III. Generation zuzurechnen. In diesen Siedlungen wurden im Rahmen der Nachbesserungsvorhaben teilweise auch Beteiligungs- und Koordinierungsausschüsse eingesetzt.

In den Siedlungen dieser Phase gab es von Anfang an schwierige soziale Verhältnisse, die u. a. ihre Ursache darin haben, daß nach der Auflösung der Wohnlager sich durch die damals geschlossene Zuweisung einer großen Zahl von "Problemmmietern" vielfach Probleme mit der Belegungspolitik ergaben.

Im allgemeinen Sprachgebrauch und in den Medien werden üblicherweise "Problemsiedlungen" und "Großsiedlungen" mit den Wohnungsbeständen der III. Generation gleichgesetzt. Dies einerseits begründet, weil die realisierten Siedlungseinheiten die größten waren (z. B. Steilshoop 6.361 WE, Mümmelmannsberg 7.243 WE, Osdorfer Born 4.600 WE), andererseits unbegründet, weil auch in den "großen" Großsiedlungen und Wohnungsbeständen immer nur kleinere Teilbereiche "problematisch" waren und sind. Bezeichnenderweise beschränken sich die Probleme häufig auf die jeweiligen SAGA-Bestände mit WA-Bindungen, während es in ähnlichen Wohngebirgen der Baugenossenschaften kaum Schwierigkeiten gibt.

Die bauliche und städtebauliche Struktur weist durch das falsch interpretierte Leitbild "Urbanität durch Dichte" starke Verdichtungen und eine GFZ bis 1,0 auf. In den meisten Siedlungen liegt der Wohnungsanteil in Gebäuden mit 6 und mehr Geschossen bei fast 50 %. Während die Wohnungsgrundrisse und Wohnungsstandards in der Regel als gut bewertet werden, wird die städtebauliche Struktur eher negativ eingeschätzt. Der hohe Anteil an Fertigteilbauweise bewirkt häufig relativ monotone Gestaltungen und Bauschäden. Bei Einzelgebäuden und den Wohngebirgen der Siedlungen der III. Generation gibt es erhebliche Bauschäden, vor allem an Fenstern und Fassaden. Die Sanierung der Betonschäden ist extrem teuer. Daher gibt es Überlegungen von Wohnungsunternehmen die Bestände "auswohnen" zu lassen - so das Berger-Gutachten - bzw. die Bestände mit dem Instandhaltungsstau weiter zu verkaufen.

Verschärft wurden die Probleme in den Wohnungsbeständen der III. Generation noch dadurch, daß viele Siedlungsbereiche isoliert und deutlich abgehoben von der Umgebung erstellt wurden (z. B. Osdorfer Born). Diese bauliche Manifestation spiegelt sich in der Stigmatisierung von Bewohnern wieder. Die Verkehrsanbindung ist zudem in vielen dieser Siedlungen relativ schlecht.

Im wohnungswirtschaftlichen Bereich versuchten die Wohnungsunternehmen, vor allem die SAGA, durch selektive Belegungspolitik den Leerständen und Vermietungsproblemen entgegenzuwirken. Durch Mietsenkungen, Ausnahmeregelungen und Befreiungen vom § 5-Schein für Wohnungsbewerber sollte die Mieterstruktur "verbessert" und "aufgewertet" werden. Dabei wurden Leerstände teilweise bewußt in Kauf genommen bzw. öffentlich geförderte Wohnungen an potentielle Fehlbeleger vermietet. Fast alle Großsiedlungen der III. Generation sind von der Einführung der Fehlbelegerabgabe ausgenommen worden, was auf eine relativ problematische Struktur in diesen Bereichen schließen läßt.

Die zukünftigen Entwicklungsmöglichkeiten der Wohnungsbestände der III. Generation müssen skeptisch beurteilt werden. Die Siedlungen sind häufig weiterhin mit einem negativem Image behaftet und die bauliche und städtebauliche Struktur (Wohngebirge) wird verglichen mit anderen Siedlungen am wenigsten geschätzt. Durch Nachbesserungen läßt sich diesbezüglich kein grundlegende Verbesserung erreichen, so daß die Investitionsbereitschaft der Wohnungsunternehmen gering sein wird.

Dazu kommt, daß die Mietbelastung in diesen Siedlungen sehr hoch ist. Die Mieten liegen sogar höher als in den städtebaulich ansprechenderen Siedlungen der IV. Phase. Die sozial und ökonomisch besser gestellten Bevölkerungsschichten werden daher eher in andere Siedlungen, bzw. in attraktivere Teile der Siedlung umziehen. Es droht daher auch eine verstärkte Polarisierung zwischen den problematischen Wohnungsbeständen in den hochverdichteten Zentren der Siedlungen und den "normalen" meist mit viergeschossigen Block-Zeilengebäuden bebauten Randbereichen.

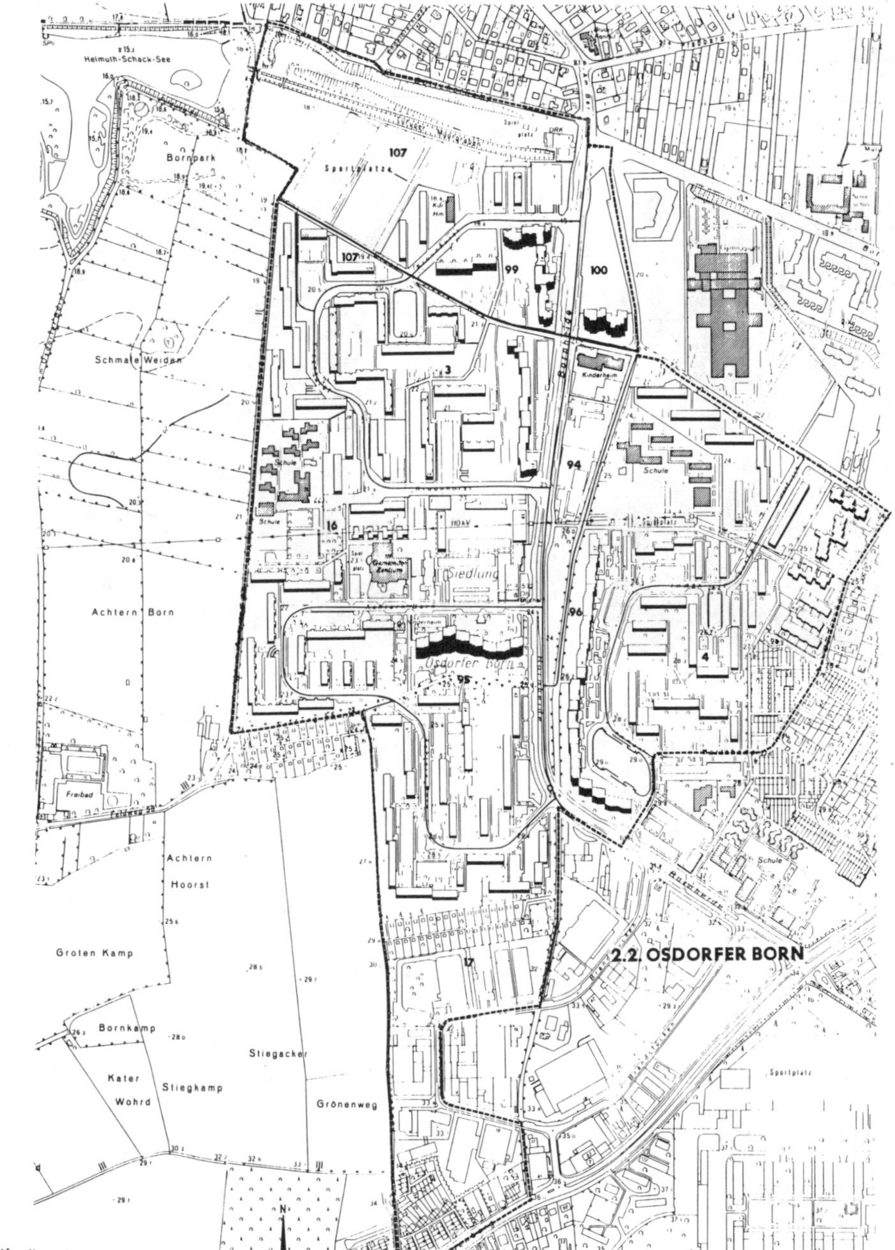

Lageplan Osdorfer Born

Grunddaten der Siedlung:

Lage:	Bezirk: 2 Altona
	Ortsteil: 220 Osdorf, 215 Lurup
	Blöcke: 3, 4, 16, 17, 94-96, 99 (220) 99, 100 (215)
Bauzeit:	1967-1970
Einwohner (1987):	11.350
Wohneinheiten:	4.924
Einwohnerdichte:	157 EW/Hektar
Geschoßflächenzahl:	0.90

d) Siedlungen und Wohnungsbestände der Phase IV: 1977 - heute

Beispiel: Tegelsbarg, SAGA-Bestand ca. 42 %

Die Siedlungen der Phase IV, teilweise noch im Bau, heben sich schon vom Erscheinungsbild her deutlich von ihren Vorgängern ab. Es sind keine "Betonsilos", die "gute", teilweise vorbildliche Architektur wird durchweg positiv beurteilt. Bei den Siedlungen wurde durch gezielte Presse- und Informationskampagnen (Essener Straße, vor allem bei Allermöhe) von Anfang an ein positives Image angestrebt und weitgehend auch erreicht. Offensichtlich hat man zumindest teilweise aus den Planungsfehlern der Siedlungen der III. Generation gelernt.

So wurde der Anteil der Fertigbauweise deutlich zurückgeschraubt, womit auch der Anteil an Bauschäden reduziert sein dürfte. In Tegelsbarg wurden alle, in Allermöhe und Essener Straße fast alle Wohnungen in traditioneller Bauweise errichtet. Die Dichte liegt deutlich niedriger als bei den Siedlungen der III. Generation. Es überwiegen in Allermöhe 3- bis 4-geschossige, in Tegelsbarg 3- bis 5-geschossige Gebäude.

Bei den Wohnungsbauträgern wurden zunehmend gezielt unterschiedliche Träger beteiligt, um durch einen "Träger-Mix" das Vorherrschen eines Trägers mit den damit verbundenen Problemen zu vermeiden. Bei allen Siedlungen der Phase IV gibt es in erheblichen Umfang (25 bis über 50 %) Eigentumsmaßnahmen. Diese liegen in der Regel in den jeweils attraktiveren Teilen der Siedlung und bewirken zwar tendenziell eine soziale Durchmischung bezogen auf den Gesamtsiedlungsdurchschnitt, allerdings auch ausgeprägte Unterschiede zwischen den unterschiedlichen Siedlungsteilbereichen mit Eigentums- und Mietwohnungen.

Obwohl auf die Vermeidung sogenannter "negativer sozialer Verhältnisse" sehr großer Wert gelegt wurde, ergibt sich auch in diesen Siedlungen ein Bedarf an sozialer Fürsorge, der zunehmende Tendenzen aufweist. Dabei konzentrieren sich Schwierigkeiten nicht nur bei der SAGA sondern auch bei privaten Vermietern.

Die Entwicklung des Gemeinwesens und sozialen Zusammenlebens ist geprägt durch Bestrebungen, "die eigene" Straße, Block, Siedlung gegenüber den früheren stigmatisierten Siedlungen abzugrenzen. Man lebt hier in einer (anscheinend) heilen Welt. Intoleranz, starke soziale Kontrolle, kleinbürgerlich angepaßtes Tun und Verhalten herrschen vor, Auffälligkeiten führen häufig zu Überreaktionen. Vor allem zwischen Bereichen mit Geschoßwohnungsbauten und Einfamilienhäusern gibt es kaum Beziehungen. Es dominiert der "Rückzug ins Private", in die "eigenen vier Wände."

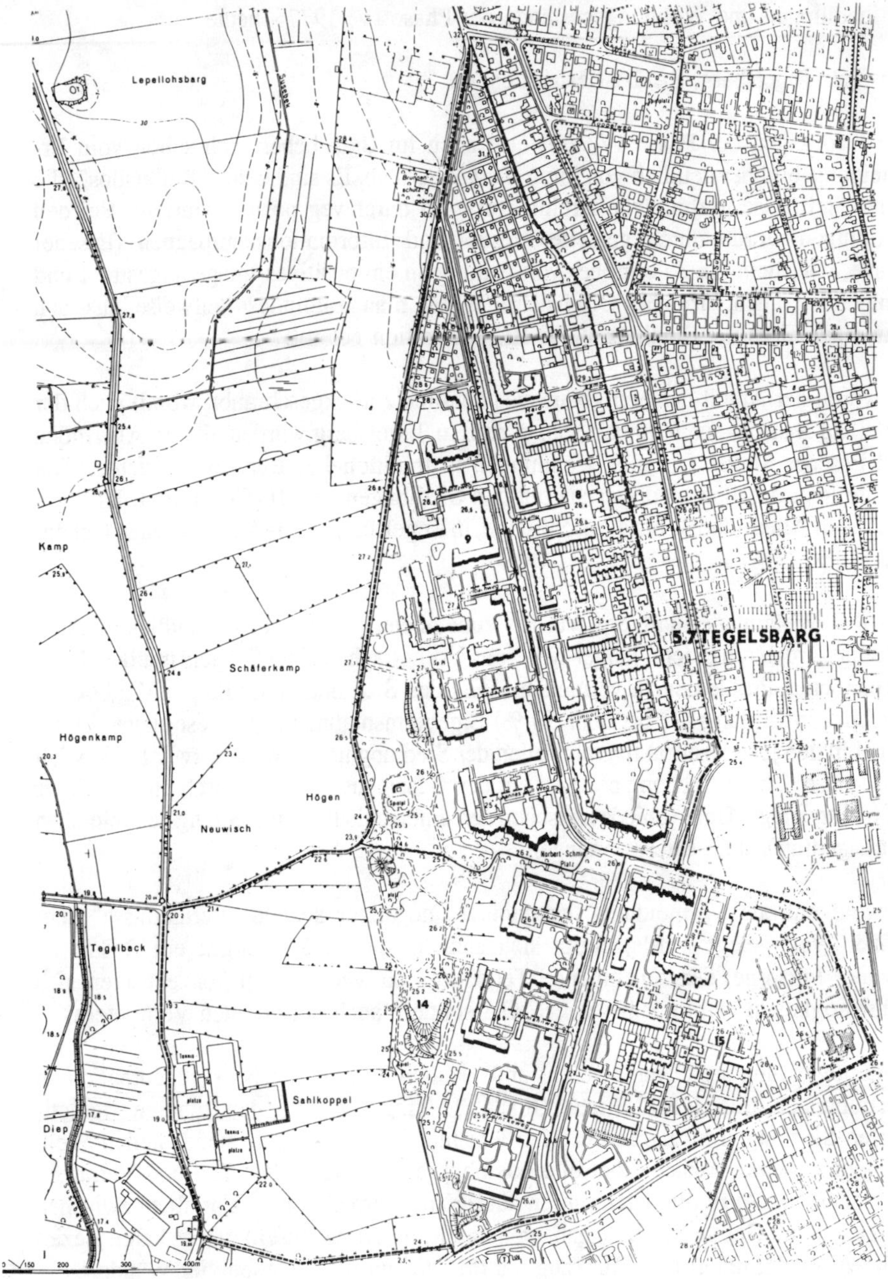

Lageplan Tegelsbarg

Grunddaten der Siedlung:

Lage:	Bezirk: 5 Wandsbek
	Ortsteil: 520 Hummelsbüttel
	Blöcke: 8, 9, 14, 15
Bauzeit:	1975-1980
Einwohner (1987):	6.070
Wohneinheiten:	2.236
Einwohnerdichte:	73 EW/Hektar
Geschoßflächenzahl:	0.55

Probleme gibt allerdings bei diesen Siedlungen auch im Bereich der Wohnfolgeeinrichtungen. Diese wurden und werden zu spät errichtet und sind teilweise unzureichend. Kulturelle und soziale Aktivitäten finden in der Regel außerhalb der Siedlung statt. Unzureichend bzw. noch nicht ereicht ist auch eine Integration in den Stadtteilzusammenhang. Die Siedlungen sind immer noch relativ isoliert.

Probleme sind ferner bei möglichen Nachverdichtungen bzw. Arrondierungen der Siedlungen zu erwarten. So soll etwa an Allermöhe angrenzend noch ein weiteres großes Neubaugebiet entstehen. Die Bewohner entwickeln hier Abwehrhaltungen und Anspruchsdenken.

Von Umfang und Struktur der Probleme her sind die Siedlungen der IV. Generation zunächst sicher die relativ unproblematischsten. Bei dem derzeit angespannten Wohnungsmarkt dürfte es hier auch in absehbarer Zeit keine Vermietungsprobleme geben.

2. Polarisierungsprozesse

Diese Gebietskulisse mit sehr unterschiedlichen Quartierstypen und Bewohnerstrukturen illustriert, daß es auch bei den zu diskutierenden Strategien keine Patentrezepte geben kann. Bezogen auf den Wohnungsmarkt wird der scheinbar einheitliche Bestand von Sozialwohnungen für "breite Schichten" der Bevölkerung unterschiedlichen Verwertungsmöglichkeiten unterworfen. "Die" Großsiedlungen und "den" Sozialwohnungsbestand gab es im Prinzip nie und wird es zukünftig immer weniger geben. Es wird nur noch Teilbestände mit sehr unterschiedlichen Verwertungsmöglichkeiten geben.

Die mit der Abschaffung der Wohnungsgemeinnützigkeit verbundene Beseitigung der quasi "ewigen Kostenmiete" wird eine weitere Flexibilisierung der Unternehmensstrategien und damit räumliche Polarisierungen bei den Wohnungsbeständen zur Folge haben. Für Laien und die betroffenen MieterInnen ist es ohnehin nicht transparent, ob z. B. eine Mieterhöhung ihrer städtischen Sozialwohnung mit

- Abschaffung der Wohnungsgemeinnützigkeit,
- Erhöhung der Instandhaltungspauschalen,
- Modernisierung,
- Einführung der Fehlbelegerabgabe,
- Auslaufen der Bindungen,
- Eigentümerwechsel

oder mehrere dieser Faktoren gleichzeitig begründet wird. Es bedeutet in jedem Fall eine Mieterhöhung.

Innerhalb und zwischen den Siedlungen und Wohnungsbeständen wird sich damit in den nächsten Jahren der Differenzierungsprozess fortsetzen. Die attraktiveren Siedlungen und Teilbereiche der sonst eher unattraktiveren Siedlungen werden weiter aufgewertet werden. In die unattraktiveren Bereiche in den gebundenen Miet-Wohnungsbeständen werden eher einkommenschwächere Haushalte ziehen (müssen), während die frei vermietbaren Bestände eher von zahlungskräftigeren Schichten angemietet werden.

Bis vor einigen Jahren wurden die Innenstädte und die angrenzenden Altstadtquartiere in der Regel von einkommensschwächeren Haushalten bewohnt wurden. Die sogenannten A's, die Armen, Alten, Ausländer und Asylanten, konnten hier in den weitgehend noch nicht modernisierten und damit noch mietpreisgünstigen Wohnungsbeständen eine zumindest verläufige Bleibe finden[15]. Mittlerweile gibt es jedoch wieder eine starke Nachfrage nach innerstädtischem Wohnraum, verbunden mit einer Verdrängung der dort (noch) lebenden sozial- und einkommensschwächeren Haushalte.

ZEICHNUNG: HELLMAN

BUILT ENVIRONMENT VOL 14 NOS 3/4

Dieser Wertewandel hat auch Auswirkungen auf die Sozialwohnungsbestände. Bewohner, die es sich leisten können, ziehen wieder in die Innenstädte oder ins Einfamilienhaus am Stadtrand[16]. Damit werden in den Sozialwohnungsbeständen und den städtischen Wohnungsbeständen zunehmend mehr einkommensschwache Haushalte leben. Während also die Innenstädte aufgewertet und attraktiver werden, wird die Peripherie zunehmend entwertet und unattraktiver.

Über die Entwicklungen und gesellschaftlichen Strukturveränderungen zur 2/3-Gesellschaft bilden sich über sozioökonomische Prozesse Polarisierungen heraus. War in den letzten Jahren wirtschaftlicher Stagnation und eines entspannten Wohnungsmarktes die Wohnungsversorgungssituation für sozial- und einkommensschwache Haushalte schon problematisch, so bleibt im "boomenden" Hamburg bei einem angespannten Wohnungsmarkt für diese Gruppen kaum eine Chance. Eine Begleiterscheinung des Aufschwungs ist die Armut im Reichtum[17]. Die Haushalte des unteren Drittels sind und werden die Nachfrager für die dann noch mietpreis- und belegungsgebundenen Wohnungsbestände sein, die vorwiegend in Großsiedlungen lokalisiert sind. Entsprechend der Differenzierung des Wohnungsbestandes werden über selektive Belegungspolitik und mehr und mehr als Regulator wirkende Marktmechanismen Bevölkerungsgruppen zunehmend "verschoben" werden. Dabei werden Mieter entsprechend aufgeteilt in "Problemmieter", "Besserverdienende", "§ 5-Schein- oder Dringlichkeitsscheininhaber" usw. Die Differenzierungsprozesse gehen einher mit sozialen und räumlichen Polarisierungen, die sich in verstärkter kleinräumlicher aber auch zunehmend großräumlicher Segregation niederschlagen.

3. Deregulierungen

In dem bisher immer als relativ einheitlich betrachteten Sozialwohnungsbestand zeichnen sich also erhebliche Spaltungstendenzen ab. Vor dem Hintergrund der Liberalisierungsprozesse auf dem Wohnungsmarkt entwickeln sich zunehmend eher "gute", "normale" und "schlechte" Wohnungsteilmärkte, die Großsiedlungen teilen sich in "Auffanglager", "Aufwertungsgebiete" oder "Zuweisungsgebiete" auf. Das bedeutet auch, daß bestimmte Bereiche und Wohnungsbestände für die Nachfrager nach preisgünstigem Wohnraum nicht mehr zur Verfügung stehen werden.

Diese Tendenz wird verstärkt durch Unternehmensstrategien der Wohnungsunternehmen nach Abschaffung der Wohnungsgemeinnützigkeit. Wenn die Unternehmen sich zunehmend "marktkonform" verhalten, wird es auch über diesen Mechanismus zu einer zunehmenden Differenzierung der Bestände und Siedlungen kommen. Siedlungen und Teilbereiche von Siedlungen werden gezielt aufgewertet werden mit der Intention, höhere Mieten zu erreichen, während andere eher problematischere Bereiche auf einem status quo-Niveau belassen und "ausgewohnt" werden.

Liberalisierungsprozesse auf unterschiedlichen Ebenen - mit unterschiedlichen Ursachen, aber dem einheitlichen Effekt Mietpreissteigerung - bewirken also eine zunehmende Verminderung von Steuerungsmöglichkeiten. Im Zusammenhang mit den nach der Aufhebung der Wohnungsgemeinnützigkeit möglichen flexibleren Unternehmensstrategien werden zunehmend Entwicklungen über den Markt ablaufen. Einflußmöglichkeiten und Steuerungsmöglichkeiten sind nur noch reaktiv möglich.

Die Differenzierungs-, Polarisierungs- und Deregulierungsprozesse führen damit zunehmend zum Durchbruch der marktwirtschaftlichen Allokation, d. h. den guten und schlechten Lagen und Standorten wird die "entsprechende" Schicht zugewiesen. Die Marktmechanismen sortieren mit dem Ergebnis "die besseren" Leute in die guten Gegenden, die "schlechten" in die ungünstigen, häßlichen Standorte[18].

Besonders betroffen davon sind die citynahen Bereiche und Bestände von Sozialwohnungen die in der ersten Nachkriegspahse errichtet wurden, bei denen die Bindungen auslaufen, wie Neu-Altona z. B. die Grindelhochhäuser etc. Da innerstädtische Wohnlagen wieder zunehmend begehrt sind, steht hier eine rasante Gentrification und Aufwertung bevor, ein Exodus vieler Haushalte der unteren Mittelschichten, die bisher für ein hohes Maß an sozialer Mischung sorgten. Diese Form der Liberalisierung und Deregulierung wird zur Amerikanisierung unserer Städte führen.

4. Blick in die Zukunft

Ein Blick in die Zukunft muß vor dem Hintergrund der skizzierten Entwicklungen pessimistisch ausfallen. Soll dem begegnet werden muß es folglich neue, differenzierte Lösungen, aber keine Patentrezepte für den weiteren Umgang mit diesen Beständen geben.

Entscheidend ist, daß unterschiedliche Prozesse und Entwicklungen, Ursachen und Wirkungen in eine gleiche Richtung, nämlich der zunehmenden Verknappung mietpreisgünstiger Wohnungsbestände führen. In diesem Sinne kann man von einem Synergieeffekt sprechen. Aber aus der Vergangenheit kann man lernen: Bei der sogenannten "neuen" Wohnungsnot ist jede einzelne Wohnung, die dem Markt und seinen Mechanismen entzogen ist, die also im städtischen Bestand bleibt, wichtig. Jede Belegungs- und Mietpreisbindung ist möglichst zu sichern, zumal Möglichkeiten im Bestand neue und zusätzliche Bindungen zu erwerben sich bei den derzeitigen Gewinnerwartungen der Hauseigentümer als sehr teuer erweisen dürfte.

Daher ist vor allem eine integrierte kommunale Wohnungsbestandspolitik erforderlich, die nicht nach privatunternehmerischen Interessen operiert, sondern die die dauerhafte Sicherung von mietpreisgünstigen und mietpreisgebundenen Wohnungsbeständen zum erklärten Ziel hat. Der relativ hohe Anteil kommunaler (Sozial-)Wohnungsbestände in Hamburg bietet dabei, auch verglichen mit anderen deutschen Großstädten, Handlungsmöglichkeiten, die es zu sichern und auszubauen gilt. Vor diesem Hintergrund kann es nicht darum gehen die städtischen Wohnungsbestände und die kommunalen Wohnungsunternehmen nach privatwirtschaftlichen Gesichtspunkten zu führen und das Ergebnis an diesem Maßstab zu messen. Es muß im Gegenteil darum gehen, über Instrumente und Institutionen in der Wohnungspolitik zu verfügen, die es zur Aufgabe haben, sich dauerhaft und zielgerichtet und nicht ausgrenzend um eine soziale Wohnungspolitik zu kümmern.

Es geht aber nicht nur um die Eigentumsform, sondern auch um Verfügungs- und Mitbestimmungsrechte. Eigentumsformen und Mitbestimmungs- und Mitentscheidungsrechte an und über die Wohnungen müssen sich nicht ausschließen. Der Drang zur Privatheit im Wohnbereich einerseits, der Wunsch nach Gemeinschaft andererseits, können sich sinnvoll ergänzen. Allerdings darf Mietermitbestimmung nicht zum Alibi verkommen, sondern es müssen wirkliche Entscheidungsrechte auf die Mieter deligiert werden. Es gibt ein Recht auf Immobilität, auf Milieu oder - konservativ formuliert - auf Heimat, und gerade kommunale Wohnungsunternehmen sollten diese Wünsche der Bewohner Ernst nehmen und vorbildhaft umsetzen. Nach dem Eingangs angeführten Zitat aus dem Jahresbericht der Neuen Heimat, hier ein Zitat aus der Festschrift der SAGA zu ihrem 50-jährigen Bestehen: "Mit der großen Zahl der Sozial-Wohnungen ist in erster Linie die Gesellschaft in ihrer Anlehnung an die Stadt Hamburg ein regulierendes Instrument für Wohn- und Mietpreispolitik der Stadt"[19]. Die kommunale Wohnungspolitik ist aufgefordert, diesen Anspruch zu verwirklichen.

Anmerkungen

1 Die Jahresberichte der Unternehmensgruppe "Neue Heimat" sind für die damals auf dem Papier vielbemühten wohnungsreformerischen Ziele ein wahrer Zitatenschatz.

2 Reiches Material bieten hierzu die Neue-Heimat-Untersuchungsausschüsse der Bundesregierung (Drucksache 10/6779 und 11/6689), der Hamburger Bericht des Parlamentarischen Untersuchungsausschusses (PUA) "Neue Heimat" (Bürgerschaftsdrucksache 11/5900) vom 7. Mai 1986, der Antrag "Ankauf der Wohnungsbestände der Neuen Heimat in Hamburg durch zwei städtische Gesellschaften" (Bürgerschaftsdrucksache 13/3397) vom 3.3.1989, die "Unterrichtung der Bürgerschaft über die Auswertung des Berichts und die Umsetzung empfohlener Maßnahmen" (Bürgerschaftsdrucksache 13/6645) vom 4.9.1990 und "Aufsichtsrechtliche Maßnahmen im Jahre 1988 gegenüber den gemeinnützigen Wohnungsunternehmen Neue Heimat AG, Neue Heimat Nord und Nordwestdeutsche-Siedlungsgesellschaft m.b.H., Zweites sogenanntes Vogel-Gutachten" (Bürgerschaftsdrucksache 13/7585) vom 29.1.1991, sowie weitere Anfragen etwa betr. der Kauf- bzw. Restkaufsumme für die Neue-Heimat Wohnungen.

3 Die neuesten Zahlenangaben sind der Bügerschaftsdrucksache 13/7752 (27.2.1991) "Wohnungspolitik der städtischen Wohnungsgesellschaften" entnommen.

4 Vgl. Wohnungsbaubericht 1989, Amt für Wohnungswesen der Baubehörde Hamburg (Hrsg.) Hamburg 1989.

5 Roland Berger & Partner GMBH, Bestandsaufnahme und Empfehlungen zur künftigen strategischen Ausrichtung der SAGA, Hamburg, 23.3.1988.

6 Vgl. Fuhrich, Manfred, Sicherung des Sozialmietwohnungsbestandes, Beiträge zur städtebaulichen Forschung, Bd. 1, Frankfurt/M. 1986.

7 Zur Aufhebung der Wohnungsgemeinnützigkeit vgl.: Riege, Marlo, Aufhebung der Wohnungsgemeinnützigkeit, Die Deregulierung des Wohnungsmarktes schreitet voran, in: WSI Mitteilungen 9/1989, S. 525 ff., Ulbrich, Rudi, Steuerreform und Wohnungsgemeinnützigkeit, in: Wohnungswirtschaft und Mietrecht 2/1988, S. 39 ff., Jenkis, Helmut, "Steigen die Mieten" Plausibilitätsüberlegegungen zur Abschaffung der Wohnungsgemeinnützigkeit, Teil 1 und 2, in: Gemeinnütziges Wohnungswesen 9/10, 1988.

8 Vgl. Wohnungsbaubericht 1989, Amt für Wohnungswesen der Baubehörde Hamburg (Hrsg.), Hamburg 1989.

9 Vgl. Berger-Gutachten, a.a.O.

10 Vgl. Schubert, Dirk, Wohnungsbestand und Wohnungsneubau oder warum neue Wohnungen nicht die "neue" Wohnungsnot lösen, in: Huke-Schubert, Beata (Hrsg.) Wohnen morgen - Wohnungsbau in den 90er Jahren, Darmstadt 1990, S. 41 ff.

11 Vgl. Mutschler, Roland, Zur Krise der Wohnungsversorgung in Hamburg, in: standpunkt sozial, Thema: Wohnungsnot und Wohnraumversorgung in Hamburg, März 1990.

12 Vgl. Arbeitskreis Wohnraumversorgung (AHH), Leitlinien und Perspektiven für die Wohnungspolitik der 90er Jahre in Hamburg, Hamburg 1989.

13 Vgl. Bürgerschaftsdrucksache 13/7752 "Wohnungspolitik der städtischen Gesellschaften" S. 4 regionale Verteilung des Wohnungsbestandes.

14 Der folgende Abschnitt und die Beispiele aus Hamburger Großsiedlungen sind aus dem Abschlußbericht unseres Forschungsberichtes entnommen, auf weitere Literaturangaben wurde daher in diesem Abschnitt verzichtet. Vgl. Ferner, Michael, Harms, Hans, Schubert, Dirk, Tornow, Britta, Gross-Siedlungen in Hamburg. Zwischen Wohnungsleerstand und "neuer" Wohnungsnot, TU HH, Bd. 44, Februar 1991, vgl. auch Ferner, Michael, Schubert, Dirk, Großsiedlungen in Hamburg; zwischen Wohnungsleerstand und "neuer" Wohnungsnot, in: Jahrbuch Stadterneuerung 1990/91, Beiträge aus Lehre und Forschung an deutschsprachigen Hochschulen, (Hrsg.) Arbeitskreis Stadterneuerung an deutschsprachigen Hochschulen, Berlin 1991.

15 Vgl. Blasius, Jörg, Dangschat, Jens (Hrsg.): Gentrification. Die Aufwertung innenstadtnaher Wohnviertel, Frankfurt/M. 1990.

16 Vgl. Spiegel, Erika, Wohnungsneubau für wen? Neue Wohnbedarfe, neue Haushaltstypen und Veränderungen der Wohnungsnachfrage in den neunziger Jahren, in: Huke-Schubert, Beata (Hrsg.) Wohnen morgen - Wohnungsbau in den 90er Jahren, Darmstadt 1990, S. 173 ff.

17 Vgl. hierzu die Dokumentation der Tagungsergebnisse "Armut im Reichtum" an der Fachhochschule 11/12 April 1991, in: sozial Heft November 1991.

18 Vgl. Bärsch, Jürgen, Novy, Klaus, Grenzen der aktuellen Deregulierungen auf dem Wohnungsmarkt? Wohnreform und Wohnungsmarktwirtschaft, in: Archiv für Kommunalwissenschaften II, 1989, S. 267 ff.

19 50 Jahre SAGA, Gemeinnützige Siedlungs-Aktiengesellschaft 1922-1972, S. 20.

6.
Strategien und Modelle im kommunalen Wohnungsbestand

Soziale Trägerformen für preiswerte Wohnungsbestände unter den Bedingungen sozialer Polarisierung - die Stiftung "Sozial wohnen - selbst verwalten", Hamburg

Barbara Kayser / Peter Schroeders

1. Rahmenbedingungn für die Gründung einer Stiftung mit Wohnungsbautägerfunktionen in Hamburg

Im Frühjahr 1989 hat sich in Hamburg eine Gruppe von Fachleuten aus der Sozialarbeit und Wohlfahrtspflege, aus der Stadtforschung und dem Bereich der Wohnprojekte zusammengefunden, um über praktische Neuansätze in der Hamburger Wohnungspolitik zu diskutieren. Anlaß war die sich täglich weiter zuspitzende Lage auf dem Hamburger Wohnungsmarkt, die verheerende Situation für Wohnungslose sowie die sich verschärfenden Konkurrenzen um Wohnungen, aus denen untere Einkommensbezieher zunehmend als Verlierer hervorgehen. Ein weiterer Anlaß war die Diskussion im Hamburger Senat, einen Teil des kommunalen Wohnungsbestandes zu privatisieren, mit der Folge, daß für all diejenigen Wohnungen, die nicht an gemeinnützige Wohnungsunternehmen verkauft werden, die Mietpreis- und / oder Belegungsbindungen entfallen. Der somit eintretende Mietanstieg für die betroffenen Wohnungsbestände hätte eine weitere Reduzierung des Bestandes an preisgünstigen Wohnungen zur Folge gehabt. Ziel der Diskussion war es u. a. eine Art "Auffangbecken" auch für bedrohte preiswerte kommunale Wohnungsbestände zu schaffen, um dauerhaft preiswerten Wohnraum zu sichern.

Nach der Auswertung von Erfahrungen, die die Hamburger Wohnprojekte gemacht haben, nach Abwägung verschiedenster Träger- und Rechtskonstruktionen im Wohnbereich, beschloß die Gruppe das Ziel zu verfolgen, eine Stiftung mit Wohnungsbauträgerfunktion zu gründen. Es sollten die konkreten Erfahrungen aus dem Gründungsprozeß der Stiftung "Nachbarschaftlicher Träger" in Hessen ausgewertet werden und die spezifischen Hamburger Bedingungen unter denen die Gründung einer solchen Stiftung tragfähig ist herausgearbeitet werden.

2. Ziele der Stiftung

In der Satzung, die sehr schnell als Arbeitsplattform erstellt wurde, ist als Stiftungszweck definiert:

- Die Stiftung strebt an zu höchstens kostendeckenden Mieten Wohnunge solchen Menschen zur Verfügung zu stellen, die sich aus eigener Kraft nicht selber auf dem Wohnungsmarkt mit Wohnraum versorgen können.
- Die Stiftung verfolgt keine eigenwirtschaftlichen Ziele, sie ist vielmehr selbstlos tätig.
- Zweck der Stiftung ist die finanzielle, praktische und wissenschaftliche Förderung und Umsetzung von Modellen, die in Ergänzung zu bestehenden oder bekannten Fördersystemen kostengünstiges und nachbarschaftliches Wohnen ermöglichen.

Diese Stiftungszwecke werden insbesondere verwirklicht durch:
- Den Erwerb, die treuhänderische Übernahme, die Verwaltung von Gundstücken und Wohnungen und durch Neubaumaßnahmen.
- Die Beratung und Anleitung von Selbstverwaltungsorganen, die nachbarschaftliches Wohnen zu günstigen Mieten anstreben.
- Öffentlichkeitsarbeit,
- Die Initiierung und Betreuung von wissenschaftlichen Untersuchungen zu nachbarschaftlichen Wohnformen.

3. Die Zielgruppen der Stiftung

Vorrangiges Ziel der Stiftung ist die dauerhafte Erhaltung und Schaffung preiswerten Wohnraumes, in relevanter Masse, insbesondere, aber nicht ausschließlich für bedürftige Personen, z. B. für Wohnungslose, für von Wohnraumverlust bedrohte Menschen und für diejenigen, die sich ohne fremde Hilfe auf dem Wohnungsmarkt nicht selber versorgen können. Dies trifft insbesondere auf Alleinerziehende, Alleinstehende, Behinderte und ältere Menschen zu. Diese Gruppen werden häufig, auch wenn sie nicht über ein geringes Einkommen verfügen, auf dem Wohnungsmarkt diskriminiert und erhalten nur schwerlich eine Wohnung.

Als Zielgruppen werden bewußt unterschiedliche Haushaltstypen gewählt, um einen Integrationsprozeß, im Gegensatz zu den aktuellen Segregationsprozessen zu erreichen. Die ausschließliche Orientierung auf Wohnungslose erscheint nicht sinnvoll, um kein "Getto" entstehen zu lassen. Zu schnell würde ein solches Wohnhaus als Wohheim im Stadtteil angesehen werden. Die Stigmatisierung der Bewohner könnte dann die Folge sein. Grob lassen sich die Zielgruppen unterteilen in:
- Haushalte, die sich aufgrund des hohen Mietniveaus nicht aus eigener Kraft mit Wohnraum versorgen können.
- Haushalte, die nachbarschaftliche Wohnformen anstreben und unterstützen.
- Haushalte, die einer Einbindung in nachbarschaftlicher Gemeinschaften bedürfen.

HABEN SIE EINE WOHNUNG?

Argus · Fotograf: Mike Schröder

DANN KÖNNEN SIE FROH SEIN!

Denn:

- Über 50.000 Menschen in Hamburg sind wohnungslos oder extrem unterversorgt.
- 100 Millionen DM werden jährlich vom Senat für die Hotel- und Pensionsunterbringung für Wohnungslose ausgegeben.

Die Hamburger Stiftung
"Sozial wohnen – selbst verwalten" (in Gründung) will:

- Dauerhaft preiswerten Wohnraum sichern und bereitstellen.
- Die Eingliederung sozial Benachteiligter in normale Wohnverhältnisse ermöglichen.

AUCH SIE KÖNNEN HELFEN!

- Unterstützen Sie uns im Rahmen unserer Öffentlichkeitsarbeit, informieren Sie sich und verbreiten Sie unser Informationsmaterial.
- Spenden Sie für den Aufbau der Stiftung.
- Werden Sie Stifter der Hamburger Stiftung **"Sozial wohnen – selbst verwalten".**

Rufen Sie uns an, wenn Sie mehr über die Stiftung wissen wollen:
Telefon (040) 439 20 09
Verlangen Sie Frau Kayser oder Herrn Schmidtke.
Spendenkonto: Verein "Sozial wohnen – selbst verwalten"
Konto-Nr. 12/219 703 · (BLZ 201 900 03) bei der Hamburger Bank von 1861 eG
Steuerlich absetzbare Spendenbescheinigung gemäß § 5 Abs. 1 Nr. 9 des Körperschaftssteuergesetzes werden umgehend zugeschickt.

Den Aufbau der Stiftung betreiben:
Carl-Ernst Borgstede (Patriotische Gesellschaft von 1765), Herbert Brinkmann (Stattbau Hamburg GmbH), Barbara Kayser (Ambulante Hilfe Hamburg e.V.), Ingeborg Müller (Diakonisches Werk), Wolfgang Pickert (Deutsches Rotes Kreuz), Helmuth Schmidtke (Ambulante Hilfe Hamburg e. V.), Dr. Peter Schroeders (Technische Universität Harburg).

4. Die Rechtsform Stiftung

Aus den Zielen heraus beantwortet sich die Frage, warum die Rechtsform einer gemeinnützigen Stiftung bürgerlichen Rechts gewählt wurde.

Derzeit erleben wir die verheerenden Wirkungen des Auslaufens der Sozial- und Kostenbindungen im sozialen Mietwohnungsbestand und des Auslaufens der Kostenbindungen im Bestand von Altbauwohnungen, die mit öffentlichen Mitteln modernisiert wurden. Zeitlich befristete Bindungen sind unter den Bedingungen der sich zunehmend ausprägenden Zweidrittelgesellschaft sozial- und fiskalpolitisch nicht mehr zeitgemäß, wenn sie es überhaupt je waren.

Die Stiftung schließt das Prinzip der Dauerhaftigkeit ein

Die Rechtsform Stiftung unterscheidet sich von den Rechtsformen Aktiengesellschaft (AG) und Gesellschaft mit beschränkter Haftung (GmbH) u. a. dadurch, daß der Zugriff der Kapitalgeber auf die Kapitaleinlage bei der Stiftung nicht mehr möglich ist, das Kapital für ihn also "verloren" ist. Zudem sind für die Auflösung einer Stiftung enge gesetzliche Grenzen gesetzt. AGs und GmbHs sind von den Eigentümern hingegen kurzfristig problemlos auflösbar. Das Dauerhaftigkeitsprinzip ist bei der Umsetzung neuer sozialpolitisch relevanter Modelle ein ganz entscheidendes, da nahezu alle bestehenden sozialpolitisch relevanten Elemente der Wohnungsversorgung zeitlich befristet wirksam sind.

Das Prinzip Gemeinnützigkeit

Aus der Rechtsform einer gemeinnützigen Stiftung bürgerlichen Rechts läßt sich eine klare Zielgruppenorientierung erkennen. Um die steuerliche Anerkennung der Gemeinnützigkeit zu bekommen, muß die Stiftung bürgerlichen Rechts ihre Leistungen zumindest zu Zweidrittel an bedürftige Personen im Sinne der Abgabenordnung erbringen. Bedürftige Personen sind hiernach solche, deren Einkommen das Vierfache des geltenden Sozialhilfesatzes nicht übersteigt. Ein Drittel der Leistungen kann demnach auch auf höhere Einkommensgruppen bezogen werden. Dies ist ein wichtiges Anliegen der Stiftung, da mit der Stiftung nicht ein neues Instrument der Armutsverwaltung geschaffen werden soll, sondern ein Instrument, daß nachbarschaftliches Wohnen für unterschiedliche Haushaltstypen ermöglicht.

Die Gemeinnützigkeit ist auch zur Sicherung der steuerlichen Abzugsfähigkeit für Spenden eine wichtige Vorraussetzung. Die Stiftungsform nach dem bürgerlichen Recht ist im Unterschied zur öffentlich rechtlichen Form gewählt worden, weil das Stiftungskapital auch aus privaten Stiftungen aufgebracht werden soll. In Abstimmung mit dem Finanzamt ist die Stiftungssatzung soweit bearbeitet worden, daß der Anerkennung der Stiftung als gemeinnützig nichts mehr im Wege steht.

Im Folgenden wird der Ansatz eine Stiftung mit Wohnungsbauträgerfunktiom zur Sicherung und zusätzlicher Bereitstellung preiswerter Wohnungen zu Gründen im Kontext der Wohnsituation unterer Einkommensgruppen und der Wohungsmarktentwicklung in Hamburg dargestellt.

5. Die Wohnungsversorgung unterer Einkommensgruppen in Hamburg

Die gegenwärtige wohnungspolitische Diskussion ist von der dramatischen Wohnungsnot gekennzeichnet, die insbesondere in den Großstädten allgegenwärtig ist. Sie läßt sich zum Einen mit dem Schlagwort des qualitativen, aber auch des quantitativen Defizit an Wohnraum umreißen. Der quantitative Aspekt der Wohnungsnot meint u. a. die rapide Verteuerung der Wohnkosten, die mittlerweile nahezu alle Wohnungsteilmärkte erfaßt hat.

Sozialpolitisch engagierte Fachleute und Mitarbeiter von Forschungseinrichtungen gehen davon aus, daß in Hamburg ca. 325.000 Menschen in Armut leben. 1988 erhielten in Hamburg 167.198 Personen Sozialhilfe[1]. Im selben Jahr waren in Hamburg 94.936 Arbeitslose registriert[2]. Ein Indikator für die sich verschärfende Armut in Hamburg ist die Mietschuldenübernahme durch das Landessozialamt. Wurden 1984 noch 5.881.000 DM hierfür ausgegeben, so stiegen die Kosten 1990 auf 15.600.000 DM[3]. Vor dem Hintergrund der zunehmenden Armut und der sich verschärfenden Situation auf dem Wohnungsmarkt stellt sich die Frage,: Wie sieht die Wohnungsversorgung unterer Einkommensgruppen auf dem Hamburger Wohungsmarkt aus? Stichwortartig läßt sich die Situation folgendermaßen skizzieren:

- Zweidrittel aller großen Haushalte (drei und mehr Familienangehörige) sind mit Wohnraum unterversorgt[4].
- Die Warteschlangen auf Sozialwohnungen werden von Jahr zu Jahr länger. Gleichzeitig sinkt die Versorgungsquote. 1985 konnten 47.8 % aller Wohnberechtigungsscheininhaberlnnen (43.668 Personen) eine Wohnung beziehen. 1990 waren es lediglich 21.1 %, bei nur 22.276 AntragstellernInnen[5].
- Die Dringlichkeitsfälle, die sogenannten anerkannten Wohnungsnotfälle haben drastisch zugenommen, auch hier bei rückläufiger Versorgungsquote. Konnten 1985 noch 72.5 % aller Dringlichkeitsfälle (8.739 Haushalte) mit Wohnraum versorgt werden, so waren es 1990 noch 65.1 % von 11.823 DringlichkeitsscheininhabernInnen[6].
- Auf dem freien Wohnungsmarkt wird bei Neuvermietung eine monatliche Quadratmetermiete von durchschnittlich 15 DM nettokalt verlangt. Mieten von über 20 DM /qm stellen keine Seltenheit mehr dar[7].

- In Hamburg suchen ca. 100.000 Menschen eine Wohnung. Der überwiegende Teil der Wohnungssuchenden gehört zum unteren Einkommensdrittel[8].
- Hamburg hat nach Schätzung von Fachleuten ca. 45.000 Wohnungslose, die in Heimen, auf Schiffen, in Wohnwagen, Containern oder in Billigpensionen untergebracht sind, oder auf der Straße leben[9].

Einkommensschwache Nachfrager kommen nur "dort zum Zuge" wo die nächsthöhere Einkommensgruppe nicht mehr nachfragt - in benachteiligten Quartieren der Stadt. Die Folge ist die in bestimmten Stadtteilen und Großsiedlungen zu beobachtende Konzentration von einkommensschwachen Haushalten, oder anders ausgedrückt, die gesellschaftliche Aussonderung findet in der stadträumlichen Aussonderung ihr Äquivalent.

In Anbetracht der sich ständig zuspitzenden Situation auf dem Wohnungsmarkt steht zu befürchten, daß die Vermittlung einer Wohnung z. B. für alleinstehende Wohnungslose zum Glücksfall wird. Unter den Wohnungslosen ist bezüglich ihrer Vermittlungschancen bereits eine starke Differenzierung und Hierarchisierung zu verzeichnen. Am unteren Ende stehen, neben den Ausländern, insbesonderen Farbigen und Asylbewerbern die alleinstehenden Obdachlosen.

6. Die Wohnungsmarktentwicklung in Hamburg

Engagierte Fachleute und Betroffene setzen sich verstärkt mit Problemen auf dem Wohnungsmarkt auseinander und diskutieren Gegensteuerungsmaßnahmen. Ausgangspunkt dieser Auseinandersetzungen ist u. a. die zunehmende Verknappung relativ preiswerter Wohnungsbestände. Die Ursachen hierfür sind u. a.:

- Infolge der Stadterneuerung gehen preiswerte Mietwohnungen verloren. Seit 1986 fallen jährlich mehr und mehr Wohnungen, die durch staatliche Förderprogramme modernisiert wurden aus den Mietpreisbindungen. Die Mieten dieser Wohnungen werden den deutlich gestiegenen Marktmieten angepaßt. In Hamburg betrifft dies ca. 107.000 Wohnungen, die bis zum Jahr 2000 die Mietpreisbindungen verlieren werden[10]. Hinzu kommen alle die Wohnungen, die freifinanziert modernisiert wurden und keinerlei Miethöchstgrenzen unterliegen. Sie sind bereits nach Abschluß der Modernisierungsmaßnahmen keine preiswerten Mietwohnungen mehr.
- Die seit 1977 bestehende Steuerabschreibung für Bestandswohnungen hat eine Umwandlungslawinwe von Miet- in Eigentumswohnungen in Gang gesetzt. Der Bestand ehemals günstiger Altbauwohnungen reduziert sich hierduch deutlich. In Hamburg wurden zwischen 1983 - 1988 Abgeschlossenheitsbescheinigungen für 22.151 Wohnungen ausgestellt. 1990 waren es weitere 463 Bescheinigungen[11].

- Durch den zunehmenden Wohnflächenverbrauch überdurchschnittlicher EinkommensbezieherInnen erhöht sich weiterhin der Preisdruck auf die günstigen Bestände. Bedingt durch den Mietenanstieg müssen insbesondere untere Einkommensgruppen sich mit immer weniger Wohnraum bescheiden.
- Die Wohnungsleerstandsrate weist hohe Schwankungen auf und ist somit nicht über einen längeren Zeitraum exakt quantifizierbar. In Hamburg finden jährlich ca. 500 - 600 genehmigte Zweckentfremdungen von Wohnraum statt[12]. Die Zahl der Wohnungsabgänge wird von Fachleuten auf jährlich 2.000 - 4.000 Wohnungen geschätzt[13].
- In den nächsten Jahren werden im verstärkten Maße die Miet- und Belegungsbindungen der Sozialwohnungen auslaufen. Bis zum Jahr 2.000 reduziert sich in Hamburg der Bestand an Sozialwohnungen um 175.000 Wohnungen, d. h. in 10 Jahren wird der Sozialwohnungsbestand auf nur noch 100.000 Wohnungen geschrumpft sein[14].
- Durch die Steuerreform 1990 verlieren die gemeinnützigen Wohnungsunternehmen das Steuerprivileg, daß durch das sogenannte Kostendeckungsprinzip begründet war. Zusätzlich zu den ca. 175.000 Sozialwohnungen, die stufenweise aus den Bindungen fallen, mit Ausnahme der Genossenschaftswohnungen, können auch die Altbaubestände der ehemals gemeinnützigen Wohnungsunternehmen nach reinen Renditegesichtspunkten vermietet werden.

Rechnet man die Zahl der bedrohten preiswerten Wohnungsbestände, die Miet- und/oder Belegungsbindungen verlieren werden zusammen, so ergibt dies ca. 280.000 Wohnungen ohne die Altbauwohnungen der ehemals gemeinnützigen Wohnungsunternehmen. Hinzu kommen die bereits umgewandelten Mietwohnungen, die zu einem großen Teil bereits von den Eigentümern selbst bewohnt werden.

Von den in der Volkszählung 1987 ermittelten 640.000 Mietwohnungen wird fast die Hälfte des in Hamburg vorhandenen Mietwohnungsbestandes bis zum Jahr 2000 von exorbitanten Mietpreissteigerungen betroffen sein. Hervorgerufen wurde diese Entwicklung durch die verschiedenen Instrumente einer nicht problemorientierten Bestandspolitik.

7. Die Aufgaben der Stiftung

Die Stiftung muß eine Grundausstattung aus Liegenschaften, d. h. aus Wohnungen und Grundstücken und aus Kapital, d. h. Geld erhalten. Eine kostenfreie Übertragung von z. B. privaten städtischen und kirchlichen Liegenschaften, als Eigentum oder in die treuhänderische Verfügung sowie Spenden und Zustiftungen von gemeinnützigen und privaten Unternehmen und Einzelpersonen, Wohlfahrtsverbänden, Kirchen und der Stadt Hamburg können die Grundausstattung bilden.

Der Wohnungsbestand der Stiftung

Stiftungsziel ist es, durch Zustiftungen oder Übertragung z. B. kommunaler Wohnungen über Wohnungsbestand zu verfügen. Da die meisten Bestandswohnungen bewohnt sind, kann in der Anfangsphase z. B. Wohnungslosen, einer Zielgruppe der Stiftung, lediglich dann Wohnraum zur Verfügung gestellt werden, wenn in dem vorhandenen Wohnungsbestand Umzüge erfolgen.

Um für die Zielgruppen der Stiftung Wohnungen in relevanter Größenordnung zur Verfügung stellen zu können, muß die Stiftung langfristig auch über einen dementsprechenden Wohnungsbestand verfügen. Bei der angenommenen Umzugshäufigkeit und einem Wohnungsbestand von ca. 500 Wohnungen bedeutet dies, daß jährlich ca. 50 Wohnungen an die Zielgruppen der Stiftung, d. h. insbesondere an Bedürftige gegeben werden kann. In dem Maße wie sich der Wohnungsbestand der Stiftung vergrößert, verbessert sich auch die Möglichkeit, Wohnungen zur Verfügung zu stellen. Aus diesem Grunde zielt die Stiftung darauf ab, ihren Wohnungsbestand beständig zu vergrößern. Dies kann erfolgen z. B. durch Einwerben weiterer Zustiftungen, durch die Bereitstellung kommunaler Wohnungen oder Liegenschaften, durch Zukauf von Wohnungen, durch Umbau bestehender Gebäude, die nicht als Wohngebäude genutzt werden und durch Wohnungsneubau. Die Stiftung soll auch Neubau betreiben, um Wohnungskontingente direkt für die Umsetzung der Stiftungsziele verfügbar zu haben.

Die Mitwirkungsrechte der MieterInnen

Ziel der Stiftung ist es, die Selbstverwaltung zu ermöglichen. Konkret bedeutet dies, daß eine Dezentralisierung der Verwaltung angestrebt wird, daß die Selbstverwaltung, falls dies von den Bewohnern gewünscht wird, in Teilen oder weitgehend von den BewohnerInnen übernommen werden kann. Sie sollen Entscheidungskompetenzen bei der Instandsetzung und ggf., falls erwünscht, der Modernisierung der Wohnungen erhalten. Bei einer Modernisierung können die Maßnahmen durch die Mieter im Rahmen der baurechtlichen Regelungen entschieden werden (flexible Standards).

Voraussetzung hierfür ist z. B. daß den Bewohnern Beratungsleistungen angeboten werden. Bei Bedarf müssen sie die Möglichkeit erhalten, Unterstützung, Anleitung der Selbsthilfe und fachliche Beratung, z. B. im Falle einer Modernisierung in Anspruch zu nehmen. Idealerweise sollen diese Beratungsbedarfe, nicht durch den Wohnungseigentümer, die Stiftung, sondern durch unabhängige, bereits bestehende Einrichtungen angeboten werden, z. B. durch Stattbau, Lawaetz, Netzwerk oder eine unabhängige Mieterberatung, wie sie schon seit Monaten von engagierten Fachleuten gefordert wird.

Für den Fall, daß die BewohnerInnen der Stiftungswohnungen keine Selbstverwaltung des von Ihnen bewohnten Gebäudes anstreben, wird die Wohnungsverwaltung durch eine Wohnungsverwaltungsgesellschaft übernommen.

Die Selbsthilfe der Bewohner

Angestrebt wird die Selbsthilfe der Bewohner zu ermöglichen. Handwerkliche Tätigkeiten, d. h. im Rahmen der Instandsetzung oder regelmäßige Arbeiten an Gartenanlagen sollen entlohnt werden. Falls die BewohnerInnen nicht selber diese Arbeiten durchführen wollen oder Ihnen die notwendigen Qualifikationen fehlen, sollen vorrangig Beschäftigungs- und Ausbildungsträger, Jugendwerkstätten u. a. Projekte der Sozialarbeit angesprochen werden.

Öffentlichkeitsarbeit

Die Tätigkeit der Stiftung soll sich nicht auf die Bauträgerschaft begrenzen. Vielmehr soll sie auch sozialpolitisch tätig sein. D. h., sie soll u. a. Modelle der Wohnungsbaufinanzierung, Belegung, Mietpreisgestaltung entwickeln, die für die Wohnraumversorgung benachteiligter Bevölkerungsgruppen geeignet sind. Es ist ihre Aufgabe, sich wohnungs- und sozialpolitisch einzumischen, Öffentlichkeitsarbeit für ihr Klientel zu betreiben.

8. Die Mietengestaltung

Die Stiftung vermietet die Wohnungen zu höchstens kostendeckenden Mieten. Die Mietengestaltung soll über einen Stiftungspool, über den Einnahmen und Ausgaben abgewickelt werden, erfolgen. Einnahmen des Stiftungspools sind Mieteinnahmen aus Liegenschaften, Kapitalerträge aus Stiftungskapital in Geldform, laufende Subventionen für Neubau-, Modernisierungs- und Instandsetzungsaufgaben, mögliche Zustiftungen. Ausgaben sind zu tätigen für die Bewirtschaftung (im Rahmen von Selbstverwaltungsmodellen soll die Bewirtschaftung stufenweise auf einzelne Wohnbestände übertragen werden), Modernisierung, Neubau und den Zukauf von Beständen.

Da die Stiftung darauf abzielt, Wohnungen nicht ausschließlich an Bedürftige zu vermieten, um eine Belegungsmischung zu gewährleisten, wird eine einkommensabhängige Mietengestaltung angestrebt. Hierbei wird der Miethöchstpreis festgelegt. Die Mieter weisen ihr Einkommen nach und erhalten Mietpreisabschläge, d. h. unterschiedliche Einkommensgruppen zahlen unterschiedliche Miethöhen. Gedacht ist die Festlegung von drei Einkommensgruppen:

- von Mietern, deren Einkommen 20 % über den Einkommensgrenzen nach § 25 II. WobauG (§ 5-Schein-Berechtigung) liegen.
- von Mietern, deren Einkommen zwischen 20 % über und den Einkommensgruppen nach § 25 II. WobauG liegen.
- von Mietern, deren Einkommen unter den Einkommensgruppen nach § 25 II. WoBauG liegen.

Das Mietenpooling ist nur für die Wohnungsbestände der Stiftung möglich, die nicht mit öffentlichen Mitteln z. B. im Rahmen des sozialen Wohnungsbaus erstellt wurden. An die Vergabe öffentlicher Mittel für den Wohnungsbau und für Modernisierungsmaßnahmen sind Mietpreis und/oder Belegungsbindungen gekoppelt. Für sämtliche Wohnungen der Stiftung gilt, unabhängig ihrer Finanzierungsform das Kostenberechnungsprinzip auf Dauer, auch nach Auslaufen der finanzierungsbedingten Kostenbindung.

9. Die Finanzierung von Wohnungsneubau- Instandsetzungs- und Wertverbesserungsmaßnahmen

Zur Zeit sind die Möglichkeiten durch Neubau langfristig preiswerten Wohnraum zu erstellen, nicht gegeben, ebensowenig wie Wohnungsbauprogramme für bedürftige Bevölkerungsgruppen, die niedrige Einstiegsmieten und ein langfristig preiswertes Mietniveau garantieren. Somit kann die Stiftung Wohnungsneubau lediglich im Rahmen der bestehenden Wohnungsbaufinanzierung betreiben. Da die Bereitstellung preiswerten Wohnraumes das Stiftungsziel ist, scheidet die Möglichkeit des freifinanzierten Wohnungsbaus aus. Wohnungsneubau kann aktuell nur im sozialen Wohnungsbau realisiert werden.

Im Rahmen der Haushaltsbeschlüsse für 1991 wurden 1 Mio. DM für den Bau von Wohnungen für Obdachlose bereitgestellt. Sie sollen den erforderlichen Eigenanteil von 15 % für soziale Wohnungsbauträger bereitstellen, damit diese in den Stand versetzt werden, im sozialen Wohnungsbau Wohnungen zu erstellen[15]. Diese Mittel können von der Stiftung beantragt werden, da sie darauf abzielt, Wohnungen für Wohnungslose bereitzustellen.

Auch bei Instandsetzungs- und Modernisierungsmaßnahmen sollen öffentliche Förderprogramme in Anspruch genommen werden. Da die Mieten auf Grundlage des Kostendeckungsprinzips ermittelt werden, ist es nicht beabsichtigt, nach Auslaufen der Mietpreisbindung in die Mietendynamik einzusteigen.

10. Das besondere Profil der Stiftung

Das spezielle Merkmal der Stiftung ist die Orientierung auf die Wohnungsversorgung von Wohnungslosen oder von Wohnungslosigkeit bedrohter Menschen und anderer auf dem Wohnungsmarkt benachteiligter Personengruppen. Durch folgende Merkmale soll sich die Stiftung gegenüber den herkömmlichen Vermietern auszeichnen:

- Die Wohnungen werden außerhalb des normalen Wohnungsmarktes abgekoppelt von seiner Dynamik, bewirtschaftet. Es sollen dauerhaft günstige Mieten und eigentumsähnliche Wohnrechte erreicht werden.
- Bei der Mietengestaltung werden Einkommenskriterien berücksichtigt..
- Alle Formen der Selbstverwaltung und Selbsthilfe sollen möglich sein.
- Die Verwaltungsgesellschaft der Stiftung soll keine eigene Sozialabteilung erhalten. Ansonsten wären die Mitarbeiter ständig in Rollenkonflikten zwischen Vermieter- und Mieterinteressen.
- Beratungs- und Betreuungsleistungen sollen nach dem Freiwilligkeitsprinzip durch die Angebote aus allen Bereichen der Sozialarbeit in Anspruch genommen werden können.
- Die Verwaltung der Stiftung hat neben der Verwaltungsarbeit auch eine soziale Verpflichtung. Sie soll, im Falle auftretender Probleme, z. B. von Mietschulden, bestehende Hilfsangebote den MieternInnen aufzeigen und bei Bedarf, in Absprache mit ihnen Beratungsleistungen bestehender Einrichtungen direkt vermitteln.

11. Der aktuelle Stand der Stiftung

Es haben bereits zahlreiche Gespräche mit Politikern aus den Bereichen Bau und Soziales, aber auch mit MitarbeiterInnen der Sozial- und Baubehörde, von Wohnungsunternehmen der Wohlfahrtsverbände, der Sozialarbeit und ähnlichen stattgefunden. In all den Gesprächen sind die konzeptionellen Ansätze der Stiftung auf positive Resonanz gestossen. Unterstützung, falls die Stiftung ins Leben gerufen sei, wurde signalisiert.

Als Schwierigkeit gestalteten sich in den zurückliegenden Monaten die Bemühungen, das für die Gründung der Stiftung notwendige Gründungskapital zu erhalten. Seit Herbst 1990 sind wir in engem Kontakt mit der AG der Freien Wohlfahrtspflege, die mittlerweile den Beschluß gefaßt hat, das notwendige Gründungskapital in Höhe von DM 100.000 zur Verfügung zu stellen.

Parallel hierzu laufen bereits Gespräche mit Wohnungsbaugesellschaften, Sanierungsträgern und einer Kirchengemeinde über die Bereitstellung von Grundstücken für Wohnungsneubaumaßnahmen und die Übertragung von Wohnungsbeständen.

Auch in Gesprächen mit der BAGS wurde bereits die Bereitschaft signalisiert die Stiftung bei der Vergabe des "1-Mio.-Topfes" für soziale Wohnungsbauträger zu berücksichtigen, falls die Stiftung, entsprechend der Vergaberichtlinien, Wohnungen für Obdachlose erstellt.

Anmerkungen

1 Arbeitskreis Wohnraumversorgung, Wohnungen - Mieten - Bevölkerung in Hamburg, S. 10, 1.7. Hamburg 1990.
2 ebd. S.11.
3 ebd. S. 9.
4 GEWOS, Entwicklung der Wohnungsnachfrage in Hamburg bis 1995, Kurzfassung, S. 8, Hamburg 1984.
5 Freie und Hansestadt Hamburg (FHH), Bürgerschaftsdrucksache 13/5491, Dringlichkeits- und § 5 - Scheine für Wohnungssuchende 1989, Hamburg 7.2.1990 und 13/7800, Armut und Reichtum in Hamburg, Dringlichkeitsscheine und § 5-Scheine für Wohnungssuchende 1990, Hamburg 8.3.1991.
6 ebd..
7 eigene Erhebungen, Herbst 1990.
8 Arbeitskreis Wohnraumversorgung, Wohnungsbedarfsmeldung, Pressemitteilung, 25.9.1990.
9 Arbeitskreis Wohnraumversorgung, Wohnungen - Mieten - Bevölkerung, a.a.O., S.12.
10 FHH, Stadterneuerung in Hamburg, Modernisierungs- und Instandsetzungsprogramme in der Stadterneuerung, S. 30, Erscheinungsjahr nicht angegeben.
11 FHH, Bürgerschaftsdrucksache 13/3498 Anzahl der Umwandlungen von Miet- in Eigentumswohnungen, Hamburg 22.3.1989 und 13/7195, Umwandlungen von Miet- in Eigentumswohnungen, Hamburg 19.2.91.
12 Arbeitskreis Wohnraumversorgung, Wohnungen - Mieten - Bevölkerung, a.a.O. S.4.
13 ebd. S.4.
14 FHH, Mitteilung des Senates an die Bürgerschaft, Änderung der Wohnungsbelegungspolitik im öffentlich geförderten sozialen Mietwohnungsbau, S. 9, Hamburg 2/1988.
15 FHH, Haushaltsausschuß der Bürgerschaft, Vermeidung und Bekämpfung von Obdachlosigkeit, hier: Haushaltsplan 1991, Hamburg 1991, S. 5 ff.

Kommunale Wohnungspolitik und Wohnprojekte im Alt- und Neubau

Herbert Brinkmann

Das Thema "neue Wohnformen" erfreut sich in Hamburg zunehmender Beliebtheit. Beschäftigte es in den vergangenen Jahren hauptsächlich Initiativen, die sich auf den damals bestehenden Leerstand in den Altbauten konzentrierten, so sind es in jüngster Zeit vermehrt Menschen, die selbst neu bauen wollen.[1]

In einem Forschungsprojekt des Ministerium für Stadtentwicklung, Wohnen und Verkehr des Landes Nordrhein-Westfalen (MSWV)[2] werden "Wohngruppenprojekte" folgendermaßen definiert: "Wir meinen damit alle Wohnformen, bei denen sich eine Gruppe entlang gemeinsamer Interessen im Vorfeld bildet und als Gruppe ihre Wohninteressen umzusetzen sucht"[3]. Diese Definition entspricht auch der Bandbreite der in Hamburg verwirklichten Projekte, die sich oft mühsam gegen allerlei Widerstände durchsetzen mußten. Das Motivationsspektrum für Wohnprojekte reicht von dem Wunsch, eine Wohngemeinschaft mit mehreren erwachsenen Menschen und Kindern zu bilden, bis hin zur Vorstellung von selbstgewählter Nachbarschaft. Gewünscht wird die "abgetrennte Privatsphäre innerhalb einer befreundeten Nachbarschaft."[4] Dabei ist auffällig, daß dieses Bedürfnis quer durch alle Einkommensgruppierungen geht. So sind an den Diskussionen auch Menschen beteiligt, die sich aus akutem Wohnraummangel zunächst ein Eigenheim gekauft haben und diesen Zustand nun wieder verändern wollen. Das Hauptinteresse aller Gruppen besteht aber darin, einen besseren Kontakt zu den in unmittelbarer Nähe lebenden Menschen zu bekommen, um damit den Tendenzen zu immer mehr Anonymisierung und Vereinzelung entgegenzuwirken.

Entstehungshintergrund

"Das Thema "neue Wohnformen" betrifft aufgrund veränderter Haushaltsformen und Lebensstile sehr viel mehr Menschen als nur jene Gruppen, die sich mit dem expliziten Ziel der Wohngruppenbildung konstituieren. Ist doch die Suche nach neuen Wohnformen, nach der selbstgewählten Nachbarschaft Reflex breiter sozialer und kultureller Veränderungen in Familie, Haushalt und Wertorientierung der Individuen. Längst läßt sich die moderne städtische Gesellschaft nicht mehr sinnvoll in den Kategorien Klasse oder Schicht fassen. Man spricht heute von Milieus und

Lebensstilen und meint eine viel weitergehende und komplexer gefaßte Differenzierung. Die Gesellschaft subkulturalisiert sich zunehmend. Ein bestimmtes Milieu bzw. ein Lebensstil bildet - soziologisch gesehen - das Bindeglied zwischen Individuum und Gesellschaft. Darin bilden sich die scheinbar immer individuelleren Orientierungen der Einzelperson.

Diese Entwicklungen sind nicht auf veränderte Personenkonstellationen beschränkt, sondern beinhalten eine breite Differenzierung von Lebensformen und -ansprüchen, erwachsen aus allgemeinen gesellschaftlichen Entwicklungen: Anstieg der Freizeit, höheres Ausbildungsniveau und gestiegenes Einkommen. Ganz offensichtlich erwachsen hieraus Wohnbedürfnisse, die sich am traditionell gebauten und verwalteten Bestand reiben - angefangen bei den Grundrissen, uniformen Gestaltungen im Geschoßwohnungsbau über die Nicht-Erfüllung der Berechtigungskriterien im sozialen Wohnungsbau, die Nicht-Akzeptanz "unkonventioneller Lebensstile" bei vielen privaten Vermietern und Wohnungsunternehmen bis hin zu den in gültigen Mietrechtsbestimmungen und Hausordnungen nicht vorgesehenen Mitbestimmungs- und Gestaltungsansprüchen."[5]

Der angesprochenen Differenzierung der Lebensweisen, Orientierungen und Konsumstile entspricht bislang noch kein wohnungspolitisches Angebot. Im Mittelpunkt der modernen Wohnungspolitik kann nicht mehr ausschließlich der Familienhaushalt, sondern muß eine Vielfalt von Haushaltstypen stehen. "Der Mensch der post-industriellen Gesellschaft wird im Laufe seines Lebens wahrscheinlich häufiger als bisher mehrere verschiedene Lebens- und Wohnformen durchlaufen"[6]. Weiterhin wird von der "Entsynchronisierung der familiären und häuslichen Aktivitäten (Freiheit, Berufstätigkeit der Frauen, Arbeit über den Bildschirm, Autonomie der verschiedenen Familienmitglieder, Arbeitszeit nach Wunsch ...)" gesprochen[7]. Mobilität, wechselnde Lebensweisen, die Verkürzung der klassischen Familienzeit, Lebensgemeinschaften auf Zeit, veränderte Geschlechterrollen, verlängerte postadoleszente und "alte" Lebensphasen - all dies erzwingt Wohnraumorganisationsformen, die ein Höchstmaß sozialorganisatorischer Flexibilität zulassen. Die Geschichte der Hamburger Wohnprojektebewegung belegt diese vielfältige Differenzierung[8].

Konsequenzen aus der gesellschaftlichen Entwicklung

Wenn die Konsequenz aus der gesellschaftlichen Entwicklung nicht Vereinzelung der Menschen bedeuten soll, sondern das Wohnen im toleranten Eigenmilieu, dann müssen eine Reihe von Anforderungen erfüllt sein, die eher quer zu den generalisierenden Normen des bisherigen Förderrechtes stehen. Sozial gemischte Gruppen müssen möglich sein und mit ihrer Veränderung muß gerechnet werden. Wegen der hohen räumlichen, beruflichen und sozialen Mobilität sollte der Ein- und Ausstieg aus dem Projekt leicht möglich sein; temporäre Nutzungsveränderungen sollten auf Beschluß der Beteiligten eines Projektes realisierbar sein (Gemeinschaftsräume, Kleinbüro, Werkstatt usw.). Ferner sind solche Projekte auf unkonventionelle Mischfinanzierungen angewiesen und sollten daher die rechtlichen Möglichkeiten zu vielfältiger Beteiligung bieten. Auch die finanziellen Beteiligungsmöglichkeiten sollten flexibilisiert werden: Wer Vermögen einbringen kann, sollte dafür adäquate Angebote erhalten. Das genossenschaftliche Nominalprinzip ist beispielsweise in seiner jetzigen Starrheit und Inattraktivität nicht immer funktional. Wer andererseits nur mieten kann, sollte diese Möglichkeit haben. Auch ein starres Miethöhenrecht wie das Kostenmietenprinzip verhindert - bei all seinen wohnungspolitischen Verdiensten - im Fall selbstnutzender Gemeinschaften neue Formen einer internen solidarischen Ausgleichsfinanzierung. Wer die geltenden Förderrichtlinien kennt, weiß, wie sehr die klassischen Rechts- und Finanzierungsformen quantitativ generalisierende Einheitslösungen bevorzugen und wie wenig diese - selbst bei geschickter Kombination - auf die Querschnittsaufgaben und Einzelfallösungen von morgen angepaßt werden können.

Grundsatzfragen zur Realisierung eines Wohngruppenprojektes

Die Fragen nach der Realisierung eines Projekts lassen sich allgemein kaum beantworten, da eine Reihe von zusammenhängenden Faktoren zu berücksichtigen sind. Deshalb soll über die Beschreibung des Gesamtkontextes versucht werden, auf Einzelfragen eine Anwort zu finden.[9] Am wichtigsten für das Gelingen eines Wohnprojektes ist das "heiße Herz". Diejenigen, die sich für ein Leben in einem Wohnprojekt entscheiden, sollten klare Vorstellungen davon haben, was sie in der Umsetzungsphase erwartet. Der Kontakt zu anderen Menschen ist in einem Wohnprojekt wesentlich intensiver. Unterschiedliche Vorstellungen müssen vermittelt und angeglichen oder toleriert werden. Einige entscheidende Fragen zur Orientierung:

- Mit welcher Verbindlichkeit will ich den Menschen in meinem Projekt begegnen?

Die Antwort auf diese Frage ist entscheidend für die zu bauende Wohnform, aber auch für die Rechtsform, die wiederum Einfluß auf die Finanzierungsmöglichkeiten hat.

- Wieviel Sicherheit brauche ich für meinen eigenen Ausstieg?

Rechtsformen befriedigen in erster Linie das jeweilige Sicherheitsbedürfnis des Einzelnen.

• An welchem Ort liegt das Objekt unserer Begierde?

Die geographische Lage entscheidet in Hamburg mit über eine Reihe von Fördermöglichkeiten, die innerhalb oder außerhalb bestimmter Gebiete verfügbar sind, oder auf die verzichtet werden muß. Die Fördermöglichkeiten in Sanierungsgebieten sind andere als die in Modernisierungsgebieten 1. oder 2. Priorität.

• In welchem Zustand ist das Objekt, wie bekommen wir es in unsere Verfügung?

Das ein baufälliges Althaus mehr finanzielle Mittel benötigt als ein intakter Altbau, kann sich jeder vorstellen. Gleichzeitig zielt die Frage auch auf die Unterschiede in den Nutzungsvorstellungen der früheren und der neuen oder zukünftigen Bewohner.

• In welchem Maße sind Umbau oder Modernisierung notwendig, um unsere Wohnvorstellungen zu verwirklichen?

Hier ist die Baualtersklasse entscheidend. Sogenannte Neubauten[10] sind schwerer umzuplanen als Altbauten. Im Neubau sind die "Grundrisse eindeutig hierarchisiert, sie spiegeln die Herrschaftstruktur der Kleinfamilie wider."[11]

Die Verfügungskosten sind kaum vorhersehbar, kommt es doch darauf an, von welchem Objektwert die Gruppe den Eigentümer überzeugen kann. Ebenso besteht ein enormer Unterschied darin, ob der Eigentümer sich von der Immobilie durch Verkauf, Erbbaurecht, Schenkung oder Vermietung mehr oder minder trennt.

Probleme der Realisierung von Wohnprojekten im Altbau

Im folgenden soll die Situation für Wohngruppenprojekte beleuchtet werden, die sich heute im Hamburger Bestand um ein Objekt bemühen. Dabei soll zunächst weniger auf das politische Klima für oder gegen Wohngruppenprojekte in Hamburg eingegangen, als vielmehr der Versuch unternommen werden, die Bedingungen am Immobilienmarkt für Gruppen zu untersuchen und transparent zu machen.

Als STATTBAU vor sechs Jahren mit der Beratungs- und Betreuungsarbeit für Wohngruppenprojekte in Hamburg begann, gab es in der Stadt eine Vielzahl von Objekten, die unbewohnt waren und leer standen. Wir hatten einen Katalog zusammengestellt, der alle leerstehenden Objekte mit Foto und Quadratmeterangaben, häufig auch mit Adresse des Eigentümers, enthielt. Die katalogisierten Objekte sind heute zum größten Teil instandgesetzt und modernisiert, zum geringen Teil abgerissen und zum noch kleineren Teil stehen sie immer noch leer, weil Hemmnisse im Eigentums- oder Planungsrecht eine Wiederbewohnbarmachung verbieten. Hier hat die Hamburger Staatsrätekommission[12] zur Beseitigung von Wohnungsleerstand innerhalb kürzester Zeit Erstaunliches geleistet.

Menschen, die sich heute zu einer Gruppe zusammenfinden, um ein Wohnprojekt zu realisieren, tun dies angesichst einer Situation auf einem Markt, der keine Althausleerstände mehr kennt, weil es für diese Bestände keine Verwertungsschwierigkeiten mehr gibt. Während in früheren Jahren auch immer wieder Objekte leerblieben, weil am Markt bessere Wohnungen angeboten wurden, werden heute aufgrund des enormen Druckes am Wohnungsmarkt auch Wohnungen bewohnt, die nach den Kriterien der Wohnungspflege längst unbewohnbar sind. Der preiswerte Altbaubestand ist somit stark im Abnehmen begriffen. Gewerbeleerstand zu günstigen Preisen gibt es in Einzelfällen zwar noch, dieser ist jedoch häufig wegen Altlasten und fehlender Brand- und Wärmeschutzeigenschaften nur sehr bedingt für Wohnprojekte verwendbar.

Aspekte der Finanzierung von Wohngruppenprojekten im Altbau

Während in der Vergangenheit die Hauptschwierigkeit darin bestand, die Instandsetzung eines Objekts zu finanzieren, ist dieses Hemmnis dank der Förderung über den sogenannten ABB-Haushaltstitel der Baubehörde entfallen.[13] Die Schwierigkeit liegt heute darin, Objekte zu finden, die nicht bereits allein durch ihre Ankaufkosten und deren Finanzierung zu Mieten führen, die von den Mietern als nicht mehr bezahlbar angesehen werden. Ein Beispiel soll dies verdeutlichen: Kostet ein Objekt im Ankauf 1.000 DM/m^2 Wohnfläche, dann müssen etwa 10 Prozent dieser Summe jährlich als Kapitalkosten in die Miete des Hauses einfließen. Umgerechnet auf den m^2-Wohnfläche heißt dies DM 8,33 im Monat. Dazu kämen noch Rücklagen für Instandhaltung, Verwaltungskosten sowie die nicht unerheblichen Betriebskosten des Objekts. Da die Entwicklung steigender Immobilienpreise schon seit einigen Jahren erkennbar ist und die freien Häuser im städtischen Bestand im Abnehmen begriffen waren, wurde schon 1988 über Alternativen nachgedacht. Deshalb hat die Bürgerschaft bereits 1988 für die alternativen Sanierungsträger einen Haushaltstitel geschaffen, mit dem sie in die Lage versetzt werden sollten, Häuser, die zum Verkauf anstehen und sich für Wohnprojekte eignen, anzukaufen. In den vergangenen Jahren ließ sich ein Ankauf über diesen Titel jedoch nicht realisieren, weil das Antragsverfahren den Gang über die Kommision für Bodenordnung vorsieht. Diese Kommission ist mit Vertretern aller in der Bürgerschaft vertretenen Parteien besetzt und entscheidet über Grundstückskäufe und -verkäufe der Stadt. Da es sich hier um einen Unterausschuß der Bürgerschaft handelt, sieht das Gesetz vor, daß dieses Gremium einvernehmlich beschließt. Ist nur eine Fraktion gegen den An- bzw. Verkauf, so ist der Antrag als gescheitert zu betrachten, und nur die Bürgerschaft kann dies durch eigenen Entscheid ändern. Um die Bürgerschaft zu erreichen, bedarf es aber zunächst eines Antrags des Senats. Will der zuständige Sanierungsträger einen Ankauf über diesen Haushaltstitel organisieren, so muß er etwa mit zwei Jahren Verfahrensdauer rechnen. Dies ist eine völlig ungeeignete Struktur angesichts eines dynamischen Immobilienmarktes, auf dem jedes Angebot einen Käufer findet.

Wenn heute Gruppen oder Initiativen durch Besetzung auf Leerstand aufmerksam machen[14], dann befinden sie sich meist von Anfang an in einer aussichtslosen Position. Der Leerstand ist von spekulativer Absicht geprägt, der Eigentümer plant meistens den Abriß der betreffenden Objekte. Kommt es tatsächlich zu Gesprächen zwischen dem Eigentümer und den Besetzern, dann sehen sich diese meistens Kaufpreisforderungen ausgesetzt, die unerfüllbar sind. In jüngsten Fall (die Besetzung dauerte vom 28. April bis zum 3. Juni 91) wurden ca. DM 800.000 für ein Objekt gefordert, das mit ca. 570 m^2 dann einen Mietpreis von 13,- DM/m^2 nettokalt erfordern würde. Dabei sind die notwendigen Instandsetzungkosten noch nicht einkalkuliert. Wohnprojekte haben aber nicht nur wegen der fehlenden Geldmittel mehr Schwierigkeiten als andere Nachfrager am Immobilienmarkt. Gruppen sind auch viel langsamer in ihrer Entscheidungsfindung. Der Kauf einer Immobilie belastet die Gemüter sehr. Bis über Standort und mögliche Umnutzungsvorstellungen Konsens hergestellt ist, haben professionelle Einzelnachfrager schon ihre Kaufentscheidung getroffen. Dies ist ein Grund, weshalb Gruppen nicht beim ersten möglichen Objekt erfolgreich sind. Häufig klärt sich - trotz aller vorbereitenden Gespräche über Wünsche und Vorstellungen für das zukünftige Zusammenleben - erst im Angesicht der konkreten Immobilie auf, was der eine oder die andere mit "Licht", "Garten" oder "Stadtnähe" gemeint hat.

Ohne professionelle Beratung in Organisations- und Finanzierungsfragen ist heute kein Wohnprojekt im Altbau zu realisieren. Genauso entscheidend ist die Beurteilung der Substanz durch einen erfahrenen Architekten. Durch die jahrelange Erfahrung, die die beiden in Hamburg ansässigen Sanierungsträger für Wohnprojekte gewonnen haben, können Fehler vermieden und die Aussichten zur Realisierung eines Projektes auch unter den erschwerten Bedingungen erheblich verbessert werden.

Probleme der Realisierung von Wohnprojekten im Neubau

In den vergangenen Monaten hat STATTBAU versucht, in regen Diskussionen mit den Beteiligten aus unterschiedlichen Projekten, den zuständigen Behörden und Verbänden die offenen Fragen und Probleme zu diskutieren. Das erste Neubauprojekt ist mittlerweile soweit gediehen, daß es sich lohnt, den Prozeß etwas genauer zu beleuchten.

Als 1990 öffentlich diskutiert wurde, daß in Hamburg angesichts des geltenden Förderrechts Wohnprojekte keine Chancen hätten, war die Aufregung zunächst groß.[15] Der Senatsdirektor der Baubehörde hielt mir seinerzeit vor, wir, STATTBAU, hätten die Flexibilität der Verwaltung noch gar nicht getestet und lud zu einem Gespräch ein. Wir vereinbarten, ein Projekt konkret vorzubereiten und es damit der Realisierung näher zu bringen. Niemand wollte sich bei nur einem Projekt schon über die Grundsätze einer neuen Förderungspolitik unterhalten, geschweige denn, diese festlegen oder diskutieren.

Vorbereitet wurde ein Hausprojekt in Hamburg-Ottensen von der Planung bis zur Baugenehmigung inklusive Ausschreibung. Das Haus soll auf 540 m^2 Wohnfläche 11 Erwachsenen und 5 Kindern eine neues Zuhause bieten. Heute, 15 Monate später, sind unsere Bemühungen bis zu einer wichtigen Stufe erfolgreich verlaufen. Dazu waren ca. DM 90.000 Planungskosten, die von der Gruppe verauslagt wurden, notwendig: Architektenhonorar, Lichtpausen, Bodenuntersuchung, Statikerhonorar und Baugenehmigungskosten waren zu zahlen. Gezählt sind nicht die Stunden, die die Initiativgruppe des Vereins "Wohngemeinschaft Jung und Alt" für das Projekt gearbeitet hat. Mitte Juli 91 hat die Gruppe das Grundstück gekauft, seit Anfang August 91 haben die Bauarbeiten begonnen. Dank der Unterstützung der Baubehörde können wir nun ein Projekt starten, daß einmalig in der bisherigen Förderpraxis ist.

Wieviel Anstrengung und Diskussionen mit allen Beteiligten ein solches Vorhaben erfordert, soll hier, nachdem die Hamburgische Wohnungsbaukreditanstalt die Zustimmung zu dem Projekt gegeben hat, in einer kurzen Zwischenbilanz beleuchtet werden. Hier wird meines Erachtens am deutlichsten, wo die Konfliktlinien verlaufen. Ob für Initiativen in Hamburg die Zeit reif ist, um Wohnprojekte im Wohnungsneubau zu betreiben, hängt von einer eingehenden Analyse der Widerstände und Konfliktpotentiale sowie deren Bewertung ab. Doch zuvor soll das Projekt in seinen Absichten und im Kontext kurz dargestellt werden.

Jung und Alt in Ottensen

Die Gruppe setzt sich aus 11 Erwachsenen und 5 Kindern zusammen. Das Alter reicht von wenigen Wochen bis zu 78 Jahren. Es sind sowohl Alleinstehende und Alleinerziehende als auch Familien am Projekt beteiligt. Die Jahreseinkünfte liegen in einer Spanne zwischen DM 18.000 und DM 70.000 Die Wohnformen reichen von familiengerechten Wohnungen über Einzimmerwohnungen bis zu einer Wohngemeinschaft auf ca. 180 m^2 Fläche.

In Verhandlungen mit dem Amt für Stadterneuerung und Wohnungswesen konnte erreicht werden, daß den Wohnvorstellungen der Projektgruppe die Förderungswürdigkeit bescheinigt wurde. Der Antrag war so aufbereitet, daß die Teilbarkeit der großen WG-Wohnung in drei unabhängige Einheiten ohne allzu großen Aufwand nachweisbar wurde. Wir erhielten daraufhin die Bestätigung, daß acht Wohneinheiten geplant sind, von denen drei in einer Wohngemeinschaft zusammengelegt werden. Dies entsprach nicht den Förderungsbestimmungen und stellt eine Ausnahme von der Regel dar. Baurechtlich wollen wir sechs Wohnungen schaffen, die förderungsrechtlich den Charakter von acht Wohnungen haben. Dies war auch deshalb wichtig, weil wir den WG-Mitgliedern keine geringere Wohnfläche zumuten wollten, als es bei einer Normalwohnung der Fall wäre.

Nur drei Haushalte erfüllen mit ihren Jahreseinkünften die Einkommensgrenzen des § 25 II. WoBauG, der entscheidend ist für die Aufnahme in den ersten Förderungsweg. Drei Haushalte verfügen also über einen sogenannten § 5-Schein[16], der die Bindung der Wohnung ausweist. Die anfängliche Nettokaltmiete liegt in diesem Programm bei DM 7,- /m² monatlich. Die übrigen Mitglieder der Gruppe haben nur Anspruch auf den Bezug einer Wohnung im sogenannten 2. Förderungsweg. Die Nettokaltmiete in diesem Förderweg liegt für das geprüfte Projekt bei DM 18,45/m² im Monat. Anfänglich kommt noch ein Aufwendungszuschuß von DM 6,45/m² monatlich hinzu, der sich jedoch ab dem zweiten Jahr um DM 0,43 jährlich vermindert. Die Nettokaltmiete liegt anfänglich somit bei DM 12,-/m². Die Einkommensgrenzen der Nutzer einer Wohnung die mit Mitteln des zweiten Förderungsweges gebaut wurde, darf die Grenzen des § 25 II. WoBauG um nicht mehr als 40 % überschreiten. In Hamburg heißt dies konkret, ein 1-Personenhaushalt darf im ersten Förderungsweg bis zu DM 23.760 und im zweiten DM 30.240 verdienen. Die starren Übergänge zwischen den Förderprogrammen führen zu Unterschieden in der Nettokaltmietenbelastung der einzelnen Haushalte von bis zu 90 %. Dies schien uns Anlaß genug, darüber nachzudenken, wie wir die Mietbelastung weiter mindern könnten. Dies kann nur gelingen, wenn der zukünftige Nutzer zu einem Teil auch Investor ist und das Risiko der Vermietung trägt. Von daher schied die juristische Person als Rechtsform aus, weil sie die Steuervorteile aus Verlusten nur selbst geltend machen kann. Da neugegründete juristische Personen, z. B. in Form einer Genossenschaft, keine positiven Einkünfte aus anderen Quellen hätten, würden die Verluste letztlich zum Konkurs führen. Im Ergebnis haben wir uns deshalb darauf verständigt, als Träger des Wohnmodells eine Personengesellschaft in Form einer GbR zu gründen.[17] Die Projektmitglieder haften mit ihrem ganzen Vermögen für das Gelingen des Projekts.

Konfliktlinien auf der Projektebene

Mit der Förderung der Bahrenfelder Straße ist zum ersten Mal in Hamburg ein Projekt mit unterschiedlicher sozialer Zusammensetzung in zwei Förderungswegen finanziert worden. Die sogenannte Mischfinanzierung wirft jedoch eine Reihe von neuen Bewertungsfragen auf. Hier geht es in erster Linie um die Rangstellung der Kredite. Die Hypotheken sind im ersten Rang einzutragen, die öffentlichen Baudarlehen können erst den nachfolgenden Rang belegen. Da im zweiten Förderungsweg der Anteil der Kapitalmarktmittel höher ist, müssen die öffenlichen Baudarlehen bei gemeinsamer Finanzierung in einem Objekt, auch vom ersten Förderungsweg, im Rang zurückstehen. Die Rangposition der öffentlichen Mittel wird relativ schlechter. Dies hat dazu geführt, daß wir nun eine Festpreisfinanzierung zusichern mußten.

Die Förderung einer Großwohnung traf auf wenig Begeisterung bei der Wohnungsbaukreditanstalt (WK), obwohl dies für Hamburg an sich kein Novum darstellt und auch in unserem Fall von der Bewilligungsstelle genehmigt wurde. Zumindest für Wohnprojekte mit Behinderten sind solche Großwohnungen in der Vergangenheit bereits genehmigt worden. Die Gesellschaftsform der GbR gilt in der Bewertung der WK als unsicher. Daran hat auch der nach genossenschaftlichen Prinzipien aufgebaute Gesellschaftsvertrag nichts geändert. So kam es zu der Forderung, jeder Gesellschafter sollte mit seiner Bonität in der Lage sein, notfalls für alle Verpflichtungen, die die GbR eingegangen ist, einzustehen. Diese Forderung macht nur dann einen Sinn, wenn eine Situation unterstellt wird, in der sich bereits 10 der 11 Gesellschafter vom Projekt gelöst haben. Die Entsolidarisierung der Gemeinschaft als angenommener GAU in dem Sicherheitsanforderungen der WK erscheint uns nicht logisch. Während jeder Einzelne aufgrund seiner Bonität in das Einfamilienhausprogramm aufgenommen würde, soll die Bonität aller zugenommen nicht zählen, um den Erfolg des Gesamtprojekts zu garantieren. Die GbR hat obendrein die Absicht, von den Mietern eine niedrigere Miete als die Kostenmiete per Vertrag zu verlangen. Die dadurch entstehenden Verluste sollen von den Gesellschaftern getragen werden. Die WK fürchtete, daß hierdurch die Werthaltigkeit des Objekts gemindert würde. Im Konkursfall müßte nach dieser Annahme ein Gutachter den Verkehrswert[18] allein nach dem Ertragswert[19] des Objekts beurteilen. Ob der Verkehrswert, der letztlich entscheidend ist für den Beleihungswert[20], dadurch gemindert würde, konnte nicht einvernehmlich geklärt werden. Die Bewertungspraxis der Gutachter und der Gutachterausschüsse ist hier (leider) anders. Als Bewertung werden die möglichen Mieten am Markt und nicht die tatsächlich gezahlten als Grundlage für die Ertragswertberechnung herangezogen. Wir haben diese Praxis im Altbaubereich leider zu oft erfahren müssen. Die WK forderte von der Baubehörde einen eindeutigeren Förderungsbescheid bzw. die Aufnahme einer Generalklausel zur Lockerung der Förderungsbestimmungen. Zur Absicherung der Kredite sowie zur Absicherung der nach ihrer Meinung bestehenden Unsicherheiten in der Rechtsform sollte die Stadt für die WK eine Bürgschaft übernehmen. Die Finanzbehörde hat dies, sowohl mit Hinweis auf den fehlenden Haushaltstitel, als auch wegen der aufgezeigten Risiken abgelehnt. Letztendlich sind wir ohne zusätzliche Sicherheiten ausgekommen.

Die Konfliktlinien im politischen Bereich

Trotz aller öffentlichen Diskussionen die in der Vergangenheit in Hamburg zum Themenkomplex "Stadterneuerung und Wohnungspolitik" stattgefunden haben, scheinen die Einstellungen in den Verwaltungen und Behörden davon kaum berührt.[21] Für die Entscheidungsträger in der Wohnungspolitik sind Wohngruppenprojekte Ausnahmeveranstaltungen für "einen kleinen Teil der Bevölkerung"[22] Selbst der erkennbare Einstellungswandel in Teilen der Hamburger SPD hat auf der Verwaltungsebene noch nicht zu Veränderungen in der Einstellung gegenüber Wohnprojekten geführt.[23] Die Notwendigkeit einer veränderten Wohnungsbaupolitik wird nicht gesehen. Die Selbsthilfefähigkeit und der eigene Gestaltungswille der Projektmitglieder wird als Hemmschuh interpretiert. Wohnprojekte schaffen Arbeit in den Verwaltungen. Mit der In-Frage-Stellung der bestehenden Normierungen und Generalisierungen wird auch immer die Arbeitspraxis der Vergangenheit, die von den Bewilligungsinstitutionen geleistet wurde, in Frage gestellt. "In der selben Zeit, in der wir dies eine Projekt mit 6 Wohnungen bearbeiten, hätten wir auch ein Projekt mit zweihundert Wohnungen bearbeiten können."[24] Auf Unverständnis stößt auch die Tatsache, daß Menschen, die sich selbst organisieren können, trotzdem finanzielle Förderung benötigen. Dabei ist völlig gleichgültig ob sich die Menschen nun in Kleingenossenschaften organisieren oder als GbR. Immer wird Unverständnis darüber laut, warum Wohnprojektmitglieder eigentlich kein selbstgenutztes Einzeleigentum wollen, obwohl sie finanziell dazu vielleicht in der Lage wären. Die soziale Dimension, die das Leben in selbstgewählten Gemeinschaften bietet, wird nicht anerkannt. Der Mieter, der sich gleichzeitig als Investor organisiert, erscheint vielen Bearbeitern als ausgemachtes Schlitzohr. Denn entweder ist er Mieter im sozialen Wohnungsbau oder er gehört ins Eigenheimprogramm. Obwohl die Förderungsregeln dies eindeutig zulassen, paßt die Haltung der Projektmitglieder nicht ins Weltbild der Förderer. Diese Art der Vermögensbildung für "kleine Leute" erscheint zweifelhaft. "Sparwille und Bereitschaft zur Selbsthilfe" (25) werden nur dann auch ideell gefördert und toleriert, wenn damit nicht gemeinschaftliches Eigentum, sondern Einzeleigentum geschaffen wird. In Hamburg gibt es auch andere Investoren im sozialen Wohnungsbau, die sich als GbR organisiert haben. Diese Menschen haben eine so ausreichende Bonität, daß sie sicher sein können, daß ihnen niemand vorhalten wird, sie betrieben Vermögensbildung zu eigenen Gunsten mit Hilfe staatlicher Förderprogramme im Wohnungsbau. Hier erscheint es völlig normal, wenn 85 % des eingesetzten Kapitals öffentliche Baudarlehen sind. Die Realität gesellschaftlicher Umverteilung von Arm zu Reich mit Hilfe staatlicher Transferzahlungen wird als Normalfall behandelt. Mieter, die sich durch Rückzahlung der Darlehen letztlich selbstverwaltetes Wohnungseigentum verschaffen, sind einfach nicht vorgesehen. Eine Mietergemeinschaft, die neben der direkten Förderung durch öffenliche Baudarlehen und Aufwendungszuschüsse auch die indirekte Förderung durch Steuervorteile in Anspruch nehmen will, damit die Nettokaltmiete bei etwa DM

11,-/m² liegt, ist völlig suspekt. Nach Einschätzung des Vorstandes der WK ist dies "unsozial". "Die Leute können sehr wohl höhere Mieten zahlen, sie wollen dies nur nicht".[26] Dabei gilt ein Anteil in Höhe von 35 % des Einkommens für Wohnkosten als vertretbar.

Es ist im ersten Moment nicht zu verstehen, warum sich gerade Sozialdemokraten so schwer mit selbstverwalten und dezentralen Projekten tun. Es gibt aber möglicherweise eine Antwort, wenn man einen kurzen Blick auf die Geschichte wirft.

Es ist auch der Arbeiterbewegung und damit der SPD und den Gewerkschaften zu verdanken, daß sie bei den Bemühungen zur Modernisierung des Kapitalismus bis dato erfolgreiche Großsysteme zur Absicherung der Risiken des Einzelnen gegen Verlust seiner Erwerbstätig- oder -fähigkeit errungen haben. Krankenversicherung, Rentenversicherung, Arbeitslosenversicherung sowie andere Systeme der Sozialfürsorge garantieren den Anspruch auf Ausgleich für entstandenen Schaden. Die Organisationsstrukturen der Systeme gleichen sich. Der Staat sorgt hier für den Ausgleich gesellschaftlicher Ungerechtigkeiten, in dem er die erforderlichen Leistungen über Steuern und Sozialbeiträge finanziert.

Ähnlich auch der Anspruch des sozialen Wohnungsbaus. Er soll Menschen Wohnraum verschaffen, "die hierzu selbst nicht in der Lage sind."[27] Auch der soziale Wohnungsbau ist somit ähnlich organisiert. Anspruchsvoraussetzungen orientieren sich an den Merkmalen des Einzelnen, bzw. der einzelnen Familie. Angesichts der enormen Vorsorgungsdisparitäten erscheint es deshalb völlig normal, wenn auch im sozialen Wohnungsbau ebenso quantitativ Ausgleich geschaffen wird, wie in den anderen erwähnten Bereichen. Wohnprojekte sind deshalb in den Augen vieler Politiker "Closed Shops" - Veranstaltungen, mit denen sich die Versorgungsprobleme für Geringverdiener am Wohnungsmarkt nicht lösen lassen. Die Folgen dieser etatistischen Politik werden in üblicher fachressortlicher Blindheit verlagert. Der Mangel an sozialen Kontakten und Vereinsamung läßt sich jedoch nicht auf der Ebene von Geldleistungen regulieren.

Unsere Traditionen basieren auf all jenen Verhaltensweisen, die in der Geschichte eines sozialen Systems selbstverständlich, regelmäßig und annehmbar geworden sind. Und da die Erzeugung dieser Verhaltensweisen keiner Reflexion bedarf, fallen sie uns erst auf, wenn sie versagen. An diesem Punkt setzt dann die Reflexion an. Was aber, wenn zu wenige den Zusammenhang zwischen gebauter Umwelt und den sozialen Folgen für das Miteinander sehen oder den Zusammenhang leugnen oder nicht sehen können?

Als es Mitte der Achtziger in Hamburg und auch anderen Orts zu einem partiellen Leerstand in einigen Großsiedlungen kam, war die Aufregung groß. Die ersten

Konsequenzen gingen jedoch nicht in Richtung qualitativer Verbesserungen, sondern versuchten, die Vermietungsprobleme als quantitaven Beweis einer erreichten Sättigungsgrenze auf dem Wohnungsmarkt auszugeben. Erst später wurden Nachbesserungsprogramme aufgelegt. Heute werden all diese Probleme von der drückenden Wohnungsknappheit überlagert.

Doch die Chancen der Verwirklichung für Wohnprojekte im Wohnungsneubau haben nicht nur Grenzen im administrativen Bereich der Förderrichtlinien und Bestimmungen. Diese lassen sich bei allen Konflikten und Widersprüchlichkeiten noch am leichtesten bearbeiten. Wer meint, in Hamburg ein leeres Grundstück entdeckt zu haben, hat schon den ersten Irrtum begangen und mindestens drei Leuten auf den Fuß getreten. Es scheint kaum noch möglich zu sein, ohne Proteste und Auseinandersetzungen mit Anwohnern und anderen mehr oder minder Betroffenen ein Grundstück zu überplanen. So sehr Partizipation in einen Prozeß von behutsamer Stadtentwicklung gehört, so wenig scheint heute noch die Möglichkeit zu bestehen, wenigstens eine gemeinsame Sprache oder eine gemeinsame Auseinandersetzungsform zu finden. Es scheint keine Einigung herstellbar in einer Vielzahl divergierender Nutzungsvorstellungen und Ansprüche. Die einzige Chance für die Koexsitenz unterschiedlicher Lebenstile ist aber die Suche nach einer gemeinsamen Perspektive, einem Existenzbereich, in dem beide Parteien in der Hervorbringung einer gemeinsamen Welt zusammenfinden können.

Wohnprojekte auf Genossenschaftsbasis

Hamburg hat in der Vergangenheit einige erfolgreiche Neugründungen von Wohnungsbaugenossenschaften erlebt. Alle haben auch im 1. Förderungsweg des sozialen Wohnungsneubaus gebaut.

Solange die späteren Mieter und heutigen Genossen die Einkommensgrenzen des sogenannten §-5-Scheins[28] einhalten, ist diese Rechtsform am unproblematischsten. Die eingetragene Genossenschaft ist durch ein hohes Maß an Rechtssicherheit und -beständigkeit gekennzeichnet; sie stellt ein Optimum an gemeinschaftlicher, demokratischer Struktur her und bietet zugleich eine hohe wirtschaftliche Sicherheit. Die e. G. ist auf die Inanspruchnahme direkter öffentlicher (Miet)Wohnraumförderung angewiesen, denn die Nutzung steuerlicher Entlastungen bei der individuellen Besteuerung der Wohngruppen-Mitglieder entfällt bei juristischen Personen. Das praktische Problem besteht darin, daß öffentliche Mittel kontingentiert sind, oft nicht im gewünschten Maß zur Verfügung stehen und die damit verbundene Bindungswirkung - entsprechend den Zielen des II. WoBauG - bestimmte Personengruppen (mit höherem Einkommen) von der Wohnberechtigung ausschließt. Von daher ist die e. G. zunächst auf das Volumen der zur Verfügung gestellten Fördermittel und zugleich auf den begünstigten Personenkreis begrenzt. Doch Schwierigkeiten liegen auch an anderer Stelle. Bei den Kosten von z. Z. annähernd DM 3000/m^2 Wohnfläche stellt der geforderte Eigenkapitalanteil von 15 % das größte Hindernis dar. Jeder m^2 Wohnfläche erfordert eine Eigenbeteiligung von DM 450. Die Einkommensgrenze für eine dreiköpfige Familie liegt bei DM 43.780 im Jahr. Gleichzeitig soll diese Familie in der Lage sein, je nach Wohnungsgröße etwa DM 31.500 bis DM 36.000 Eigenkapital aufzubringen. Dies ist nur ein Hindernis für Genossenschaftneugründungen. Dabei kommt häufig die Frage auf, weshalb die alten Genossenschaften für ihre Neubauwohnungen weniger Genossenschaftsanteile verlangen. Die älteren Genossenschaften (und davon hat Hamburg einige), haben aufgrund ihres zum Teil schon entschuldeten Altbestandes wesentlich günstigere Einstiegskonditionen zu bieten. Leider existieren aber auch hier lange Wartezeiten, weil mittlerweile auch dort Listen mit einigen Hunderten unversorgter Genossen bestehen.

Genossenschaftsneugründungen in Hamburg 1982 - 1990

	Jahr	WE pro Genossenschaft
Baugenossenschaft	1982	42 (Neubau)
Groß Borstel e. G.	1988	4 (Neubau)
Bau- und Wohnungsgenossenschaft Wolfgang-Borchert Siedlung e. G.	1985	34 (Neubau)
Baugenossenschaft	1987	8 (Umbau)
Drachenbau St.Georg e. G.	1988	13 (Neubau)
Wohnungsbaugenossenschaft Königskinder e. G.	1990	6 (Umbau)

Die Förderrichtlinien verlangen jedoch auch vom genossenschaftlichen Investor, der im 1. Förderweg bauen will, daß er nach Fertigstellung 40 % der Wohnungen dem Wohnungsamt zur Belegung überläßt. Dies sprengt dann immer die Möglichkeiten der neuen Kleingenossenschaften. Konkret bedeutet dies nämlich für die Mitglieder in einem genossenschaftlichen Wohnprojekt, daß sie neben dem Eigenkapital für die eigenen vier Wände auch noch das Eigenkapital für die sogenannten WA-Wohnungen aufbringen müssen. Doch neben dem finanziellen Aspekt gibt es auch den gruppeninternen. Kleingenossenschaften funktionieren noch nach sehr direkten Regeln des Mit- und Füreinander. Durch die WA-Bindung sind 40 % der Wohnungen von Menschen belegt, die nur aufgrund ihrer Einkommensgrenzen dem Wohnprojekt zugewiesen wurden. Kommt es dann zu Meinungsverschiedenheiten, so werden aus internen Auseinandersetzungen dann Auseinandersetzungen zwischen Vermieter und Mieter, wobei der Vermieter eigentlich auch nur Mieter mit selbstverwaltetem Anspruch ist.

Auf Anfrage der FDP in der Hamburger Bürgerschaft gab der Senat allerdings zu, daß in der Vergangenheit bei Genossenschaften, "deren Antrieb zur Genossenschaftsgründung das Interesse der Eigennutzung"[29] war, von der Festlegung der WA-Bindung abgesehen wurde. Gleichzeitig vertritt die Baubehörde allerdings zur Zeit die Auffassung, "daß angesichts der Nachfrage auf dem Wohnungsmarkt bei Genossenschaftswohnungen grundsätzlich möglichst weitgehend die Verpflichtungen zur Unterbringung vordringlich Wohnungssuchender zu erfüllen sind."[30] Derzeit wird neuen Genossenschaftsprojekten das Erstbelegungsrecht zugestanden. Auch wenn Projekte die oben beschriebenen Probleme mit den Zuweisungen durch Wohnungsämter haben, sind sie dennoch keine elitären Veranstaltungen, die keinen Beitrag zur Wohnungsversorgung der Schwachen in unserer Gesellschaft leisten. In allen Gruppen sind Menschen vertreten, die unter den heutigen Bedingungen enorme Zugangsschwierigkeiten auf dem Wohnungsmarkt haben. Dies sind neben alleinerziehenden Frauen auch Auszubildende und Behinderte. Hier sind bereits im Gründungsstadium Kooperationen mit Vereinen und Betroffenen entstanden. Im Zusammenwirken von Bedarfsträgern und Wohnprojekten sind mit Sicherheit bessere Integrationsvoraussetzungen zu schaffen, als auf der relativ anonymen und zufälligen Ebene der Zuweisung durch das zuständige Wohnungsamt.

Wohnprojekte als Genossenschaft mit stillen Gesellschaftern

Wie bereits oben ausgeführt, sind neue Genossenschaften auf eine ausreichende Förderung angewiesen, die ihnen kostendeckende Mieten bescheren. Genossenschaften in dieser Situation können keine Verluste gebrauchen, da sie den Verlusten keine positiven Einnahmen aus anderen Quellen entgegensetzen können, wie dies beispielweise das individuelle Wohngruppenmitglied mit seinen zu besteuernden Einkünften aus unselbstständiger Arbeit zu bieten hätte. Nach den geltenden Förderungsbedingungen sind mit der Förderung auch Bindungswirkungen verbunden. Diese beziehen bestimmte Einkommensgruppen ein und grenzen andere mit höherem Einkommen von der Wohnberechtigung aus. Von daher wird die e. G. auf die zur Verfügung gestellten Fördermittel und zugleich auf den begünstigten Personenkreis begrenzt. Die oben für die "Wohngemeinschaft Jung und Alt" in Rechtsform einer GbR, beschriebene Mischfinanzierung zwischen zwei Förderwegen, ist für die Genossenschaft nicht möglich.

Um eine Kombination beider Hauptwege (juristische Person - Genossenschaft und Personengesellschaft) geht es im folgenden Modell der e. G. mit der Beteiligung stiller Gesellschafter. Das Modell ist in der "Arbeitsgemeinschaft Neubau"[31] diskutiert worden. Unter dem bestehenden Gesellschaftsrecht kann es als optimal eingestuft werden. Es verbindet die organisatorischen Vorzüge der Genossenschaft mit den steuerlichen Vorteilen der Personengesellschaft. Das die von juristischen Personen erwirtschafteten Verluste im Regelfall keine steuerlichen Auswirkungen für die an ihnen beteiligten Gesellschafter haben, ist bereits mehrfach erwähnt worden. In der Wirtschafts- und Steuerpraxis ist daher zu beobachten, daß vor allem in der häufig verlustträchtigen Anlaufphase von Projekten versucht wird, die steuerlich relevanten Vorgänge in Personengesellschaften zu verlagern, um so die entstehenden Verluste für die Gesellschafter steuerlich nutzbar zu machen.

Die einfachste, weil unbürokratischste Form der Personengesellschaft, ist die der BGB-Innengesellschaft bzw. der stillen Gesellschaft für den Fall, daß Beteiligungen an einem Handelsgewerbe angesprochen sind. Der Begriff der stillen Gesellschaft wird im HGB mit folgenden Merkmalen beschrieben: "Wer sich als stiller Gesellschafter an dem Handelsgewerbe, das ein anderer betreibt, mit einer Vermögenseinlage beteiligt, hat die Einlage so zu leisten, daß sie in das Vermögen des Inhabers des Handelsgeschäfts übergeht. Der Inhaber wird aus den in dem Betriebe geschlossenen Geschäften allein berechtigt und verpflichtet."[32] "Im Gesellschaftsvertrag kann bestimmt werden, daß der stille Gesellschafter nicht am Verluste beteiligt sein soll, seine Beteiligung am Gewinne kann nicht ausgeschlossen werden."[33] Die stille Gesellschaft setzt den Abschluß eines Gesellschaftsvertrages voraus, der zwischen den Beteiligten ein echtes Gesellschaftsverhältnis entstehen läßt.[34] Auch stille Beteiligungen an dem Handelsgewerbe juristischer Personen sind möglich, so daß in einem Projekt gesehene Vorteile der juristischen Person mit den (insbesondere steuerlichen) Vorteilen der Personengesellschaften verknüpft werden können. Für ein Wohngruppenprojekt würde dies bedeuten, daß sich an der wirtschaftlichen Betätigung, d. h. der Errichtung und Vermietung des Wohnungsbestandes einer Genossenschaft, alle Genossen, einzelne Genossen oder auch außenstehende Dritte als stille Gesellschafter beteiligen. Alleineigentümerin des Wohnungsbestandes ist hierbei die e. G., deren Mitglieder mit Wohnraum versorgt werden sollen. Zweifel an der Zulässigkeit der e. G. & Still bestehen seit einigen Jahren in der Literatur nicht mehr[35]. Demgemäß ist davon auszugehen, "daß eine stille Gesellschaft an einer eingetragenen Genossenschaft wirksam begründet werden kann".[36] In Hamburg gibt es in einem einzigen Fall eine Genossenschaft, die einen stillen Gesellschafter aufgenommen hat. Da der Gesellschaftsvertrag unter anderem mit dem zuständigen Prüfungsverband abgesprochen wurde, sehen wir auch für die Zukunft keine genossenschaftsrechtlichen Probleme mit der e. G. & Still. Der Vorteil dieser Kombination liegt auf der Hand. Verläßt man die Bandbreite der möglichen Einkommen innerhalb des 1. Förderungsweges und sichert auch Mitgliedern anderer

Einkommensgruppen - ähnlich wie in Ottensen - ein Anrecht im Projekt zu, dann sind neben den direkten Förderungen auch steuerliche indirekte Förderungen notwendig, um gemeinschaftliches Eigentum zu finanzierbaren Mieten zu erhalten.

Um die konkreten Auswirkungen eines obenstehend beschriebenen Modells zu untersuchen, hat STATTBAU gemeinsam und in Abstimmung mit den Beteiligten aus der "Gemeinsam leben - ökologisch wohnen, Baugenossenschaft Brachvogel i. Gr." ein EDV-gestütztes Rechenmodell entworfen. Die Zahlen der Kostenseite wurden ebenso wie die der Finanzierung in einer Wirtschaftlichkeitsberechnung dargestellt. Etwa 75 % des Wohnungsbestandes sollen im sogenannten 1. Förderunsgweg, der Rest im 2. Förderungsweg oder frei finanziert ausgeführt werden. Die entsprechnenden Darlehensbeträge wurden analog den Förderkriterien der WK errechnet. Alle "persönlichen" Daten wie: Familienstand, Höhe des Genossenschaftsanteils, Höhe der stillen Einlage, Höhe des zu versteuernden Einkommens und dergleichen wurden nicht als Annahmen gerechnet, sondern basieren auf den tatsächlichen Verhältnissen der Wohnprojektmitglieder. Innerhalb dieses Modells wurden die Mieten im 2. Förderungsweg um DM 2,51 gesenkt. Die anfängliche Nettokaltmiete kann dadurch auf DM 12,47 begrenzt werden. Die stillen Gesellschafter haften, anders als in der GbR, nur bis zur Höhe ihrer Einlage. Da die anfallenden Verluste durch die Höhe des Anteils bestimmt werden, können hohe Anteile mit hohen Verlustzuweisungen rechnen. Jeder Gesellschafter kann daher den Verlust auch durch die Höhe seiner Beteiligung begrenzen.

Der Nachteil in diesem Modell ist die zugegebenermaßen komplizierte Kombinationsform, die ein Höchstmaß an Durchblick verlangt. Dies Modell erschließt sich nicht auf Anhieb jedem Wohnprojektmitglied und fordert so Expertentum heraus.

Gleichzeitig erleichtert dieses Modell den Ein- und Ausstieg der Projektmitglieder erheblich, weil die Bindung zwischen der Genossenschaft und dem Gesellschafter ein jeweils zweiseitiges Verhältnis ist, welches den Bestand und die Verhältnisse zu den übrigen stillen Gesellschaftern nicht berührt. Die Ausstiegsmodalitäten können analog zu den Regelungen in der Genossenschaftssatzung gewählt werden. Entscheiden in der Genossenschaft kann nur der Vorstand, der von Mitgliederversammlung und Aufsichtsrat kontrolliert wird. Die stillen Gesellschafter haben kein Mitbestimmungsrecht. Der demokratische Aufbau der Genossenschaft wird durch die eingegangenen Kapitalverhältnisse nicht berührt. Sinnigerweise sind die Gesellschafter gleichzeitig Genossenschaftsmitglieder und sichern sich dadurch einen Mindesteinfluß. Zur Zeit befinden wir uns in einem Diskussionsprozeß mit den zuständigen Institutionen[37] um die Zulassung dieses Modells. Das Ergebnis wird noch in diesem Jahr zu erwarten sein.

Resümee und Forderungen

Der Wunsch nach der Veränderung der Wohnform und dem Wunsch nach Wohnprojekten, hat seinen Ursprung in dem veränderten gesellschaftlichen Kontext der letzten Jahre. Die Veränderungen in den Lebensstilen fordern auch ein verändertes Denken in punkto Wohnformen. Die derzeitige Wohnungsbauförderung kennt nur den Zuschnitt der Wohnung auf die Familienförderung. Da jeder Mensch heute jedoch eine Vielzahl von Stadien durchlebt, sind auch unterschiedliche Wohnformen notwendig. Wohnprojekte müssen sich über die Schwierigkeiten ihres Vorhabens bewußt werden und sich eine Reihe von Fragen selbstkritisch beantworten. Nur so kann Frustration vermieden und die Erfolgsaussicht verbessert werden. Wohnprojekte im Bestand sind aufgrund der fehlenden Leerstände kaum noch realisierbar. Gruppen, die eine leeres Haus entdecken, bedürfen der Beratung durch Fachkundige, damit die Durchsetzungschancen für Wohnprojekte verbessert werden können.

Wohnprojekte im Neubau werden durch den hohen Eigenkapitaleinsatz und die starren Regelungen im Förderungsrecht erschwert. Erträgliche Wohnformen werden erst durch komplizierte Rechtsformen und Finanzierungsmodelle ermöglicht. Je nach Gruppengröße, Standort, sozialer Zusammensetzung und daraus abgeleiteter Finanzierung ist eine andere Form des Zusammenschlusses notwendig oder optimal. Es bleibt zu hoffen, daß sich die Wohnungspolitik den Belangen der veränderten Situation öffnet und die Diskussion über Programme und Bedingungen führt. Viel Zeit für Veränderungen bleibt bis zum Jahre 2000 nicht mehr, denn 95 % aller dann verfügbaren Wohnungen sind bereits heute gebaut.

Literatur

1 Vgl. Huke-Schubert, Beata (Hrsg.) Wohnen morgen - Wohnungsbau in den 90er Jahren. Darmstadt 1990.

2 Ministerium für Stadtentwicklung, Wohnen und Verkehr des Landes Nordrhein-Westfalen - Bärsch, Cremer, Novy. Neue Wohnprojekte, alte Genossenschaften - Kooperationsformen zur Bestandsicherung im Wohnungssektor. Darmstadt 1988.

3 WohnBund-Beratung 1987, S. 3.

4 Siebel, Walter. Wandlungen im Wohnverhalten. In: Brech, Joachim (Hrsg.) Neue Wohnformen in Europa. Darmstadt 1989.

5 WohnBund-Beratung NRW e. V. Forschungsprojekt: Rechtliche und finanzielle Gestaltungsmöglichkeiten für die Bildung gemeinschaftlichen Eigentums im Wohnungsneubau. Abschlußbericht. Bottrop 1989.

6 Sieder, R. Sozialgeschichte der Familie. Frankfurt 1987, S. 278.

[7] Programm EUROPAN: Entwicklung der Lebensweisen und Architektur des Wohnens. 1988 zitiert nach: WohnBund-Beratung NRW e. V. S. 9.

[9] Vgl. Reinig, Joachim (Hrsg.) Wohnprojekte in Hamburg von 1980 bis 1989. Darmstadt 1989 Schubert, Dirk: 10 Jahre Wohnprojekte in Hamburg, in: WOHNBUND (Hrsg.) Wohnpolitische Innovationen '90. Darmstadt 1990.

[9] Vgl. Brinkmann, Herbert. Rechtsformen und Finanzierung in Hamburger Wohnprojekten. In: Reinig, Joachim (Hrsg.) a.a.O. S. 13 ff.

[10] Neubauten sind alle Gebäude und Wohnungen die nach 1948 gebaut wurden.

[11] Häußermann, Hartmut/Siebel, Walter. Neue Urbanität. Frankfurt 1987 S. 18.

[12] Staatsräte in Hamburg sind vergleichbar mit Staatssekretären in den Ministerien der anderen Bundesländer. Die Staatsrätekommission zur Behebung des Politikums "Wohnungsleerstand" ist besetzt mit Vertretern aus 4 Behörden: Baubehörde, Finanzbehörde, Innenbehörde und Behörde für Arbeit, Gesundheit und Soziales.

[13] ABB-Programm: Instandsetzungsprogramm für Altbauten zur Sicherung preiswerten Wohnungsbestandes - Die Baubehörde übernimmt mit diesem Titel 85 % der Gesamtkosten bis zu einer Höhe von DM 1.300 Instandsetzungskosten pro qm WF. Vgl. auch die Hinweise in der Fußnote auf S. 3.

[14] Z. B. "Eijaballa" in der Emilienstraße/Ecke Henriettenstraße in HH-Eimsbüttel oder Tegetthoffstraße ebenfalls HH Eimsbüttel.

[15] Brinkmann, Herbert. Wohnprojekte im Wohnungsneubau. In: Huke-Schubert, Beata (Hrsg.) a.a.O. S. 57 ff., vergl. auch die TAZ vom 25.02.90.

[16] § 5 Wohnungsbindungsgesetz regelt unter Bezugnahme auf die Einkommensgrenzen des § 25 Wohnungsbaugesetz die Bedingungen zur "Ausstellung der Bescheinigung über die Wohnberechtigung".

[17] GbR: Abkürzung für Gesellschaft bürgerlichen Rechts. BGB §§ 705 ff.

[18] Verkehrswert = Prognose auf den am Markt zu erzielenden Verkaufspreis. Faustformel: Das 10 bis 14-fache der Jahresmiete.

[19] Ertragswert: Soll im Idealfall dicht am Verkehrswert liegen. Die Ermittlung des Ertragswerts erfolgt aus den Erträgen (Mieten) des Objekts.

[20] Der Beleihungswert stellt für die Bank die Grenze für den zu gewährenden Kredit dar. Die Grenzen werden durch das Kreditwesengesetz festgelegt. Eine Hypothekenbank beleiht in aller Regel nur bis zu 60 % des Verkehrswerts.

[21] Vgl. "Hamburger Manifest", verabschiedet auf dem 4. Internationalen Kongress "Neue Wohnformen in Europa" vom 5.-9.4.89.
desweiteren: STATTBAU Hamburg (Hrsg.) Stadterneuerung in den 90er Jahren. Analysen und Perspektiven. Darmstadt 1989. Huke-Schubert, Beata (Hrsg.) Wohnen morgen. a.a.O. - Tagung am 8./9.11.90 "Zur Zukunft städtischer Wohnbestände in Hamburg."

[22] Baubehörde HH: Bilanz zur Stadterneuerung. Zitiert nach: Schubert, Dirk. 10 Jahre Wohnprojekte in Hamburg. a.a.O. S. 278.

[23] Vgl. Arbeitsgemeinschaft sozialdemokratischer Juristinnen und Juristen (AsJ): Grundsätze für eine sozial und umweltverträgliche Stadtentwicklungspolitik in einer wirtschaftlich dynamischen Stadt. Broschur. Hamburg, im Juni 1990.

[24] Orginalton eines technischen Sachbearbeiters der Hamburgischen Wohnungsbaukreditanstalt. (16.05.91).

[25] Vgl. § 1 II.WoBauG. letzter Satz.

[26] Zitat eines Vorstandsmitgliedes der WK, anläßlich einer Besprechung am 16.05.91 zum Projekt Bahrenfelder Straße 70/72.

[27] Vgl. § 1 II.WoBauG. 2. Absatz.

[28] Vgl. Erklärung in der Fußnote Nr.16.

[29] Antwort des Senats auf die Schriftliche Kleine Anfrage des Abgeordneten Robert Vogel FDP - Drucksache 13/7541 25.01.91.

[30] Vgl. ebenda S. 2.

[31] Der AG gehören neben STATTBAU folgende Projekte an: Wendebecken e. V. * Stadtwohnen * Treibhaus * Jung und Alt in Ottensen * WGJA * Gemeinsam leben - ökologisch wohnen Baugenossenschaft Brachvogelweg i.Gr. * Wohnungsbaugenossenschaft Osterkirche i.Gr. * Freiraum u. a. Gruppen ohne Namen.

[32] Handelsgesetzbuch § 230.

[33] Handelsgesetzbuch § 231 Abs.2.

[34] Vgl. Paulick/Blaurock: Handbuch der stillen Gesellschaft. Zur Rechtsnatur des Gesellschaftsvertrages. Köln 1988. S. 152 ff.

[35] Vgl.: WohnBund-Beratung NRW e. V. ebenda 1989. S. 58.

[36] Paulick/Blaurock, ebenda 1988, S. 66.

[37] STATTBAU führt Diskussionen mit dem "Verband norddeutscher Wohnungsunternehmen e. V." als zuständigem Revisions- und Prüfungsverband für die Zulassung von Genossenschaften, der "Hamburgischen Wohnungsbaukreditanstalt" als zuständigem Organ für die Darlehensgewährung im öffentlich geförderten Wohnungsbau sowie der "Hamburger Baubehörde und dem Amt für Stadterneuerung und Wohnungspolitik" als zuständiger Stelle für die Förderungswürdigkeit aus wohnungpolitischer Sicht.

7.
Genossenschaftliche Modelle und Lösungen
Beispiele und Probleme

Genossenschaft als Übernahmemodell - die Mietergenossenschaft Sendling-Moosach-Giesing e. G. in München

Christian Herde

Heute blicken wir, die Gründer der Mietergenossenschaft Sendling-Moosach-Giesing, auf fast 6 Jahre Arbeit zurück und das Ziel, inzwischen sehr bescheiden geworden, ist noch immer nicht erreicht. 6 Jahre mit Versammlungen, Sitzungen, Verhandlungen, Hausbesuchen, Mieterzeitungen, Flugblättern liegen hinter uns, unzählige Stunden Arbeit der Aktiven, Momente des Triumphs (eher selten) und der Enttäuschung.

Eine neue Genossenschaft mit fast 1.500 Mitgliedern zu gründen, das ist auch in einer Millionenstadt wie München eine Leistung, die sowohl von der Stärke der Aktiven, wie von Schwächen offizieller Wohnungspolitik zeugt. Aus den 2.093 Wohnungen in den Stadtvierteln Sendling, Moosach und Giesing aus dem Besitz der ehemaligen Neuen Heimat, die wir ursprünglich übernehmen wollten, wurden 65 Apartments in einem Haus am Ferdinand-Miller-Platz. Der Stadtrat hat bereits entschieden, dieses Haus unserer Genossenschaft anzubieten, doch die Verhandlungen mit den beteiligten Referaten, Planungsreferat, Kommunalreferat, Sozialreferat und Kämmerei sind noch nicht abgeschlossern.

Erfolg oder Mißerfolg unseres Modells hatten ihre Gründe nicht in den Details und im Modell selbst. Vielmehr wurde die Frage einer Genossenschaftslösung für die ehemaligen NH-Wohnungen von Anfang an parteipolitisch diskutiert und so auch im letzten Sommer für den großen Teil der Wohnungen zu Fall gebracht. Interessanterweise war es dabei die CSU, die neben den GRÜNEN lange Zeit unsere Genossenschaft unterstützte.

Aus diesem Grund soll hier nochmals das Übernahmemodell für alle 2.093 Wohnungen dargestellt werden. Nicht nur wir, sondern auch Teile der Münchner Stadtverwaltung, insbesondere die zuständige Abteilung des Planungsreferats, die auch an der Entwicklung dieses Modells beteiligt waren, sind nach wie vor überzeugt, daß eine Genossenschaft für Mieter und Stadt die beste Lösung dargestellt hätte. In einem weiteren Abschnitt wird auf die Sonderregelungen eingegangen, die nun für das Haus am Ferdinands-Miller-Platz ausgehandelt wurden. Die Chronik auf den folgenden Seiten stellt nicht nur die Geschichte der Genossenschaft kurz dar, sondern sie vermittelt auch einen Eindruck von der Mühsal des Prozesses.

1. Chronik

Frühjahr 1985	Erste Gerüchte über den drohenden Verkauf der Wohnungen durch die NH.
Sommer 1985	Die Mieter organisieren sich und zwingen die Stadt Verhandlungen mit der NH über den Ankauf aufzunehmen.
27.11.1985	Nach langem Hin und Her erfolgt der Ankauf der 2093 Wohnungen durch die Stadt München zum Preis von 165 Mio DM. Die Fraktion der GRÜNEN stimmt dem Ankauf nur unter der Bedingung zu, daß eine zu gründende Mietergenossenschaft die Wohnungen übernehmen soll, wenn 2/3 der Mieter dies wünschen.
01.12.1985	Die Mieter der drei Siedlungen gründen eine gemeinsame MIETERINITIATIVE e. V.
19.02.1986	Der WOHNBUND e. V. legt ein erstes Konzept zur Übernahme der Wohnungen durch die Mieter vor.
22.02.1986	Erste Veranstaltung des WOHNBUND e. V. für die ehemaligen Mieter der NH im Tannengarten. Referent ist Gottfried Prokein, der Vorsitzende der Genossenschaft Heimat aus Frankfurt
Anfang 1987	Die Informationsbroschüre der Stadtverwaltung erscheint.
16.02.1987	Die erste der drei Informationsveranstaltungen der Stadt findet in Giesing statt. Hier sollen die Mieter über das erarbeitete Modell einer Verwaltungsgenossenschaft informiert werden.
30.09.1987	Die Zweijahresfrist für die Entscheidung wird durch den Stadtrat aufgehoben. Die Notwendigkeit einer Zweidrittelmehrheit wird durch eine Zustimmung von mindestens 50 % + eine Stimme ersetzt.
28.02.1988	Der Mieterverein erhält erstmals Daten und Zahlen für eigene Berechnungen.
März 1988	Erste Berechnungen des WOHNBUND e.V. zeigen die Chancen für die Realisierung des Genossenschaftsmodells.
20.12.1988	Gründungsversammlung der Genossenschaft Sendling, Moosach, Giesing i.G. im Bauzentrum in der Radelkoferstr.
30.03.1989	Die Stadträte aller Fraktionen erhalten ein ausführliches Übernahmemodell der Genossenschaft.
12.06.1989	Eintragung der Genossenschaft in das Genossenschaftsregister
04.10.1989	Der Stadtrat beschließt die Übertragung der Wohnungen an die Genossenschaft zu den vom Planungsreferat ausgearbeiteten Bedingungen.
Oktober 1989	Stadträte der SPD, der CSU und der Grünen stellen sich bei Mieterveranstaltungen in Sendling, Moosach und Giesing öffentlich hinter die Ziele der Mietergenossenschaft.

Dez. 1989	Die Genossenschaft beauftragt einen Notar den Übernahmevertrag vorzubereiten.
28.01.1990	Die Genossenschaft hat 1.000 Mitglieder.
14.02.1990	Der Stadtrat beschließt den Verzicht auf eine Befragung der Mieter, nachdem bereits 50 % Mitglieder der Genossenschaft sind und setzt den 4.4.90 als Termin für die endgültige Entscheidung des Stadtrats fest.
19.02.1990	Konkrete Vetragsverhandlungen zwischen den beteiligten Referaten und der Genossenschaft beginnen.
04.04.1990	Bei einer erneuten Abstimmung im Stadtrat werden die wesentlichen Vertragsbestandteile wie Höhe des Erbbauzinses, Belegungsrechte und Verfahren endgültig beschlossen. Gleichzeitig setzt sich aber nun doch die SPD mit ihrer Forderung nach einer Befragung der Mieter durch.
Mai 1990	Die Befragung ist vorbereitet. Die Ergebnisse werden voraussichtlich Anfang Juli vorhanden sein. Für die Genossenschaft bedeutet der beschlossene Wahlmodus erneut eine enorme Arbeitsbelastung. Alle nicht abgegebenen Stimmen werden danach als Ablehnung gezählt.
Juni 1990	Plötzlich soll die Befragung auf Herbst verschoben werden. Erst nachdem 40 Mieter das OB-Büro besetzen, wird eine Befragung vor der Sommerpause zugesagt.
Juli 1990	Die Befragung beginnt. Den Unterlagen ist ein "Anschreiben" des Oberbürgermeisters vorangestellt in dem er die Mieter eindringlich vor den Risiken der Genossenschaft warnt.
August 1990	Die Befragung ist ausgezählt, doch das Ergebnis kann erst nach der Rückkehr des Oberbürgermeisters bekannt gegeben werden.
27.08.1990	Das Ergebnis liegt vor. Bei 75,5 % Wahlbeteiligung und 7,3 % ungültigen Stimmen erreicht die Genossenschaft "nur" in Neuhausen 50 % der Stimmen gemessen an allen Hauptmietern. In Moosach 45,6 %, in Giesing 47,8 % und in Sendling 45,5 %. Gemessen an den abgegebenen Stimmen, liegt die Zustimmung bei über 75 %.
17.10.1990	Der Planungsausschuß beschließt die Übergabe der 65 Apartments am Ferdinand-Miller-Platz an die Genossenschaft. Eine Nachbefragung, wie sie von der Genossenschaft gefordert wurde, wird abgelehnt, weil die Listen der abgegebenen Stimmzettel inzwischen vernichtet sind.
April 1991	Die Verhandlungen über den Vertrag dauern an. Der Übernahmezeitpunkt ist noch nicht abzusehen.

2. Das Übernahmemodell

Rechtsform

Die Bewohner haben sich schon im Jahr 1988 zu einer Mietergenossenschaft zusammengeschlossen. Diese Genossenschaft mit dem Namen **Mietergenossenschaft Sendling, Moosach, Giesing e. G., Genossenschaft der ehemaligen Mieter der Neuen Heimat** übernimmt die Wohnungen mit eigentumsähnlichen Verfügungsrechten von dem jetzigen Eigentümer, der Stadt München. Die Mitgliedschaft im Verband Bayerischer Wohnungsunternehmen e. V., dem gesetzlichen Prüfungsverband und die damit verbundenen alljährlichen Wirtschaftsprüfungen geben sowohl den Genossen, wie der Stadt die notwendige Sicherheit für dieses Modell.

Auch nach Abschaffung der Wohnungsgemeinnützigkeit gilt für Vermietungsgenossenschaften die sogenannte "kleine Gemeinnützigkeit", das heißt vor allem Steuerfreiheit. Bis zum Erreichen der Mitgliedschaft aller Mieter streben wir eine Ausnahmegenehmigung an.

Wie der Name sagt, gibt es nur eine Genossenschaft für alle Siedlungsgebiete. Die Mitglieder schließen mit der Genossenschaft Nutzungsverträge ab.

Genossenschaftseinlage

Mit dem Beitritt zur Genossenschaft hat jedes Mitglied neben einem Eintrittsgeld von DM 40 vier Anteile zu je DM 100 erworben. Nach der Übernahme der Wohnungen wird jedes Mitglied, das eine Wohnung beansprucht seinen Geschäftsanteil auf circa DM 2.300 erhöhen. Bei Neubelegungen muß der Mieter Mitglied der Genossenschaft werden. Der Geschäftsanteil kann in Raten gezahlt werden, in begründeten Fällen übernimmt auch das Sozialamt die Kosten.

Erbbaurecht und Erbbauzins

Die Übergabe der Grundstücke erfolgt in Form eines Erbbaurechts das die Stadt München der Genossenschaft auf die Dauer von 66 Jahren einräumt. Der Erbbauzins, den die Genossenschaft dafür an die Stadt zahlen muß bemißt sich am Gesamtwert der Liegenschaft also am Wert der Grundstücke und der Gebäude. Es wird dabei der aktuelle Verkehrswert zugrunde gelegt. Der Erbauzins wird von dem ortsüblichen Satz von 3,5 % auf 2,4 % gesenkt. Dafür erhält die Stadt das direkte Belegungsrecht für einen Teil der Wohnungen und für den Rest der Wohnungen legt sich die Genossenschaft weitgehende Bindungen auf. Der Erbbauzins wird alle drei Jahre entsprechend der Lebenshaltungskostensteigerung angepasst.

Notwendige Mieterhöhung

Um die Finanzierung des Erbbauzinses zu sichern wird die Miete bzw. das Nutzungsendgelt bei der Übernahme der Wohnungen einmalig um ca. 27 % (bezogen auf die Miethöhe II/88) erhöht. Bei den zu diesem Zeitpunkt noch preisgebundenen Wohnungen erfolgt die Mieterhöhung nach dem Auslaufen der Bindungen im Rahmen der mietrechtlichen Möglichkeiten.

Belegungsrechte der Stadt München

Für die Dauer des Erbbaurechtsvertrages sollen alle Wohnungen weiterhin der Sozialbindung unterliegen. Dies gilt sowohl für die freifinanzierten, wie für die öffentlich geförderten Wohnungen. Nach dem momentanen Stand würde bereits 1997 die letzte dieser Bindungen auslaufen. Für insgesamt 60 % der Wohnungen erhält das Wohnungsamt das direkte Belegungsrecht, das heißt ohne Mitsprache der Genossenschaft. Die Hälfte dieser Wohnungen, also ca. 30 %, werden ausschließlich an städtische Angestellte und Beamte vergeben. Weitere 25 % der Wohnungen werden nach "Dreiervorschlag" des Wohnungsamts durch die Genossenschaft belegt. Für die 15 % Wohnungen, die von der Genossenschaft nach eigenem Ermessen vergeben werden, sind Überschreitung der Einkommensgrenzen des II.WoBauG. um bis zu 40 % möglich. Die Vergabekriterien werden von der Mitgliederversammlung beschloßen. Dabei sollen vor allem soziale Kriterien im Vordergrund stehen die nicht unmittelbar an Einkommensgrenzen festzumachen sind. Die Belegungsrechte der Stadt werden durch den Erbbaurechtsvertrag gesichert.

Nichtmitglieder

Der Beitritt der momentanen Bewohner zur Genossenschaft ist und bleibt freiwillig. Wer nicht Mitglied wird, kann als Mieter der Genossenschaft weiter in seiner Wohnung bleiben.

Zustand der Häuser und Instandsetzungsbedarf

Vor der Übernahme der Wohnungen wird eine Ortsbegehung aller Häuser durchgeführt, bei der eventuell dringend erforderliche Arbeiten festgehalten werden. Diese Arbeiten müssen noch durch die Stadt durchgeführt werden. Ein dringender Instandsetzungsbedarf besteht voraussichtlich nicht.

Verwaltung der Wohnungen

Die Genossenschaft baut nach Vertragsabschluß eine Verwaltung auf, die nach einer Übergangszeit von ca. 6 Monaten die Verwaltung eigenverantwortlich übernehmen soll. Dazu werden auch Geschäftsräume hergerichtet und das notwendige Inventar angeschafft.

Sonderregelung für die Übernahme des Hauses am Ferdinand-Miller-Platz

Durch die spezielle Ertragslage des Hauses - kleine Wohnungen mit relativ hoher Miete - ist die Genossenschaft am Ferdinand-Miller-Platz in der Lage den vollen Erbbauzins von 3,5 % zu bezahlen. Die Mieterhöhung hält sich mit 10 % bezogen auf die Miete 2/91 oder ca. 1,12 DM/qm bei den kleinen Wohnungen in zumutbaren Grenzen. Die Subvention oder das Entgegenkommen der Stadt beschränkt sich also auf die Tatsache der Vergabe des Hauses und nicht nur des Grundstücks im Erbbaurecht.

Für dieses Entgegenkommen bietet die Genossenschaft der Stadt ein Drittel der freiwerdenden Wohnungen zur Direktbelegung mit städtischen Angestellten. Ein weiteres Drittel belegt die Genossenschaft aus eigenen Bewerbern, die die Einkommensgrenzen des § 25 II.WoBauG. um nicht mehr als 40 % überschreiten. Das verbleibende Drittel belegt die Genossenschaft ohne Bindungen selbst.

3. Warum eine Genossenschaft?

Wohnsicherheit

Die Überlassung einer Genossenschaftswohnung begründet ein dauerndes Nutzungsrecht des Mitglieds. Eine Kündigung wegen Eigenbedarf ist ausgeschlossen. Die Absicherung ist mit dem eingetragenen Dauerwohnrecht oder dem Einzeleigentum vergleichbar. **Wer als Mitglied in einer Genossenschaftswohnung wohnt, der kann dort solange wohnen, wie er will.**

Stabile Mieten

Grundlage unserer Wirtschaftlichkeitsberechnung sind die Mieteinnahmen II/88. Für die Finanzierung des Erbbauzinses von 2,4 % ist eine einmalige Mieterhöhung von ca. 27 % nötig. Bezogen auf die Mieten des Jahres 1990 sind das ca. 13 %. Für die Wohnungen am Ferdinand-Miller-Platz ist eine noch geringere prozentuale Mieterhöhung von ca. 10 % notwendig. In der Folge wird es dann keine realen Mieterhöhungen mehr geben. Die Mieten bleiben stabil. Eine Anpassung des Erbbauzinses an gestiegene Lebenshaltungskosten und Erhöhungen der Bewirtschaftungskosten werden sich nur nominal auf die Miethöhe auswirken. **Wer sich heute eine Genossenschaftswohnung leisten kann, der kann sie sich auf Dauer leisten. Der Anteil des Einkommens, der für die Miete aufgebracht werden muß, bleibt stabil. Der**

Mietspiegel ist für die Genossenschaft kein Maßstab und kein Grund zur Mieterhöhung.

Mitbestimmung

Über die Mitgliederversammlung, die mindestens zweimal jährlich stattfinden muß, kann jedes Mitglied direkt Einfluß auf Geschäftsführung und Gestaltung der Genossenschaft nehmen. Darüber hinaus kann sich jedes Mitglied in die Organe der Genossenschaft wählen lassen und aktiv an Führung und Verwaltung der Genossenschaft mitarbeiten. **Nur eine Genossenschaft sichert den Bewohnern auf Dauer tatsächlich Einflußnahme auf die Belange ihrer Siedlung.**

Gebrauchswertorientiert

Eine Genossenschaft orientiert sich im Gegensatz zu GmbH und AG am Gebrauchswert, nicht am Ertrag des Kapitals. Die Mitglieder der Genossenschaft sparen durch gemeinsames Handeln. Das ist ihr primäres Interesse. Solange die Bewohner mit Art und Zustand ihrer Wohnung zufrieden sind, wird es daher keine Modernisierung geben und schon gar keinen Abriß mit anschließendem Neubau. **Bei einer Genossenschaft bestimmen die Mitglieder ob und wann modernisiert wird und solange sie sich wohl fühlen, solange der Gebrauchswert stimmt, bleibt alles wie es ist, auch die Mieten.**

Kein Sozialer Verschleiß

Höhere Fluktuation und die Vermietungspolitik von Wohnungsbaugesellschaften führen bei älteren Wohnanlagen zu einer Umschichtung der Bewohnerstruktur. Mit zunehmendem Alter der Anlagen und einem vergleichsweise immer schlechter werdenden Ausstattungsstandard, kommt es zu einer Zunahme sozial schwacher Mieter. Dabei kann man feststellen, daß sich diese nicht so mit der Siedlung verbunden fühlen, wie ihre Vormieter. Durch die momentane Praxis der direkten Belegung durch das Wohnungsamt, gilt dies für unsere Wohnungen im besonderen Maße. In der Folge ziehen alte Mieter aus der Siedlung fort, nicht weil sie mit der Wohnung unzufrieden sind, sondern weil sich der Charakter der Siedlung geändert hat. Der soziale Verschleiß tritt ein dem meist der bauliche Verschleiß folgt, bis hin zur Sanierungsbedürftigkeit. **Die Bewohnerfluktuation ist bei Genossenschaften bekanntermaßen niedrig. Selbstbestimmung und Selbstverantwortung garantieren den Erhalt der Siedlungen in ihrer jetzigen Form und Zustand.**

Mitwirkung bei der Bewohnerauswahl

Auch die Genossenschaft räumt der Stadt für einen Teil der Wohnungen ein unmittelbares Belegungsrecht ein. Doch bei mindestens 25 % der Wohnungen hat die Genossenschaft die Möglichkeit, sich unter drei vom Wohnungsamt vorgeschlagenen Bewerbern einen auszusuchen. Kommt keiner der drei in Fragem, muß das Wohnungsamt erneut einen "Dreiervorschlag" machen. Bei weiteren mindestens 15 % der Wohnungen können Bewerber berücksichtigt werden, die sich direkt an die Genossenschaft wenden.

Für das Haus am Ferdinand-Miller-Platz streben wir einen Vergabeschlüssel von Direktbelegung mit städtischen Angestellten, Belegung innerhalb der Grenzen des § 25 II.WoBauG. durch die Genossenschaft und Belegung ohne Bindung durch die Genossenschaft zu je einem Drittel an. Die Auswahl der späteren Bewohner erfolgt durch einen Vergabeausschuß, der nach Kriterien entscheidet, die von der Genossenschaftsversammlung beschlossen werden.

Nur in einer Genossenschaft gibt es die Möglichkeit mitzuentscheiden wer der neue Nachbar wird. Belegungsrechte für die Stadt sind notwendig, doch nur mit der Genossenschaft zusammen kann das Ziel sozialer Integration erreicht werden.

Selbsthilfe hilft Kosten sparen

Bei unseren Berechnungen gehen wir von einer geringfügigen Entlastung der Verwaltung durch die ehrenamtliche Tätigkeit der Mitglieder aus. Darüber hinaus können durch einzelne Selbsthilfeaktionen Kosten gespart werden, die sonst das Buget belasten würden.

Die Mitwirkungsbereitschaft unserer Mitglieder gibt uns die Sicherheit auch bei geringen Rücklagen den Unterhalt unserer Häuser zu gewährleisten ohne die Miete zu erhöhen.

Gemeinsam Handeln

Gemeinsames Handeln macht nicht nur stark, sondern schafft auch ein anderes Lebensgefühl. Durch gemeinsames Entscheiden und Verantworten lernt man den Nachbarn kennen und die Anonymität der Großstadt kann für den Bereich der Wohnung überwunden werden. Eine Chance bietet sich dabei besonders auch für Alleinstehende und ältere Menschen.

Eine funktionierende Nachbarschaft hebt den Wohnwert mehr als Quadratmeter und Ausstattung.

Soziale Dienste

Die Gründung unserer Genossenschaft war ein Schritt für die Mieter ihre Belange in die eigenen Hände zu nehmen. In der Tradition der Genossenschaften kann daraus ein Netz entstehen, das weit über die Wohnungsversorgung hinaus kulturelle und soziale Aufgaben für die Mitglieder erfüllt. Zwei Aspekte erscheinen dabei besonders bemerkenswert.

Durch die Übernahme sozialer Dienste, wie Altenpflege und Krankenbetreuung, durch die Bewohnergemeinschaft wird die Schwelle zur Annahme öffentlicher Fürsorgeleistungen erhöht. Der Umzug in ein Altenheim kann hinausgeschoben oder gar überflüssig werden. In Zeiten zunehmender Freizeit kommt der Wohnung und dem Wohnumfeld als Bereich für Selbstbestätigung und Erfüllung wachsende Bedeutung zu.

Genossenschaft ist mehr als preiswert Wohnen. Die Genossenschaft ist ein Betätigungsfeld für sinnvolles selbstbestimmtes Handeln.

Wechselverhältnis Stadt-Genossenschaft

Mit einem hohem Aufwand an Mitteln hat die Stadt München die 2093 Wohnungen im Jahre 1985 gekauft um die Rechte der Mieter zu wahren. Der Aufwand ist gerechtfertigt, wenn nun mit dieser Lösung auf Dauer niedrige Mieten und Belegungsrechte gewährleist werden. Bedenkt man, daß nach dem Ablauf von 66 Jahren, die gesamten Liegenschaften zum vollen Wert an die Stadt zurückfallen, so ist die Summe der Rückflüsse über diese Zeit weit höher als die investierten 165 Mio DM. (Dies gilt natürlich auch für das Haus am Ferdinand-Miller-Platz.)

Darüber hinaus kann die Genossenschaft die Stadt bei kommunalen Aufgaben entlasten, wie z. B. durch den Aufbau eigener Infrastruktur zur Müllsortierung, Kinderbetreuung und Altenpflege; oder der Stabilisierung des Stadtteils u.s.w.

Eine Genossenschaft ist für die Bewohner, aber auch für die Stadt München die günstigste Trägerform für die ehemaligen Wohnungen der NH. Mit Genossenschaften macht man Wohnpolitik und nicht nur Wohnungspolitik.

4. Die Genossenschaft Sendling, Moosach, Giesing

Mitglieder

Bei der Gründung am 20.12.88 hatte die Genossenschaft 130 Mitglieder. Im Sommer 1990 waren es über 1.500 und heute sind es noch ca. 1250 Mitglieder. Fast die Hälfte (49 %) der Mitglieder sind über 60 Jahre alt. Die ältesten Mitglieder sind bereits 92. Nur 21 % sind jünger als 35 Jahre. Bei den Berufen überwiegen mit 56 % die Rentner, gefolgt von Angestellten (16 %), Arbeitern (11 %) und Hausfrauen (10 %).

Vorstand

Der Vorstand besteht aus 6 Mitgliedern. Je ein Vorstand kommt aus Sendling, Moosach, Giesing und vom Ferdinand-Miller-Platz. Dazu kommen als Fachleute ein Wohnungswirt und ein Architekt.

Aufsichtsrat

Der Aufsichtsrat besteht aus 5 Mitgliedern, neben drei Mitgliedern aus Sendling, Moosach und Giesing vertreten zwei Mitglieder die besonderen Interessen der Anwohner vom Ferdinand-Miller-Platz.

5. Die einzelnen Siedlungen

Baubeschreibung

Sendling
Blockrandbebauung aus den Jahren 1925 - 1930 und ein Apartmenthaus aus dem Jahr 1958 in sehr guter zentrumsnaher Lage. Unmittelbare Nachbarschaft zur Messe und zur Theresienwiese. Der große Teil der 544 Wohnungen wurde 1980/81 durchgreifend modernisiert und instandgesetzt. Der sogenannte grüne Block verfügt lediglich über Ofenheizung und WC, jedoch über keine Bäder.

Moosach
Zeilenbebauung aus den Jahren 1941 - 1943 im Stadtteil Moosach. Die Wohnungen wurden während des Krieges mit einfachen Mitteln für Rüstungsarbeiter erstellt. Die 529 meist kleinen Wohnungen (durchschnittl. 46 qm) verfügen über Einzelöfen, innenliegende WCs, jedoch keine Bäder.

Giesing A

Offene Blockrandbebauung im "Arbeiterviertel" Giesing. Einige der Gebäude wurden bereits während des Krieges begonnen. Die Rohbauten dienten dann als Zwangsarbeiterlager für die nahen AGFA-Werke. Die Fertigstellung erfolgte in den Jahren 1948 - 1952. Ein großer Teil der vorwiegend im Rahmen des Sozialen Wohnungsbau errichteten 734 Wohnungen wurde bereits grundlegend saniert.

Giesing B

Die 221 Wohnungen wurden 1953 in Einfachbauweise als Sozialwohnungen errichtet. Die Ausstattung mit Einzelöfen und freistehenden Wannen mit Kohlebadeöfen entspricht nicht heutigen Standards.

Neuhausen

Das Apartmenthaus am Ferdinand-Miller-Platz wurde 1959 als L-förmige Blockrandbebauung errichtet. Die Lage in dem ruhigen zentrumsnahen Stadtviertel an der St. Benno Kirche ist sehr gut. Der Standard der 65 Apartments mit Aufzug, Zentralheizung, Müllschlucker und Einbauküchen war zur Zeit der Erbauung ungewöhnlich hoch.

In der folgenden Tabelle sind alle wichtigen Daten über die Siedlungsteile und den gesamten Bestand zusammengefasst. Aus den daraus hervorgehenden unterschiedlichen Verhältnissen der Wertanteile zu den jeweiligen Erträgen, haben wir den Schluß gezogen, daß nur die Gründung einer Genossenschaft für alle Siedlungen zusammen eine Genossenschaftslösung ermöglicht.

	Gesamt		Sendling	Giesing A	Giesing B	Moosach	Neuh.
Wohneinheiten (WE)	2.093	WE	544	734	221	529	65
Wohnfläche in m2	109.358	m^2	34.819	38.465	9.491	24.530	2.053
Wohnfl/Wohneinh.	52,2	m^2	64,0	52,4	42,9	46,3	31,6
Gewerbeeinheiten	20	GE	7	6	2	5	0
Nutzfläche in m2	2.596	m^2	931	767	265	633	0
Grundstücksfl. in m2	110.424	m^2	20.776	36.554	12.492	39.607	995
Bodenfl/Wohnfläche	0,99		0,58	0,93	1,28	1,57	0,48
Mieterträge III/88/DM	6.873.060	DM	2.403.288	2.717.932	325.689	1.146.101	280.059
Mietpreis/m2/Monat/DM	5,12	DM	5,60	5,77	2,78	3,78	11,37
Mietpreis/Wohng./DM	267,26	DM	358,40	302,35	119,26	175,47	359,29
Wert in Tsd. DM	200.905	TDM	67.080	77.130	15.370	35.645	5.680

6. Wirtschaftlichkeitsberechnung

Wirtschaftlichkeitsberechnung für die Mietergenossenschaft Sendling, Moosach, Giesing e. G.

Gesamtbestand

Mieterhöhung	13,10 %	
Anzahl Wohnungen	2.093	
Wohnfläche gesamt in m2	109.358	
Verkehrswert nach Gutachten des Komunalreferats vom Juli/89		218.003.000,00
Summe der Einlagen à 2.300 bei 50 % Mitgliedschaft		2.409.250,00
Mieteinnahmen Stand 6/89		7.988.873,00

I. Erträge p.a.

1	Mieteinnahmen Stand 6/89		7.988.873,00
2	zuzügl. Mieterhöhung	13,10 %	1.046.627,46
3	Verwaltungskosten Nichtmitglieder à 70,- DM pro Wohnung		73.185,00
			9.108.685,46

II. Aufwendungen p.a.

1	Erbbauzins zum 1.1.91	2,40 %	5.221.933,00
2	Verwaltungskosten 320,-DM/WE		669.760,00
3	Instandhaltungspauschale in DM/qm 18,00		1.968.444,00
4	Mietausfall	2,00 %	159.777,46
5	Betriebskosten		977.527,00
6	Abschreibung Erwerbsnebenkost.	5,00 %	111.244,00
			9.108.685,46

Anhang

Mietergenossenschaft Sendling, Moosach, Giesing e. G.
Vereinbarung zur Sicherung der Interessen der am Ferdinand-Miller-Platz wohnenden Mitglieder innerhalb der Genossenschaft Sendling, Moosach, Giesing e. G

1 Hausvertrag

Durch die **Einführung eines Hausvertrages** werden über die Nutzungsverträge zwischen Bewohnern und Genossenschaft hinaus die Interessen der Hausgemeinschaft berücksichtigt.
Nach diesem Hausvertrag kommt der **Versammlung der im Haus Ferdinand-Miller-Platz wohnenden Mitglieder** eine besondere Bedeutung zu. Sie beraten und beschließen Auswahlkriterien und Hausordnung.
Ein weiterer Bestandteil des Hausvertrages ist das Recht der Übernahme des Erbbaurechtvertrages durch eine Genossenschaft der Hausbewohner.

2 Ausschüsse

Aus ihrer Mitte wählen sie mindestens **drei Ausschüsse**, die die Verwaltung des Hauses möglichst weitgehend übernehmen:

- einen **Belegungsausschuß**, der nach den beschlossenen Kriterien die Belegung vornimmt. Der Belegungsausschuß ist auch für die im Erbbaurechtsvertrag festgelegte Nachweispflicht gegenüber der LH München zuständig.
- einen **Technischer Ausschuß**, der für alle Fragen des Bauunterhalts, notwendiger Modernisierungen u.s.w. zuständig ist.
- einen **Finanzausschuß**, der für die Verwaltung von Mietnebenkosten wie Instandsetzungsrücklage, Mietausfallwagnis und Betriebskosten zuständig ist. Der Finanzausschuß erarbeitet dabei Vorlagen, die dann vom Vorstand der Genossenschaft in die Mitgliederversammlung eingebracht werden.
  Es ist vorgesehen, die Buchhaltung über ein darauf spezialisiertes Unternehmen abwickeln zu lassen, z. B der Treuhandstelle des Verbandes Bayerischer Wohnungsunternehmen e. V. In diesem Fall übernimmt der Fiananzausschuß notwendige vorbereitende und kontrollierende Maßnahmen.

Weitere Ausschüsse, z. B. für soziale Fragen, können darüber hinaus gebildet werden. Die Mitgliedschaft in mehreren Ausschüssen ist möglich. Jeder Ausschuß besteht aus mindestens drei Mitgliedern.
Der **Vorstand und der Aufsichtsrat** der Genossenschaft haben bei den Ausschüssen **Mitspracherecht.**

4 Miethöhe

Die Frage der **Miethöhe** ist durch den Erbbaurechtsvertrag weitgehend geregelt. Da die Genossenschaft grundsätzlich nach dem Kostenprinzip verfährt, besteht keine Gefahr, daß es hier zu Interessenskonflikten zwischen am Ferdinand-Miller-Platz wohnenden und dort nicht wohnenden Mitgliedern kommt. Da es aber keine Möglichkeit des Haftungsausschlusses gibt, muß aber auf jeden Fall die Mitgliederversammlung der Genossenschaft über diese Frage entscheiden.

5 Vertretung der Bewohner in Vorstand und Aufsichtsrat

Um die Interessensvertretung der Mitglieder vom Ferdinand-Miller-Platz in der Genossenschaft zu gewährleisten, werden entsprechend der bisherigen Praxis dem Vorstand und dem Aufsichtsrat der Genossenschaft je ein Mitglied der verschiedenen Siedlungen angehören.

6 Auseinandersetzung

Im Konfliktfall zwischen Vorstand und Ausschüssen, bzw. der Hausversammlung entscheidet die Generalversammlung der Genossenschaft.
Im Übrigen steht den Bewohnern die Gründung einer eigenen Genossenschaftsgründung und die volle Übernahme des Anwesens offen.

7 Recht der Übernahme des Erbbaurechtvertrages

Grundsätzlich erhalten die Bewohner des Ferdinand-Miller-Platzes das Recht mit einer eigenen neugegründeten Genossenschaft an Stelle der Genossenschaft Sendling-Moosach-Giesing e. G. in den Erbbaurechtsvertrag einzutreten.
Voraussetzung dafür ist, daß mehr als die Hälfte der Hausbewohner Mitglieder sind und die Genossenschaft beim Registergericht eingetragen ist.
Im Falle einer Übertragung des Erbbaurechtes müssen Kosten, die der Genossenschaft Sendling, Moosach, Giesing e. G. während der Laufzeit und bei der erneuten Übertragung entstanden sind oder entstehen, von der neugegründeten Genossenschaft übernommen werden.
Das gleich gilt für Darlehen oder Bürgschaften, die zugunsten des Anwesens Ferdinand-Miller-Platz von der Genossenschaft Sendling-Moosach-Giesing e. G. gewährt wurden. Diese müssen abgelöst werden.
Die Übernahme des Erbbaurechtvertrages ist ganz bewußt nicht nur für den Konfliktfall gedacht und bedarf keiner Begründung. Denkbar sind z. B. Gründe der Praktikabilität oder Veränderungen innerhalb der Genossenschaft Sendling-Moosach-Giesing e. G., die eine Fortführung des Erbbaurechtvertrages untauglich erscheinen lassen.

8 Begründung

Durch das vorgeschlagene Verfahren kann die Genossenschaft Sendling-Moosach-Giesing e. G. ihre Erfahrung bei der Übertragung und beim Aufbau der Verwaltung für den Ferdinand-Miller-Platz einbringen. Ein Zeitverlust und neue Strapazen vor dem Erfolg bleiben erspart. Der Stadtratsbeschluß in seinem Wortlaut umgesetzt. Sollte im Laufe der Zeit die Verwaltung durch eine eigene Genossenschaft vorteilhaft sein, so steht dieser Weg den Bewohnern des Hauses Ferdinand-Miller-Platz offen. Eine Neugründung wäre dann ohne Zeitdruck und mit dem konkreten Hintergrund sicherlich leichter möglich.

München, den 11. April 1991

Ziele und Probleme einer Genossenschaftsgründung - die Genossenschaft der Fritz-Schumacher-Siedlung Langenhorn e. G.

Bernd Brunhöver

Bevor ich über die Gründung unserer Genossenschaft - der Genossenschaft der Fritz-Schumacher-Siedlung Langenhorn e. G. -, die am 16.11.1989 erfolgte, berichte, sei vorab etwas über die Entstehung der Fritz-Schumacher-Siedlung selbst und über die Menschen die dort leben, gesagt.

Durch Fritz Schumacher, Oberbaudirektor der Stadt Hamburg, wurde ab 1919 unsere gleichnamige Siedlung in Langenhorn gebaut. Von den ursprünglich vorgesehenen 840 Wohnungen wurden bis 1921 660 auf ca. 500.000 qm fertiggestellt. Damit war die erste große Stadtrandreihenhaussiedlung in Europa geschaffen. Außerdem war es der erste städtische Wohnungsbau in Hamburg überhaupt. Es handelt sich um 2/3 Reihen- und 1/3 Doppelhäuser von ca. 75 - 80 qm Wohnfläche auf zwei Ebenen mit ca. 750 qm Gartenland. Fritz Schumacher wollte mit dieser Siedlung, die weit außerhalb der Stadt lag - die U-Bahn fuhr 1920 nur bis Ohlsdorf -, Wohnraum für kinderreiche Arbeiterfamilien schaffen. In den Gärten sollten die Bewohner Gemüse anbauen und Kleintiere, wie Hühner, Schweine, Schafe, Kaninchen usw., halten können. Diese Möglichkeit wurde und wird teilweise noch heute reichlich genutzt.

Das Bauen nach dem Krieg war sicherlich schwierig, da das Material knapp und von nicht besonderer Qualität war. Einige der Doppelhäuser sind z.B. aus gepreßtem Heidekraut oder aus Lehm gebaut. In einem Reihenhaus mit 28 Wohnungen sind die Außenwände mit leeren Munitionskisten, die innen und außen mit ca. 5 cm Putz versehen wurden, gebaut worden. Dies macht uns heute natürlich im Bereich der Instandhaltung/-setzung sehr zu schaffen.

Nachdem im April 1920 die ersten Bewohner eingezogen waren, gründeten die Mieter schon im Herbst den Verein Fritz-Schumacher-Siedlung Langenhorn e. V. (FSS). Wir feierten in diesem Sommer unser siebzigjähriges Jubiläum. Diese gut funktionierende Gemeinschaft war auch die Grundlage für die Gründung der Genossenschaft. Schon in den Anfangsjahren wurde - dieses geht aus den alten Vereinszeitungen hervor - die Möglichkeit der Übernahme der Siedlung durch eine Mieter-Genossenschaft diskutiert. Dies wäre auch im Sinne von Fritz Schumacher gewesen. Leider konnte dieser Gedanke damals aus vielen Gründen noch nicht umgesetzt werden.

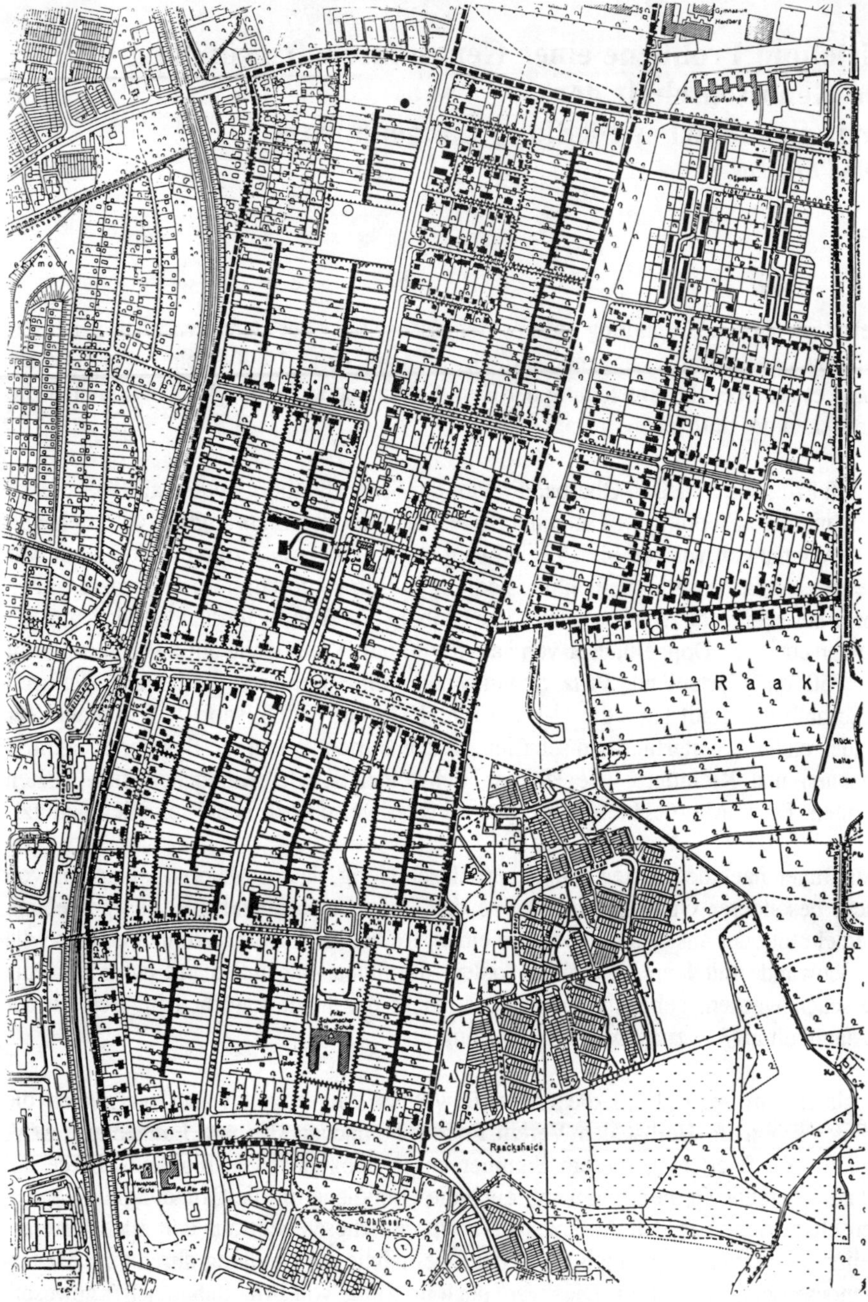

Lageplan Fritz-Schumacher-Siedlung, Langenhorn

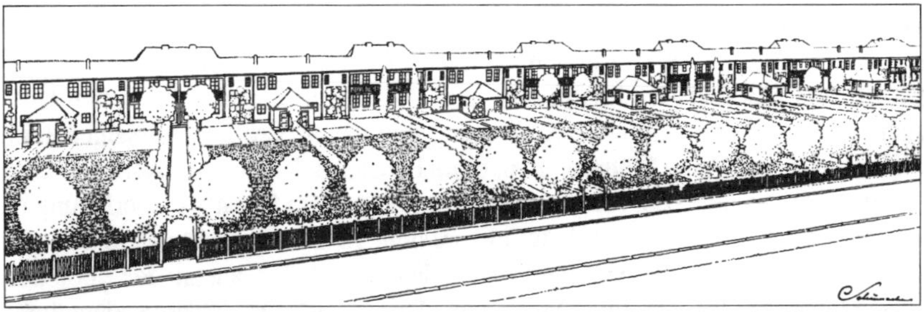

Diese Zeichnung der Reihenhäuser stammt vom Architekten, dessen Namen die Siedlung jetzt trägt: Fritz Schumacher. Hamburgs Oberbaudirektor hat in Hamburg als Stadtplaner und Architekt Hervorragendes geleistet.

Mieter handeln wie Eigentümer Die »Börner« erhielten ihre Siedlung

Bilder aus dem Leben in der Siedlung in den 20er Jahren. Frauen und Mädchen arbeiten in einer provisorischen Nähstube für bedürftige Nachbarn.

Vor 65 Jahren als Provisorium in Langenhorn errichtet Hervorragender Entwurf von Fritz Schumacher

Die Fritz-Schumacher-Siedlung in Langenhorn wird in diesem Jahr 65 Jahre alt. Im April 1920 zogen die ersten Siedler aus der Stadt in ihre gerade fertig gewordenen Häuser ein gutes Stück nördlich des alten Dorfes Langenhorn. Wer heute die Siedlung besucht mit ihren schmucken farbigen Häusern in gepflegten großen Gärten, mit sauberen Straßen und Anlagen, kann sich kaum vorstellen, wie es damals hier ausgesehen hat: Wald, Heide, Moor und ein paar Felder, von wenigen unbefestigten Feldwegen durchzogen. Mit Idealismus und Arbeitseinsatz machten sich die Siedler daran, das Land in nutzbringende Gärten zu verwandeln. Sie nannten sich schon bald „Börner" (plattdeutsch börnen = tränken, Wasser aus dem Born, dem Brunnen, holen). In dem etwa 1700 m langen und 600 m breiten Gelände östlich an der Langenhorner Bahn, die bis Juli 1921 noch mit Dampfzügen betrieben wurde, hatten bis zum Bezug der Siedlung nur drei Familien gewohnt. Günter Wulff, 2. Vorsitzender der Gemeinschaft und pensionierter Lehrer der Albert-Schweitzer-Schule, erforscht die Geschichte der Siedlung und berichtet auf den nächsten beiden Seiten darüber.

Schweine wurden von vielen Siedlern gehalten. Stolz steht der Mäster neben der Prachtsau – die Nachbarn sind schon zum Schlachtfest eingeladen.

Erntefest mit Umzug unter großen Kronen. Damals wurde ein guter Teil der Ernährung im Garten herangezogen.

WIR 9

Quelle: aus der SAGA Zeitung WIR

Die Verwaltung der Siedlung lag in den vielen Jahren in den Händen unterschiedlicher, von der Stadt eingesetzten Verwaltungsgesellschaften, wie z.B. der Freien Stadt GmbH oder der SAGA. An und in den Häusern wurde noch nie viel getan und dies wurde nach dem Krieg (1945) noch schlechter. Das Material war nicht da und Geld war auch knapp. Der Zustand unserer Siedlung und das äußere Bild verschlechterte sich immer mehr. Die Farbe blätterte ab und die Fenster fielen aus den Rahmen. Dies führte Ende der 60er Jahre bei Kommunalpolitikern, und im Senat zu Überlegungen, dieses Wohngebiet zu verdichten bzw. abzureißen. In der Baubehörde und in der Bezirksversammlung lagen Bebauungspläne in den Schubladen, anstatt der 2.000 dort lebenden Menschen 20.000 unterzubringen. Dieses brachte unseren damaligen Vorstand - den Vorstand der Gemeinschaft der FSS - dazu, uns, die Mieter, zu überzeugen, noch mehr Eigenhilfe zu praktizieren. In den Häusern selbst haben wir schon immer alles selbst gemacht. Da die Wohnungen ohne Bad und Heizung vermietet wurden und werden, haben die meisten von uns sich erst einmal eine Heizung und ein Badezimmer eingebaut. Aber auch die elektrischen Leitungen, die teilweise noch heute ohne Erdung in den sog. Bergmannrohren verlaufen, werden von uns oder auf unsere Kosten verlegt. Die meisten von uns haben gewiß zwischen 30.000 und 50.000 DM in ihre Wohnungen gesteckt, um sie in etwa dem heute üblichen Wohnstandard anzupassen.

Anfang der 70er Jahre haben wir angefangen die Häuser auch außen instandzusetzen; wir haben mit der SAGA vereinbart: Ihr liefert uns Fenster und wir bauen sie ein. Da fast alle Bewohner mitgemacht haben, konnten wir erreichen, daß doppelt soviel geschafft wurde. 1974/75 bekamen wir mit Hilfe des damaligen Senators Jan Ehlers aus Bonn im Rahmen von Konjunkturhilfen Unterstützung für Instandsetzungsmaßnahmen in Höhe von DM 2 Mil. Jan Ehlers hatte sich dafür eingesetzt, daß unsere Siedlung diesen Zuschuß bekommt, da er der Meinung war, daß wir, die Bewohner der Fritz-Schumacher-Siedlung, städtischen Besitz wie Eigentum behandeln. Über diese Aussage sind wir recht stolz. Mit den DM 2 Mil. haben wir übrigens einen großen Teil der Dächer neu decken lassen. Im Laufe der Jahre hatten wir bewiesen, daß Jan Ehlers Recht hatte. Auch die SAGA erkannte das an. Unser Vorstand erreichte, daß mit der Verwaltungsgesellschaft, der SAGA, eine Mitbestimmungsvereinbarung ausgehandelt wurde, d. h. wir, die Gemeinschaft der FSS bestimmten mit, welche Instandsetzungsmaßnahmen durchgeführt werden sollten. Außerdem erreichten wir, daß nicht die üblichen 35 bis 38 %, sondern 65 % der Grundmiete in die Instandsetzung/-haltung gingen. Dieses alles konnte nur erreicht werden, weil wir seit 70 Jahren eine gut funktionierende und aktive Gemeinschaft haben, in der viele bereit sind mit anzupacken. In unserer Gemeinschaft (Verein) haben wir viele Ausschüsse, wie den Bauausschuß (befaßt sich mit Instandsetzung - übrigens auch heute noch und in Zusammenarbeit mit der Genossenschaft), Gartenausschuß, Festausschuß, Presseausschuß (wir haben eine eigene Zeitung "De Borner"), eine Speeldeel (eine Laienspielgruppe). Wenn wir für die Aktiven eine Weihnachtsfeier ausrichten, laden wir mehr als 120 Personen ein.

Ich habe dies eine wenig ausführlicher dargestellt, da nach unserer Meinung die Gründung der Genossenschaft nur möglich war, weil die Gemeinschaft der FSS mit ihren vielen aktiven Mitarbeitern das Fundament bildete.

Warum und auf welche Weise ist es zur Gründung unserer Genossenschaft gekommen?

1987/88 fing die Stadt an, alle möglichen Liegenschaften zu verkaufen. Es war die Rede vom Sprinkenhof, vom Gebäude der Finanzbehörde am Gänsemarkt, selbst die Speicherstadt sollte verkauft werden. Dann kam hinzu, daß wir Anfang 1988 eine Mieterhöhung von ca. 20 % erhielten und zwar auf Weisung des Senats. Unter dem Aspekt, daß wir sehr viel an den Wohnungen selbst machen, mußten wir befürchten, daß die Bereitschaft der Bewohner zur Eigenleistung nachlassen würde.

Auf einer Mitgliederversammlung der Gemeinschaft der FSS im Februar 1988 brachten wir, d. h. der damalige Vorstand, dieses Thema zur Sprache. Wir wurden - auf einen entsprechenden Antrag hin - beauftragt, mit der SAGA wegen der Mieterhöhung zu verhandeln und auch Gespräche mit verantwortlichen Politikern zu führen. Die Verhandlungen mit der SAGA brachten nichts. Das Gespräch mit der Politik kam wegen einer Regierungsumbildung erst im Dezember 1988 zustande. Inzwischen war aber der Gedanke, unsere Siedlung in Selbstverwaltung zu übernehmen, in den Köpfen, wenn auch noch unklar, schon geboren. Von der Politik hatten wir den Aufsichtsratsvorsitzenden der SAGA, Bausenator Eugen Wagner, zu einen Gespräch eingeladen. Bei einem Rundgang zeigten wir ihm die Siedlung und besichtigten auch einige Wohnungen, natürlich hübsch renovierte, aber auch solche im Urzustand. In einem anschließenden Gespräch in unserem Siedlerheim haben wir dem Senator zu verstehen gegeben, daß wir uns mit dem Gedanken befassen, die Siedlung selbst zu verwalten, möglicherweise in Form einer Genossenschaft. Senator Wagner fand die Idee sehr gut und sagte Unterstützung zu. Dann tat sich erst einmal bis zum März 1989 nichts mehr. Aber wir waren hartnäckig. Da unsere nächste Mitgliederversammlung anstand, habe ich nochmals bei dem persönlichen Referenten des Bausenators nachgefragt, wie die SPD-Regierung nun zu dem Gedanken der Selbstverwaltung, möglicherweise durch eine Genossenschaft, stünde. Wir würden das Thema auf jeden Fall behandeln und in die Öffentlichkeit bringen. Ich will es kurz machen; zwei Tage vor unserer Mitgliederversammlung kam am 14.3.89 der Finanzsenator Krupp in unsere Siedlung, auch die Presse war vertreten. Er sah sich die Siedlung an und führte mit uns, d. h. mit dem Vorstand der Gemeinschaft der FSS ein Gespräch über eine mögliche Selbstverwaltung der Siedlung durch die

Bewohner. Er bot uns an, mit den zuständigen Beamten der Liegenschaftsverwaltung aus der Finanzbehörde Gespräche zu führen. Dieses Angebot haben wir dankend angenommen. Die Finanzbehörde gab über das Ergebnis eine Presseerklärung heraus.

Bevor wir die Gespräche mit der Liegenschaft begannen, haben wir uns mit einem kleinen Kreis interessierter Bewohner getroffen und versucht, ein für uns passendes Modell einer Selbstverwaltung zu finden. Dieses war gar nicht so einfach, denn wir hatten alle wenig Ahnung und zunächst auch unterschiedliche Interessen.

Wir rechneten verschiedene Modelle und Möglichkeiten durch, immer unter dem Aspekt, daß wir die soziale Struktur unserer Siedlung erhalten wollten, d. h., koin Bewohner sollte wegen zu geringen Kapitalbesitzes oder wegen zu hoher Mieten ausziehen müssen. Am verlockendsten war sicherlich die Idee, die Siedlung mit Grundstücken und Gebäuden zu kaufen oder in Erbpacht zu übernehmen. Beim Durchrechnen wurde aber schnell deutlich, daß viele das nicht finanzieren können. 40 % der Bewohner hätte keine Schwierigkeiten gehabt, 30 % hätte es mit ein wenig Mühe geschafft, aber 30 % hätte sich dies nicht leisten können. Dies wollten wir auf keinen Fall. Also mußten wir uns etwas anderes einfallen lassen. Uns kam die Idee, die Siedlung durch eine Verwaltungsgenossenschaft von der Stadt zu mieten. Aber konnte das funktionieren, gab es so ein Modell schon? Es gab es noch nicht. Also mußten wir uns schlau machen. Über den ehem. Bürgermeister Hans-Ulrich Klose haben wir Kontakt zum Verein zur Förderung des Genossenschaftsgedankens bekommen. Jens Heiser, Vorstandvorsitzender der Baugenossenschaft Dennerstr. e. G., hat uns dankenswerterweise sehr geduldig und ausführlich beraten und auch mit Fiete Geick von der Gartenstadt Farmsen, die ja auch eine Genossenschaft gründen wollen, haben wir Gespräche geführt. Juristisch ließen wir uns von Herrn Maas, dem Justitiar vom Verband Norddeutscher Wohnungsunternehmen unterstützen. Während der ganzen Zeit verhandelten wir bereits sehr intensiv mit der uns sehr wohlgesonnenen Liegenschaftsverwaltung. Für alle Beteiligten war der Prozeß sehr schwierig, da es das Modell der Verwaltungsgenossenschaft bisher in Hamburg und wohl auch in der übrigen Bundesrepublik nicht gab. Trotzdem haben wir dann als Ergebnis der Verhandlungen bereits im September 1989 ein konkretes schriftliches Angebot mit Eckdaten von Senator Krupp erhalten. Folgende Einzelheiten waren erarbeitet worden:

1. Der Mietvertrag läuft über 30 Jahre mit einer Option auf weitere 10 Jahre.
2. Die Stadt erhält 25 % der Grundmiete als Miete.
3. 65 % der Grundmiete sind für Instandsetzung/-haltung vorgesehen.
4. Für Eigenleistungen werden 15 % von einer noch auszuhandelnden Mietenspiegelmiete in Abzug gebracht.
5. Die Genossenschaft verpflichtet sich, die soziale Struktur der Siedlung zu erhalten.

6. Die Genossenschaft hat sicherzustellen, daß die Siedlung im Sinne Fritz Schumachers erhalten wird und daß die Gestaltungsregeln Gültikgeit behalten. (Gestaltungsregeln wurden mit dem Denkmalschutzamt und der SAGA anstatt eines "richtigen" Denkmalschutzes, der nicht finanzierbar war, ausgehandelt, sie regeln die äußeren Veränderungen der Siedlung.)

Dieses Schreiben des Senator, unsere Erläuterungen sowie Begründungen für die Gründung einer Genossenschaft und einem Papier, was alles jeden Einzelnen kosten würde, wurde mit einer Einladung zu einer außerordentlichen Mitgliederversammlung an alle Mitglieder der Gemeinschaft der FSS Langenhorn e. V. geschickt (s. Anlage).

Die Resonanz war riesig. Zu der Versammlung am 31.10.1989 kamen weit über 500 Personen, bei normalen Mitgliederversammlungen kommen meistens weniger als 250. Wir informierten die Versammlung nochmals sehr ausführlich über alle Hintergründe und hatten anschließend eine sehr lebhafte aber sachliche Diskussion. Viele Fragen wurden gestellt und beantwortet und Unsicherheiten ausdiskutiert. Zum Schluß wurde der Antrag gegen 5 Nein-Stimmen und 14 Enthaltungen angenommen, wonach der Vorstand zu einer Versammlung zur Gründung einer Genossenschaft einladen soll. 78 Teilnehmer haben sich spontan in eine Liste eingetragen und erklärt, an der Gründungsversammlung teilzunehmen. Diese Gründungsversammlung fand am 16.11.1989, also nur 7 Monate nach dem Gespräch mit Senator Krupp statt. Die inzwischen im kleinen Kreis formulierte Satzung wurde diskutiert, in eine endgültige Fassung gebracht und einstimmig angenommen Die Organe einer Genossenschaft, wie Vorstand und Aufsichtsrat, wurden gewählt. Damit war die neugegründete "Genossenschaft der Fritz-Schumacher-Siedlung Langenhorn i. G." arbeitsfähig. Nachdem wir die üblichen Unterlagen nebst einem Konzept über unsere geplante Tätigkeit beim Prüfungsverband eingereicht hatten, gingen wir in die Verhandlungen mit der Liegenschaftsverwaltung über die endgültige Formulierung des Mietvertrages. Wie bereits gesagt, erhält die Stadt 25 % der Grundmiete als Miete, 65 % gehen in die Instandsetzung/haltung, 8 % stehen für die Verwaltung zur Verfügung und 2 % sind als Mietausfallwagnis vorgesehen. Am 10. April 1990 haben wir den Vertrag mit der Stadt unterschrieben, am 17. April 1990 ist die Genossenschaft in das Genossenschaftsregister eingetragen, seitdem sind wir "e. G." und am 1. Mai 1990 haben wir die Verwaltung unserer Siedlung von der SAGA übernommen. Sie wird von einem dreiköpfigen, ehrenamtlich arbeitenden Vorstand durchgeführt. Im Büro sind eine Büroleiterin und eine Halbtagskraft tätig. Unterstützt werden sie von unserer "Renten-Gang". Das sind Handwerker im Ruhestand (Klempner, Maurer, Tischler, Schlosser), die in der Siedlung wohnen und auf 470-DM-Basis Kleinreparaturen machen, Arbeiten und Rechnungen von Handwerksfirmen kontrollieren usw. Dies funktioniert ausgezeichnet. Vor allem sind die Mieter sehr zufrieden, da heute vieles viel prompter und besser erledigt wird. Auch wenn wir als ehrenamtliche Vorstandsmitlgieder in der Gründungsphase und jetzt auch durch den Geschäftsbetrieb sehr viel Arbeit haben und unsere Familien viel Geduld aufbringen müssen, kann man jetzt schon nach 6 Monaten sagen, diese Arbeit hat sich gelohnt. Um es noch einmal deutlich zu machen: Die Gründung der Genossenschaft konnte nur so reibungslos und schnell umgesetzt werden, weil wir seit 70 Jahren eine hervorragend funktionierende Gemeinschaft haben, in der fast alle Bewohner Mitglieder sind. Und das ist sicherlich auch der Grund dafür, daß bereits 96 % der Bewohner unserer Siedlung Mitglied in der "Genossenschaft der Fritz-Schumacher-Siedlung Langenhorn e. G." sind.

Behutsame und ökologische Sanierung, Mieterselbstverwaltung und intermediäre Organisationen - das Erhaltungskonzept für die Falkenried-Terrassen in Hamburg

Manuel Osório

1. Geschichte

Die Falkenried-Terrassen sind ein kleines Arbeiterquartier, das zwischen 1890 und 1903 entstand. Der Begriff Terrasse stammt aus dem Englischen und bezeichnet eine für Hamburg typische Bauweise für Arbeiterwohnviertel in der zweiten Hälfte des letzten Jahrhunderts. Es handelt sich um drei- bis viergeschossige Häuserzeilen, an deren Ende ein Vorderhaus mit fünf bis sieben Stockwerken steht. Zwischen den Zeilen befindet sich ein Weg, auf dem in der Regel keine Autos verkehren. Die Falkenried-Terrassen bestehen aus fünf solcher Doppelzeilen mit acht oder neun Häusern und einem kleinen Anhängsel, dem sogenannten Halbmond. Gegenüber der Terrassenanlage liegen die zur gleichen Zeit errichteten Fahrzeugwerkstätten Falkenried (früher Straßen-Eisenbahn-Gesellschaft), für deren Beschäftigte die Falkenried-Terrassen nahegelegenen Wohnraum boten.

Die Falkenried-Terrassen sehen auf eine lange Tradition von Wohnungskämpfen zurück. Bereits 1923 entstand in dem von SPD- und KPD-organisierten Arbeitern geprägten Viertel eine Mieterinitiative, die sich gegen den Verfall der Häuser zur Wehr setzte. Gegen Ende der Weimarer Republik gab es im Falkenried z. T. blutige Zusammenstöße mit Anhängern der Nationalsozialisten. Im zweiten Weltkrieg wurde ein Teil der Terrassen (neun Häuser) zerstört. Über die Zeit zwischen 1945 und 1960 ist nicht allzuviel bekannt[1].

1960 gehörten die Falkenried-Terrassen zwölf verschiedenen Eigentümern, die ihre Häuser sehr unterschiedlich instandhielten. Es ist zu vermuten, daß der Zustand der Häuser im Durchschnitt bereits damals sehr schlecht war. Mitte der sechziger Jahre geschah dann zweierlei. Zum ersten veränderte sich relativ schnell die Bewohnerstruktur; es zogen ausländische Familien, Studenten, Künstler u. ä. zu. Dies hing eng damit zusammen, daß zum zweiten von der Stadt Abriß- und Neubaupläne im Sinne einer Flächensanierung für das Gebiet entwickelt wurden. Zuerst kaufte die stadteigene Wohnungsbaugesellschaft SAGA, nach 1970 die gewerkschaftseigene Gesellschaft Neue Heimat Häuser in den Terrassen. Da der Abriß der Terrassen festzustehen schien, wurde die Instandhaltung der Häuser vernachlässigt[2].

Holt'op to sabbeln-mokt wat
Keine Verhandlungen mehr!
Jetzt Entscheidung für uns Falkenrieder.

Werdet jetzt Mitglied

Beitrittserklärung

Hiermit erkläre ich meinen Beitritt zur Mietergenossenschaft Falkenried-Terrassen e.G. i. Gr. Die Satzung ist mir bekannt. Der Mindestgeschäftsanteil beträgt lt. Satzung vom 14.4.88 § 17 (2) DM 400,– zuzüglich eines Eintrittsgeldes von DM 50,– (§ 5). Eine Nachschußpflicht ist lt. § 19 der Satzung ausgeschlossen.

Name ______________________

Anschrift ______________________

Hiermit zeichne ich einen Geschäftsanteil von DM ___ und verpflichte mich, die geschuldeten Einzahlungen zu leisten.

Unterschrift ______________________

Datum ______________________

Weitere Informationen (auch über Teilzahlungsmöglichkeiten):
Mietergenossenschaft Falkenried-Terrassen e.G.
Falkenried 34 a, 2000 Hamburg 20, Tel. 040/420 54 21
Mo.–Fr. 10–12 Uhr, Mi. + Do. 18–20 Uhr.

Genossenschafts Info 1

Oktober 1989

Mietergenossenschaft Falkenried-Terrassen

Genossenschafts-**Info**

Es geht voran mit der Genossenschaft!

Ziel der Genossenschaft ist es, die Falkenried-Terrassen als preiswerten Wohnraum zu erhalten, in Selbstverwaltung zu übernehmen und damit vor Abriß und Spekulation zu bewahren!
Vor allem soll den jetzigen Bewohnern ein dauerhaftes Wohnrecht gesichert werden.

Endlich ist nun eine Lösung in Sicht!

In einem internen Papier des Senats vom 7. Juli 89 heißt es:

„Es ist beabsichtigt, die Grunderneuerung mit der Lawaetz-Stiftung als neuer Eigentümerin im Zusammenwirken mit den Bewohnern durchzuführen. Dabei ist die Gründung einer Verwaltungsgenossenschaft durch die Mieter vorgesehen. Mit der Baubetreuung werden alternative Sanierungsträger, insbesondere die Stattbau GmbH betraut".

Sanierungsgelder sind im Haushalt der Freien und Hansestadt Hamburg für 1990 fest eingeplant. Der Haushalt wird im Dezember verabschiedet. Es kommt jetzt also darauf an, die Genossenschaft zu stärken! Je mehr Mitglieder, umso stärker ist unsere Verhandlungsposition gegenüber der Stadt!

Genossenschafts-**Info**

Was bringt mir die Genossenschaft?

Genossenschaft bedeutet Wohnsicherheit!

- Schutz vor Abriß
- Schutz vor Luxusmodernisierung
- Schutz vor Mietwucher

Genossenschaft bedeutet Selbstverwaltung!

- Mitbestimmung bei der Instandsetzung
- Mitbestimmung bei der Verwaltung
- Mitbestimmung bei der Wohnungsvergabe

Die Mietergenossenschaft ist eine kleine überschaubare Verwaltung.
Sie vertritt die Interessen der Mieter direkt vor Ort.

Deshalb werdet jetzt Mitglied in der Mietergenossenschaft Falkenried-Terrassen!

Wir informieren demnächst über:
... wie funktioniert die Genossenschaft?
... was kostet die Genossenschaft?

Genossenschafts - **Info**

Die Mietergenossenschaft Falkenried-Terrassen — eine Selbsthilfe-Initiative der Bewohner

Am 15. April 1988 haben acht Mieter aus den Falkenried Terrassen, die sich seit Jahren für den Erhalt der Häuser engagiert haben, die „Mietergenossenschaft Falkenried-Terrassen" gegründet. Mittlerweile wird sie von 80 Mitgliedern unterstützt.

Wie funktioniert die Genossenschaft?

Der **Aufbau** und die **Organe** einer Genossenschaft sind im **Genossenschaftsgesetz** geregelt. Genossenschaften bestehen aus der **Mitgliederversammlung**, einem **Vorstand** und dem **Aufsichtsrat**.
Zusätzlich beraten und kontrollieren unabhängige Experten des genossenschaftlichen Prüfungsverbandes die Geschäfts- und Finanzpolitik der Genossenschaft. Das Genossenschaftsgesetz schreibt die Mitgliedschaft im Prüfungsverband vor.

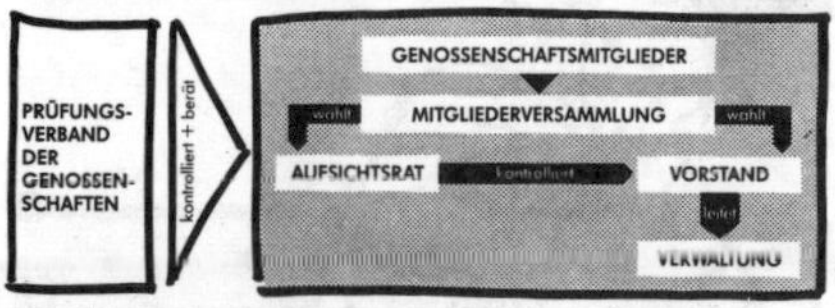

Die Mitgliederversammlung — demokratische Basis der Mietergenossenschaft

Oberstes Organ der Genossenschaft ist die Mitgliederversammlung. In ihr hat jedes Mitglied eine Stimme, unabhängig von der Höhe des Genossenschaftsanteils.
Mitglied der Genossenschaft kann jeder werden, auch Sie. Die Mitgliederversammlung bestimmt und kontrolliert die Geschäftspolitik der Genossenschaft. Sie wählt den Vorstand und den Aufsichtsrat.

Der Vorstand — Leitung und Vertretung der Mietergenossenschaft

Der Vorstand führt die Geschäfte der Genossenschaft entsprechend den Beschlüssen der Mitgliederversammlung. Ihm untersteht die Verwaltung. Er ist der Mitgliederversammlung rechenschaftspflichtig.

Der Aufsichtsrat — oder: Vertrauen ist gut, Kontrolle ist besser

Der Aufsichtsrat unterstützt und kontrolliert laufend die Arbeit des Vorstandes. Damit seine Mitglieder unabhängig sind, dürfen sie weder dem Vorstand angehören, noch Angestellte der Genossenschaft sein.
Mitglieder von Aufsichtsrat und Vorstand können nur Mitglieder der Genossenschaft werden. Zur Verwaltung können auch Fachkräfte von außerhalb der Genossenschaft angestellt werden.
Wesentlich an der Form der Genossenschaft ist, daß sie im Gegensatz zu Kapitalgesellschaften, **nicht profitorientiert** arbeitet, also **alle Überschüsse wieder den Bewohnern und ihren Wohnungen zugute kommen!**

Genossenschafts - **Info**

Es gibt viel zu tun. Packen wir's gemeinsam an!

In den letzten Wochen hat sich für die Falkenried-Terrassen einiges bewegt. Die Mietergenossenschaft arbeitet zur Zeit in enger Zusammenarbeit mit der Mieterinitiative an der politischen Durchsetzung eines mieterfreundlichen Modells zur Erhaltung der Falkenried-terrassen.Unser Modell sieht wie nebenstehend aus:

Auf die Mietergenossenschaft kommen jetzt wichtige Aufgaben zu

Hier nur einige Beispiele:

- Vertragsverhandlungen mit der zukünftigen Eigentümerin und dem Sanierungsträger
- Schrittweise Übernahme der sanierten Wohnungen in die Genossenschaftsverwaltung
- Erarbeitung von Mitbestimmungsregelungen für die Bewohner/innen z.B. bei der Instandsetzung und bei der Neubelegung freiwerdender Wohnungen
- Absicherung sozial verträglicher Mieten

Die beste Garantie für die nachhaltige Wahrung der Mieterinteressen in der Zukunft ist eine starke Mietergenossenschaft

Deshalb werdet *jetzt* Mitglied in der Mietergenossenschaft Falkenried-Terrassen!

Wir informieren demnächst über ... was kostet die Genossenschaft?

Genossenschafts - **Info**

Die Mietergenossenschaft - Verwalterin statt Eigentümerin

Die Mietergenossenschaft hat durch ihr aktives Eintreten für die Erhaltung der Falken ried - Terrassen erreicht, daß die Baubehörde bereit ist, die Verwaltung der Häuser der Mietergenossenschaft zu übergeben. Eine Verwaltungsgenossenschaft hat zwar nicht alle Rechte eines Eigentümers, benötigt dafür aber auch weniger Kapital.
Als Verwalterin wird die Mietergenossenschaft die meisten Aufgaben übernehmen, die bisher die Neue Heimat bzw. die GWG erfüllt hat oder besser erfüllen sollte (wie z.B. die Instandhaltung der Häuser).

Jede Genossenschaft braucht Geld!

Zur Deckung aller entstehenden Kosten (z.B. für Reparaturen und Hausmeister) dient ein Teil der Miete. Zusätzlich benötigt jede Verwaltungsgenossenschaft ein Grundkapital als **Sicherheitsreserve** zur Überbrückung (z.B. bei plötzlich auftretenden Schäden). Dazu dienen die Genossenschaftsanteile der Mitglieder.

Die finanzielle Grundlage der Genossenschaft: Die Geschäftsanteile der Mitglieder

Wer Mitglied in der Genossenschaft werden will, muß sich mit mindestens **vier Geschäftsanteilen à 100 DM** (also 400 DM, gern aber auch mehr) an der Genossenschaft beteiligen. Die Anteile können auch in Raten gezahlt werden. Bis die Genossenschaft ihre Arbeit aufnimmt, werden die Geschäftsanteile auf ein Sperrkonto eingezahlt.
Dazu kommt ein **einmaliges Eintrittsgeld von 50 DM** für entstehende Unkosten (wie z.B. Notargebühren für die Eintragung ins Genossenschaftsregister).

Genossenschafts - **Info**

Wer aus der Genossenschaft austreten will, erhält im Prinzip seine/ihre Geschäftsanteile zurück (je nach finanzieller Lage der Genossenschaft etwas mehr oder weniger, unter Umständen nach einer gewissen Wartezeit). Kein Mitglied ist verpflichtet, über die übernommenen Geschäftsanteile hinaus Zahlungen für die Genossenschaft zu leisten (sogenannter Ausschluß der Nachschußpflicht, in § 19 der Satzung festgelegt).
Bevor die Mietergenossenschaft ihre Arbeit aufnehmen darf, beurteilt der Genossenschaftliche Prüfungsverband insbesondere ihre wirtschaftliche Grundlage. Je stärker die Genossenschaft an Mitgliedern und finanzieller Ausstattung ist, desto besser wird diese Beurteilung ausfallen. Dies ist auch wichtig, um die Stadt zu einer zügigen Durchführung des Plans zur Erhaltung unserer Häuser zu bewegen.

Warum soll ich Mitglied werden?

JedeR, der/die Mitglied der Mietergenossenschaft wird, erhält Einfluß auf deren Entscheidungen, zum Beispiel:

- Durchführung von Instandsetzung und Instandhaltung der Häuser
- Neubelegung von freiwerdenden Wohnungen
- Verwendung von finanziellen Überschüssen

Darüberhinaus steht die Mietergenossenschaft für

- Schutz vor Abriß
- Schutz vor Luxusmodernisierung
- Schutz vor Mietwucher

Deshalb werdet jetzt Mitglied in der Mietergenossenschaft Falkenried-Terrassen!

Genossenschafts - **Info**

Es ist soweit !

Der Hamburger Senat hat am 19. Juni 1990 beschlossen, daß das Genossenschaftsmodell für die Falkenried - Terrassen durchgeführt werden soll.
Dies bedeutet, daß die Wohnungen aus dem Bestand der WVN an die Lawaetz - Stiftung verkauft werden.
Die Lawaetz - Stiftung übergibt dann die Verwaltung an die Mietergenossenschaft.
Zu diesem Zweck muß ein Verwaltungsvertrag ausgehandelt werden.
Außerdem muß die Mietergenossenschaft in Zusammenarbeit mit dem Sanierungsträger „Stattbau" und der Lawaetz - Stiftung die Einzelheiten der Baumaßnahmen zur Grunderneuerung der Häuser festlegen.

Arbeitsgruppen

Die Genossenschaft hat deshalb zur Bearbeitung der verschiedenen Aufgabengebiete 3 Arbeitsgruppen gebildet.
In den AG's sollen Ideen gesammelt und Vorschläge ausgearbeitet werden, die als Grundlage für die anstehenden Entscheidungen dienen.
Folgende Themen werden zur Zeit bearbeitet:

1. Die Arbeitsgruppe **Sanierung** befaßt sich mit allen Fragen, die im Zusammenhang mit der Grunderneuerung stehen, z.B. Aufstellung eines Baumaßnahmenkatalogs, Umfang von Modernisierungsmaßnahmen und Möglichkeiten der Selbsthilfe.

2. Die Arbeitsgruppe **Belegung** prüft, welches Vorgehen bei der Vergabe von Wohnungen durch die Mietergenossenschaft möglich und sinnvoll ist (z.B. § 5 - Schein, Listenverfahren)

3. Die Aufgaben der Arbeitsgruppe **Verwaltung** umfassen alles, was den organisatorischen Aufbau der Mietergenossenschaft betrifft, etwa Personalfragen (Hausmeister, Verwalter), finanzielle Abwicklungen (wie Mieteinnahmen oder Ausgaben für Instandhaltung) und rechtliche Fragen (z.B. Verträge).

Die jeweils nächsten Termine erfragt Ihr bitte im Mieterbüro.

Nur wer mitmacht, kann auch mitbestimmen

In den Arbeitsgruppen haben die Mitglieder der Genossenschaft die Möglichkeit, aktiv die Zukunft der Falkenried - Terrassen in Selbstverwaltung mitzugestalten.
Die Genossenschaft bietet daher jedem/r Mieter/in die Chance, auf Entscheidungen direkten Einfluß zu nehmen.

Deshalb werdet *jetzt*
Mitglied in der Mietergenossenschaft Falkenried-Terrassen !

Werdet jetzt Mitglied

Beitrittserklärung

Hiermit erkläre ich meinen Beitritt zur Mietergenossenschaft Falkenried-Terrassen e.G. i. Gr. Die Satzung ist mir bekannt. Der Mindestgeschäftsanteil beträgt lt. Satzung vom 14.4.88 § 17 (2) DM 400,– zuzüglich eines Eintrittsgeldes von DM 50,– (§ 5).
Eine Nachschußpflicht ist lt. § 19 der Satzung ausgeschlossen.

Name ____________________

Anschrift ____________________

Hiermit zeichne ich einen Geschäftsanteil von DM __ und verpflichte mich, die geschuldeten Einzahlungen zu leisten.

Unterschrift ____________________

Datum ____________________

Weitere Informationen (auch über Teilzahlungsmöglichkeiten):
Mietergenossenschaft Falkenried-Terrassen e.G. i.Gr., Falkenried 34 a, 2 Hamburg 20
Tel. 040/420 54 21, Mo.—Fr. 10—12 Uhr, Mi. + Do. 18—20 Uhr
Bankverbindung :
Hamburger Bank v. 1861 Volksbank eG, Kto-Nr. 599 9600, BLZ 201 900 03

Genossenschafts

August 1990

Info 4

Mitbestimmung

Mietergenossenschaft Falkenried-Terrassen

In dieser Situation entstand 1973 die Mieterinitiative Falkenried-Terrassen. Hauptziel der Mieterinitiative war es, den Abriß der Anlage zu verhindern und eine angemessene Instandsetzung und Instandhaltung der Wohnungen durchzusetzen. Dieses Ziel kennzeichnet die erste Phase des Widerstandes der Mieter im Quartier. Der Widerstand war zumindest teilweise erfolgreich, denn im Laufe der siebziger Jahre erwiesen sich die Abrißpläne als nicht durchsetzbar - sicherlich auch vor dem Hintergrund einer gewandelten städtebaulichen Diskussion in der Bundesrepublik.

Die Neue Heimat hielt dennoch bis in die achtziger Jahre hinein an den Abrißplänen fest, war nicht in der Lage, Alternativen zu entwickeln und konnte weder die Mieten erhöhen noch alle Instandsetzungsforderungen abwehren, so daß die Gesellschaft mit den Falkenried-Terrassen erhebliche Verluste erwirtschaftet haben dürfte. 1986 stand die Neue Heimat vor dem wirtschaftlichen Zusammenbruch. Zur gleichen Zeit erwarb der in Hamburg berüchtigte Spekulant Nelte eine Terrassenzeile von einem privaten Eigentümer, der bis dahin noch nicht an die SAGA oder die Neue Heimat verkauft hatte, und wandelte die Wohnungen in Luxus-Eigentumswohnungen um. Luxusmodernisierung zu verhindern war das Ziel in der zweiten Phase des Widerstandes der Mieter. Die Forderung richtete sich vor allem an die Freie und Hansestadt Hamburg, die die Neue-Heimat-Bestände 1989 aufkaufte.

Auf diese Forderung aufbauend entwickelte die Mieterinitiative in Zusammenarbeit mit interessierten Fachleuten von der TU Hamburg-Harburg Modelle zur Übernahme der Falkenried-Terrassen in Selbstverwaltung durch die Mieter und zu einer behutsamen und ökologischen Sanierung. Dabei beteiligte sich die Mieterinitiative auch am Aufbau des alternativen Sanierungsträgers STATTBAU Hamburg, mit dessen professioneller Hilfe dann wichtige konzeptionelle Grundlagen erarbeitet werden konnten.

Mit öffentlichkeitswirksamen Aktionen und vielen Einzelgesprächen wurde versucht, die Vorstellungen der Bewohner in die Entscheidungsprozesse einzubringen und eine langfristige Lösung im Interesse der Mieter zu erreichen. Die Gründung der Mietergenossenschaft Falkenried-Terrassen im Jahre 1988 markiert eine dritte Phase der Auseinandersetzungen um die Häuser, die über Abwehrkämpfe hinausgeht und in der angestrebt wird, die Gestaltung der Zukunft der Terrassen in die eigenen Hände zu nehmen.

2. Daten

Die Falkenried-Terrassen sind die größte erhaltene Terrassen-Anlage in Hamburg und liegen im Stadtteil Eppendorf. Eppendorf ist eines der attraktivsten zentrumsnahen Gebiete mit vielen Grünflächen und großzügigen Bürgerhäusern, die um die Jahrhundertwende gebaut wurden. Der Stadtteil steht unter einem hohen Aufwertungsdruck, d. h. der Wohnungsbestand wird modernisiert, die Mieten steigen und Mietwohnungen werden in Eigentumswohnungen umgewandelt. Die Falkenried-Terrassen sind einer der wenigen Bereiche, in denen sich einkommensschwache Bevölkerungsgruppen bisher halten konnten.

Insgesamt umfassen die Falkenried-Terrassen ohne die Kopfbauten 76 Häuser mit 456 Zwei-Zimmer-Wohnungen, die alle zwischen 30 und 40 qm groß sind. Die Bewohner sind zu etwa 30 % Immigranten, insbesondere türkischer Herkunft, zu etwa 20 % ältere Menschen und ansonsten Studenten, Künstler, Arbeitslose u. ä.

Jede Terrassenzeile hat eine eigene Ausstrahlung, wobei die besondere Möglichkeit, Distanz und Nähe zu erleben, dem Quartier eine hohe Anziehungskraft verleiht. Überhaupt verbirgt sich hinter dem Eindruck von Gleichförmigkeit, den der erste Blick auf die Anlage hinterläßt, eine erstaunliche Vielfalt von sozialen Milieus, Gebäudetypen, Wohnungsgrundrissen, Ausstattungsmerkmalen usw.

Auch Eigentümer gibt es verschiedene; von den 456 Wohnungen gehören 324 der stadteigenen Neue-Heimat-Übernahmegesellschaft Wohnungsverwaltungsgesellschaft Nord mbH (WVN), 66 der SAGA und 66 mehreren Privateigentümern. Der bauliche Zustand der Neue- Heimat-Bestände ist sehr schlecht. Zentrales Problem ist die Feuchtigkeit, die von den ungenügend isolierten Mauern nach oben steigt oder von schadhaften Dächern nach unten dringt. 17 Wohnungen sind für unbewohnbar erklärt worden und stehen seit mehreren Jahren leer. Die Wohnungen der SAGA sind instandgesetzt, die Wohnungen der Privateigentümer überwiegend modernisiert worden. Die Mieten liegen in den Neue-Heimat-Beständen weit unter dem Mietenspiegel, bei der SAGA im unteren Bereich und bei den modernisierten Wohnungen weit im oberen Bereich.

3. Sanierung, Selbstverwaltung und intermediäre Organisationen

Die aktuell diskutierten Konzepte für den Erhalt der Falkenried-Terrassen stehen vor dem Hintergrund der fast zwanzig Jahre währenden Auseinandersetzungen um das Quartier. Für die Mieterinitiative stehen jetzt zwei Ziele im Vordergrund.

Zum ersten müssen die Häuser endlich saniert werden. Die Sanierung soll aber so behutsam durchgeführt werden, daß die Bewohner nicht verdrängt werden. Das heißt vorallem, die die Mieten nach der Sanierung nicht übermäßig steigen dürfen. Erreicht werden kann dies dadurch, daß die Sanierung auf eine gründliche Instandsetzung der Häuser beschränkt bleibt, komfortsteigernde Modernisierungsmaßnahmen weitgehend vermieden werden und die Selbsthilfebereitschaft der Bewohner aktiviert wird. Darüberhinaus sollen ökologische Aspekte bei der Sanierung berücksichtigt werden.

Zum zweiten sollen die Mieter in der Form der Genossenschaft wesentliche Verfügungsrechte über die Wohnungen erlangen. Damit kann erreicht werden, daß die Wohnungen spekulativen Marktkräften entzogen werden und langfristig preiswerter Wohnraum erhalten wird. Der Erwerb von Verfügungsrechten darf allerdings die finanzielle Leistungsfähigkeit der Bewohner nicht überfordern.

Im Oktober 1990 hat die Bürgerschaft der Freien und Hansestadt ein Konzept für den Erhalt der Falkenried-Terrassen verabschiedet, das weitgehend die Vorstellungen der Mieterinitiative berücksichtigt. Das Modell sieht eine Grunderneuerung der Wohnungen vor, mit der ein Mindestausstattungsstandard für alle Wohnungen erreicht werden soll. Die Grunderneuerung beinhaltet Instandsetzungsmaßnahmen, um die baulichen Mängel (insbesondere Feuchtigkeit in den Wänden) zu beseitigen und die haustechnische Grundausstattung funktionsfähig zu machen, sowie kleine Modernisierungsmaßnahmen (z. B. Doppelglasfenster). Nach der Grunderneuerung soll die Nettokaltmiete auf 5,76 DM pro qm steigen, das entspricht dem Mittelwert des Hamburger Mietenspiegels. Darüberhinaus können die Mieter auf freiwilliger Basis Modernisierungsmaßnahmen durchführen lassen (z. B. Einbau einer Dusche), die dann allerdings die Miete entsprechend erhöhen. Durch Selbsthilfeleistungen kann diese zusätzliche Mieterhöhung begrenzt werden. Die Sanierung des Quartiers soll sich über einen Zeitraum von fünf Jahren erstrecken.

Die Mietergenossenschaft übernimmt am 1. Mai 1991 die Verwaltung der Terrassen-Anlage, gleichzeitig beginnen die Baumaßnahmen. Seit 1987 sind bei der Mieterinitiative bzw. Mietergenossenschaft drei Hauptamtliche auf ABM-Basis beschäftigt, die die notwendigen Vorarbeiten leisten. Eigentümerin der Häuser soll nicht die Genossenschaft, sondern die Johann Daniel Lawaetz-Stiftung werden. Die Lawaetz-Stiftung ist eine staatsnahe, aber relativ unabhängig arbeitende Einrichtung, die vom Hamburger Senat als Vermittlungsinstitution zu Wohngruppen und Alternativbetrieben ins Leben gerufen wurde. Sie ist ebenso wie die zweite beteiligte Institution, die STATTBAU Hamburg Stadtentwicklungsgesellschaft mbH, als alternative Sanierungsträgerin der Freien und Hansestadt anerkannt. STATTBAU Hamburg ist ein wohngruppennaher Träger, der bisher vor allem alternative Wohnprojekte bei der Instandsetzung von Altbauten betreut hat[3].

Diese Konstruktion mit der Mietergenossenschaft und zwei intermediären Organisationen macht auf den ersten Blick einen recht komplizierten Eindruck. Gründe für dieses Modell liegen zum einen darin, daß ein großer Teil der Bewohner wegen seines geringen Einkommens die Mittel nicht aufbringen kann, die notwendig wären, um die Häuser als Genossenschaft zu kaufen. Für eine Verwaltungsgenossenschaft ist erheblich weniger Eigenkapital erforderlich, so daß nur Geschäftsanteile von 400 DM pro Wohnung veranschlagt werden. Zum zweiten bestehen von staatlicher Seite Zweifel, ob bei der heterogenen Zusammensetzung der Bewohner eine Mietergenossenschaft als Eigentümerin ausreichend berechenbar ist.

Die Lawaetz-Stiftung kann als Eigentümerin einen gewissen Einfluß des Staates erhalten; gleichzeitig ist sie als kleine und überschaubare Einrichtung nicht mit den negativen Erfahrungen vorbelastet, die die Mieter in den Falkenried-Terrassen mit dem Großkonzern Neue Heimat gemacht haben. STATTBAU Hamburg genießt seit Jahren das Vertrauen der Mieterinitiative, bringt die notwendigen baufachlichen Erfahrungen mit und hat bereits wichtige Vorarbeiten für das Sanierungskonzept geleistet, so daß es sich anbietet, den alternativen Sanierungsträger als Baubetreuer in der Sanierungsphase heranzuziehen. Als Verwalterin einer kleinen, zusammenhängenden Wohnanlage kann die Mietergenossenschaft schließlich sichern, daß die Sanierung und Instandhaltung der Häuser an den Bedürfnissen der Bewohner orientiert wird, die Selbsthilfepotentiale der Bewohner mobilisiert werden und die Mieten langfristig niedrig bleiben.

In einer optimistischen Vision entspricht das differenzierte Erhaltungsmodell für die Falkenried-Terrassen den differenzierten Problemstellungen in dem Quartier und verspricht eine kostengünstige Sanierung und eine verläßliche Zukunftsperspektive für die Bewohner. Natürlich ist auch eine weniger günstige Entwicklung vorstellbar, bei der die verschiedenen Beteiligten erheblichen Aufwand betreiben müssen, um sich zu koordinieren oder sie sich sogar gegenseitig blockieren. Die bisherigen Gespräche zwischen den intermediären Organisationen und der Mietergenossenschaft haben in einer vertrauensvollen und konstruktiven Atmosphäre stattgefunden. Eine Vielzahl von Details (z. B. in welcher Form die Selbsthilfe der Bewohner einbezogen werden kann oder welche Sanierungsmaßnahmen im einzelnen durchgeführt werden) müssen noch ausgearbeitet werden. Es erscheint aber möglich, diese Fragen so zu klären, daß die Falkenried-Terrassen ein Beispiel dafür werden, daß behutsame Sanierung und Mieterselbstverwaltung auch unter schwierigen Rahmenbedingungen verwirklicht werden können.

Anmerkungen

1 Zur Geschichte der Falkenried-Terrassen siehe ausführlich Anne-Kathrin Rehm: Stadtteil Geschichte. Falkenried. Bewohner erzählen. Hamburg 1980.

2 Zu der Entwicklung in den sechziger Jahren siehe Sabine Schwabroh: Hauswart Gross oder "ich ziehe hier nicht weg!" Fischerhude 1976.

3 Zu STATTBAU Hamburg Stadtentwicklungsgesellschaft mbH und der Johann Daniel Lawaetz-Stiftung siehe ausführlich Manuel Osório: Intermediäre Organisationen. Neue Trägerformen zur Vermittlung zwischen Selbsthilfegruppen und Staat im Bereich Stadterneuerung. Dissertation. Hamburg 1990.

8

Kommunale Wohnungspolitik und Mieterbewegungen

…r der Hohnerkamp-Siedlung zwischen …en-Spekulanten, baulichem Verfall, …ernisierungsabsichten und sicherem Wohnen

…ilfried Lempfuhl

1. Die Hohnerkamp-Siedlung und ihre Bewohner

Die Hohnerkamp-Siedlung wurde in der Zeit von Mai 1953 bis September 1954 nach den Plänen nach den Plänen des Architekten Bernhard Reichow von dem gemeinnützigen Wohnungsunternehmen Neue Heimat frei finanziert erbaut. Die Hohnerkamp-Siedlung ist als Gartenstadt-Siedlung konzipiert worden. Die Bezeichnung Gartenstadt kennzeichnet die starke Durchgrünung der Siedlung, aber nicht etwa das Vorhandensein von Mietergärten. Soweit Erdgeschoßwohnungen Terrassen haben, können sich die Mieter dort ein wenig gärtnerisch betätigen. Die Siedlung liegt nur rund 11 km nördlich des Hamburger Rathauses an der nach Bargteheide führenden Bundesstraße. Die städtebauliche Planung der Siedlung zielte auf Wohnruhe durch Fernhalten des Durchgangsverkehrs. Die Baukörper sind in Grün eingebettet und an einem strukturierten System von Erschließungsstraßen angeordnet. Die Grundstücksflächen je Wohnung bzw. qm-Wohnfläche sollen nach Angaben der Gemeinnützige Wohnungsgesellschaft mbH - GWG - (das ist eine Nachfolgegesellschaft der ehemals im Hamburger Raum ansässigen Neue Heimat-Gesellschaften) drei- bis viermal größer als bei vergleichbaren Objekten sein.[1] Auf einer Grundstücksfläche von insgesamt 249.269 qm sind 1.512 Wohnungen verteilt auf 24 Einfamilienhäuser, 307 Duplexhäuser, 107 3-geschossige Häuser und 9 5- bis 6-geschossige Punkthäuser. Ursprünglich hatte die Siedlung 1.535 Mietwohnungen. Davon sind zwischenzeitlich 23 verkauft worden. Im Durchschnitt entfällt auf jede Wohnung eine Grundstücksfläche von 165 qm.

Die Siedlung ist mit drei unterschiedlichen Haustypen bebaut. Von den 1.512 Wohnungen befinden sich 628 in den Duplex-Häusern, das sind schlichte 2-geschossige Reihenhäuser mit zwei von einander getrennten Wohnungen im Erdgeschoß und im Obergeschoß. 607 Wohnungen liegen in Geschoßhäusern mit drei Wohnebenen und 6 Wohnungen je Aufgang (Etagenhäuser). 277 Wohnungen sind auf die neun Punkthäuser verteilt. Die Netto-Wohnflächen sind für heutige Wohnverhältnisse sehr klein. Bei den meisten Wohnungen liegt die Wohnfläche unter 42 qm.

Gebäudetypen		Wohnungstypen	Nettowohnflächen
24 Einfamilienhäuser	je 4	1/2 Zimmer	84,97 qm
307 Duplex-Häuser	307	2-Zimmer-Wohnungen und	38,11 qm
	307	2 1/2-Zimmer-Wohnungen	41,86 qm
107 3-geschossige Häuser	321	2-Zimmer-Wohnungen	41,14 qm
	267	1 1/2-Zimmer-Wohnungen	39,62 qm
	54	2 1/2-Zimmer-Wohnungen	51,80 qm
9 Punkthäuser	134	1-Zimmer-Wohnungen	30,71 qm
	63	1 1/2-Zimmer-Wohnungen	38,90 qm
	54	2 1/2-Zimmer-Wohnungen	50,47 qm
	8	2 2/2-Zimmer-Wohnungen	75,82 qm
	18	Atelier-Wohnungen (1 Zimmer)	44,10 qm

Die Siedlung ist mit zwei Ladenzeilen für eine wohnungsnahe Versorgung mit den Waren und Dienstleistungen des täglichen Bedarfs ausgestattet. Zur öffentlichen Infrastruktur der Siedlung gehören eine Altentagesstätte und einige Spielplätze. In unmittelbarer Nachbarschaft liegt die Grund-, Haupt- und Realschule Hohnerkamp.

Die Siedlung wurde für Vertriebene aus den Ostgebieten und Hamburger aus den zerbombten Stadtteilen gebaut. Ein großer Teil der Bewohner ist in der Siedlung alt geworden. In die frei gewordenen Wohnungen sind überwiegend jüngere Leute ohne Kinder eingezogen. Entsprechend sind die älteren und die jüngeren Jahrgänge in der Siedlung überrepräsentiert.[2] 1985 lebten in den 1.535 Wohnungen der Siedlung 2.463 Einwohner. Über 50 % der Bewohner mußten 1985 mit einem Brutto-Einkommen von weniger als 2.000 DM auskommen.

Im Gegensatz zu anderen Großsiedlungen in Hamburg stehen bei der Beurteilung der Siedlung durch die Bewohner nicht die Kritik wegen der Mängel im Fordergrund, sondern die Pluspunkte[3]. Hierzu ergibt sich aus der PRISMA-Studie[2] folgendes Bild: 76 % der Bewohner empfinden die Wohnungsgröße als gerade angemessen, 26 % sehen die Miete sogar als günstig an, nur 15 % der Bewohner halten die Miete für zu hoch[4]. Allerdings stellt die PRISMA-Studie auch fest, daß 72 % der Haushalte die unzureichende Bestandspflege des Wohnungsunternehmens durch eigene Investititionen ausgeglichen haben (im Durchschnitt hatten die Bewohner seinerzeit DM 7.500 in ihre Wohnungen investiert, wobei eine große Anzahl über 10.000 DM für die Wohnung aufgewendet hat.[5] Die durchschnittliche Mietbelastung bei langjährigen Bewohnern ist für Großstadtverhältnisse relativ maßvoll und liegt sogar unter der für preisfreien Wohnraum (frei finanzierter Wohnraum) ortsüblichen Vergleichsmiete der Freien und Hansestadt Hamburg.[6] Diesen Pluspunkten stehen nur folgende von den Mietern empfundene Mängel der Wohnungen entgegen: 13 % beklagten Mängel an Fenstern, 12 % finden die Wohnungen feucht oder schlecht isoliert, 11 % beanstanden die schlechte Bauweise bzw. Hellhörigkeit, 10 % beklagten sich über nicht durchgeführte Reparaturen.[7]

2. Mieteraktivitäten in der Siedlung vor dem Hintergrund von Verkaufs- und Privatisierungsabsichten

Die Mieter der Neuen Heimat Nord wurden im Jahr 1974 durch ihr Wohnungsunternehmen wiederholt angeschrieben und über den gesetzlichen Auftrag ihres gemeinnützigen Unternehmens informiert.

Die Neue Heimat definierte ihren Auftrag ganz richtig dahin, Wohnungen zu bauen. Wohnungen, die der Mieter bezahlen kann, Wohnungen aber auch, die ihm das bieten, was er heute von seinem Zuhause an Komfort und Ausstattung verlangen kann, denn der Auftrag der Neuen Heimat lautet: "Wohnungen für alle zu bauen". Ferner hieß es voller Optimismus: "Und wir werden so lange bauen, bis alle Bürger in unserem Lande eine gute, erschwingliche Wohnung haben".

Nur wenige Jahre später wurde auch die Hohnerkamp-Siedlung von der Unruhe um den Niedergang des Neue Heimat-Konzerns ergriffen. Seit 1981 werden die Mieter durch die Absichten des Wohnungsunternehmens, die Wohnungen zu verkaufen, verunsichert. Im Jahr 1983 gründeten die Mieter der Hohnerkamp-Siedlung den "Mieterverein Hohnerkamp-Siedlung e. V.". Dieser Verein löste sich 1988 wieder auf, nachdem der durch die Verkaufsbemühungen ausgelöste Druck nachließ. Die Mieter in der Hohnerkamp-Siedlung konnten mit Erfolg die Teilung des 249.269 qm großen Grundstücks "Hohnerkamp-Siedlung" verhindern. Leider konnten die Mieter aber nicht verhindern, daß Abschlossenheitsbescheinigungen ergingen und Wohnungen 1984 in Eigentumswohnungen umgewandelt wurden. Eine Umwandlung in Eigentumswohnungen kann nur erfolgen, wenn vorher die zuständige Verwaltungsbehörde die Abgeschlossenheit der einzelnen Verwaltungsbehörde die Abgeschlossenheit der einzelnen Wohnungen bescheinigt. Für die Erteilung einer Abgeschlossenheitsbescheinigung genügte seinerzeit noch der Nachweis, daß die Wohnungen die zur Zeit der Errichtung des Gebäudes maßgebenden baulichen Anforderungen erfüllten. Seit dem Urteil des Bayerischen Verwaltungsgerichtshofs vom 8.5.1989 - 2 B 87.01993 - müssen bei Umwandlung von Miet- in Eigentumswohnungen die Wohnungstrennwände und Wohnungstrenndecken den im Zeitpunkt der Erteilung der Abgeschlossenheitsbescheinigung bestehenden bauordnungsrechtlichen Anforderungen entsprechen. Unter diesen Voraussetzungen wären in der

Hohnerkamp-Siedlung sicherlich nicht die 1.535 Wohnungen in Eigentumswohnungen umgewandelt worden.

Großen Anteil hat der Mieterverein Hohnerkamp-Siedlung daran, daß durch die Verordnung über den Bebauungsplan Bramfeld 44 vom 24.02.1987[8] die Hohnerkamp-Siedlung als Erhaltungsgebiet nach § 39 h Absatz 3 Nr. 3 Bundesbaugesetz[9] festgelegt wurde. Durch diese Erhaltungsverordnung wurden Immobilienspekulanten abgeschreckt, weil von nun an jeder Abbruch, jede Änderung und jeder Umbau von baulichen Anlagen unter Genehmigungsvorbehalt stand. Nachdem in den Jahren von 1984 bis April 1989 knapp 30 Wohnungen aus der Hohnerkamp-Siedlung verkauft werden konnten, teilte die Baubehörde den Mietern im April 1989 mit, daß ihre Wohnungen zur Abwicklung des Übernahmekonzeptes der Freien und Hansestadt Hamburg für die Neue Heimat-Wohnungen jetzt zügig verkauft werden sollten.

Der Senat wollte sich bei der Neuen Heimat engagieren, um einen Konkurs des Unternehmens und die damit für den Immobilienmarkt verbundenen Turbulenzen und die für die Mieter gefährliche Spekulation mit ihren Wohnungen zu verhindern. Die Stadt wollte aber nicht alle Wohnungen auf Dauer übernehmen. Dementsprechend wollten die SPD/FDP-Regierungskoalition und der Senat zunächst keine Haushaltsmittel für die Übernahme aller 41.533 Wohnungen der in Hamburg ansässigen Neue Heimat-Gesellschaften einwerben. Von diesem Wohnungsbestand gehörten 27.520 Wohnungen der Neue Heimat-Nord gemeinnützige Wohnungsgesellschaft mbH, Hamburg, (NHN), 9.515 Wohnungen der Nordwestdeutsche Siedlungsgesellschaft mbH gemeinnütziges Wohnungsunternehmen, Hamburg, (NWDS), und 4.998 Wohnungen der BG Immobilien-Gesellschaft mbH, Frankfurt, (BGI), die zum Beteiligungsbereich der gewerkschaftlichen Holding-Gesellschaft BGAG gehört.[10]

Der Senat wollte deshalb 10.077 Wohnungen über die nicht gemeinnützige städtische Wohnungsverwaltungsgesellschaft (WVN) weiterverkaufen. In dem Zusammenhang war es das erklärte Ziel des Senats, den erweiterten städtischen Wohnungsbestand in einem realistischen Zeitraum über dieses Volumen hinaus deutlich zu reduzieren.[11] Der Weiterverkauf sollte ungeachtet des Umstandes erfolgen, daß von den seinerzeit rund 275.000 Sozialwohnungen aufgrund von Rückzahlungen der öffentlichen Mittel bis zum Jahr 1995 nur noch rund 164.000 und bis zum Jahre 2000 sogar noch 100.000 Wohnungen den Preis- und Belegungsbindungen unterliegen.[12] Weiter war dem Senat damals schon bewußt, daß wegen der im Rahmen der Steuerreform vorgenommenen Aufhebung der Wohnungsgemeinnützigkeit sofort die Kostenmiete für jene Wohnungen der gemeinnützigen Wohnungsunternehmen, die den Status "öffentlich gefördert" nicht mehr besitzen, entfällt.[10] Die Wohnungen der Hohnerkamp-Siedlung sollten von der WVN weiterverkauft werden, obwohl die Stadt einen ausreichend großen Wohnungsbestand benötigt, um Versorgungsproblemen entgegenwirken zu können. Eine wirksame soziale Absicherung der von einer Weiterveräußerung durch die WVN betroffenen Mieter sollte dadurch erfolgen, daß insbesondere Weiterverkäufe nur an Mieter, Genossenschaften und gemeinnützige Wohnungsgesellschaften vorgesehen seien.[10]

Die Hohnerkamp-Siedlung brachte sich dann im Jahr 1990 nach Gründung der Mieterinteressengemeinschaft Hohnerkamp mit ihren Aktivitäten zu einer Genossenschaftsgründung ins Gespräch. Nach dem Gesetz ist die Genossenschaft ein Verein mit nicht geschlossener, d. h. freier und wechselnder Mitgliederzahl, dessen Zweck darauf gerichtet ist, "den Erwerb und die Wirtschaft ihrer Mitglieder" (§ 1 Abs. 1 GenG) zu fördern, und der in das Genossenschaftsregister eingetragen werden muß.

Die politischen Rahmenbedingungen für die Gründung von Mietergenossenschaften sahen 1990 in Hamburg nicht ungünstig aus. So enthielt die Koalitionsvereinbarung von SPD und FDP von 1987 zur allgemeinen Wohnungspolitik die Aussage: Die Koalitionspartner werden ein Programm zur Förderung der Gründung von Genossenschaften im Wohnungswesen entwickeln.[13] Die Forderungen des DGB-Kreises zur Wohnraumversorgung in Hamburg aus dem Jahr 1990 enthalten die Aussage: "Die Neugründung von Genossenschaften sollte staatliche Unterstützung finden."[14] Die FDP sah die Gründung von Genossenschaften als den "Königsweg" an und auch die SPD sah in der Bildung weiterer Genossenschaften eine Lösung, wenn die Mieter dazu bereit seien und die Finanzierung gesichert sei.[15] Vertreter der Koalitionsparteien der Hamburger Regierung teilten im Frühjahr und Sommer 1990 der Öffentlichkeit mit, daß sie sich für die Unterstützung einer Mietergenossenschaft in der Hohnerkamp-Siedlung einsetzen.[16] Der wohnungspolitische Sprecher der SPD, Michael Sachs, meinte, daß die von der Stadt geäußerte Bereitschaft, einen Teil ihres Wohnungsbestandes an Mieter zu veräußern, richtig sei. Ferner setzte sich Jens Heiser, geschäftsführendes Vorstandsmitglied der "Baugenossenschaft Dennerstraße - Selbsthilfe e. G." in der SPD mit der Frage der sachlichen und finanziellen Förderung von Genossenschaftsgründungen im vorhandenen städtischen Wohnungsbestand auseinander und schlug eine bessere Kapitalausstattung der WVN vor, um dieses Unternehmen zu einem verantwortungsbewußten kommunalen Vermieter zu machen.[17]

Vor diesem Hintergrund wandte sich der MIETERVEREIN ZU HAMBURG im April 1990 mit dem Aufruf "Wohnungskäufe verhindern - Mietergenossenschaften gründen" nach Rücksprache mit der neuen Mieterinitiative Hohnerkamp an die Bewohner der Hohnerkamp-Siedlung. Diesen Aktivitäten stand der andere große Hamburger Mieterverein "Mieter helfen Mietern" skeptisch gegenüber. In den folgenden Monaten bis in den Spätsommer 1990 hinein beschäftigte das Thema der Genossenschaftsgründung die Mieterinteressengemeinschaft Hohnerkamp, die Neue Heimat-Nachfolgegesellschaften WVN und GWG sowie die Finanz- und die Baubehörde und die politischen Parteien.

Lageplan Gartenstadt Hohnerkamp

Es fanden Gespräche mit den Behörden-Vertretern und den wohnungspolitischen Fachleuten der SPD mit den Miterinitiative statt. In wenigen Tagen sammelte die Mieterinitiative Hohnerkamp spontan 400 Unterschriften in der Siedlung für eine Genossenschaftsgründung. Die Mieter favorisierten eine Verwaltungsgenossenschaft auf Pacht-Basis und wollten erreichen, daß die Mietereinnahmen für die Instandsetzung der Wohnungen verwendet werden. Wie sich die Mieterinitiative mit dem Thema der Genossenschaftsgründung auseinandergesetzt hat, veranschaulichen ihre Flugblätter.

Zwischenzeitlich hatten sich die Mieter der städtischen Wohnungsbestände im Dachverband Hamburger Mieterinitiativen zusammengeschlossen und dafür gesorgt, daß das Thema der Wohnungsverkäufe ständig in den Medien angesprochen und kritisiert wurde. Am 11.07.1990 hat der Senat endlich beschlossen, die Verkaufsbemühungen einzustellen. Danach stellten die Mieterinteressengemeinschaft Hohnerkamp (MIH) und der MIETERVEREIN ZU HAMBURG ihre Bemühungen um eine Genossenschaftsgründung zurück und informierten die Mieter dementsprechend.

Sie verhandelten nun mit der GWG über die Erstellung eines Erneuerungskonzeptes für die Siedlung. Die Baubehörde begrüßte diesen Schritt der Mieter als "positives Echo" und meinte, daß nun den Zeiten der Unsicherheit eine Phase der vertrauensvollen Zusammenarbeit folgen werde.[18] Die Mieterinteressengemeinschaft Hohnerkamp paßte bald ihre Aktivitäten der städtischen Zielsetzung einer Konsolidierung der städtischen Wohnungsbestände an. Die politische Aussage der Baubehörde, daß nach dem Stop des Ausverkaufs der städtischen Bestände automatisch eine Phase der vertrauensvollen Zusammenarbeit zwischen dem Eigentümer der Hohnerkamp-Siedlung und der Mieterinteressengemeinschaft Hohnerkamp folgen werde, wurde schnell von der tristen Alltagswirklichkeit in der Hohnerkamp-Siedlung überholt. Die Verhandlungen zwischen dem Verwalter des Wohnungsunternehmens (GWG) und der MIH über die Verbesserung der Siedlung befinden sich noch nach Monaten im Anfangsstadium, weil von dem Wohnungsunternehmen (mit einem Investitionsvolumen von 66 Mio. DM, auf der Basis der heutigen Baupreise) immer noch nach sozial verträglichen Umsetzungsmöglichkeiten gesucht wird. So hat das Wohnungsunternehmen sein zunächst im November 1990 auf einer Mieterversammlung einer breiten Öffentlichkeit vorgestelltes Konzept zurückgezogen, welches Mietsteigerungen bis zu DM 5,79 pro qm Wohnfläche monatlich (für die Punkthäuser) und Kaltmieten bis zu DM 15,45 pro qm Wohnfläche monatlich vorsah. Das Wohnungsunternehmen muß seinen Zeitplan für die Durchführung der Erneuerungsmaßnahmen wegen der in den meisten Wohnungen vorhandenen (mietereigenen!) Nachtstromspeicherheizungen noch einmal überarbeiten, da diese so schnell wie möglich im Hinblick auf die Asbestgefahr ausgetauscht werden müssen.

So werden jetzt wieder von Außenstehenden (z. B. von der Wandsbeker CDU, die die politische Mehrheit im Bezirk hat) empfohlen, die Mieter sollen die Genossenschaftsgründung weiter betreiben. Diesen Ratschlägen steht aber die MIH skeptisch gegenüber, weil der Senat der Freien Hansestadt Hamburg und die stärkste Partei, die SPD, seit dem Verkaufsstop-Beschluß im Juli 1990 Genossenschaftsgründungen im Bestand der städtischen Wohnungsunternehmen ablehnen und darum zur Zeit keine staatliche Unterstützung für eine Gründung von Mietergenossenschaften in der Hohnerkamp-Siedlung erreichbar ist.

3. Die Arbeit der Mieterinteressengemeinschaft Hohnerkamp-Siedlung zwischen Erhaltung preiswerten Wohnraums, Modernisierungsabsichten und sicherem Wohnen

Die Mieter der Hohnerkamp-Siedlung identifizieren sich in besonderem Maße mit ihrer Siedlung und sind auch untereinander sozial verbunden. Ein hoher Anteil der Bewohner ist nach den Untersuchungen der PRISMA-Studie auf preiswerten Wohnraum angewiesen und dementsprechend seit Jahren zur Verhinderung der Wohnraumverkäufe politisch aktiv gewesen. Nach dem Verkaufsstop-Beschluß des Senats stellte sich die Mietervertretung auf die geänderte politische Situation ein. Das Augenmerk der Mieter richtet sich nun im besonderen Maße auf das Ziel der Erhaltung preiswerten Wohnraums, weil sich seit dem Fortfall der Kostenmiete der freie Wohnungsmarkt in der Hohnerkamp-Siedlung bei Neuvermietungen und auch bei den Mieten nach einer Modernisierung auszuwirken beginnt. Die Mieten für frei werdende Wohnungen liegen in der Hohnerkamp-Siedlung bereits deutlich über der Mietobergrenze im öffentlich geförderten Wohnungsbau. Diese liegt in Hamburg für Wohnungen der Baujahrgänge bis zum 31.12.1964 bei einer Ausstattung mit Bad oder Zentralheizung bei DM 7,40 pro qm Wohnfläche monatlich brutto-kalt und für Neubausozialwohnungen bei DM 8,60 pro qm Wohnfläche monatlich brutto-kalt.

Demgegenüber werden in der Hohnerkamp-Siedlung bei Neuvermietungen Brutto-Kaltmieten zwischen DM 9,25 pro qm für die Punkthäuser und DM 11,60 pro qm für die Etagenhäuser verlangt.

Der Senat der Freien und Hansestadt Hamburg wird eingreifen müssen, damit die Mieten in der Hohnerkamp-Siedlung auch nach einer umfassenden Grunderneuerung der Häuser sozial verträglich bleiben. Mit den vorhandenen mietpolitischen Instrumenten lassen sich nach einer umfassenden Grunderneuerung der Häuser in der Hohnerkamp-Siedlung keine sozial verträglichen Mieten erreichen: Für die frei finanzierten Wohnungen gibt es keine umfassenden Förderungsprogramme; das Wohnungsunternehmen ist von sich aus schon gar nicht in der Lage, entsprechende Mietverzichte vorzunehmen.

Baujahrgänge	Brutto-Kalt-Mieten*)	
	mit Bad und Sammelheizung DM/m²/Mon.	mit Bad oder Sammelheizung DM/m²/Mon.
bis 31.12.1964	8,00	7,40
1.1.1965 - 30.6.1970	8,20	7,40
ab 1.7.1970	8,60	7,40

Mietobergrenzen im öffentlich geförderten Wohnungsbau.
(* Für Fehlbeleger kommen noch 2,00 DM pro qm monatlich hinzu.)

Die mietpolitische Zielsetzung der Erreichung sozial verträglicher Mieten nach einer Grunderneuerung der Häuser hatte bei den Mietern schon Priorität, als die Überlegungen zu einer Genossenschaftsgründung angestellt wurden. Jetzt lautet die politische Forderung der Mieterinteressengemeinschaft Hohnerkamp: Die Mietobergrenze im öffentlich geförderten Wohnungsbau soll nach einer umfassenden Grunderneuerung in der Hohnerkamp-Siedlung eingeführt werden.

Bei einer öffentlichen Förderung der Modernisierung und Instandsetzung der Häuser ergeben sich für den Haushalt der Freien und Hansestadt Hamburg deutlich geringere Belastungen als für den Neubau von Sozialwohnungen. Nach dem Konzept der GWG soll für eine umfassende Grunderneuerung (Instandsetzung und Modernisierung) nämlich im Durchschnitt nur DM 39.507 pro Wohnung bzw. DM 964 pro qm Wohnfläche aufgewendet werden.[19] Für den Bau von Sozialwohnungen sind die Gesamtkosten je qm Wohnfläche von DM 2.415 im Jahr 1987 über DM 2.833 im Jahr 1990 auf DM 3.060 im ersten Quartal 1991 gestiegen.[20] Dementsprechend liegen heute die Neubaukosten für eine ca. 40 qm große Sozialwohnung weit über DM

120.000. Der Einsatz von öffentlichen Mitteln in der Hohnerkamp-Siedlung rechtfertigt sich auch dadurch, daß durch die Einführung einer Mietobergrenze eine Verdrängung von einkommensschwachen Mietern in knappe und teure Neuwohn--Sozialwohnungen verhindert werden kann. Das gilt selbstverständlich unabhängig davon, ob die Wohnungen der Hohnerkamp-Siedlung durch eine Mietergenossenschaft oder durch ein kommunales Wohnungsunternehmen verwaltet werden. So wurde denn auch bei den Überlegungen zur Gründung einer Mietergenossenschaft bereits der Ankauf von Mietpreisbindungen für die Hohnerkamp-Siedlung - allerdings ohne Vorlage eines konkreten Rechenmodells und somit auch ohne Ergebnis - angesprochen.

Die im kommunalen Wohnungsbestand neu gegründete "Mietergenossenschaft Gartenstadt Farmsen" hat jetzt ein derartiges System von Belegungs- und Mietpreisbindungen mit der Stadt vereinbart.[21] Die Einführung einer Mietpreisbindung für die Hohnerkamp-Siedlung stellt eine sinnvolle Ergänzung des für die Siedlung durch die Verordnung über den Bebauungsplan Bramfeld 44 vom 24.02.1987 hergestellten sozialen Milieuschutzes dar. Mit dem Bebauungsplan Bramfeld 44 soll die städtebauliche Konzeption der Gartenstadt-Siedlung gesichert und sollen die Mieter von einer Verdrängung durch Mieterhöhungen nach einer Verbesserung des Wohnwerts der Wohnungen geschützt werden. Hier greift § 39 h Absatz 3 Nr. 3 Bundesbaugesetz als mögliche Sperre für Modernisierungen der Mietwohnungen ein.

Der Anwendungsbereich der Erhaltungsverordnung für die Hohnerkamp-Siedlung erstreckt sich auch auf die nach der Baufreistellungsverordnung vom 20.09.1983 (Hamburgisches Gesetz- und Verordnungsblatt S. 221) genehnmigungsfreien Anlagen.

Die Einführung einer Mietobergrenze nach einer Grunderneuerung der Wohnungen in der Hohnerkamp-Siedlung würde helfen, den Streit über die Geltung der Erhaltungsverordnung zu vermeiden und sozusagen für die Durchführung der Modernisierungsarbeiten "grünes Licht" geben. Andernfalls stellt sich nämlich die Frage, ob die umfangreichen Modernisierungen wegen der damit verbundenen Mietpreissteigerung um bis zu DM 5,79 pro qm Wohnfläche monatlich (nach dem bisherigen Konzept der GWG) an der Erhaltungsverordnung scheitern könnten. Eine Festschreibung der Mieten in der Hohnerkamp-Siedlung nach der fälligen Grunderneuerung rechtfertigt sich einerseits aus dem Versorgungsauftrag des Senats für einkommensschwache Bevölkerungsteile und andererseits aus besonderen städtebaulichen Gründen im Sinne des § 39 h Absatz 3 Nr. 3 Bundesbaugesetz.

Die Entwicklung des Marktes mit preisgünstigem Wohnraum und die Einkommenssituation in der Hohnerkamp-Siedlung lassen vermuten, daß ohne Begrenzung des Mietanstiegs nach einer Grundmodernisierung der Wohnungen ca. 50 % der Bewohner die Siedlung verlassen. Nach der PRISMA-Studie mußten 1985 in der

Hohnerkamp-Siedlung 32 % der Haushalte mit einem Einkommen von weniger als DM 1.500 brutto monatlich und 54 % mit einem Brutto-Einkommen von weniger als DM 2.000 im Monat auskommen. Für solche Mieter müßte neu gebaut werden, wenn in der Hohnerkamp-Siedlung die Mieten zu stark steigen.

Das Wohngeld macht eine Mietpreisbindung in der Hohnerkamp-Siedlung nicht entbehrlich. Die Höchstbeträge für die zuschußfähige Miete liegen weit unter den von der GWG für den Fall der Modernisierung angekündigten Mieten. Die unzureichende Hilfe des Wohngeldes macht folgendes Beispiel deutlich: Nach einer Modernisierung soll eine Arbeiterin mit einem monatlichen Brutto-Gehalt von DM 1.320 für ihre 38,11 qm große Wohnung in einem Duplex-Haus gemäß dem Konzept der GWG eine Brutto-Kaltmiete von DM 514,11 zahlen. Für den Wohngeldanspruch ergibt sich folgende Einkommensberechnung:

13 x DM 1.320	17.160,00 DM
zuzüglich Urlaubsgeld	500,00 DM
	17.660,00 DM
abzüglich Werbungskosten	2.000,00 DM
	15.660,00 DM
abzüglich pauschal 30 % (da Beiträge zur Renten-und Krankenversicherung sowie Steuern gezahlt werden)	4.698,00 DM
	12.962,00 DM
: durch 12 Monate	
= Einkommen nach Wohngeld	**913,50 DM**

Da Hamburg zur Mietenstufe 5 gehört, wird nach der Tabelle des Wohngeldgesetzes eine monatliche Miete von höchstens DM 410 berücksichtigt, so daß sich nach der Wohngeldtabelle für Alleinstehende ein monatliches Wohngeld von nur DM 120 ergibt.[22] Damit läge das Wohngeld um DM 57 höher als vor der Mieterhöhung. Demgegenüber beträgt die Mieterhöhung nach der Modernisierung DM 220,66 (DM 5,79/qm x 38,11 qm) und die Mietbelastungsquote liegt bei 38,95 % bezogen auf das Brutto-Einkommen bzw. bei 56,28 % bezogen auf das Einkommen nach dem Wohngeldgesetz. Bei der neuen Mietbelastung kann die Mieterin in Hamburg von ihrem Einkommen kaum menschenwürdig leben. Allein aus fiskalischen Gründen wäre für die ca. 1.000 verdrängungsgefährdeten Haushalte der Hohnerkamp-Siedlung eine öffentliche Förderung der durchschnittlichen Modernisierungskosten von DM 23.743 pro Wohnung den Aufwendungen für den Neubau von Sozialwohnungen gegenüberzustellen.

Haustyp	Instandsetzungs-anteile DM	Modernisierungsanteile DM	Gesamt-kosten DM
Punkthäuser	23.637	24.903	48.540
Etagenhäuser	18.547	15.687	34.234
Duplexhäuser	7.285	29.900	37.185
Außenanlagen	962	464	1.426
Durchschnitt je WE	15.764	23.743	39.507

Gesamtkosten der Erneuerungsmaßnahmen je Wohnung

Nach einer Kurzinformation über die Förderung von Familienheim- und Eigentumswohnungen in Hamburg fördert die Stadt z. B. den Bau eines Ein- bzw. Zweifamilienhauses oder den Erwerb einer Eigentumswohnung mit öffentlichen Mitteln durch zinslose Baudarlehen (der Darlehenssatz beträgt im ersten Förderungsweg DM 960 bis DM 1.100 je qm förderungsfähiger Wohnfläche, wobei noch Familienzusatzdarlehen in Betracht kommen; hierzu kann noch ein Aufwendungsdarlehen gewährt werden, das mit 6 % jährlich zu verzinsen ist). Daneben gibt es noch den sog. zweiten Förderungsweg mit erheblich geringeren Wohnungsbausubventionen.[23]

Gerade unter stadtplanerischen Gesichtspunkten rechtfertigt sich die Modernisierungsförderung in der Hohnerkamp-Siedlung. Bei der Hohnerkamp-Siedlung handelt es sich um ein städtebaulich funktionsfähiges und intaktes Gebilde. Das hat die PRISMA-Studien bei der Untersuchung der Anwendungsvoraussetzungen für eine Erhaltungssatzung nach § 39 h Absatz 3 Nr. 3 Bundesbaugesetz ermittelt und speziell unter dem sozialen Aspekt folgende Feststellung getroffen: Die konkrete derzeitige Einwohnerschaft der Gartenstadt Hohnerkamp repräsentiert ein soziales Gebilde, das in dieser Form nur an diesem Ort erhalten werden kann. Bei der Auflösung dieses Gefüges würde eine städtebaulich relevante Nachfrage nach Wohnmöglichkeiten in Altenwohnanlagen und Pflegeeinrichtungen ausgelöst werden.[24].

Diese stadtplanerischen Gesichtspunkte haben heute noch größere Bedeutung als 1985, da das Angebot an preiswertem Wohnraum inzwischen dramatisch abgenommen hat. Die Zahlen über die Versorgungsquote der Wohnberechtigten mit § 5-Schein bzw. der vordringlich Wohnungssuchenden machen deutlich, wie schwer es für einkommensschwache Bevölkerungsteile ist, eine preiswerte Wohnung zu finden.

Senatsdirektor Dr. Gustafsson bringt die Situation für die Baubehörde auf den Punkt, indem er folgende Fakten aufzeigt[25]: In Hamburg übernachten mehrere Menschen im Freien und die Versorgungsquote für § 5-Schein-InhaberInnen und Dringlichkeitsfälle hat sich drastisch verschlechtert. Während 1984 noch 20.625 Wohnungen an § 5-Schein-InhaberInnen vergeben werden konnten, waren es 1989 nur noch 8.716 Wohnungen. Bei den Dringlichkeitsfällen konnten 1989 zwar mehr Wohnungssuchende als 1984 versorgt werden, dafür stieg aber die Zahl der anerkannten Dringlichkeitsfälle um 143,2 %.[26] Die weitere Entwicklung läßt Schlimmes ahnen, wenn man berücksichtigt, wieviele Asylbewerber auf den Wohnungsmarkt drängen, wieviele Wohnungen durch Zweckentfremdung und Abriß sowie Zusammenlegung verlorengehen und daß infolge der wirtschaftlichen Entwicklung die durchschnittliche Wohnfläche pro Person weiter zunimmt und auch die Bevölkerungszahl in Hamburg ansteigt.[27]

Die Hohnerkamp-Siedlung hat nur dann eine Chance, wenn der Senat aus welchen Gründen auch immer die Mietenspirale in der Hohnerkamp-Siedlung anhält. Damit es soweit kommt, werden die Bewohner der Hohnerkamp-Siedlung weiter Zeit für politische Aktivitäten einsetzen.

Politische Bewertung

Die Bewohner der Hohnerkamp-Siedlung waren bei ihren politischen Aktivitäten einfallsreich, realistisch und kreativ. Mit dem Instrument der Erhaltungsverordnung wurden die geplanten Wohnungsverkäufe im wesentlichen verhindert. Es konnten nur 23 von 1.535 Wohnungen verkauft werden. Vernachlässigt blieben allerdings die Pflege der Wohnanlage und die Instandhaltung der Wohnungen, da das Wohnungsunternehmen jahrelang wegen der Verkaufsabsichten nur die nötigsten Arbeiten durchführen ließ. Die Mieter haben sich auch in der nach der Aufhebung des Wohnungsgemeinnützigkeitsgesetzes entstandenen neuen Situation bewährt. Die Aktivitäten zur Gründung einer Mietergenossenschaft haben die Siedlung ins Blickfeld der Öffentlichkeit gebracht und zur Erstellung eines Erneuerungskonzeptes durch das Wohnungsunternehmen geführt. Die Siedlung wird erhalten bleiben, wenn die Stadt öffentliche Mittel für die Erneuerung bewilligt.

4. Nachwort

Im September 1991 wurde von der Eigentümerseite das "Gartensiedlung-Hohnerkamp-Erneuerungskonzept" verteilt. Nun soll die Erneuerung der Siedlung mit öffentlichen Mitteln gefördert werden. Dafür sollen die Mieten nach der Modernisierung an bestimmte Mietobergrenzen gebunden und für eine Dauer von 10 Jahren nach der Baufertigstellung festgeschrieben werden. Nach der Modernisierung sollen die Mieten einheitlich bei den Alt- und bei den Neumietern nur DM 7 pro qm Wohnfläche monatlich netto-kalt betragen. Es ist vorgesehen, die Miete in drei Schritten um höchstens DM 1,54 pro qm Wohnfläche zu erhöhen.

Bei den Neumietern (Mietbeginn ab 1989) bleibt die Miete nach der Modernisierung unverändert, wenn diese ja nach Haustyp zwischen DM 7 und DM 8 pro qm Wohnfläche monatlich netto-kalt beträgt.

Die Durchführung der vorgesehenen baulichen Maßnahmen zur Wärmedämmung und Energieeinsparung sowie der Einbau von zentralen Heizungs- und Warmwasserversorgungsanlagen setzt die Zustimmung der Mieter der jeweiligen Hausgruppe voraus.

Die Mieter der 626 Duplex-Häuser erhalten kein Angebot für den Anschluß an eine zentrale Heizungs- und Warmwasserversorgungsanlage.

Die Lösung des Asbest-Problems durch die vorhandenen mietereigenen Nachtspeicheröfen bleibt im wesentlichen der Eigeninitiative der Mieter überlassen. Welche besonderen Hilfestellungen die Eigentümerseite den Mietern anbietet, wird in dem Konzept nicht näher ausgeführt.

Die GWG/WVN bleiben in ihrem überarbeiteten Erneuerungskonzept auf halbem Wege stehen, weil die lobenswerte Mietpreisbindung nur auf 10 Jahre beschränkt ist, den Mietern weder die Verantwortung noch die Kosten für die Entsorgung der eigenen Nachtstromspeicherheizungen abgenommen wird und den Mietern eine wegen der hohen Verluste durch eine Beheizung mit Nachtstrom oder wegen der hohen Luftverschmutzung durch eine Beheizung mit Kohle umweltpolitisch nicht mehr vertretbare Beheizung der Wohnung überlassen bleibt.

So werden die Mieter erneut in Zusammenarbeit mit den Behörden versuchen, akzeptable Lösungen für die Erhaltung der Hohnerkamp-Siedlung zu finden.[28]

Anmerkungen

1 GWG Gemeinnützige Wohnungsgesellschaft mbH, Maßnahmen zur Instandsetzung und Erneuerung der Hohnerkamp-Siedlung, Hamburg, im November 1990 (nachfolgend GWG-Konzept, im Original ohne Seitenzahlen), S. 5.

2 PRISMA-Institut Gesellschaft für Handels-, Stadt- und Regionalforschung mbH, Gartenstadt-Hohnerkamp. Empirische Untersuchung zur Überprüfung der Anwendungsvoraussetzungen einer Erhaltungssatzung nach § 39 h Absatz 3 Nr. 3 Bundesbaugesetz (nachfolgend PRISMA-Studie), S. 23 f.

3 Ferner, M., Harms, H., Schubert, D., Tornow, B., Großsiedlungen in Hamburg zwischen Wohnungsleerstand und "neuer" Wohnungsnot, Arbeitsbereich Städtebau, Stadtökologie, Wohnungswesen, Forschungsschwerpunkt 1, Stadt, Umwelt und Technik, Bd. 43, Technische Universität Hamburg-Harburg, August 1990 S. 26, 62.
Vgl. auch: Roscher, Volker, Gartenstadt: Paradies ohne Pflege, Siedlung Hohnerkamp im Widerstreit zwischen Mietern und Eigentümern, in: bau substanz 6/7 Juni 1991, S. 12 ff.

4 PRISMA-Studie, S. 47.

5 PRISMA-Studie, S. 48.

6 GWG-Konzept, S. 24-26.

7 PRISMA-Studie, S. 46.

8 Verordnung über den Bebauungsplan Bramfeld 44 vom 24.02.1987, Hamburgisches Gesetz- und Versorgungsblatt Teil 1, Seiten 77 und 78.

9 § 39 h Bundesbaugesetz in der Fassung vom 18.08.1976 (Bundesgesetzblatt I Seiten 2.257 und 3.617), zuletzt geändert am 18.02.1986 (Bundesgesetzblatt I S. 265), lautet auszugsweise:
§ 39 h. Erhaltung baulicher Anlagen.

(1) Die Gemeinde kann in einem Bebauungsplan oder durch eine sonstige Satzung Gebiete bezeichnen, in denen eine Genehmigung für den Abbruch, den Umbau oder die Änderung von baulichen Anlagen aus den besonderen in den Absätzen 3 und 4 bezeichneten Gründen versagt werden kann.

...

Die Genehmigung darf nur versagt werden, wenn die bauliche Anlage erhalten bleiben soll,

1. weil sie allein oder im Zusammenhang mit anderen baulichen Anlagen das Ortsbild, die Stadtgestalt oder das Landschaftsbild prägt,
2. weil sie von städtebaulicher, insbesondere geschichtlicher oder künstlerischer Bedeutung ist oder
3. um in dem Gebiet die Zusammensetzung der Wohnbevölkerung zu erhalten, wenn dies aus besonderen städtebaulichen Gründen erforderlich ist.

Die Vorschrift wurde inzwischen in § 172 Baugesetzbuch neu geregelt (BauGB in der Fassung der Bekanntmachung vom 08.12.1986, (BGB1.I S.2.253, geänd. durch Art. 21 § 5 Steuerreformgesetz 1990 vom 25.07.1988, BGB1 I S. 1.093).

[10] Bürgerschaftsdrucksache der Freien und Hansestadt Hamburg 13/3397.

[11] Bürgerschaftsdrucksache der Freien und Hansestadt Hamburg 13/3550.

[12] Bürgerschaftsdrucksache der Freien und Hansestadt Hamburg 13/3397, Ziff. 1 Punkt 4.

[13] Koalitionsvereinbarung zwischen der SPD Landesverband Hamburg und der FDP Landesverband Hamburg für die 13. Legislaturperiode, 1987.

[14] Forderungen des DGB-Kreises Hamburg zur Wohnraumversorgung in Hamburg, Abt. Sozialpolitik, Werner Reinecke.

[15] Hamburger Abendblatt, Ausgabe vom 05./06.05.1990.

[16] Hamburger Abendblatt 24.04.1991; 02.05.1990; 05./06.05.1990; 02.05.1990.

[17] Hamburger Kurs, Heft Juni 1990.

[18] Vgl. den Beitrag von K. Gustafsson in diesem Band.

[19] GWG-Konzept, S. 21 f.

[20] Bürgerschaftsdrucksache der Freien und Hansestadt Hamburg / 8.104, schriftliche Kleine Anfrage des Abgeordneten Robert Vogel (FDP).

[21] Bürgerschaftsdrucksache der Freien und Hansestadt Hamburg 13/8008.

[22] Beispiel entnommen aus: Wohngeld '90, Wohngeldberechnung leicht gemacht, Deutscher Mieterbund, Köln, Stand Juli 1990.

[23] WK Hamburgische Wohnungsbaukreditanstalt Anstalt des Öffentlichen Rechts, Wir helfen beim Hausbau und Erwerb von Eigentumswohnungen, Förderungsprogramm 1991.

[24] PRISMA-Studie, S. 70.

[25] Gustafsson, K., a.a.O.

[27] S. auch Bürgerschaftsdrucksachen der Freien und Hansestadt Hamburg 13/3770 und 13/5491.

[28] GWG Gemeinnützige Wohnungsgesellschaft mbH, WVN Wohnungsverwaltungsgesellschaft Nord mbH, Gartensiedlung Hohnerkamp-Erneuerungskonzept, Hamburg, im September 1991.

Mieterinitiative MIH **Wohnerkamp**

Extrablatt

Liebe Nachbarn,

in unserer Information Nr. 2 haben wir über die Vorbereitung zur Genossenschaftsgründung berichtet: Zwei Expertenkreise aus der Wohnungswirtschaft und der Politik rechnen gerade durch, ob wir eine Genossenschaft werden können.

Die in der Mieterinteressengemeinschaft zusammengeschlossenen aktiven Mieter sind der Überzeugung, daß nach den Wahlen die Gespräche über die Verkäufe der Wohnungen bzw. der ganzen Siedlung wieder losgehen. Daher wollen wir jetzt im Vorfeld der Wahlen alles daran setzen, um durch eine Genossenschaftsgründung die Spekulation um unsere Wohnungen zu beenden. Die politischen Vorzeichen sind gut: Wenn die Mieter eine Genossenschaft wollen, bekommen sie auch eine.

Nur eine Genossenschaftsgründung schützt uns auf Dauer vor Spekulanten.

Unsere Genossenschaft soll eine **Verwaltung zum Selbstkostenpreis** sein. Die Genossenschaft soll die notwendigen Reparaturen und Verbesserungen an den Häusern anpacken, um die Siedlung auch in den nächsten Jahren am Leben zu erhalten.

Kommen durch eine Genossenschaftsgründung auf den Mieter zusätzliche Kosten zu? Bei einer Genossenschaft wie in Hamburg-Langenhorn trägt sich die Genossenschaft im Prinzip durch die Mieteinnahmen. Die Genossenschaftsanteile stellen daher gewissermaßen nur ein symbolisches Eintrittsgeld dar. In Langenhorn mußte jeder Mieter DM 500,-- zahlen. Dieses Geld ist auch nicht verloren, sondern wird gut verzinslich angelegt und beim Ausscheiden aus der Genossenschaft zurückgezahlt. Die Farmsener Mieter haben einen anderen Wege beschritten: Dort wurden die Häuser gekauft und an den Grundstücken ein Erbbaurecht begründet.

Der Hauptvorteil bei einer Genossenschaft besteht in dem sicheren Wohnen. Man darf aber nicht in den Irrglauben verfallen, daß bei einer Genossenschaft Mieterhöhungen unvermeidbar sind. Denn alle Reparaturen und Verbesserungen müssen ja aus den Mieteinnahmen bestritten werden. Allerdings besteht bei einer Genossenschaft der Vorteil, daß

die Mieten zu einem großen Teil in die Instandhaltung und Verbesserung der Wohnanlage gesteckt werden.

Unterstützen Sie die Idee der Genossenschaft!
Arbeiten Sie mit, wir treffen uns vorläufig an jedem Montag, 19.00 Uhr in der Simon-Kirche.

Hamburg, den 21. Juni 1990

Ansprechpartner und viSdP.: Holger Morgenstern, Königsberger Straße 11 d, 2000 Hamburg

MIETERVEREIN ZU HAMBURG VON 1890 R.V.
LANDESVERBAND IM DEUTSCHEN MIETERBUND
Pumpen 17 (Meßberghof)
2000 Hamburg 1
Telefon: 0 40/32 25 41

DMB

MEINE WOHNUNG WIRD VERKAUFT - WAS NUN?

Ein Verkauf des Hauses oder der Wohnung bringt für die Mieter viele Fragen und Sorgen mit sich, geht es doch um das "Dach über dem Kopf". Welche Rechte und Pflichten haben Mieter und neuer Vermieter?

- **Muß** ein neuer Mietvertrag geschlossen werden? Nein, der alte Vertrag gilt weiter.
- **Muß** ich die Wohnung kaufen, um vor einer Kündigung sicher zu sein? Nein, die meisten Mieter genießen ausreichenden Mieterschutz (siehe unten).
- **Muß** ich die Besichtigung meiner Wohnung gestatten? Ja, aber nur nach Terminsabsprache. Kaufinteressenten oder Makler, die unangemeldet vor der Tür stehen, läßt man nicht hinein.
- **Muß** ich mehr Miete zahlen? Nur wenn die ortsübliche Miete höher ist als die bisherige. Der Vermieter muß das nachweisen (Mietenspiegel), dann haben Sie 2 bis 3 Monate Zeit, seine Forderung zu prüfen.
- **Muß** ich eine Modernisierung und damit Verteuerung der Wohnung hinnehmen? Nur wenn sie schriftlich 2 Monate vorher angekündigt und dabei die voraussichtliche Mieterhöhung mitgeteilt wird. In vielen Fällen stellt eine Modernisierung aber eine unzumutbare Härte dar und kann abgelehnt werden.

Und nun zum Mieterschutz:

Angst vor Kündigung müssen vor allem die haben, die sich über ihre Mieterrechte nicht informieren!

b.w.

2

Wissen muß man, daß

- längerfristige Verträge nicht kündbar sind,
- eine Kündigung nur zulässig ist, wenn der Vermieter einen gesetzlichen Kündigungsgrund hat (hauptsächlich Eigenbedarf),
- eine Kündigung schriftlich in nachvollziehbarer Weise begründet werden muß (falsch und unwirksam: "Ich kündige wegen Eigenbedarfs"),
- man in Härtefällen auch einer begründeten Kündigung widersprechen kann. Härtegründe sind insbesondere Krankheit, Alter, lange Wohndauer ("Verwurzelung") oder vergebliche Suche nach einer angemessenen Ersatzwohnung zu zumutbaren Bedingungen.
- nach Umwandlung in Wohnungseigentum der Käufer 3 Jahre lang keinen Eigenbedarf anmelden kann (bei Sozialwohnungen evtl. noch länger).

Und nun noch einige Tips:

Tip 1: Bei der Besichtigung Ihrer Wohnung ist nichts dagegen einzuwenden, wenn Sie Makler und Kaufinteressenten darauf hinweisen,

- welche Einbauten von Ihnen stammen,
- welche Mängel bzw. Nachteile die Wohnung hat,
- daß Sie Mitglied im MIETERVEREIN sind,
- daß Sie nicht die Absicht haben auszuziehen.

Tip 2: Der Käufer Ihrer Wohnung wird erst in dem Augenblick Ihr Vermieter, in dem er als Eigentümer ins Grundbuch eingetragen wird. Vorher hat er von Ihnen nichts zu fordern, es sei denn mit Vollmacht des bisherigen Eigentümers.

Tip 3: Bei Besichtigungen sollten Sie nie allein in der Wohnung sein. Bitten Sie Nachbarn/Verwandte/Bekannte hinzu, die bezeugen können, daß Sie nichts vereinbart oder zugesagt haben!

Tip 4 - eigentlich der wichtigste: Unterschreiben Sie nichts, nichts und nochmals nichts, ohne sich vorher beim **MIETERVEREIN** erkundigt zu haben!

Merke: Es zahlt sich aus, informiert zu sein.

Mietersorgen?
„Ich geh' lieber gleich zum Mieterverein!"

Eine Information Ihres Mietervereins

"Weil Wünschen und Gegenwehr allein nicht reicht" - zur Zukunft städtischer Wohnungsbestände in Hamburg

Achim Woens

Die Erfahrung, daß sich die Frage nach der Gestaltung der Zukunft nicht von allein beantwortet, müssen wohl alle sozialen Bewegungen - und besonders die erfolgreichen - einmal machen. Aber auch: Wieviele Kompromisse sollen eingegangen werden? Soll selbst daran "mitgebaut" werden? Und mit wem geht man und frau zusammen?

Derartige Fragen kommen nahezu zwangsläufig auf die Tagesordnung der MieterInnenbewegung - hier des Dachverbandes Hamburger Mieterinitiativen. Sie waren letzten Endes der Anstoß für die Organisation der Tagung "Zur Zukunft städtischer Wohnungsbestände in Hamburg", deren Referate hier dokumentiert sind. Zur Vorgeschichte einiges aus der Sicht der Veranstalter.

Als der "DACHVERBAND HAMBURGER MIETERINITIATIVEN" - ein Zusammenschluß von zeitweilig über 50 Mieterinitiativen - Anfang Juni 1989 gegründet wurde, waren die MieterInnen der ehemaligen NEUE HEIMAT-Wohnungen wieder in Angst und Aufregung. Gerade eben waren ihre 41.500 Wohnungen durch Übernahme in den städtischen Bestand Hamburgs aus dem Strudel des untergegangenen gewerkschaftlichen Wohnungsriesen gerettet worden. Doch gleichzeitig lagen schon wieder Privatisierungspläne auf dem Tisch. Mehr als 10.000 Wohnungen wollte der sozialliberale Senat aus dem gerade erweiterten städtischen Bestand herauslösen und auf dem freien Markt verscherbeln. Die damit einhergehende Angst vor den Folgen der Privatisierung entfachte den MieterInnenprotest erneut.

Seinen Lauf nahm dieser Konflikt, als der gewerkschaftseigene Wohnungskonzern NEUE HEIMAT (NH) im Spätsommer 1985 auf einen Schlag 22.000 Mietwohnungen in die Beteiligungsgesellschaft für Immobilien (BGI) verschob. Die BGI sollte die Wohnungen an die meistbietenden Interessenten weiterverkaufen. Damit versuchte der DGB Geld in die Kassen zu bekommen, denn die Gläubigerbanken saßen der NH im Nacken.

Daß es überhaupt soweit kommen konnte, hat seine Ursachen in einer groben Fehleinschätzung der Wohnungs- und Immobilienmarktentwicklung und eines darauf aufgebauten gigantischen Spekulationsdesasters seitens der NH-Spitze. Bedingt durch die starke Nachfrage nach preisgünstigen Wohnungen und die staatliche Wohnungsbauförderung trieb die NH-Spitze unter ihrem damaligen Vorsitzenden Albert Vietor die Expansion des Konzerns voran. In blindem Wachstumsglauben wurde mit der Gründung von Tochtergesellschaften der Boden der Gemeinnützigkeit verlassen. Fast ausschließlich auf Pump wurden Grundstücke im In- und Ausland gekauft und Wohnungen auf Vorrat errichtet. Die Spekulation mit dem Bau teurer Hotels, Universitäten, Krankenhäuser und Fernsehtürme brachte Verluste riesigen Ausmaßes. Dazu kam der eng mit der spekulativen Geschäftspolitik verbundene moralische Niedergang durch die Bereicherung Vietors und seiner Kollegen über Privatverträge.

Mitte der 80er Jahre saß die NH auf unbebauten Grundstücken im Wert von 1,1 Mrd. DM, auf 2.000 unverkäuflichen Eigentumsobjekten und fast 8.000 leerstehenden Wohnungen. Zugleich sanken ihre Einnahmen. Fallende Realeinkommen und hohe Massenarbeitslosigkeit beschränkten die Mietzahlungsfähigkeit der NH-MieterInnen sowie die Verkäufe von Eigentumsobjekten. Dazu kamen sinkende Preise auf dem Immobilienmarkt, die den Verkauf von Wohnungen und Grundstücken zu einem Verlustgeschäft machten. Obwohl zu diesem Zeitpunkt bereits fast 60.000 Wohnungen verkauft waren, nahm der Schuldenberg zu und die Gläubigerbanken wurden immer nervöser.

Der Weg des NH-Sanierers Diether Hoffmann ging zu dieser Zeit immer mehr in die Richtung des Verkaufs von preisgünstigen Sozialmietwohnungen der älteren Jahrgänge. Davon betroffen waren 1985 knapp 5.000 Hamburger MieterInnen. Besonders der Verkauf der 2.553 Wohnungen der Farmsener Gartenstadt trieb die MieterInnen zu Hunderten in die Protestveranstaltungen. Der Mieterverein MIETER HELFEN MIETERN forderte erstmalig den Kauf dieser Wohnungen durch die Stadt Hamburg. Zusammen mit Wissenschaftlern der Technischen Universität Hamburg-Harburg wurde ein Finanzierungsmodell entwickelt, welches eine Lösung ohne Mieterhöhungen ermöglicht hätte. Gleichzeitig liefen auch Kaufverhandlungen zwischen der NH und den Städten München, Frankfurt und Bremen.

Im Frühjahr 1986 machte der Hamburger Senat erstmals einen Schritt nach vorn und erklärte seine Bereitschaft, mit Gewerkschaften und Banken über die Übernahme der Wohnungen zu verhandeln. Der erste Zusammenschluß von MietervertreterInnen aus dem NH-Wohnungsbestand begrüßte diesen Schwenk der Landesregierung. Gleichzeitig wurde jedoch auf die Möglichkeit eines wahltaktischen Manövers im Hinblick auf die herannahenden Bürgerschaftswahlen im November 1986 hingewiesen. Anfang 1987 - kurz nach dem mißglückten Versuch, den gesamten NH-Wohnungsbestand an den Berliner Großbäcker Schiesser zu verkaufen - gingen Hamburgs NH-MieterInnen wieder in die Offensive und gründeten das NEUE HEIMAT-FORUM HAMBURG. Ganz oben auf der Forderungsliste stand wieder die Übernahme der Wohnungen durch die Stadt. Aber auch die Dezentralisierung und Demokratisierung des Bestandes sowie das Offenlegen der Verhandlungsziele der Stadt wurden verlangt. Im Mai des gleichen Jahres beschloß der Hamburger Senat, für die Übernahme der Wohnungen Verhandlungen aufzunehmen. Ein jahrelanger Verhandlungspoker begann.

Am Morgen des 18. März 1988 präsentierte Bürgermeister von Dohnanyi das halbherzige Verhandlungsergebnis. Es beinhaltete die Übernahme von mehr als 10.000 Wohnungen in ein nicht gemeinnütziges Unternehmen (die Wohnungsverwaltungsgesellschaft Nord - WVN) sowie den Weiterverkauf dieser Wohnungen. Mehr als 30.000 Wohnungen sollten im Bestand der Stadt bleiben. Gleichzeitig sollten Mieterhöhungen bis zu DM 0,80 pro qm durchgesetzt werden. Der Senat bewies damit, daß er immer noch nicht begriffen hatte, daß mit der Übernahme von mehr als 40.000 Wohnungen die Chance verbunden war, endlich einen großen dauerhaft preisgebundenen Wohnungsbestand zu erhalten. Immerhin schien die Übernahme des größeren Teils der Wohnungen in ein gemeinnütziges städtisches Unternehmen für diese MieterInnen die Sicherheit zu bringen, nicht in die Hände von Spekulanten zu fallen.

Da der hansestädtischen FDP das ganze Konzept immer noch zu mieterfreundlich war, konnten sich viele MieterInnen nicht sicher sein, wie viel selbst von diesem unklaren Senatsbeschluß am Ende übrig bleiben würde. Die Farmsener MieterInnen zogen daraus endgültig den Schluß, die 2.553 Wohnungen der Gartenstadt in Form einer Genossenschaft selbst zu übernehmen. Da die Siedlung eine traditionelle Hochburg der Hamburger Sozialdemokraten ist und die dortige Initiative außergewöhnlich stark agiert, beschloß der Senat grundsätzlich positiv für die Farmsener Genossenschaft. Zu diesem Zeitpunkt ahnte die Farmsener Initiative noch nicht, daß damit ein jahrelanges Zittern und Hinhalten begann, welches erst kurz vor den Bürgerschaftswahlen im Juni 1991 ein Ende haben sollte.

Auf den ersten Blick paradox, aber der breite, ganz Hamburg erfassende Widerstand brach erst los, als die Stadt die Wohnungen im Frühjahr 1989 endgültig übernahm. Die Auseinandersetzung der Mieterinitiative Heidberg-Siedlung in Hamburg-Langenhorn mit den Details der Wohnungsübernahme machte schlaglichartig klar, auf welch tönernen finanziellen Füßen die ganze Übernahme der Wohnungen stand: Nicht nur die Zukunft der MieterInnen, deren Wohnungen weiterverkauft werden sollten, war unsicher. Auch die völlig unzureichende finanzielle Ausstattung der Gemeinnützigen Wohnungsgesellschaft (GWG) - deren Wohnungen dauerhaft bei der Stadt bleiben sollten - machte das Scheitern dieses Unternehmens mehr als wahrscheinlich. Dazu kam fast zeitgleich die Abschaffung des Wohnungsgemeinnützigkeitsgesetzes durch die Bonner Marktstrategen, wodurch Wohnungsverkäufe enorm erleichtert wurden. Zu befürchten war das alte Lied, daß Wohnungsverkäufe zum Zwecke der Kapitalaufstockung unvermeidbar seien. Dieser Zusammenhang leuchtete immer mehr MieterInnen aus dem Hamburgischen Wohnungsbestand ein. Unter Anwesenheit von etwa 15 Mieterinitiativen wurde am 2. Juni 1989 der Dachverband Hamburger Mieterinitiativen gegründet. Die mit viel Energie in die städtischen Siedlungen getragene kompetente Überzeugungsarbeit der VertreterInnen des Dachverbandes ließ die Zahl der Initiativen im Dachverband schnell auf über 50 anschwellen. Die meisten unter ihnen wurden im Beisein von VertreterInnen des Dachverbandes neu gegründet.

Doch es kam noch dicker. Das Bekanntwerden von Verkaufsplänen für etwa 5.000 Wohnungen aus den Beständen des größten Hamburger Wohnungsunternehmens - der SAGA (90.000 Wohnungen) -, goß Öl ins Feuer des Protestes. So nahm der MieterInnen-Protest in zahlreichen Aktionen und Veranstaltungen seinen Lauf. Allein zu einer eiligst in drei Tagen organisierten Versammlung zu den Verkäufen der SAGA kamen fast tausend MieterInnen und heizten den Verantwortlichen ein. Von diesem Tag an wurde der Dachverband zu einem nicht mehr zu umgehenden Faktor in der Hansestadt. In der Folge schlossen sich nochmals etwa 15 Initiativen dem Dachverband an.

Die Beschwichtigungsversuche des Senats lösten sich endgültig in Luft auf, als bekannt wurde, daß das Arbeiterwohnheim in der Culinstraße von der Stadt ausgerechnet an den im ganzen Lande bekannten Großspekulanten Henning Conle verkauft worden war. Zwar versuchten die Verantwortlichen ihre Hände in unschuldiger Unwissenheit zu waschen, doch die Glaubwürdigkeit war dahin. Gleichzeitig profilierten sich die von Anfang an vom Mieterverein MIETER HELFEN MIETERN unterstützten VertreterInnen des Dachverbandes immer stärker durch eine von sozialer Verantwortung geprägte Argumentation. Nicht mehr nur die eigene Betroffenheit und die Angst der NachbarInnen vor Wohnungsverkäufen und Mieterhöhungen waren wichtig. Zunehmend wurde die Bedeutung eines großen mietpreis- und belegungsgebundenen städtischen Wohnungsbestandes in Zeiten von Wohnungsnot thematisiert.

Neben dieser Zweigleisigkeit von eigener Betroffenheit und dem Blick für die Wohnungsversorgung der ganzen Stadt, welche besonders durch die VetreterInnen der beiden Hamburger Mietervereine in den Dachverband getragen wurde, entwickelte sich in langen Diskussionen eine außerordentlich solidarische Atmosphäre. Alle brachten sich in die laufenden Auseinandersetzungen ein und niemand wurde ausgegrenzt. Nicht einmal der Wunsch einiger VertreterInnen aus der Hafenstraße im Dachverband mitzumachen, konnte dieses Bündnis von Initiativen, die sich größtenteils nicht der Szene zurechneten, sprengen. Erfahrungen jahrzehntelanger Gewerkschaftsarbeit, die Sensibilität von Jüngeren aus den sozialen Bewegungen sowie die Kompetenz der Mietervereine flossen im Dachverband fruchtbar zusammen. Selbst als die finanziellen Mittel knapper wurden, wurde darauf verzichtet, ein bürokratisches Vereinsgebilde zu errichten. Die AnsprechpartnerInnen für die Stadt und die Medien waren keine abgehobenen Vorstandsleute und unterlagen der ständigen Rechenschaftspflicht auf den Dachverbandssitzungen. Die Überzeugung, das richtige zu tun und der Schwung der AktivistInnen aus den erfahreneren Initiativen führte zu einer breiten Unterstützung der neu entstehenden Initiativen. Sehr bald hatten die SprecherInnen soviel Rückendeckung, daß die Verhandlungen mit den politischen Vertretern der Stadt, ohne Angst über den Tisch gezogen zu werden, geführt werden konnten.

Als deutlich wurde, daß die Aktivitäten des Dachverbandes nicht abrissen, wurden erste Rückzugstendenzen seitens der größeren Rathauspartei, der SPD deutlich. Die nahende Bundestagswahl ließ sogar die hansestädtische CDU auf die Seite der MieterInnen springen. In diesem Vorwahlkampfklima wollte eigentlich nur noch die FDP die Verkäufe, die ihr von Anfang an gar nicht weit genug gingen. Im Dachverband spitzten sich die Diskussionen um die Beurteilung dieser Tendenzen zu. Einige sahen darin eine auf die herannahenden Wahlen abzielende perfide Hinhaltetaktik. Andere glaubten an ein schon zum Greifen nahes Ergebnis mieterfreundlichen Gesinnungswandels des Senats. Klar war jedoch, daß solange nicht nachgegeben werden durfte, bis der Verkaufsstopp nicht schwarz auf weiß dokumentiert war.

Der endgültige Durchbruch kam mit dem Bekanntwerden des Etats der Baubehörde für 1991. Mit einer - allerdings auch notwendigen - üppigen Kapitalspritze von fast 350 Mio. DM sollten die städtischen Wohnungsunternehmen für die Zukunft gerüstet werden. Damit, darauf hatte der Dachverband immer wieder hingewiesen, waren die Verkäufe ökonomisch nicht mehr notwendig. Gleichzeitig wurde damit eindrucksvoll die These des Dachverbandes bestätigt, daß besonders die NH-Nachfolgegesellschaft GWG so unzureichend mit Kapital ausgestattet war, daß sie die ersten drei Jahre nicht überstanden hätte. Doch der laute Jubel wollte nicht so richtig losbrechen. Schlagartig wurde klar, daß nun für die vor dem Spekulationsstrudel geretteten MieterInnen Alltag bleibt, was auch bei der SAGA seit langem Alltag ist. Daß nämlich die Interessen der MieterInnen beispielsweise bei der Durchführung von Instandhaltungs- und Modernisierungsmaßnahmen nicht gefragt sind.

Beispiele dafür trugen die Initiativen-VertreterInnen auf den Treffen des Dachverbandes Hamburger Mieterinitiativen zahlreich vor. Die haarstreubendsten davon belegten dreierlei ganz deutlich: Niemand hatte die MieterInnen nach ihren Wünschen und Vorstellungen gefragt. Den durchgeführten Maßnahmen war deutlich anzusehen, daß der "Sachverstand von unten" nicht zum Tragen gekommen war. Durch die daraus folgenden Konflikte entstanden "Reibungsverluste" in Form von Material, Zeit und Nerven. Daraus entwickelte sich auf den Sitzungen des Dachverbandes Hamburger Mieterinitiativen eine Diskussion, wie denn nun die so verletzten Mieterinteressen durchgesetzt werden könnten. Ein Schritt auf dem Weg zur

Beantwortung dieser Frage sollte mit der Tagung "Zur Zukunft städtischer Wohnungsbestände" gegangen werden.

Bei der Tagung ging es grob um zwei Zielsetzungen:

- Die Bedeutung eines möglichst großen Bestandes von mietpreis- und belegungsgebundenen städtischen Wohnungen herauszuarbeiten. Als notwendiges Gegengewicht zum freien Markt und zur Versorgung derjenigen, die sich nicht aus eigener Kraft am Markt mit Wohnungen versorgen können.
- Um wissenschaftlich und mit andernorts gemachten Erfahrungen zu belegen, daß - zumindest beginnend beim städtischen Wohnungsbestand - die MieterInnen mehr Mitbestimmung in diesem existenziellen Lebensbereich brauchen. Ja, daß sich die Unternehmen sogar bei Nichtbeachtung dieser Forderungen teilweise selbst schaden.

Außerdem wollten wir auch das Niveau der Diskussion um diese Fragen heben. Denn es war ja nicht zu übersehen, daß auch auf Seiten der Mieterinitiativen oft nach dem Strickmuster "Das NH-Debakel geht weiter" oder "Da oben sitzen alles Verbrecher" erschwerend vereinfacht wurde. Aber auch die andere Seite sollte zumindest zeitweilig erkennen lernen, daß nicht jede MieterInnen-Forderung zu Lasten der Unternehmen geht. Das würde die Konflikte auf die wichtigen Punkte beschränken. Weiter sollten möglichst viele MieterInnen die Gelegenheit erhalten, selbst in die Diskussionen einzugreifen. Einerseits um sich schlau zu machen für die Auseinandersetzungen vor Ort. Andererseits um Chancen und Wege der Durchsetzung eigener Interessen besser zu erkennen. Und nicht zuletzt, um daraus den Mut für den langen Atem zu schöpfen.

Um es gleich vorwegzunehmen: Der Versuch, MieterInnen für eine wissenschaftliche Diskussion zu gewinnen, ist weitgehend mißlungen. Das fängt bei der schlichten Tatsache an, daß die meisten von ihnen bei der Arbeit waren, als an der Hochschule Vorträge und Diskussionen liefen. Nicht wenige hatten bei der Lektüre des Programms schon nicht so genau verstanden, worum es da eigentlich gehen sollte. Und am Ende waren die wenigen auf der Tagung anwesenden MieterInnen vom Abstraktionsgrad vieler Beiträge "erschlagen". Wir hatten in der Hektik der Vorbereitung an diese für das Konzept der Veranstaltung so wichtige Seite kaum gedacht.

Wenn auch die Diskussionen auf der Tagung die Wichtigkeit und Machbarkeit von mehr Mietermitbestimmung deutlich gemacht hat, so blieb eine Frage noch unbeantwortet. Wann und unter welchen Bedingungen ist welcher der beiden Wege richtig? Soll erstens der Weg einer institutionalisierten Verankerung von Mitbestimmungsmöglichkeiten bei den städtischen Unternehmen gegangen werden? Oder soll zweitens der Weg der Gründung von Genossenschaften gegangen werden? Der Dachverband hat sich grundsätzlich entschieden, solcherart Entscheidungen den Initiativen vor Ort zu überlassen, deren Vorgeschichten, Bedingungen und Zusammensetzungen sehr unterschiedlich sind. Zu bedenken gibt der Dachverband jedoch folgendes: Wenn auch die Gründung von Genossenschaften den Mitgliedern sehr weitreichende Möglichkeiten zur Mit- und Selbstbestimmung gibt, so sind doch die finanziellen Risiken oft schlecht durchschaubar. Vielen MieterInnen fällt es schwer, die erforderlichen Genossenschaftsanteile zu kaufen. Auch ist zu bedenken, daß das Verhältnis der GenossInnen zu ihren Wohnungen eher dem von Eigentümern gleicht. Mit all den Konsequenzen, die das mit sich bringt. Der Schutz des eigenen Eigentums kann sehr leicht den Blick für soziale Fragen verstellen. Leicht kann sich eine Mentalität der Ausgrenzung gegenüber MieterInnen einstellen, deren Gehalt, Aussehen oder Sprache einem eher fremd erscheint. Weil Wohnungen aber prinzipiell für alle da sein müssen - besonders die mit öffentlichen Mittel geförderten - muß diese Art von Freiheit zum Beispiel durch den Erhalt städtischer Belegungsrechte eingeschränkt werden.

Auf der anderen Seite hat das sich Einlassen auf institutionalisierte Strukturen mit den Unternehmen auch seine Schwachstellen. Die Erfahrungen zeigen, daß die vielen formalen Anforderungen der Unternehmen an die MieterInnen sowie die damit verbundenen finanziellen Vergünstigungen zu Bürokratisierungserscheinungen auf Seiten der MieterInnen führen. Dazu kommt, daß die Unternehmen sich oft keine oder nur unzureichende Verfügungsbereiche aus der Hand nehmen lassen und die Mitbestimmungsmöglichkeiten damit oft auf das Mitüberlegen reduzieren.

Wie auch immer, zur Zeit sind nur diese beiden Wege oder aber Mischformen möglich. Voraussetzung aber bleibt die garnicht oft genug zu betonenden Forderung, daß alle Wohnungen im städtischen Bestand bleiben müssen. Wenn dies erreicht werden kann, sind verschiedene Wege denkbar zu mehr Mietermitbestimmung zu kommen. Dabei gilt in jedem Fall: Wer sich nicht in Gefahr begibt, kommt in ihr um!

DACHVERBAND

Hamburger Mieter - Initiativen

Hella Prey, Tralauer Kehre 4d, 2000 Hamburg 62, Tel.: 524 54 35

WIR BRAUCHEN IHRE SPENDE

Sehr geehrte Damen und Herren,

W i r, das ist der **Dachverband Hamburger Mieter-Initiativen.**

W i r haben die Wohnungspolitik in Hamburg in Bewegung gebracht.

W i r vereinen zur Zeit über 70 Mieterinitiativen, die einen beträchtlichen Teil der Hamburger MieterInnen repräsentieren.

W i r setzen uns für eine soziale und mieterfreundliche Wohnungspolitik in Hamburg ein.

W i r wollen verhindern, daß preiswerte Wohnungen aus dem Bestand der Freien und Hansestadt verkauft werden.

W i r meinen, daß Wohnen ein existentielles Grundrecht aller Menschen ist und fordern ausreichenden Neubau von Wohnungen mit bezahlbaren Mieten.

W i r machen deshalb Wirbel in der Presse, reden mit dem Bausenator, den Parteien und den Vorständen der städtischen Wohnungsgesellschaften.

W i r sind eine überparteiliche Organisation, die mit demokratischen Mitteln ihre Ziele durchzusetzen versucht.

W i r arbeiten zusammen mit den beiden großen Hamburger Mietervereinen und haben mit diesen die Mieterinteressen wieder zu einem politischen Faktor gemacht.

W i r haben viel erreicht, doch es gibt noch sehr viel zu tun - und täglich wird es mehr.

W i r nehmen für unsere Arbeit kein Geld, wir arbeiten ehrenamtlich.

W i r zahlen drauf. Flugblätter, Saalmieten für Großveranstaltungen und unzählige Telefoneinheiten kosten viel Geld.

W i r haben keine Einnahmen und sind auf Spenden angewiesen.

W i r bitten um Ihre Unterstützung; denn unsere Aktivitäten sind im Interesse aller Hamburger Mieterinnen und Mieter.

gez. i.A. Hella Prey

9.
Anhang

Auszüge aus:

(Seite 300)

Deutscher Genossenschafts- und Raiffeisenverband e.V. (Hrsg.): **Gründungshilfe Was ist eine Genossenschaft? Darstellung der Rechtsgrundlagen.** Bonn 1990.

(Seite 307)

Gemeinsam planen, zusammen wohnen. Ein Leitfaden für Wohngruppenprojekte in Düsseldorf. Eine Information der Landeshauptstadt Düsseldorf. Konzept und Inhalt: WohnBund-Beratung NRW GmbH. Bochum 1991.

(Seite 315)

Johann Daniel Lawaetz-Stiftung: **Leitfaden für Genossenschafts-GründerInnen.** Hamburg o. J.

Synoptischer Rechtsvergleich

	Eingetragene Genossenschaft (eG)	Gesellschaft bürgerlichen Rechts (GbR)
Zweck	Förderung des Erwerbs oder der Wirtschaft der Mitglieder mittels gemeinschaftlichen Geschäftsbetriebs	Verfolgung beliebiger gemeinsamer Interessen, nicht auf Dauer angelegt
Gründung	mindestens 7 Mitglieder, die eine schriftliche Satzung festlegen müssen	mindestens 2 Gesellschafter, die auch einen formlosen oder schriftlichen Vertrag schließen können
	Entstehung durch Eintragung in das Genossenschaftsregister	keine Eintragung im Handelsregister
Rechtsfähigkeit	rechtsfähig, juristische Person	nicht rechtsfähig
Kapital	kein festes Kapital	kein festes Kapital
	jedes Mitglied hat einen Geschäftsanteil zu zeichnen, auf den Einzahlungen geleistet werden müssen	keine Mindesteinlagen vorgeschrieben
	kein Mindestbetrag für den Geschäftsanteil	
Firma	Sachfirma, die vom Gegenstand des Unternehmens entlehnt sein muß	Gesellschaft führt keine eigene Firma
	Zusatz „eingetragene Genossenschaft" oder „eG" erforderlich	
Gesellschaftsvermögen	eigenes Vermögen der Gesellschaft als juristische Person	Gesamthandsvermögen der Gesellschafter

Offene Handelsgesellschaft (OHG)	Gesellschaft mit beschränkter Haftung (GmbH)
Betrieb eines Handelsgewerbes durch gleichberechtigte Partner, die in der Regel alle in der Gesellschaft tätig sind	Kapitalgesellschaft zur Erreichung jedes gesetzlich zulässigen Zweckes
mindestens 2 Gesellschafter, die auch einen formlosen oder schriftlichen Gesellschaftsvertrag schließen können	notarielle Beurkundung eines Gesellschaftsvertrags, der nicht notwendigerweise mehrere Gesellschafter voraussetzt
Entstehung mit Aufnahme der Geschäfte, spätestens mit Eintragung in das Handelsregister	Entstehung durch Eintragung in das Handelsregister
nicht rechtsfähig, aber Erwerb von Rechten und Eingehen von Verbindlichkeiten unter ihrer Firma möglich, grundbuch- und prozeßfähig	rechtsfähig, juristische Person
kein festes Kapital	festes Stammkapital von mindestens DM 50000,—
keine Mindesteinlagen vorgeschrieben	Mindesteinzahlung auf jede Stammeinlage von 25 %, insgesamt jedoch mindestens DM 25000,—
	Mindeststammeinlage DM 250,—
Personenfirma, die mindestens den Namen eines Gesellschafters mit einem das Gesellschaftsverhältnis andeutenden Zusatz oder die Namen aller Gesellschafter enthalten muß	Sach- oder Personenfirma Zusatz „mit beschränkter Haftung" erforderlich
Gesamthandsvermögen der Gesellschafter	eigenes Vermögen der Gesellschaft als juristische Person

	Eingetragene Genossenschaft (eG)	Gesellschaft bürgerlichen Rechts (GbR)
Gesellschafter-wechsel	keine geschlossene Mitgliederzahl, Ein- und Austritt möglich Kündigung der Mitgliedschaft zum Ende eines Geschäftsjahres unter Einhaltung einer Frist Beendigung der Mitgliedschaft durch Übertragung des Geschäftsguthabens Ausschluß aus der Genossenschaft zum Ende eines Geschäftsjahres	nur mit Zustimmung aller Gesellschafter, abweichende Regelungen im Gesellschaftsvertrag möglich
Haftung	Vermögen der Genossenschaft haftet den Gläubigern für den Konkursfall Nachschußpflicht der Mitglieder in der Satzung regelbar	gesamtschuldnerische, also unmittelbare und unbeschränkte Haftung jedes Gesellschafters Beschränkung der Haftung auf das Gesellschaftsvermögen durch Gesellschaftsvertrag oder durch Vereinbarung mit Gläubigern möglich
Organe	Vorstand (mindestens 2 Personen), Aufsichtsrat (mindestens 3 Personen) und Generalversammlung	keine besonderen Organe
Geschäfts-führung	Gesamtgeschäftsführungsbefugnis des Vorstands, abweichende Regelungen möglich	Gesamtgeschäftsführungsbefugnis aller Gesellschafter, abweichende Regelungen möglich
Vertretung	Gesamtvertretungsbefugnis des Vorstands, abweichende Regelungen möglich	Gesamtvertretungsbefugnis aller Gesellschafter, abweichende Regelungen möglich
Kontroll- und Informations-rechte der Gesellschafter	Kontrollrechte nur über den gewählten Aufsichtsrat, Auskunftsrecht jedes Mitgliedes nur in der Generalversammlung, 10 % der Mitglieder können die Einberufung einer Generalversammlung verlangen (Minderheitenschutz)	weitgehende Kontrollrechte durch persönliche Unterrichtung über die Angelegenheiten der Gesellschaft und Einsichtnahme in die Bücher, entgegenstehende Vereinbarungen sind unwirksam

Offene Handelsgesellschaft (OHG)	Gesellschaft mit beschränkter Haftung (GmbH)
nur mit Zustimmung aller Gesellschafter, abweichende Regelungen im Gesellschaftsvertrag möglich	Geschäftsanteile sind veräußerlich und vererblich, notarielle Beurkundung
gesamtschuldnerische, also unmittelbare und unbeschränkte Haftung jedes Gesellschafters	Vermögen der Gesellschaft haftet den Gläubigern
Haftungsausschluß gegenüber Dritten unwirksam	Nachschußpflicht der Gesellschafter im Gesellschaftsvertrag regelbar
keine besonderen Organe	Geschäftsführer und Gesellschafterversammlung, Aufsichtsrat fakultativ
Einzelgeschäftsführungsbefugnis jedes Gesellschafters, abweichende Regelungen möglich	Gesamtgeschäftsführungsbefugnis des Geschäftsführers, abweichende Regelungen möglich
Einzelvertretungsbefugnis jedes Gesellschafters, abweichende Regelungen möglich	Gesamtvertretungsbefugnis der Geschäftsführer, abweichende Regelungen möglich
weitgehende Kontrollrechte durch persönliche Unterrichtung über die Angelegenheiten der Gesellschaft und Einsichtnahme in die Bücher, entgegenstehende Vereinbarungen sind unwirksam	persönliches Auskunftsrecht jedes Gesellschafters, das jederzeit ausgeübt werden kann, entgegenstehende Vereinbarungen sind unwirksam. Gesellschafter, deren Geschäftsanteile 10 % des Stammkapitals entsprechen, können die Einberufung einer Gesellschafterversammlung verlangen (Minderheitenschutz) Kontrollrechte über einen evtl. Aufsichtsrat

	Eingetragene Genossenschaft (eG)	Gesellschaft bürgerlichen Rechts (GbR)
Beschlußfassung der Gesellschafter	jedes Mitglied hat eine Stimme, Beschlußfassung in der Generalversammlung, grundsätzlich genügt einfache Stimmenmehrheit	jeder Gesellschafter hat eine Stimme, Beschlüsse müssen einstimmig gefaßt werden, abweichende Regelungen möglich
Jahresabschluß	Aufstellung durch den Vorstand innerhalb von 5 Monaten nach Schluß des Geschäftsjahres, Feststellung durch die Generalversammlung innerhalb von 6 Monaten, bestehend aus Bilanz, Gewinn- und Verlustrechnung und Anhang	keine gesetzlichen Bestimmungen praktisch wie OHG
Lagebericht	erforderlich	nicht erforderlich
Rücklagen	gesetzliche Rücklage zur Deckung von Bilanzverlusten erforderlich, sonstige Ergebnisrücklagen möglich, Satzung regelt Mindestdotierung	nicht erforderlich
Gewinn- und Verlustverteilung	Gewinnverteilungsbeschluß der Generalversammlung Verteilung an die Mitglieder nach Dotierung der Rücklagen nach dem Verhältnis ihrer auf den Geschäftsanteil geleisteten Einzahlungen	Verteilung an die Gesellschafter zu gleichen Teilen, abweichende Regelungen möglich
Entnahmerecht	Kein Entnahmerecht während der Mitgliedschaft	kein Entnahmerecht, abweichende Regelungen möglich
Prüfung	Pflichtprüfung durch Genossenschaftsverband, Pflichtmitgliedschaft im Genossenschaftsverband	keine Prüfungspflicht
Offenlegung und Publizität von Jahresabschluß und Lagebericht	Einreichung des Jahresabschlusses, des Lageberichts und des Aufsichtsratsberichts zum Genossenschaftsregister, Veröffentlichungspflicht nur für große Genossenschaften	keine Offenlegung und Publizität

Offene Handelsgesellschaft (OHG)	Gesellschaft mit beschränkter Haftung (GmbH)
jeder Gesellschafter hat eine Stimme, einstimmige Beschlußfassung erforderlich, wenn die Grundlagen der Gesellschaft berührt werden, darüber hinaus sind Mehrheitsbeschlüsse üblich	Ausübung des Stimmrechts nach Geschäftsanteilen, grundsätzlich Beschlußfassung in der Gesellschafterversammlung, üblich sind Mehrheitsbeschlüsse
Aufstellung innerhalb einer dem ordnungsmäßigen Geschäftsgang entsprechenden Zeit, keine gesetzlichen Bestimmungen für Feststellung, bestehend aus Bilanz und Gewinn- und Verlustrechnung	Aufstellung durch die Geschäftsführer innerhalb von 3 Monaten nach Schluß des Geschäftsjahres, Feststellung durch die Gesellschafter innerhalb von 8 Monaten (bei kleinen GmbH's 6 bzw. 11 Moante), bestehend aus Bilanz, Gewinn- und Verlustrechnung mit Anhang
nicht erforderlich	erforderlich
nicht erforderlich	Rücklage für eigene Anteile erforderlich, hingegen keine gesetzliche Rücklage, sonstige Gewinnrücklagen möglich, Gesellschaftsvertrag regelt Mindestdotierung
Verzinsung der Kapitalanteile mit 4 %, sodann Verteilung nach Köpfen, abweichende Regelungen möglich	Gewinnverteilungsbeschluß der Gesellschafterversammlung Verteilung nach Dotierung der Rücklagen entsprechend der Höhe der Geschäftsanteile, abweichende Regelungen möglich
Entnahmen bis zu 4 % des Kapitalanteils im Laufe eines Geschäftsjahres zulässig	Entnahmen als Zwischen- oder Vorausdividende möglich, jedoch beschränkt auf bereits erzielte Gewinne
keine Prüfungspflicht	für kleine GmbH's keine Prüfungspflicht, für mittelgroße und große GmbH's Prüfungspflicht, Prüfung durch WP oder vBP
keine Offenlegung und Publizität	Einreichung des Jahresabschlusses, des Lageberichts und des Gewinnverwendungsvorschlags und -beschlusses zum Handelsregister, Hinweis im Bundesanzeiger auf Handelsregistereinreichung, bei großen GmbH's Veröffentlichung im Bundesanzeiger

	Eingetragene Genossenschaft (eG)	Gesellschaft bürgerlichen Rechts (GbR)
Auflösung und Beendigung	Auflösung durch Beschluß der Generalversammlung, Zeitablauf, Beschluß des Registergerichts oder der Verwaltungsbehörde oder durch Konkurs	Gesellschaft endet durch Kündigung, Erreichen oder Unmöglichwerden des Gesellschaftszwecks, Zeitablauf, Konkurseröffnung über das Vermögen eines Gesellschafters oder dessen Tod
	Liquidation erfolgt durch Vorstand aufgrund gesetzlicher Vorschriften	Liquidation wird von den Gesellschaftern bestimmt
	nach Beendigung der Liquidation Anmeldung des Erlöschens der Firma	

Offene Handelsgesellschaft (OHG)
Auflösung durch Zeitablauf, Gesellschafterbeschluß, Konkurs, Konkurseröffnung über das Vermögen eines Gesellschafters oder dessen Tod, Kündigung oder gerichtliche Entscheidung
Liquidation erfolgt in der Regel durch alle Gesellschafter
nach Beendigung der Liquidation Anmeldung des Erlöschens der Firma

Gesellschaft mit beschränkter Haftung (GmbH)
Gesellschaft endet durch Zeitablauf, Gesellschafterbeschluß, gerichtliches Urteil oder Konkurs
Liquidation erfolgt durch die Geschäftsführer aufgrund gesetzlicher Vorschriften
nach Beendigung der Liquidation Anmeldung des Erlöschens der Firma

JEDER LEBT ANDERS!
LEBT JEDER ANDERS?
WER WOHNT WIE?

als Single – oder als Paar, allein mit dem Kind, den Kindern – oder mit dem Partner –

– als kleine oder als große Familie –

– ältere oder jüngere Menschen – gemeinsam oder getrennt –

Jeder Mensch wohnt anders, jeder hat eigene Wohnbedürfnisse – oft ähneln sie sich, aber nicht immer wohnen die Menschen ihren Bedürfnissen entsprechend. So unterschiedlich, wie die Wohnbedürfnisse sind, so vielfältig sollten auch die Möglichkeiten sein, sie zu realisieren.

Behinderte mit Nichtbehinderten – oder getrennt – Erwachsene mit anderen Erwachsenen – als Wohngemeinschaft

Erwachsene mit Kindern – mit anderen Erwachsenen – mit Kindern – als Wohngruppe – Erwachsene mit Ihren pflegebedürftigen Eltern

– im Eigenheim – in einer Altbauwohnung – im Wohnwagen – in einem Hochhaus –

in einem Vorort – – in der Innenstadt – – in einer größeren Stadt –

– in einer kleineren Stadt – – auf dem Land –

– EIN WOHNGRUPPEN-PROJEKT – WIE KANN DAS AUSSEHEN?

Niemand wohnt gerne in einem anonymen Wohnblock, das ist klar. Auch das freistehende Vorzeige-Eigenheim mit selbstgezimmertem Jägerzaun und eingebauter Einsamkeit beherrscht längst nicht mehr alle Wohn-Träume. Wohngruppen-Projekte wollen die Nachteile dieser beiden Wohnformen vermeiden.

Und zwar so: Interessenten schließen sich zusammen, um gemeinsam nach ihren Bedürfnissen zu bauen und zu wohnen. Im gleichen Gebäude leben dann vielleicht Menschen in ganz unterschiedlichen Wohn-Situationen: Singles und Paare, Kinder und ältere Menschen, Behinderte und Nicht-Behinderte, Familien und Wohngemeinschaften. Die unmittelbare Nachbarschaft mit den anderen Haushalten bietet vielfältige Möglichkeiten, die sich vom herkömmlichen Wohnen unterscheidet:

Architekt: Klaus Holfelder / Foto: Jochen Strobel

WELCHE VORTEILE BRINGEN WOHNGRUPPENPROJEKTE?

Planen und Bauen in der Gruppe:
Die Mitglieder einer Wohngruppe können ihre Wohnungen selbst planen und so dafür sorgen, daß bereits beim Bau der Wohnungen ihre Bedürfnisse berücksichtigt werden. Denn Grundlage der Bauplanung sind, die Vorstellungen der späteren Bewohnerinnen und Bewohner.

Für Eltern und Kinder:
In Gruppenwohnprojekten können Kinder leichter, zusammen mit anderen Kindern, aufwachsen, denn die Wege zu den Spielgefährten sind kurz, und die Eltern können, wenn sie wollen, eine gemeinsame Kinderbetreuung organisieren.

Finanzierung:
Gemeinsam Bauen ist billiger, denn einige Räume oder die Grünflächen außen, werden ja gemeinsam genutzt. Gemeinschaftliche Bauformen nehmen so, pro Wohneinheit, deutlich weniger Grundstücksfläche in Anspruch, als Eigenheime. Und wenn sie gewünscht wird, dann läßt sich auch Selbsthilfe, beim Bau in einer Gruppe, effektiver organisieren, als alleine.

Nachbarschaft:
In einem Gruppenwohnprojekt sind die Bewohnerinnen und Bewohner an der Auswahl ihrer Nachbarn beteiligt. Zugleich bleibt die Privatsphäre der eigenen Wohnung erhalten. Bereits durch die gemeinsame Planung und den Bau der Gebäude, lernen sich die Mitglieder einer Wohngruppe kennen.

Gemeinschaftseinrichtungen:
Durch ein nachbarschaftliches Wohnprojekt können Einrichtungen geschaffen werden, die für den Einzelnen oft nicht zu finanzieren sind. Dazu gehört vielleicht eine Eingangshalle mit Glasdach, die gleichzeitig als Spielmöglichkeit für die Kinder dient, eine guteingerichtete Werkstatt oder eine Sauna.

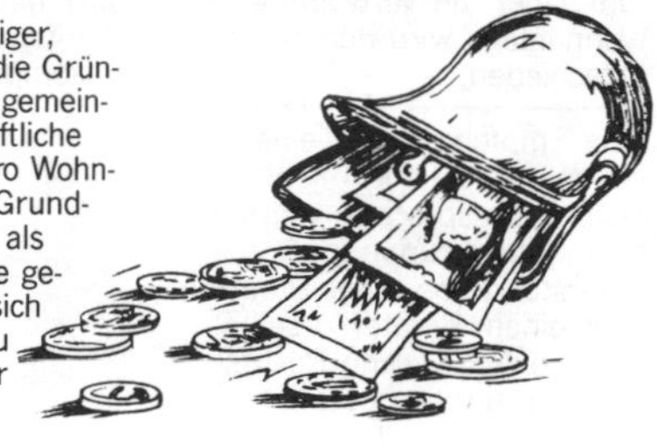

Ökologie:
Bauen und Wohnen mit der Natur bedeutet nicht nur, daß für den Bau oder die Ausstattung der eigenen Wohnung keine gesundheitsgefährdenden Materialien verwendet werden. Ebenso wichtig ist es, daß wiederverwertbare Abfälle gesammelt werden und der Trinkwasserverbrauch reduziert wird. Die hausinternen Abwässer, aus Duschen oder Waschbecken, können zum Beispiel gefiltert und dann für die Toilettenspülung genutzt werden.

Generationenübergreifendes Wohnen:
In gemeinschaftlichen Wohnprojekten können auch ältere Menschen eine Alternative, zur unpersönlichen Unterbringung in Heimen finden. Sie können selbst über ihre Haushaltsführung bestimmen, und gegenseitige Hilfe kann durch Versorgung und Pflege im Bedarfsfall erweitert werden.

WIE LÄSST SICH EINE WOHNGRUPPE ORGANISIEREN?

Wenn Menschen gemeinsam bauen und wohnen wollen, dann brauchen sie eine Rechtsform, um ihre gemeinsamen Angelegenheiten intern regeln zu können und um als Gruppe nach außen einheitlich auftreten zu können. Eine solche Rechtsform für ein Wohnprojekt sollte verschiedene Bedingungen erfüllen. Sie sollte:
- langfristig Rechtssicherheit für alle Beteiligten bieten und die Ziele der Gruppe dauerhaft absichern;
- demokratische Entscheidungsverfahren bei allen wichtigen Entscheidungen vorsehen;
- spätere Anpassungen an veränderte Rahmenbedingungen oder Zielsetzungen ermöglichen;
- den Bewohnerinnen und Bewohnern möglichst Zugang zur öffentlichen Wohnungsbauförderung verschaffen und so Kosten sparen helfen;
- flexible Beteiligungs- und Finanzierungsformen ermöglichen, sowie das Haftungsrisiko für die Gruppe begrenzen;
- einen problemlosen späteren Bewohnerwechsel ermöglichen.

Einer Wohngruppe stehen – theoretisch – verschiedene Rechtsformen zur Verfügung. Wir wollen die gebräuchlichsten hier kurz vorstellen:

Die Genossenschaft
Sie ist die klassische Rechtsform für gemeinschaftliches Eigentum. Die Genossenschaft ist Eigentümerin aller Wohnungen. Alle Mitglieder haben gleiches Stimmrecht und Dauernutzungsverträge für ihre Wohnungen. Damit ist ein weitgehender Schutz des gemeinsamen Wohneigentums vor Spekulation und gleichzeitig eine demokratische Verwaltung des Wohneigentums gewährleistet.

Die Wohnungseigentümergemeinschaft
Die Wohnungseigentümergemeinschaft ist eine Rechtsform, bei der die persönlichen Eigentumsverhältnisse sehr genau definiert sind: Jedem Mitglied gehört seine Wohnung und ein Anteil am Gemeinschaftseigentum. Über die Verwaltung der Wohnanlage wird demokratisch entschieden.

Die Gesellschaft bürgerlichen Rechts
Die Rechtsform der Gesellschaft bürgerlichen Rechts (GbR) läßt sich flexibel den jeweiligen Gruppenerfordernissen anpassen. Auch die GbR bietet eine weitgehende gemeinschaftliche Beteiligung aller Mitglieder, und das Gründungsverfahren ist relativ unkompliziert.

Eine Empfehlung für eine bestimmte Rechtsform kann hier nicht ausgesprochen werden. Denn jede Gruppe muß – unterstützt von einer Beraterin oder einem Berater – selbst entscheiden, welche Rechtsform für sie die beste ist.

FINANZIERUNG: WELCHE MÖGLICHKEITEN DER ÖFFENTLICHEN FINANZIERUNG GIBT ES?

Wohnungsbauförderung
— so helfen Stadt und Staat —

beim Bau einer selbstgenutzten Wohnung

- **staatl. Förderung: Wohneigentum für Familienhaushalte**
  - öffentliche Baudarlehn und Aufwendungsdarlehn
    - für: Familien mit mindestens 3 Kindern. Sie müssen die Einkommensgrenzen des Wohnberechtigungsscheins um 15 % unterschreiten.
    - für: Familien mit mindestens 3 Kindern. Sie dürfen die Einkommensgrenzen des Wohnberechtigungsscheins nicht überschreiten.
  - nicht-öffentliche Baudarlehn und Aufwendungsdarlehn
    - für: Familien mit mind. 2 Kindern. Sie müssen die Einkommensgrenzen des Wohnberechtigungsscheins um 15 % unterschreiten
    - für: Familien mit 1 oder 2 Kindern. Sie dürfen die Einkommensgrenzen des Wohnberechtigungsscheins nicht unterschreiten
    - für: Familien mit 1 oder 2 Kindern. Sie dürfen die Einkommensgrenzen des Wohnberechtigungsscheins nicht überschreiten.
- **Stadt Düsseldorf**
  - Übernahme der Darlehnszinsen für den Grundstückskaufpreis (max. 14 Jahre)
    - für: junge Ehepaare, Alleinerziehende, Familien mit 1 Kind oder 1 behinderter Person, innerhalb bestimmter Einkommensgrenzen

indirekte Förderung

- steuerliche Abschreibung der selbstgenutzten Wohnung nach § 10e EStG

beim Bau von Mietwohnungen

- **staatliche Förderung: öffentlich geförderter Mietwohnungbau (sozialer Wohnungsbau)** z.B. für Genossenschaft
  - Baudarlehn
- **Stadt Düsseldorf**
  - Aufwendungszuschüsse

Baudarlehn und Aufwendungszuschüsse für: Personen, deren Einkommen die Grenzen des Wohnberechtigungsscheins nicht überschreitet

HANDLUNGSSCHRITTE — VOM ERSTEN TREFFEN BIS ZUM BAU...

1 Meist bildet sich zunächst aus einem Kreis von Interessierten eine feste Gruppe, die gemeinsam Bauen und Wohnen will. Gemeinsame Bau- und Wohnvorstellungen werden entwickelt und erste Informationen über mögliche Baugrundstücke, Bauformen und Finanzierungsmöglichkeiten eingeholt.

2 Die Suche nach einem geeigneten Baugrundstück beginnt nun. Solche Grundstücke stehen z.B. in Düsseldorf-Gerresheim zur Verfügung. Interessentinnen und Interessenten an einer Gruppenbaumaßnahme können sich — in Gerresheim beispielsweise im April 1991 — auf einer Informationsveranstaltung über dieses Vorhaben informieren. Auf dieser Veranstaltung können sich interessierte Einzelpersonen auch noch vorhandenen Gruppenprojekten anschließen oder neue Gruppen bilden. Anschließend sollten sich die Gruppen für ein Baugrundstück bewerben. Dazu haben sie etwa drei Monate Zeit.

6 Da auf dem Baugebiet Benderstr./Bergische Landstr. **ca. 5** Gruppenwohnprojekte entstehen sollen, muß zwischen ihnen eine Gesamtabstimmung bezüglich der Grundstücke, Begrünung, Wege etc. erfolgen.

7 Nun sollten der Architekt und die Bewohnerinnen und Bewohner im Detail die Verteilung, den Zuschnitt, die Standards der Wohnungen planen.

9 Schließlich werden der Antrag und die Förderanträge bei den zuständigen Behörden eingereicht.

. . .ODER: WIE ENTSTEHT EIN GRUPPEN-WOHNPROJEKT?

3 Wenn ein geeignetes Grundstück in Aussicht steht, dann sollten die interessierten Gruppen möglichst bald folgende Fragen beantworten können: Wer ist beteiligt am rojekt? Wie groß ist das Projekt? Wie wird finanziert? Welche Rechtsform ist die stigste für die Gruppe.

Die Auswahl unter den Bewerberinnen und Bewerbern für ein Baugrundstück in Gerresheim, wird das Liegenschaftsamt der Stadt Düsseldorf im Sommer 1991 treffen.

8 Die vertraglichen Vereinbarungen unter den Projektmitgliedern, sowie die Gesamtfinanzierung des Projektes, sind nun zu klären und mit den beteiligten Kreditinstituten abzustimmen. Evtl. wird ein Betreuer oder ein Betreuungsunternehmen für die Bauphase ausgewählt. Auch bei diesen Schritten kann die WohnBund-Beratung NRW weiterhelfen.

4 In etwa zeitgleich, mit der Suche nach einem Baugrundstück, sollten die Gruppen Ausschau halten nach einem geeigneten Architekten, mit dem sie ihr Bauvorhaben realisieren wollen. Zudem ist es sinnvoll, eine Beraterin oder einen Berater für die Bereiche Finanzierung, Rechtsform und ökologisches Bauen auszuwählen.
Die Interessenten, für ein Baugrundstück in Gerresheim, werden bei der Entwicklung eines Konzeptes, für ihr Wohnprojekt, von der WohnBund-Beratung NRW unterstützt.

10 Nach der Genehmigung des Bauantrages, kann jetzt mit dem Bau der Wohnungen begonnen werden. Wenn es vorher vereinbart wurde, dann helfen die späteren Bewohnerinnen und Bewohner nun auch selbst mit.

5 Wenn ein geeigneter Architekt beauftragt worden ist, dann müssen seine ersten Grob-Entwürfe mit den Wünschen der Bewohner, den Bauvorschriften und dem Finanzierungsrahmen abgestimmt werden. Auch hierbei werden die Gerresheimer Baugruppen von der WohnBund-Beratung NRW beraten und unterstützt.

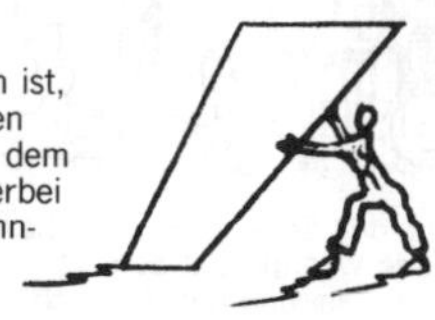

Vielleicht würden auch Sie gerne gemeinsam mit anderen Menschen bauen und wohnen?

Dieser Fragebogen soll Ihnen die Entscheidung erleichtern. Deshalb haben wir, natürlich aus unserer Sicht, mögliche Meinungen zum gemeinschaftlichen Wohnen aufgelistet:

Ich lasse mir mein schmuckes Eigenheim, mit eigenem Garten, nicht vermiesen!

Ich möchte nicht nur mit meinem Partner, meiner Partnerin, allein, oder mit meinem Kind, meinen Kindern wohnen, sondern auch noch mit anderen Menschen

Ich möchte an der Planung meiner Wohnung beteiligt sein und mir meine Nachbarn selbst aussuchen können

Ich möchte, daß Entscheidungen, die das gesamte Wohnprojekt betreffen, auch gemeinsam und demokratisch gefällt werden

Ich möchte über den Bau meiner Wohnung allein entscheiden

Bei solchen Projekten kommt es ja doch immer zu endlosen Gruppensitzungen

Meine Wohnung soll durch Gemeinschaftseinrichtungen und Gemeinschaftsräume, wie eine größere Eingangshalle, eine Sauna oder eine Werkstatt, ergänzt werden

Der Herr Nachbar soll seine Finger von meiner Bohrmaschine lassen

Ich möchte zusammen mit anderen Gruppenmitgliedern Selbsthilfe leisten und so die Baukosten niedrig halten

Ich hätte gern einen guten Kontakt mit meinen Nachbarn

Ich möchte einen möglichst großen Sicherheitsabstand zu meinen Nachbarn

Meine Kinder sollen, gemeinsam mit anderen Kindern aus der Nachbarschaft, aufwachsen

Damit die Kinder von nebenan auch noch direkt vor meiner Wohnungstür Lärm machen können?

...So ein gemeinschaftliches Wohnprojekt interessiert mich! Ich gehe jetzt zur Beratungsstelle der Stadt Düsseldorf/WohnBund-Beratung NRW und informiere mich über meine Möglichkeiten, mich an einem solchen Projekt zu beteiligen.

Impressum

Herausgeber: Landeshauptstadt Düsseldorf Amt für Wohnungswesen

Konzeption/Inhalt: WohnBund-Beratung NRW, Bochum

Grafik/Illustration: Claus Hessler, Krefeld

Druck: Goergens & Lesaar GmbH, Düsseldorf

I. Einleitung

Anfang des Jahres 1988 hat die Lawaetz-Stiftung einen Leitfaden für VereinsgründerInnen herausgegeben. Der hier vorgelegte Leitfaden für GenossenschaftsgründerInnen soll die "Leitfadenreihe" der Lawaetz-Stiftung fortsetzen, weil neben dem Verein auch die Genossenschaft gerade für "Alternativbetriebe" geeignet ist, sofern die wirtschaftliche - und nicht nur die ideelle - Förderung der Mitglieder angestrebt wird.

Eine **Genossenschaft** zeichnet sich dabei insbesondere aus durch:

- den Grundsatz der **Selbsthilfe**,
- den Grundsatz der **Selbstverwaltung**
- das **Demokratieprinzip**.

Der **Selbsthilfegrundsatz** bedeutet vor allem, daß sich die Genossen durch Geschäftsabschlüsse mit der Genossenschaft selbst fördern.

Der **Selbstverwaltungsgrundsatz** besagt, daß die jeweiligen Gesellschafter ihre eigenen Angelegenheiten mittels gesellschaftsrechtlicher Mitverwaltungs- und Kontrollrechte selbst regeln. Sein originärer genossenschaftlicher Sinn zielt darauf ab, daß die Genossen möglichst weitgehend an der Generalversammlung beteiligt sein sollen. Dies kommt im geltenden Genossenschaftsrecht vor allem darin zum Ausdruck, daß der Vorstand und der Aufsichtsrat aus Genossen bestehen müssen.

Das **Demokratieprinzip** besagt zum einen, daß der Vorstand und der Aufsichtsrat ihre Leitungs- und Kontrollbefugnisse von der Mehrheitsentscheidung der in der Genossenschaftsversammlung sitzenden Genossen ableiten. Zum ande-

Verkaufsstelle der Produktivgenossenschaft der Bäckereiarbeiter Hamburg, gegründet 1895

ren kommt dieses Prinzip in der persönlichen Stimmrechtsgleichheit (ein Mensch - eine Stimme, unabhängig von der Kapitalbeteiligung der einzelnen Genossen) zum Ausdruck. Dieses Prinzip der persönlichen Stimmrechtsgleichheit hat sich jedoch für die eingetragene Genossenschaft durch das unter bestimmten Voraussetzungen kraft Statuts zulässige Mehrheitsstimmrecht abgeschwächt (siehe Seite 16).

Diese Grundsätze finden sich in allen Genossenschaften wieder, so beispielsweise in Produktivgenossenschaften und Wohnungsbaugenossenschaften.

Produktivgenossenschaften sind Zusammenschlüsse von Arbeitern und Handwerkern zur gemeinsamen Herstellung und Verwertung von Gegenständen oder zur gemeinsamen Erbringung von Dienstleistungen. Anders als bei anderen Genossenschaften haben die Genossen von Produktivgenossenschaften zwingend ihre eigene Arbeitskraft zur Verfügung zu stellen. Sie sind damit sowohl Unternehmer als auch Arbeitnehmer. Gegenstand einer Produktivgenossenschaft kann beispielsweise das Einbringen gemeinschaftlicher handwerklicher Leistungen unter Berücksichtigung sozialer und ökologischer Prinzipien sein. Die sozialen Prinzipien können in der Förderung der Gleichberechtigung zwischen Frauen und Männern sowie des kulturellen Zusammenlebens von Ausländern und Deutschen ihren Ausdruck finden. Die ökologischen Prinzipien sind durch sparsamen und auf Wiederverwendung von Rohstoffen, Materialien und Energie gerichteten Umgang in die Praxis umzusetzen (siehe die im Anhang unter 2.1. beigefügte Satzung).

Eine Wohnungsbaugenossenschaft bezweckt die Versorgung ihrer Mitglieder mit Wohnraum. Unternehmensgegenstand kann beispielsweise die Errichtung, Erwerbung und Bewirtschaftung von Wohnungen sein mit dem Schwerpunkt der Erhaltung kulturhistorisch bedeutsamer und schutzwürdiger Bausubstanz unter Berücksichtigung der bereits erwähnten Grundsätze von Selbsthilfe und Selbstverwaltung (siehe die im Anhang unter 2.2. beigefügte Satzung).

Eine Mietergenossenschaft erwirbt und bewirtschaftet Wohnungen, um ihren Genossen preiswerten Wohnraum zur Verfügung zu stellen. Dabei kann beispielsweise angestrebt werden, daß die Genossen Selbsthilfearbeiten zu leisten haben und die Bewirtschaftung in Form der Selbstverwaltung realisiert werden soll (siehe die im Anhang unter 2.3. beigefügte Satzung).

Beide Genossenschaftsarten sind - ebenso wie alle anderen Genossenschaftsarten auch - Gesellschaften von nicht geschlossener Mitgliederzahl, welche die **Förderung des Erwerbes oder der Wirtschaft ihrer Mitglieder** mittels gemeinschaftlichen Geschäftsbetriebes bezwekken (§ 1 Absatz 1 Genossenschaftsgesetz).

Mit dieser gesetzlichen Definition wird auch die Abgrenzung zum Verein deutlich. Während nämlich der Vereinszweck nicht auf einen wirtschaftlichen Geschäftsbetrieb gerichtet ist und somit ideelle Ziele verfolgt (wirtschaftliche Vereine werden in der Regel nicht genehmigt); ist die Genossenschaft auf die wirtschaftliche Förderung ihrer Mitglieder ausgerichtet und somit quasi ein wirtschaftlicher Verein, die ihre Rechtsfähigkeit durch Eintragung in das Genossenschaftsregister erlangt.

Ähnlich wie bei einer Vereinsgründung tauchen auch für GenossenschaftsgründerInnen viele Fragen auf:

- Was ist eine Genossenschaft?
- Wie wird eine Genossenschaft gegründet?
- Wie kann ein Genossenschaftsstatut aussehen?
- Wie haften die Genossenschaft und deren Mitglieder?
- Wer vertritt die Genossenschaft?
- Wie sind die Mitspracherechte der einzelnen Genossen?

Eine erste Anwort auf diese und viele weitere Fragen zu geben ist Ziel dieser Broschüre. Im Anhang befinden sich einige Muster, die dazu beitragen sollen, den Umgang mit den gesetzlich vorgeschriebenen Formalien ein wenig zu erleichtern. Bei den ausgewählten Statuten handelt es sich um drei Hamburger Genossenschaftssatzungen, nämlich um die Satzung der "Produktivgenossenschaft St. Pauli eG", um die Satzung der "Wohnungsbaugenossenschaft Schanze eG" sowie um die Satzung der "Mietergenossenschaft Falkenried-Terrassen eG". Die jeweiligen Genossenschaften haben der Lawaetz-Stiftung den Abdruck ihrer Statuten gestattet. Der Justiziar des Revisionsverbundes Deutscher Konsumgenossenschaften e.V., Herr Stapelfeld, hat mit seinen Anmerkungen einen wertvollen Beitrag für das Zustandekommen dieser Broschüre geleistet. Dafür bedanken wir uns.

II. Historischer Abriß

Die **Genossenschaftsbewegung** hat eine lange Tradition. Die frühesten bekannten Genossenschaften (oder Vorformen) waren Mark-, Dorf- und Deich-Genossenschaften sowie die mittelalterlichen Bruderschaften, Gilden und Zünfte.

Ferner gründeten sich im 18. Jahrhundert die ersten Konsumgenossenschaften. Dem folgten in rascher Reihenfolge die ersten Rohstoff-Genossenschaften und mit "Raiffeisen" die erste landwirtschaftliche Darlehnskasse.

Nur unterbrochen durch die Inflation der zwanziger Jahre des zwanzigsten Jahrhunderts und der Zäsur (Gleichschaltung) in der nationalsozialistischen Zeit hat es eine ständige Ausweitung des Genossenschaftswesens gegeben. Anders gesagt: Aufgrund von Konzentrationsprozessen ging zwar die Zahl der Genossenschaften zurück, die Zahl der Mitglieder stieg aber beachtlich. Etwa jeder vierte erwachsene

III. Errichtung der Genossenschaft

1. Begriff und Bedeutung

Die eingetragene Genossenschaft ist eine rechtsfähige Körperschaft nach Art des Vereins. Sie ist eine juristische Person und besitzt Kaufmannseigenschaft. Ebenso wie beim eingetragenen Verein ist die Anzahl der Mitglieder nicht begrenzt und kann stetig wechseln. Damit schwankt zugleich das Eigenkapital der Genossenschaft. Hierin unterscheidet sie sich von den Kapitalgesellschaften, für die die Rechtsordnung ein fixes Grundkapital vorschreibt, das in der Satzung festgelegt werden muß. Das Genossenschaftsgesetz geht - stärker als beim eingetragenen Verein, bei dem für die Vorstandstätigkeit keine Mitgliedschaft erforderlich ist - von einer intensiven Beteiligung der Genossen an der Genossenschaft aus. Gemäß § 9 Absatz 2 Genossenschaftsgesetz können **nur Genossen in den Vorstand und Aufsichtsrat** gewählt werden. Bei Kleinstgenossenschaften bis zu zwölf Mitgliedern empfiehlt es sich, daß bis auf die Vorstandsmitglieder sämtliche Genossenschaftsmitglieder im Aufsichtsrat tätig sind. Hierdurch ist eine besonders intensive Mitgliedermitwirkung der Genossen gewährleistet. Dem Prinzip der Selbstverwaltung wird damit im besonderen Maße Rechnung getragen.

Die eingetragene Genossenschaft als juristische Person (§ 17 Absatz 1 GenG) haftet ihren Gläubigern gegenüber nur mit ihrem Genossenschaftsvermögen (§ 2 GenG). Die Satzung kann allerdings eine Nachschußpflicht der Mitglieder, unter Umständen begrenzt auf eine Haftsumme, vorsehen. Die Genossenschaft erlangt ihre **Rechtsfähigkeit durch Eintragung in das Genossenschaftsregister** (§ 13 GenG).

Sie kann jedoch schon vor Eintragung ihre Geschäftstätigkeit aufnehmen.

Der **Zweck der eingetragenen Genossenschaft** ergibt sich - wie bereits erwähnt - aus § 1 Genossenschaftsgesetz. Demnach erwerben Gesellschaften von nicht geschlossener Mitgliederzahl, welche die Förderung des Erwerbes oder der Wirtschaft ihrer Mitglieder mittels gemeinschaftlichen Geschäftsbetriebes bezwecken, die Rechte einer eingetragenen Genossenschaft nach Maßgabe des Genossenschaftsgesetzes. Aus dieser Formulierung wird deutlich, daß der Genossenschaftszweck weder ideeller Natur sein darf, noch dem Prinzip der Gewinnmaximierung entsprechen darf. Vielmehr geht es darum, daß die Genossenschaft für ihre Mitglieder und somit Nutzer günstige Leistungen anbietet.

Waren- und Dienstleistungsgenossenschaften können deshalb ihren Mitgliedern den wirtschaftlichen Überschuß als sogenannte Rückvergütung ausschütten. Soweit eine weitgehende Sozialbindung des Kapitals beabsichtigt ist, müssen besondere Vorkehrungen in der Satzung getroffen werden, die im Falle der Liquidation oder Verschmelzung oder Umwandlung eine persönliche Bereicherung der Mitglieder ausschließen.

2. Gründung der Genossenschaft

Die Gründung einer eingetragenen Genossenschaft vollzieht sich ganz ähnlich wie die des eingetragenen Vereins. Die Anzahl der Genossen muß dabei **mindestens sieben** betragen (§ 4 GenG). Die Gründer haben zunächst das Statut festzulegen (vgl. hierzu Muster im Anhang 2). Dieses Statut (Satzung) muß schriftlich aufgestellt werden (§ 5 GenG) und den **Mindestanforderungen** der §§ 6 und 7 Genossenschaftsgesetz entsprechen.

Gemäß § 6 Genossenschaftsgesetz muß das Statut enthalten:

- die Firma und den Sitz der Genossenschaft;

- den Gegenstand des Unternehmens;

- Bestimmungen darüber, ob die Genossen für den Fall, daß die Gläubiger im Konkurs der Genossenschaft nicht befriedigt werden, Nachschüsse zur Konkursmasse unbeschränkt, beschränkt auf eine bestimmt Summe (Haftsumme) oder überhaupt nicht zu leisten haben;

- Bestimmungen über die Form für die Berufung der Generalversammlung der Genossen sowie für die Beurkundung ihrer Beschlüsse und über den Vorsitz in der Versammlung; die Berufung der Generalversammlung muß durch unmittelbare Benachrichtigung sämtlicher Genossen oder durch Bekanntmachung in einem öffentlichen Blatt erfolgen; das Gericht kann hiervon Ausnahmen zulassen. Die Bekanntmachung im Bundesanzeiger genügt nicht;

- Bestimmungen über die Form, in welcher die von der Genossenschaft ausgehenden Bekanntmachungen erfolgen, sowie über die öffentlichen Blätter, in welche dieselben aufzunehmen sind.

Das Statut muß gemäß § 7 Genossenschaftsgesetz ferner bestimmen:

- den Betrag, bis zu welchem sich die einzelnen Genossen mit Einlagen beteiligen können (Geschäftsanteil), sowie die Einzahlungen auf den Geschäftsanteil, zu welchen jeder Genosse verpflichtet ist; dieselben müssen bis zu einem Gesamtbetrage von mindestens einem Zehnteile des Geschäftsanteils nach Betrag und Zeit bestimmt sein;

- die Bildung einer gesetzlichen Rücklage, welche zur Deckung eines aus der Bilanz sich ergeben-

Produktivgenossenschaftliche Arbeiter mit Vorleser in der von Elm gegründeten Tabakarbeitergenossenschaft

den Verlustes zu dienen hat, sowie die Art dieser Bildung, insbesondere den Teil des Jahresüberschusses, welcher in diese Rücklage einzustellen ist, und den Mindestbetrag der letzteren, bis zu dessen Erreichung die Einstellung erfolgen kann.

§ 7 a sowie § 8 Genossenschaftsgesetz enthalten Kann-Vorschriften für das Statut (vgl. hierzu die Muster im Anhang).

Das in der Gründungsversammlung aufgestellte und diskutierte Statut muß von mindestens sieben Personen unterzeichnet werden (vgl. hierzu Muster im Anhang 1).

Aus dem Kreis der Gründungsmitglieder sind sodann **der Vorstand und der Aufsichtsrat** zu wählen (§ 9 Absatz 1 GenG).

Die Genossenschaft in Gründung muß dann einem Prüfungsverband beitreten (§ 54 GenG). Der Prüfungsverband wird sodann über die Erfolgsaussichten der Genossenschaft befinden. Hierfür benötigt der Verband folgende Unterlagen:

- das Statut (Satzung);
- ein Verzeichnis der Vorstands- und Aufsichtsratsmitglieder;
- eine Darstellung der wirtschaftlichen Verhältnisse, die nachweist, daß die Genossenschaft auf Sicht zumindest verlustfrei arbeiten wird.

Erst nach Zustimmung durch den **zuständigen Prüfungsverband** kann die Genossenschaft in das Genossenschaftsregister eingetragen werden.

Erfahrungsgemäß ergeben sich bei der Prüfung der rechtlichen und persönlichen Verhältnisse nur geringe Schwierigkeiten, während das vorzulegende wirtschaftliche Konzept (Plan: Gewinn- und Verlustrechnung; Plan: Bilanzen) häufig im ersten Anlauf keine Anerkennung findet.

Gemäß § 11 Absatz 1 Genossenschaftsgesetz obliegt die **Anmeldung zur Eintragung in das Genossenschaftsregister** dem Vorstand (vgl. hierzu Muster im Anhang 3; Adresse im Anhang unter Punkt 6).

Der Anmeldung sind gemäß § 11 Absatz 2 Genossenschaftsgesetz beizufügen:

- das Statut, das von den Genossen unterzeichnet sein muß, und eine Abschrift derselben;
- eine Liste der Genossen;
- eine Abschrift der Urkunden über die Bestellung des Vorstandes und des Aufsichtsrates;
- die Bescheinigung des Prüfungsverbandes, daß die Genossenschaft zum Beitritt zugelassen ist, sowie eine gutachtliche Äußerung des Prüfungsverbandes, ob nach den persönlichen oder wirtschaftlichen Verhältnissen, insbesondere der Vermögenslage der Genossen, eine Gefährdung der Belange der Genossen oder der Gläubiger der Genossenschaft zu besorgen ist.

In der Anmeldung ist gemäß § 11 Absatz 3 Genossenschaftsgesetz ferner anzugeben, welche Vertretungsbefugnis die Vorstandsmitglieder haben.

Die Anmeldung ist dabei stets von den Vorstandsmitgliedern in öffentlich beglaubigter Form einzureichen. Die Anmeldung durch einen Bevollmächtigten ist somit ausgeschlossen. Die öffentliche Beglaubigung ist dabei wie bei der Anmeldung eines Vereins von einem Notar vorzunehmen.

3. Geschäftsanteile

Das Statut einer Genossenschaft muß den Geschäftsanteil bestimmen (§ 7 GenG). Dabei kann das Statut festlegen, daß sich die Genossen auch mit mehr als einem Geschäftsanteil beteiligen dürfen. Das Statut kann eine Höchstzahl festsetzen und weitere Voraussetzungen aufstellen (§ 7 a Absatz 1 GenG). Die Genossen können sich also nur dann mit mehr als einem Geschäftsanteil beteiligen, wenn das Statut dies ausdrücklich gestattet. Dabei kann die nähere verfahrenstechnische Ausgestaltung der Übernahme mehrerer freiwilliger Geschäftsanteile einer Geschäftsordnung überlassen bleiben. Das Statut muß keine Höchstzahl festsetzen. Folgt keine Festsetzung, dürfen die Genossen weitere Geschäftsanteile in unbeschränkter Zahl übernehmen. Das Statut kann auch vorsehen, daß sich die Genossen mit mehreren Genossenschaftsanteilen beteiligen müssen (Pflichtbeteiligung) (§ 7 a Absatz 2 GenG).

Baustelle am Brunnenhof, Handwerksgenossenschaft St. Pauli

Ferner muß festgelegt werden, wieviel auf den Geschäftsanteil sofort eingezahlt werden muß. Im übrigen kann Ratenzahlung oder Zuschreibung eines etwaigen Gewinn- oder Rückvergütunganteils vorgesehen werden. Der Betrag, mit dem das Mitglied durch Einzahlung auf den Geschäftsanteil beziehungsweise Zuschreibung oder Abschreibung (bei Verlusten) effektiv an der Genossenschaft beteiligt ist, heißt **Geschäftsguthaben**.

4. Beitritt

Die Mitgliedschaft in einer Genossenschaft setzt die Teilnahme an der Gründung (durch Unterzeichnung des Statuts) oder eine unbedingte schriftliche Beitritterklärung voraus (§ 15 Absatz 1 GenG), wird aber erst nach Annahme durch den Vorstand und die Eintragung in die vom Registergericht geführte Genossenschaftsliste erworben (§ 15 Absatz 2 und 3 GenG); (vgl. hierzu Muster im Anhang 4).

IV. Haftung

Für die Verbindlichkeiten der Genossenschaft haften die Genossen nach Maßgabe des Genossenschaftsgesetzes. Das Gesetz bestimmt zunächst, daß für die Verbindlichkeiten der Genossenschaft den Gläubigern nur das **Vermögen der Genossenschaft haftet** (§ 2 GenG). Insofern ist keine Nachschußpflicht der Genossen vorgeschrieben. Dadurch soll vermieden werden, daß die Genossen durch unerwartete Zahlungslasten, die vor allem bei unbeschränkter Nachschußpflicht beträchtliche Höhe erreichen können, überrascht werden. Der Gläubigerschutz ist dadurch gewährleistet, daß jede Genossenschaft Mitglied in einem Prüfungsverband sein muß, der insbesondere auch die Ordnungsmäßigkeit der Geschäftsführung prüft.

Das Statut der Genossenschaft muß jedoch gemäß § 6 Nr. 3 Genossenschaftsgesetz **Bestimmungen über die Nachschußpflicht** der Genossen im Falle des Konkurses der Genossenschaft enthalten.

§ 6 Nr. 3 Genossenschaftsgesetz eröffnet folgende Möglichkeiten:

- unbeschränkte Nachschußpflicht, d. h. jeder Genosse kann im Falle des Konkurses der Genossenschaft mit seinem ganzen Vermögen in Anspruch genommen werden;
- beschränkte Nachschußpflicht, d. h. jeder Genosse kann bis zu der im Statut festgelegten Haftungssumme zu Nachschüssen herangezogen werden;
- keine Nachschußpflicht, d.h. kein Genosse haftet mit seinem Privatvermögen.

V. Vertretung und Geschäftsführung

Organe der Genossenschaft sind - wie beim eingetragenen Verein - Vorstand und Generalversammlung (beim eingetragenen Verein Mitgliederversammlung genannt). Darüber hinaus muß jede Genossenschaft einen Aufsichtsrat haben. Dabei müssen die Mitglieder sowohl des Vorstandes als auch des Aufsichtsrats Genossen sein (§ 9 Absatz 2 GenG). Hierin kommt der Grundsatz der Selbstorganschaft zum Ausdruck. Er soll die Entstehung eines eigenständigen Managements verhindern. Daneben kann die Satzung weitere Organe - beispielsweise Belegschaftsräte - vorsehen und ihnen Aufgaben zuweisen.

1. Vorstand

Der Vorstand einer Genossenschaft besteht aus **mindestens zwei** Mitgliedern; abweichende Regelungen mit mehr als zwei Mitgliedern sind allerdings möglich

(§ 24 Absatz 2 GenG). Die Wahl des Vorstandes erfolgt durch die Generalversammlung oder ein anderes von der Satzung festgelegtes Organ. Auch ein externes Gremium (beispielsweise ein nahestehender Verein) darf den Vorstand ganz oder teilweise wählen. Seine Bestellung kann jederzeit widerrufen werden (§ 24 Absatz 2 und 3 GenG). Die Bestellung und Abberufung von Vorstandsmitgliedern ist in das Genossenschaftsregister einzutragen (§ 28 GenG). Die Eintragung hat ähnliche Wirkungen wie die in das Vereinsregister, d. h. erst nach Eintragung und Bekanntmachung muß ein Dritter die Änderung gegen sich gelten lassen (§ 29 Absatz 1 und 2 GenG).

Die Genossenschaft wird durch den Vorstand gerichtlich und außergerichtlich vertreten (§ 24 Absatz 1 GenG). Gemäß § 25 Absatz 1 Genossenschaftsgesetz sind die Mitglieder des Vorstandes nur gemeinschaftlich zur Vertretung befugt (sogenannte echte Gesamtvertretung). Abweichende Regelungen - beispielsweise Einzelvertretung - sind allerdings möglich (§ 25 Absatz 2 GenG). Eine Beschränkung der Vertretungsbefugnis ist generell im Innenverhältnis möglich, im Außenverhältnis ist die Vertretungsmacht unbeschränkt und unbeschränkbar (§ 27 Absatz 1 und 2 GenG).

Im Rahmen der Geschäftsführung hat der Vorstand insbesondere folgende Aufgaben:

- Führung eines Genossenschaftsverzeichnisses;
- Erstellung der Buchführung;
- Erstellung des Jahresabschlusses;
- Erstellung des Lageberichtes.

Der Vorstand hat am Ende des Geschäftsjahres dem Aufsichtsrat und - mit dessen Bemerkungen - der Generalversammlung die Bilanz, die Gewinn- und Verlustrechnung und den Lagebericht vorzulegen (§ 33 Absatz 1 GenG); (vgl. hierzu Muster im Anhang 5).

Die Mitglieder des Vorstandes haben bei ihrer Geschäftsführung die Sorgfalt eines ordentlichen und gewissenhaften Geschäftsleiters einer Genossenschaft anzuwenden; sie sind hierfür der Genossenschaft verantwortlich und bei Verstößen schadensersatzpflichtig (§ 34 GenG).

2. Aufsichtsrat

Bei Genossenschaften muß stets ein Aufsichtsrat gebildet werden (§ 9 Absatz 1 GenG). Er besteht aus **mindestens drei** von der Generalversammlung zu wählenden Mitgliedern (§ 36 Absatz 1 GenG). Die Aufsichtsratsmitglieder dürfen keine nach dem Geschäftsergebnis bemessene Vergütung (Tantieme) beziehen (§ 36 Absatz 2 GenG); der Ersatz von Aufwendungen sowie die Zahlung einer angemessenen Pauschale (Sitzungsgeld) sind zulässig.

Der Aufsichtsrat hat den Vorstand bei der Geschäftsführung zu überwachen; seine weiteren Aufgaben ergeben sich aus dem Statut und dem Gesetz (§ 38 ff. GenG).

3. Generalversammlung

Die Generalversammlung einer Genossenschaft ist das **höchste Organ,** durch das die Mitglieder (Genossen) ihre Mitgliedsrechte ausüben (§ 43 Absatz 1 GenG). Die Generalversammlung beschließt dabei insbesondere über den Jahresabschluß, die Gewinn- und Verlustverteilung sowie die Entlastung von Vorstand und Aufsichtsrat (§ 48 Absatz 1 GenG).

Die Generalversammlung beschließt mit einfacher Stimmenmehrheit, soweit nicht Gesetz oder Statut abweichende Mehrheiten oder weitere Erfordernisse bestimmen (§ 43 Absatz 2 GenG). Die **Mehrheit** errechnet sich **nach Köpfen** und nicht nach dem Umfang der kapitalmäßigen Beteiligung. Das Statut kann aber Mehrheitsstimmrechte vorsehen; keinem Genossen können jedoch mehr als 3 Stimmen gewährt werden (§ 43 Absatz 3 GenG). Zu beachten ist allerdings, daß das Mehrheitsstimmenrecht dort nicht gilt, wo das Genossenschaftsgesetz für einen Beschluß die Mehrheit von 3/4 der abgegebenen Stimmen verlangt; in diesem Fall hat jeder Genosse - ohne Rücksicht auf Mehrheitsstimmrechte - nur eine Stimme.

Dies gilt in folgenden Fällen:

- Änderung des Statuts (§ 16 Absatz 2 GenG).
- Widerruf der Bestellung eines Aufsichtsratsmitgliedes (§ 36 Absatz 3 GenG)
- Auflösung der eingetragenen Genossenschaft (§ 78 Absatz 1 GenG);
- Festlegung weiterer Zahlungspflichten zur Abwendung des Konkurses (§ 87 a Absatz 1 GenG).

Die Einberufung der Generalversammlung erfolgt dabei entsprechend dem Vereinsrecht. Dies bedeutet, daß die Generalversammlung in der Regel durch den Vorstand einberufen wird, soweit nicht nach dem Statut oder dem Genossenschaftsgesetz auch andere Personen dazu befugt sind (§ 44 Absatz 1 GenG). Gemäß § 45 Absatz 1 Genossenschaftsgesetz kann aber auch eine im Statut festgelegte Minderheit der Genossen - sonst der im Gesetz festgelegte zehnte Teil - die Einberufung verlangen. Die Berufung der Generalversammlung muß dabei in der durch das Statut bestimmten Weise mit einer Frist von mindestens einer Woche erfolgen (§ 46 Absatz 1 GenG). Dabei soll der Zweck der Generalversammlung jederzeit bei der Berufung bekanntgemacht werden (§ 46 Absatz 2 GenG).

Über die Beschlüsse der Generalversammlung ist eine Niederschrift anzufertigen. Sie soll den Ort und den Tag der Versammlung, den Namen des Vorsitzenden sowie Art und Ergebnis der Abstimmung und die Feststellung des Vorsitzenden über die Beschlußfassung enthalten. Die Niederschrift ist vom Vorsitzenden und den anwesenden Mitgliedern des Vorstandes zu unterschreiben (§ 47 Absatz 1 und 2 GenG). Die gefaßten Beschlüsse bedürfen keiner notariellen Beurkundung. Jedem Genossen sowie dem Prüfungsverband ist die Einsicht in die Niederschrift gestattet.

VI. Prüfung und Prüfungsverband

Jede Genossenschaft muß einem Prüfungsverband angehören, dem das Prüfungsrecht verliehen ist (§ 54 GenG), (Adressen im Anhang unter Punkt 6). Eine eingehende Prüfung, die die Feststellung der wirtschaftlichen Verhältnisse und die Ordnungsmäßigkeit der Geschäftsführung beinhaltet, hat mindestens in jedem 2. Geschäftsjahr stattzufinden (§ 53 Absatz 1 GenG). Diese umfassende **Pflichtprüfung** dient - insbesondere vor dem Hintergrund, daß grundsätzlich nur Genossen in den Vorstand und den Aufsichtsrat berufen werden können - sowohl dem Schutz der Genossenschaftsmitglieder vor Einlageverlust, Nachschüssen und eigenwirtschaftlichen Rückschlägen, als auch dem Schutz der Genossenschaftsgläubiger vor Forderungsausfall.

Bei der Prüfung bedient sich der Prüfungsverband der von ihm angestellten Prüfer, die im genossenschaftlichen Prüfungswesen ausreichend vorgebildet und erfahren sein sollen (§ 55 Absatz 1 GenG). Dabei wird das Prüfungsrecht dem Verband durch die zuständige oberste Landesbehörde verliehen, in deren Gebiet der Verband seinen Sitz hat (§ 63 GenG); er soll die Rechtsform eines eingetragenen Vereins haben (§ 63b Absatz 1 GenG).

Das Prüfungsverfahren ist in den §§ 57 ff. Genossenschaftsgesetz geregelt. Der Vorstand hat dem Prüfer die Einsicht der Bücher und Schriften der Genossenschaft zu gestatten und alle erforderlichen Informationen zu geben (§ 57 Absatz 1 GenG). Nach der Prüfung ist das Ergebnis mit dem Vorstand und dem Aufsichtsrat zu erörtern (§ 57 Absatz 4 GenG). Danach erstattet der Prüfungsverband den schriftlichen **Prüfungsbericht** (§ 58 Absatz 1 GenG), den der Vorstand nach Beratung mit dem Aufsichtsrat der Generalversammlung vorzulegen hat (§ 59 und 60 GenG). Gemäß § 62 Absatz 1 Genossenschaftsgesetz haften der Prüfungsverband und seine Prüfer für die Verletzung ihrer Pflichten auf Schadensersatz; bei Fahrlässigkeit bis zu einem Betrag von DM 200.000,— für eine Prüfung (§ 62 Absatz 2 GenG).

Die Prüfungsverbände erheben - der Höhe nach - sehr unterschiedliche Gebühren und Beiträge. Da in der Regel die Mitgliedschaft in mehreren Verbänden möglich ist, empfiehlt sich eine entsprechende Anfrage vor dem Beitritt.

VII. Ausscheiden einzelner Genossen

Der **Verlust der Mitgliedschaft** tritt ein durch Tod, Austritt oder durch Ausschluß.

Beim Tod des Genossen geht die Mitgliedschaft auf den Erben über. Sie endet jedoch mit dem Schluß des Geschäftsjahres, in dem der Erbfall eingetreten ist (§ 77 Absatz 1 GenG). Das Statut kann allerdings auch bestimmen, daß im Falle des Todes eines Genossen dessen Mitgliedschaft in der Genossenschaft durch dessen Erben fortgesetzt wird (§ 77 Absatz 2 GenG).

Jeder Genosse hat das Recht, mittels Aufkündigung seinen Austritt aus der Genossenschaft zu erklären (§ 65 Absatz 1 GenG). Die Aufkündigung findet nur zum Schluß eines Geschäftsjahres statt. Sie muß mindestens 3 Monate vorher schriftlich erfolgen. Durch das Statut kann eine längere, jedoch höchstens 5-jährige Kündigungsfrist festgesetzt werden (§ 65 Absatz 2 GenG). § 67 a Genossenschaftsgesetz sieht ein außerordentliches Kündigungsrecht zum Ende des jeweiligen Geschäftsjahres vor, wenn das Statut in erheblicher Weise geändert worden ist.

Ein Genosse kann wegen der Mitgliedschaft in einer anderen Genossenschaft, welche an dem selben Ort ein gleiches Geschäft betreibt, zum Schluß eines Kalenderjahres aus der Genossenschaft ausgeschlossen werden (§ 68 Absatz 1 GenG). Durch das Statut können auch sonstige Gründe der Ausschließung festgesetzt werden (§ 68 Absatz 2 GenG).

Der Vorstand hat die das Ausscheiden begründenden Umstände dem Registergericht mitzuteilen (§ 69 Absatz 1 GenG). Dieses trägt das Ausscheiden in die Liste der Genossen ein (§ 70 Absatz 1 GenG). Die Mitgliedschaft endet mit dem Abschluß des Geschäftsjahres, in dessen Verlauf diese Eintragung erfolgt ist (§ 70 Absatz 2 GenG).

Es ist jedoch zu beachten, daß in allen genannten Fällen des Verlustes der Mitgliedschaft diese dann als nicht erfolgt gilt, wenn die Genossenschaft binnen sechs Monaten nach dem Ausscheiden des Genossen aufgelöst wird (§ 75 GenG). Der Sinn dieser rückwirkenden Regelung liegt darin, daß sich kein Genosse durch raschen Austritt der Beteiligung am Liquidationsverfahren entziehen können soll. Dies dient einerseits dem Gläubigerschutz als auch einer gerechten Verlustverteilung im Verhältnis aller Genossen zueinander.

VIII. Auflösung der Genossenschaft

Die Beendigung der eingetragenen Genossenschaft vollzieht sich grundsätzlich im Wege der Auflösung und Liquidation.

Auflösungsgründe sind:

- der mit mindestens 3/4-Mehrheit gefaßte Auflösungsbeschluß der Generalversammlung (§ 78 GenG);
- der Ablauf der im Statut bestimmten Zeit (§ 79 GenG);
- ein Beschluß des Registergerichts, wenn die Zahl der Genossen weniger als sieben beträgt (§ 80 GenG);
- ein Beschluß des Registergerichts, wenn die eingetragene Genossenschaft keinem Prüfungsverband angehört;
- die Löschung im Register wegen Vermögenslosigkeit;
- die behördliche Auflösung wegen gesetzwidrigen Verhaltens oder Gefährdung des Gemeinwohls (§ 81 GenG);
- Konkurs (§ 102 GenG);
- Verschmelzung mit einer anderen Genossenschaft gleicher Art (§ 93 a GenG).

Die Auflösung ist jeweils in das Genossenschaftsregister einzutragen.

GENOSSENSCHAFT

IX. Konkursverfahren und Haftpflicht

Das Konkursverfahren über das Vermögen einer Genossenschaft findet gemäß § 98 Genossenschaftsgesetz statt:

- im Falle der Zahlungsunfähigkeit,
- bei einer Genossenschaft, bei der die Genossen Nachschüsse bis zu einer Haftsumme zu leisten haben, auch in den Fällen, in denen das Vermögen die Schulden nicht mehr deckt (Überschuldung) und die Überschuldung 1/4 des Gesamtbetrages der Haftsumme aller Genossen übersteigt,

- bei einer Genossenschaft, bei der die Genossen keine Nachschüsse zu leisten haben, und bei einer aufgelösten Genossenschaft auch im Falle der Überschuldung.

Die Autorinnen und Autoren

Dipl.-Kaufmann Herbert Brinkmann, STATTBAU Hamburg

Bernd Brunhöver, Genossenschaft der Fritz-Schumacher-Siedlung Langenhorn e. G.

Dr. Jens S. Dangschat, Universität Hamburg

Dipl.-Päd. Jürgen Evers, Sozialplaner, Hamburg

Dipl.-Ing. Michael Ferner, Stadtplanungsamt Kiel

Prof. Dr. Helga Fassbinder, TU Hamburg-Harburg

Dr. Knut Gustafsson, Senatsdirektor Baubehörde Hamburg

Prof. Hans Harms, TU Hamburg-Harburg

Dipl.-Ing. Christian Herde, Architekt München

Prof. Beata Huke-Schubert, HfBK Hamburg, Freie Architektin

Dipl.-Ing. Barbara Kayser, Arbeitskreis Wohnraumversorgung Hamburg

Dr. Ronald Kunze, GH Kassel

Wilfried Lempfuhl, Mieterverein zu Hamburg von 1890 R.V.

Dr. Manuel Osório, Mietergenossenschaft Falkenried-Terrassen Hamburg

Dr. Andreas Pfadt, TU Hamburg-Harburg

Dipl.-Sozialwirt Wolfgang Pickert, Deutsches Rotes Kreuz Hamburg, Referent für Koordinierungs- und Grundsatzfragen

Dipl.-Soz. Michael Sachs, Geschäftsführer WVN Hamburg

Dr. Gerhard Salomon, Magistrat der Stadt Wien

Dr. Peter Schroeders, Stadtplanungsamt Flensburg

Dr. Dirk Schubert, TU Hamburg-Harburg

Dipl.-Ing. Britta Tornow, TU Hamburg-Harburg

Dipl.-Soz. Achim Woens, Mieterverein Mieter helfen Mietern

